Daniele Daude
Oper als Aufführung

Theater | Band 62

Daniele Daude (Dr. phil.) promovierte 2011 am Institut für Theaterwissenschaft der Freien Universität Berlin und am Institut für Musikwissenschaft der Université Paris 8. Sie lehrt seit 2008 an deutschen und französischen Hochschulen (Humboldt-Universität zu Berlin, Universität der Künste, Campus Caraibéen des Arts) und forscht zu den Themen Opernregie, Opernanalyse, Theatersemiotik und Theorie des Performativen. Neben opernanalytischen Abhandlungen und zahlreiche Inszenierungs- und Aufführungsanalysen verfasste sie Bücher- und Filmrezensionen, Übersetzungen und Essays.

Daniele Daude
Oper als Aufführung
Neue Perspektiven auf Opernanalyse

[transcript]

Bibliografische Information der Deutschen Nationalbibliothek

Die Deutsche Nationalbibliothek verzeichnet diese Publikation in der Deutschen Nationalbibliografie; detaillierte bibliografische Daten sind im Internet über http://dnb.d-nb.de abrufbar.

© 2014 transcript Verlag, Bielefeld

Die Verwertung der Texte und Bilder ist ohne Zustimmung des Verlages urheberrechtswidrig und strafbar. Das gilt auch für Vervielfältigungen, Übersetzungen, Mikroverfilmungen und für die Verarbeitung mit elektronischen Systemen.

Umschlagkonzept: Kordula Röckenhaus, Bielefeld
Korrektorat: Adele Gerdes, Bielefeld
Satz: Justine Haida, Bielefeld
Druck: Majuskel Medienproduktion GmbH, Wetzlar
Print-ISBN 978-3-8376-2493-9
PDF-ISBN 978-3-8394-2493-3

Gedruckt auf alterungsbeständigem Papier mit chlorfrei gebleichtem Zellstoff.
Besuchen Sie uns im Internet: *http://www.transcript-verlag.de*
Bitte fordern Sie unser Gesamtverzeichnis und andere Broschüren an unter: *info@transcript-verlag.de*

Inhalt

Vorwort | 9

Einleitung | 11
1. Oper oder Musiktheater? | 11
2. Gesten – Knoten – Korrespondenz | 14
3. Methode | 21
4. Gliederung | 23

I. HISTORIOGRAPHIE DER OPERNANALYSE | 25

1. Der musikwissenschaftliche Diskurs über Opernszenen | 27
1. Formalismus und Symbolismus | 28
2. Opernszene als Teil eines Organismus | 29
3. Opernszene als Repräsentation | 43
4. Opernszene als historisches Ereignis | 48

2. Erneuerung aus der Theaterwissenschaft und *performative turns* | 63
1. Musiktheaterforschung und Bildanalyse | 63
2. *Performative turns* in den Theaterwissenschaften | 70

II. IL BARBIERE DI SIVIGLIA 2002-2007 | 83

3. Erste Aufführung: 9. März 2002 | 85
Sequenz 1: Szene 1, I, Nr. 1 (Fiorello und Almaviva) | 85
Sequenz 2: 1, I, Nr. 1 (Fiorello, Almaviva und die Musiker) | 88
Figurenanalyse | 92
1. Figaro | 92
2. Bartolo | 93
3. Basilio | 94

4. Almaviva | 95
Sequenz 3: Szene 4, II, Nr. 13 (Rosina, Almaviva, Bartolo, Figaro, Basilio) | 96
Sequenz 4: Szene 8, II, Nr. 15 (Stoffkasten) | 98

Exkurs 1: Inszenierungsanalyse von *Il Barbiere di Siviglia* | 101
1.1 Inszenierungskonzeption von Ruth Berghaus | 101
1.2 Inszenierungsknoten und -Gesten bei Ruth Berghaus' *Il Barbiere di Siviglia* | 110
2. Inszenierungskonzeption von Daniel Slaters | 111
2.1 Inszenierungsknoten und -Gesten bei Daniel Slaters' *Der Barbier von Sevilla* | 119

4. Zweite Aufführung: 9. Februar 2006 | 121
Sequenz 1: Ouvertüre | 121
Sequenz 2: Figaros Rückenschmerzen | 121
Sequenz 3: Szene 6, II, Nr. 14 (Berta und Ambrogio) | 123
Sequenz 4: Szene 8, II, Nr. 15 (Stoffkasten, Bartolo und Rosina) | 126

5. Dritte Aufführung: 26. Oktober 2007 | 129
Sequenz 1: Ouvertüre und Nr. 1 | 129
1.1 Der Fries und der Souffleurkasten | 129
1.2 Auftritt des Männerchors Nr. 1 | 131
Sequenz 2: Szene 2, I, Nr. 2 (Figaro) | 132
Sequenz 3: Szene 5, I, Nr. 5 (Bildwechsel und Rosina) | 134
Sequenz 4: Szene 8, I, Nr. 6 (Rosina, Basilio und Bartolo) | 135
Sequenz 5: Szene 9, I, Nr. 7 (Figaro und Rosina) | 138
Sequenz 6: Szene 13, I, Nr. 9 (Alle) | 141
Sequenz 7: Die Pause | 145
Sequenz 8: Szene 2-3, II, Nr. 10-12 (Bartolo, Almaviva, Rosina) | 145
Sequenz 9: Nr. 15, *Temporale* | 149

6. Vierte Aufführung: 4. November 2007 | 151
1. Ouvertüre und Nr. 1: Figurenanalyse | 151
2. Bernd Riedel (Fiorello) | 152
3. Alfredo Daza (Figaro) | 153
4. Dimitri Korchak (Almaviva) | 154
5. Silvia Tro Santafé (Rosina) | 155
6. Enrico Marabelli (Bartolo) | 158

Zusammenfassung | 161
1. Tabellarische Zusammenfassung: Performative Gesten in *Il Barbiere di Siviglia* | 163
2. Tabellarische Zusammenfassung: Aufführungsknoten in *Il Barbiere di Siviglia* | 167

III. PELLEAS ET MÉLISANDE 2003-2008 | 171

7. Erste Aufführung: 31. Oktober 2003 | 173
Sequenz 1: Vorspiel und Szene 1, I (Golaud und Mélisande) | 173
Sequenz 2: Szene 2, I (Geneviève, Arkel, Pelléas) | 179
Sequenz 3: Szene 1, II (Pelléas und Mélisande): Szenenbezogene Analyse | 182
1. Musikdramaturgische Analyse | 183
2. Inszenierungs- und Aufführungsanalyse | 186
Sequenz 4: Szene 1, III (Pelléas und Mélisande): Aufführungsklimax | 189
Vier-Schritt- und Figurenanalyse | 191
1. Mélisande | 191
2. Pelléas | 197

Exkurs 2: Inszenierungsanalyse von *Pelléas et Mélisande* | 201
1. Inszenierungskonzeption von Ruth Berghaus | 201
1.2. Inszenierungskonzeption und -Gesten bei Ruth Berghaus'
Pelléas et Mélisande | 218
1.3. Inszenierungsknoten und Interpretaion bei Ruth Berghaus'
Pelléas et Mélisande | 221
2. Die verfilmte Aufführung | 223

8. Zweite Aufführung: 10. April 2008 | 227
Sequenz 1: Vorspiel und Szene 1, I (Golaud und Mélisande) | 227
Sequenz 2: Szene 2, II (Geneviève und Pelléas) | 231
Sequenz 3: Die Pause | 233
Sequenz 4: Akt V (alle): Aufführungsklimax | 235

9. Dritte Aufführung: 20. April 2008 | 243
Szene 4, III (Golaud und Yniold): Vier-Schritt-Analyse | 243
1. Dramaturgische Analyse | 244
2. Musikalische Analyse | 245
3. Inszenierungsanalyse | 251
4. Aufführungsanalyse: Aufführungsklimax | 253

Zusammenfassung | 259
1. Tabellarische Zusammenfassung: Performative Gesten in *Pelléas et Mélisande* | 261
2. Tabellarische Zusammenfassung: Aufführungsknoten in *Pelléas et Mélisande* | 264

Ehtik der Opernanalyse | 267

Literatur | 271
1. Aufführungen | 271
2. Lexika | 271
3. Primärliteratur | 272
4. Sekundärliteratur | 273

Anhang | 283
Lebensdaten von Ruth Berghaus | 283
Inszenierungsverzeichnis (Oper) | 284
Besetzung von *Il Barbiere di Siviglia* | 289
Besetzung von *Pelléas et Mélisande* | 290

Vorwort

Die Abhandlung »Opernanalyse als Aufführungsanalyse« stellt eine Bestandsaufnahme meiner Forschungen dar, welche zum Zeitpunkt der Publikation bereits vier Jahre zurückliegen. Ich schloss meine Dissertation am 9. März 2009 ab und verteidigte sie am 8. Juli 2011 am Institut für Theaterwissenschaften der Freien Universität Berlin. Publikationen, die zwischen 2009 und 2013 erschienen – z.B. »Regie Ruth Berghaus. Geschichten aus der Produktion« von Irene Bazinger (2011), »Bewegungsbiographie: choreographische Chorarbeit bei Ruth Berghaus und ihre Inszenierungen von Musik« von Friederike Nöhring (2011) – wurden daher nachträglich eingebaut. In der Zeit zwischen Anfertigung und Veröffentlichung dieser Studie setzte ich meine Forschungen fort; in diesem Rahmen wurden die hier vorgeschlagenen Techniken der Opernanalyse »Knoten – Gesten – Korrespondenz« und Vier-Schritt-Analyse an Aufführungen aus den Musik-, Sprech-, Tanztheater und Performanz-Künsten weiter erprobt und ausgearbeitet.[1] Insofern fungiert diese Arbeit als Teil einer umfassenden Studie zur Technik und Ethik der Opernanalyse.

Mein besonderer Dank gilt Jaqueline Galiby Daude und Marcel Daude, die mich stets begleiteten und unterstützten. Prof. Dr. Erika Fischer-Lichte sei für ihr ausführliches Gutachten gedankt. Ein spezieller Dank geht an Prof. Dr. Clemens Risi für seine aufmerksame Betreuung und die fruchtbaren Diskussionen, an Prof. Dr. Ivanka Stoianova für ihre äußerst konstruktiven

---

[1] | U.a. Carmen (Bizet), Regie: Søren Schuhmacher, Deutsche Oper Berlin 2009; Hamlet (Jost), Regie: Andreas Homoki, Komische Oper Berlin 2009; Lear (Reimann), Regie: Hans Neuenfels, Komische Oper Berlin 2009; Rigoletto (Verdi), Regie: Hans Neuenfels, Deutsche Oper Berlin 2008; Der Rosenkavalier (R. Strauß), Regie: Andreas Homoki, Komische Oper Berlin 2007; Salome (R. Strauß), Regie: Thilo Reinhardt, Komische Oper Berlin 2011; Der Wildschütz (Lortzing), Regie: Mira Ebert, 2012; No1: Breiviks Erklärung, Milo Rau, TD Berlin 2012; Built to Last, Meg Stuart, Damaged Goods & Münchener Kammerspiele, HAU Berlin 2013; Von einem, der auszog, die Revolution zu lernen, Luzius Heydrich, Inda Buschmann, TD Berlin 2013.

Kritiken, an Prof. Dr. Gerd Rienäcker für seine kritische Aufmerksamkeit und aufrichtige Unterstützung. Frau Konstanze Mach-Meyerhofer von der Abteilung *Darstellende Kunst* der Akademie der Künste möchte ich für ihre stete Hilfsbereitschaft und die angenehme Arbeitsatmosphäre herzlich danken. Maxim Dessau sei für die freundliche Bereitstellung wertvoller Materialien an dieser Stelle herzlichst gedankt.

Einleitung

1. Oper oder Musiktheater?

Schon die Bestimmung der Haupttermini »Oper« und »Musiktheater« gibt einen Einblick in die umfangreiche Problematik der Opernanalyse. Der Begriff »Oper« (lat. *opera*: Mühe, Arbeit, erarbeitetes Werk) bezeichnet weder eine Gattung noch eine spezifische musiktheatrale Form. Vielmehr dient »Oper« als Sammelbegriff für höchst unterschiedliche Erscheinungen, die kulturhistorisch betrachtet oft wenig miteinander zu tun haben. Dazu zählen die *favola in musica, dramma per musica, opera seria, opera buffa, dramma giocoso, melodramma, Opéra ballet, tragédie en musique, tragédie lyrique, opéra comique, Singspiel, Musikdrama, Kammeroper, Komische Oper, Literaturoper, Zeitoper, Zarzuela, Ballad Opera, Maskes, Operette, Musical*, wobei die Zugehörigkeit der zwei letztgenannten umstritten ist. In seinem Artikel »Oper« unterscheidet der Musik- und Theaterwissenschaftler Clemens Risi vier Anwendungen des Begriffs im heutigen Sprachgebrauch: »(a) das musikdramatische Werk, das in der Regel von einem Librettisten und einem Komponisten verantwortet wird, (b) die Aufführung eines musikdramatischen Werkes, (c) die Institution, die Werke in Auftrag gibt und/oder zur Aufführung bringt, (d) die Gebäude, in denen die Aufführungen stattfinden.«[1] So wird »Oper« als eine »allgemeine Kennzeichnung« verstanden, in der »die drei Konstituenten Text, Musik und Szene in unterschiedlicher Gewichtung aufeinandertreffen und in der die Darsteller/innen sich zum größten Teil singend äußern«.[2] Anders als mit dem Terminus »Oper« spiegeln die Anwendungen des Begriffs »Musiktheater« weniger die verschiedenen Anwendungsbereiche als vielmehr historische Momente bzw. Auffassungen von musiktheatralen Kunstwerken. Die älteste Definition von »Musiktheater« lässt sich auf Richard Wagners Konzeption des Musikdramas zurückführen. Ausgehend von der Kritik an einer theaterfernen Opernpraxis lokalisierte Wagner einen »Irrtum« in dem Kunstgenre »Oper«,

---

1 | Risi, Clemens: Artikel »Oper«, in: Fischer-Lichte, Erika, Kolesch, Doris, Warstatt, Matthias (Hg.): Metzler Lexikon Theatertheorie, Stuttgart, Weimar 2005, S. 229.
2 | Ebd., S. 228.

welcher darin bestünde, »daß ein Mittel des Ausdruckes (die Musik) zum Zwecke, der Zweck des Ausdruckes (das Drama) aber zum Mittel gemacht war«.³ In Abgrenzung zu den damals erfolgreichen Operngattungen – besonders zur französischen Grand Opéra – bemühte sich Wagner um die Entwicklung eines musikdramatischen Genres, in dem das Drama wieder zum Ziel gemacht werden sollte. Die musiktheatrale Komponente diente dabei der Gestaltung eines organischen musikdramatischen Gefüges, welches sich linear in der Zeit entfaltet: »Die *Tonsprache* ist Anfang und Ende der Wortsprache, wie das *Gefühl* Anfang und Ende des Verstandes, der *Mythos* Anfang und Ende der Geschichte, die *Lyrik* Anfang und Ende der Dichtkunst. Die Vermittlerin zwischen Anfang und Mittelpunkt, wie zwischen diesem und dem Ausgangspunkte, ist die *Phantasie*.«⁴ Der Versuch, eine musikdramatische Form zu entwickeln, welche sich einerseits von den tradierten Operngattungen distanzierte und sich andererseits von den historischen Inszenierungsmodi absetzte, wurde im 20. Jahrhundert sowohl in der Praxis als auch durch theoretische Ansätze fortgeführt.⁵ In ihrer Abhandlung »Von der Oper zum Musiktheater« definiert Nora Eckert das Musiktheater als »eine moderne Sicht auf die Opernstoffe«, welche freilich dem Harmoniebedürfnis des Opernpublikums durch Offenlegung von Brüchen und Widersprüchen entgegenstehe: »Die Idee des Musiktheaters meint, kritisch mit dem Stoff verfahren. Eine solcherart motivierte Opernregie arbeitet mit ironischen Brechungen, legt Widersprüche offen und versucht, anstatt Kulinarik zu präsentieren, Denkprozesse in Gang zu setzen«.⁶ Die bildungsbürgerliche Antwort ließ nicht lange auf sich warten. Bereits Ende des 19. Jahrhunderts wurde mit den Begriffen »Tradition« und »Werktreue« der Versuch unternommen, die gewohnten Praktiken und Konventionen als legitime Werkverlängerung zu veredeln, während musiktheatrale Praktiken als doppelter Verrat – an den Autoren und am Werk – aufgefasst wurden. Der vielzitierte Satz »Was ihr Theaterleute eure Tradition nennt, ist nichts als eure Bequemlichkeit und Schlamperei«, welchen Gustav Mahler als Intendant der Wiener Staatsoper (1897-1907) geäußert haben soll, steht exemplarisch für den erheblichen Widerstand des etablierten Opernbetriebs – seine Konventionen und sein

---

3 | Wagner, Richard: Oper und Drama, Leipzig 1852, Kropfinger, Klaus (Hg.), Stuttgart 2000, S. 19.

4 | Wagner, Richard: Oper und Drama. Zweiter Theil »Das Schauspiel und das Wesen der dramatischen Dichtkunst«, S. 230.

5 | Z.B. Der Rosenkavalier (Dresden 1911), Ariadne auf Naxos (Stuttgart 1912), Hoffmanns Erzählungen (Berlin 1931) von Max Reinhardt, Eugen Onegin (1922) von W. Stanislawski, Rheingold und Walküre von Adolphe Appia (Basel 1924-1925), Der fliegende Holländer von Jürgen Fehling an der Kroll Oper (1929).

6 | Ecker, Nora: Von der Oper zum Musiktheater. Wegbereiter und Regisseure, Berlin 1995, S. 9.

Publikum – gegen moderne interpretatorische und ästhetische Ansätze des Musiktheaters. Zwanzig Jahre später stieß der Intendant der Berliner Krolloper am Platz der Republik (1927-1931), Otto Klemperer, auf ähnliche Widerstände. Klemperers doppelter Versuch, zum einen das tradierte Repertoire von Inszenierungskonventionen zu befreien – mit Künstlern wie Ewald Dülberg, Gustav Gründgens, Jürgen Fehling, Laszlo Moholy-Nagy, Teo Otto oder Oskar Schlemmer – und zum anderen Werke Arnold Schönbergs, Igor Strawinskys und Leoš Janáčeks aufzuführen, trug zum abrupten Ende des Opernhauses 1931 bei.[7] Seit 1945 lässt sich eine erhebliche Aufwertung des Begriffs »Musiktheater« sowohl auf musikalischer als auch auf inszenatorischer Ebene beobachten. Moderne Inszenierungen gelten von nun an als progressive Antwort auf die Inszenierungspraxis des Nationalsozialismus und werden als Symbol künstlerischen Widerstandes aufgefasst. Daher lässt sich diese verhältnismäßig junge Aufwertung moderner Inszenierungspraxis ohne ihren umfassenden ideologischen Zusammenhang und ihre politische Funktion nicht verstehen. Ähnlich wie mit dem Begriff »Werktreue« wird damit der Versuch unternommen, mit einem ernstklingenden Schlagwort (post)moderne Produktionen positiv zu besetzen bzw. kulturhistorisch zu legitimieren. »Musiktheater« steht daher zum einen für nicht historische Inszenierungen, zum anderen für Werke, die den Repräsentationsrahmen von Opernproduktionen – sei es zeitlich, räumlich, musikdramaturgisch – sprengen. In den Musikwissenschaften geschieht die Unterscheidung zwischen »Oper« und »Musiktheater« auf Gattungs- bzw. dramaturgischen Ebenen. Als »Musiktheater« werden zum einen transitorische Gattungsformen bezeichnet und zum anderen Theaterformen, in denen Musik eine tragende (dramaturgische) Rolle spielt.[8] Nach dieser generellen Erläuterung der Grundbegriffe »Oper« und »Musiktheater« sei nun der Frage nachgegangen, warum wir uns für den Terminus »Oper« entschieden.

Wir arbeiten mit dem Terminus »Oper« aus drei praktischen Gründen. Erstens baut diese Studie auf Werken auf, welche mit dem traditionellen Opernbegriff erfasst werden,[9] so dass keine Notwendigkeit besteht, auf den Begriff

---

7 | Vgl. Daude, Daniele: Le Kroll Oper. Quelle interpretation pour l'opéra?, Paris 2003; Curjel, Hans: Das Experiment Krolloper, München 1975.

8 | In dieser Hinsicht dient der Begriff »Musiktheater« auch als Dachbegriff, um Formen und Gattungen, die nicht im Westen bzw. Norden entstanden – also die überwiegende Mehrheit der Weltproduktionen – zu benennen. Die Unterscheidung zwischen Oper und Musiktheater geschieht also weniger aus ästhetischen Gründen als vielmehr als Teil nationaler Geschichtsschreibung bzw. europäischen Ethnozentrismus.

9 | D.h. Werke, die innerhalb eines kulturhistorischen Rahmens entstanden und somit drei Bedingungen erfüllen: 1) die Trennung zwischen Bühne und Zuschauerraum, 2) die Darstellung von Rollen und 3) die Repräsentation eines (musik)dramatischen Textes.

»Musiktheater« zurückzugreifen. Zweitens weckt der Begriff »Oper« eine Reihe an populären Vorstellungen und Assoziationen – vgl. *Carmen, Traviata* etc. –, womit zumindest sofort klar ist, worum es geht; das leistet der Begriff »Musiktheater« nicht. Drittens prägte der Regisseur und Intendant der Berliner Komischen Oper, Walter Felsenstein, mit seinem Realistischen Musiktheater den Begriff »Musiktheater« so nachhaltig, dass jede musik- und theaterwissenschaftliche Anwendung des Begriffs eine Neudefinierung bzw. eine Positionierung zum vorhandenen Begriff benötigt, was den Rahmen dieser Untersuchung sprengen würde.

Als »Opernanalyse« bezeichnen wir die Ergründung des Forschungsgegenstandes »Oper« im Hinblick auf technische bzw. ästhetische, historische und ideologische Problematiken. In diesem Sinne ist die vorliegende Abhandlung einer technischen Fragestellung gewidmet.

2. Gesten – Knoten – Korrespondenz

Ziel der Abhandlung »Opernanalyse als Aufführung« ist es, ein systematisches Instrumentarium zu entwickeln, mittels dessen die Prägungen einer Opernaufführung – welche jeder Opernanalyse zugrunde liegen – statt verleugnet in den Analyseprozess mit einbezogen werden. Unsere opernanalytischen Techniken wurden daher im Hinblick auf pragmatische und pädagogische Zielsetzungen entwickelt. Wir erarbeiteten dafür die Trias *Gesten – Knoten – Korrespondenz* als begriffliche Grundlage; darauf konnte dann als systematische Herangehensweise die szenen- bzw. figurenbezogene Analyse oder *Vier-Schritt-Analyse* aufgebaut werden. Gegenstand der vorliegenden Studie ist die Erprobung dieser Techniken der Opernanalyse und ihre Überprüfung auf Tragfähigkeit. Wir gehen dabei von den Thesen aus, dass 1) darstellende Künste niemals *en puissance* existieren, sondern erst durch ihre Performanz erzeugt werden, und dass 2) die während einer Aufführung erzeugten Bedeutungen den darauffolgenden analytischen Prozess nachhaltig prägen und mithin als solche einbezogen werden müssen. Die Thematisierung der Interaktionen zwischen ZuschauerInnen und SängerInnen und deren Auswirkungen im analytischen Prozess ist daher weniger als Aufforderung zur Transparenz als vielmehr als Demonstration der Performativität des analytischen Prozesses zu begreifen.

Gesten ist der erste Terminus unserer opernanalytischen Trias *Gesten – Knoten – Korrespondenz*. Im Gegensatz zu *Knoten* und *Korrespondenz* verfügt der Begriff *Gestus/Geste* über eine lange theoretische Tradition, die es zunächst zu erörtern gilt. Der aus dem lateinischen stammende Begriff *Gestus* bedeutet »Haltung, Bewegung, Gebärde« und ist zunächst als rhetorische Kategorie bei hellenischen und römischen Autoren[10] anzutreffen. In der Renaissance bewegt sich der Begriff von den wirkungsästhetischen Zusammenhängen der Rhetorik hin zum Bereich körperbezogener Ansätze innerhalb der Affektenlehre. Einen Grundstein in der Bestimmung und Zuordnung von körperlichen Gesten legt der Jesuit Franciscus Lang mit seiner »Dissertatio de Actione Scenica« (1727). Lang bietet hier eine systematische Untersuchung von Körperbewegungen, die er innerhalb der vorausgesetzten bzw. übergeordneten Affektenlehre kategorisiert. *Gestus/Gesten* wird dabei definiert als der gezielte körperliche Einsatz, um Affekte überzeugend darzustellen. Mit der Systematisierung von Wissen in der Folge der so genannten Aufklärung avanciert *Gestus/Gesten* zum zentralen Gegenstand ontologischer Ergründung menschlicher Sprache. Denis Diderot vertritt in seiner »Lettre sur les sourds et muets« (1751) die Auffassung, dass Gebärdensprache *(langue d'actions)* als die natürlichste menschliche Sprache fungiere und als solche die menschlichen Emotionen am unmittelbarsten darzustellen vermöge. Daraus schließt der Philosoph auf das höhere affektive Wirkungspotential der Gebärdensprache.[11] Doch erst mit der Literarisierung des europäischen Theaters im Laufe des 18. Jahrhunderts[12] findet eine systematische Auseinandersetzung mit Techniken des Schauspiels statt, womit dem Körper der SchauspielerInnen von nun an eine zentrale Stellung zukommt.[13] Im deutschsprachigen Raum wird der Terminus *Gestus/Geste* in diesem Zusammenhang von Persönlichkeiten wie Sulzer, Engel, Wagner und Brecht nachhaltig geprägt. In seiner »Allgemeinen Theorie der schönen Künste« (1774) spricht Johann Georg Sulzer von *Gebärde* und versteht darunter die Gesamtheit von Haltungen und Bewegungen des Körpers, wobei er von

---

10 | Vgl. Aristoteles: Rhetorik; Cicero: De Oratore; Quintilian: Institutio Oratoria.
11 | Diderots Überlegungen sind im Zusammenhang mit den damaligen Debatten über die Herstellung und Systematisierung einer Gebärdensprache zu sehen. Wie Étienne de Condillac und Jean-Jacques Rousseau setzt Diderot eine universelle Gebärdensprache voraus, welche zwar zur Darstellung von Affekten besonders gut geeignet sei, jedoch nicht zur Darstellung von Abstrakta. Eine Auseinandersetzung mit dem Verständnis von Gebärdensprachen im 18. Jahrhundert und die Folgen für die gesellschaftliche Stellung der französischen Gehörlosen würde die Grenzen dieser Abhandlung überschreiten; es sei jedoch auf die Tatsache hingewiesen, dass solche Diskurse der Legitimierung von diskriminierenden Praktiken gegenüber Gehörlosen dien(t)en.
12 | Vgl. Fischer-Lichte, Erika: Von der Wanderbühne zum Nationaltheater, in: dies.: Kurze Geschichte des Deutschen Theaters, 2. Aufl., Tübingen 1999, S. 81-164.
13 | Vgl. Sainte-Albine, Rémond: Le comédien (1747); Riccoboni, Francesco: L'art du théâtre (1750); Diderot, Denis: Le paradoxe sur le comédien (posth. 1769-1839); Engel, Johann Jakob: Ideen zu einer Mimik (1785); Lessing, Gotthold Ephraim: Laokoon (1766); ders.: Hamburgische Dramaturgie (1767-1769).

einer Korrespondenz zwischen physischem und seelischem Charakter[14] ausgeht. Zeitgleich leistet Johan Jakob Engel mit seinen »Ideen zu einer Mimik« (1786) einen wichtigen Beitrag zur Einführung der Terminologie in den Theatertheorien. Engel unterscheidet zwischen *Mimik*, die die Gesamtheit der körperlichen Handlungen bezeichnet, und *Gesten*, die er wiederum in zwei Typen unterteilt: »die malenden Gesten« der Pantomime, welche Gegenstände sinnlich zu vergegenwärtigen vermögen, und »die ausdrückenden Gesten« des Schauspiels, welche sich dazu eignen, seelische Zustände darzustellen. Dabei geht Engel von einer ähnlichen Prämisse wie Diderot aus. Zum einen geht er aus von einer Analogie zwischen Bewegungen der Seele und des Körpers und zum anderen von einer besonderen affektiven Kraft körperlicher Gesten. Der Theaterwissenschaftler Alexander Kuba weist auf den Doppelaspekt hin, dass bei Engel die Geste »entweder ästhetisch als Gegenstand der Wahrnehmung oder semiotisch als Mittel des Ausdrucks von Seelenzuständen betrachtet werden kann. Im ersten Fall unterliegt sie dem Gebot der Schönheit, im zweiten Fall dem der Wahrheit«.[15] Eine äußerst prägende theatertheoretische Auffassung des körperlichen Gestus liefert Richard Wagner in seiner 1852 publizierten Abhandlung »Oper und Drama«. Bemüht um eine umfassende Reformierung des Opernbetriebs sucht Wagner nach Möglichkeiten, Opernkomponenten im strukturellen Zusammenhang zu systematisieren. Dabei werden dramatische, musikalische, inszenatorische und darstellende Elemente des Musikdramas als eng miteinander verwobene Teile im Dienste einer übergeordneten Instanz, nämlich des Dramas, konzipiert. In diesem Rahmen führt der Theoretiker und Komponist den Begriff *Gebärde* ein, um die – reiner Vernunft nicht gänzlich zugängliche – physische Ergänzung eines sprachlichen

---

14 | Der Begriff »Charakter« lässt sich bis ins 18. Jahrhundert zurückverfolgen. Zunächst wurde damit ein Persönlichkeitsideal im bürgerlichen Leben bezeichnet. Mangels des adeligen Status rekurrierte das aufstrebende Bürgertum auf einen »edlen Charakter«, aus Erziehung (Familie), Bildung (Schule) und Disziplin (Militär) bestehend. Zum Ende des 18. Jahrhunderts wurde der Versuch unternommen, den Menschen über »Charaktermerkmale« zu begreifen. Vgl. die Einleitung in: Roselt, Jens (Hg.): Seelen mit Methode – Schauspieltheorien vom Barock bis zum postdramatischen Theater, Berlin 2005. Menschlicher Körper und Seele/Geist wurden zum einen in Anknüpfung an die Temperamentlehre und zum anderen anhand parallel entstehender Rassentheorien beschrieben und systematisiert. Im 19. Jahrhundert diente der Begriff »Charakter« zur Konstruktion anthropologischer Kategorien nach normativen bzw. abweichenden seelischen und physischen Merkmalen (z.B. männlicher bzw. weiblicher Charakter). In dem Sinne diente die »Charakterkunde« weiteren Fächern wie Physiognomie und Ethnologie als theoretische Grundlage.

15 | Kuba, Alexander: Artikel »Geste/Gestus«, in: Metzler Lexikon Theatertheorie, Stuttgart 2005, S. 133.

Ausdrucks zu bezeichnen. Als *Gebärde* definiert Wagner »die ganze äußere Kundgebung der menschlichen Erscheinung an das Auge«. Sie ist »die Empfindungsseite, mit dem sie sich dem Auge zuwendet«,[16] und vermag als solche die musikalische Empfindung am unmittelbarsten auszudrücken. Im Gegensatz zu weiteren musikdramatischen Komponenten[17] fasst Wagner die Gebärde als ergänzende Instanz der Sprache auf. Somit grenzt er sich zum einen entschieden ab von seinen Vorgängern, die Gesten/Gebärden eine besondere affektive Kraft und damit auch eine gewisse Autonomie zugestanden, und zum anderen knüpft der Komponist an Ansätze der hellenischen Rhetorik an, die Gesten im Zusammenhang mit Zielen und Mitteln der Rede auffasst. Allerdings sind Wagners Überlegungen hinsichtlich der »szenischen Gebärde« unter zwei Gesichtspunkten zu betrachten. Zum einen handelte es sich dabei um Kritik an der herrschenden Opernpraxis seiner Zeit, welche vornehmlich darin bestand, den *primo uomo* oder die *prima donna* an der Rampe singen zu lassen. In diesem Sinne stellt Wagners Gebärdenkonzeption einen progressiven Gegenentwurf zu diesen Praktiken dar, im Sinne eines Versuches, eine erstarrte Opernpraxis zu re-theatralisieren. Zum anderen jedoch handelt es sich dabei um den Versuch des Regisseurs Wagner, die szenischen Vorstellungen des Dramaturgs Wagner abzusichern. Die berüchtigten ausführlichen Regieanweisungen Wagners sind daher weniger als Beweis einer exakten theatralen Konzeption zu verstehen als vielmehr als verzweifelter Versuch, die eigenen inszenatorischen Ideen diskursiv unantastbar zu machen.[18]

---

16 | Wagner, Richard: Teil III, Dichtkunst und Tonkunst im Drama der Zukunft, in: Kropfinger, Klaus (Hg.): Oper und Drama, Leipzig 1852, Stuttgart 2000, S. 338.
17 | In Wagners System nimmt jede Komponente des musikalischen Dramas – ob Dichtung, Melodie, Stimme, Rhythmus, Orchester, Gebärde – einen besonderen Platz ein; die der Gebärde zugeschriebene Eigenschaft ist daher im Hinblick auf ihre Funktion im umfassenden musikdramatischen Gefüge zu sehen. Vgl.: Der musikwissenschaftliche Diskurs über Opernszenen, S. 27-62.
18 | Unter den zahlreichen Passagen von Wagners Werk, die diese Tatsache belegen, wählen wir den Beginn des Dritten Aufzugs von Die Walküre:
»Auf dem Gipfel eines Felsberges. Rechts begrenzt ein Tannenwald die Scene. Links der Eingang einer Felshöhle, die einen natürlichen Saal bildet: darüber steigt der Fels zu einer höchsten Spitze auf. Nach hinten ist die Aussicht gänzlich frei; höhere und niedere Felsensteine bilden den Rand vor dem Abhange, der – wie anzunehmen ist – nach dem Hintergrunde zu steil hinabführt. – Einzelne Wolkenzüge jagen, wie vom Sturm getrieben, am Felsensaume vorbei [...]. GERHILDE, ORTLINDE, WALTRAUTE und SCHWERTLEITE haben sich auf der Felsspitze, an und über der Höhle, gelagert, sie sind in voller Waffenrüstung.
GERHILDE (zu höchst gelagert, und dem Hintergrunde zugewendet): [...]«

Wagners Überlegungen bewirkten u.a. den Eingang der Begriffe *Gestus/Geste/ Gebärde* in die Musikwissenschaften. Doch erst durch die Rezeption sprachtheoretischer Ansätze[19] in den 8oer Jahren kommt es zur intensiveren Anwendung dieser Begriffe im Rahmen der Versuche, die spezifische poly-dimensionale Opernschrift zu erfassen. Theorien und analytische Techniken aus der Semiotik bzw. der Semiologie boten Termini und Systematik an, womit eine viel versprechende Alternative zu den bestehenden Form bzw. symbolischen Analysen entstand.[20] ForscherInnen wie Jean-Jacques Nattiez, Jean Molino, Ivanka Stoianova, Nicolas Ruwet, Robert Hatten, David Lidov[21] ergründeten musikalische Texte u.a. als Verweise auf räumliche und zeitliche Zusammenhänge. In diesem Rahmen diente der Begriff *Gestus* dazu, den spezifischen Verweischarakter musikalischer und musikdramatischer Texte zu untersuchen. In ihrer Abhandlung »Geste – Texte – Musique« (1978) spricht Ivanka Stoianova von »gestualité« als eine »possibilité de dépense multiple«[22] und definiert diese als »la productivité antérieure à la signification, à la représentation, antérieure à l'œuvre-énoncé mais aussi postérieure à l'œuvre-objet [...]«.[23] Auf diese Weise entstehe eine »gestische Kinästesis«, welche die Wechselwirkung innerhalb eines Raumes bestimme sowie die Grenzen zwischen Autor, Inter-

---

HELMWIGE'S (Stimme, von aussen): [...] In einem vorbeiziehenden Gewölk bricht Blitzesglanz aus: eine Walküre zu Ross wird in ihm sichtbar: über ihrem Sattel hängt ein erschlagener Krieger«. Die Walküre, III, 1, in: Der Ring des Nibelungen, Burghold, Julius (Hg.), 5. Aufl., Mainz 1991, S. 137.

19 | Vgl. Jakobson, Roman: Essai de linguistique générale, Paris 1973; ders.: Semiotik. Ausgewählte Texte (1919-1982), Holenstein, Elmar (Hg.), Frankfurt a.M. 1992; Saussure, Ferdinand de: Cours de linguistique générale, Paris 1913-1995; Peirce, Charles Sanders: Semiotische Schriften in 3 Bänden (1875-1913), Pape, Helmut, Kloesel, Christian (Hg.), Frankfurt a.M. 2000.

20 | Vgl. Formalismus und Symbolismus, S. 28-29.

21 | Vgl. Barthes, Roland: Image, Music, Text, London 1977; Molino, Jean: Fait musical et sémiologie de la musique, in: ders.: Musique en Jeu (17), Paris 1975, S. 37-62; Nattiez, Jean-Jacques: Musicologie générale et sémiologie, Paris 1987; Molino, Jean, Nattiez, Jean-Jacques: Le singe musicien. Essais de sémiologie et d'anthropologie de la musique, Paris 2009; Stoianova, Ivanka: Geste – Musique – Texte, Paris 1978; Ruwet, Nicolas: Langage, musique, poésie, Paris 1972; Lidov, David: Is Language a Music? Writings on Musical Form and Signification, Bloomington 2003; Hatten, Robert S.: Interpreting Musical Gestures, Topics, and Tropes, Indiana 2004.

22 | »Gestualité« als »eine Möglichkeit mehrfacher Ausführung«, in Stoianova, Ivanka: Geste – Musique – Texte, S. 135, Übersetzung Daniele Daude.

23 | »[...] die Produktion vor der Bedeutung, vor der Repräsentation, vor dem Aussage-Werk, aber auch nach dem objektivem Werk – im positivem Sinne«, ebd., Übersetzung Daniele Daude.

pret und Zuhörer/Leser aufzuheben vermöge.²⁴ Diese Begriffsbestimmung erweist sich für die Untersuchung von musikalischen und musikdramatischen Formen, die Musikproduktionen des Opernbetriebs beherrschen, noch heute als fruchtbar. Dreißig Jahre später knüpft David Lidov an die Ansätze der Musiksemiotik an und führt sie weiter. In seiner Abhandlung »Is Language a Music?« bemüht sich Lidov um eine umfassende Theorie der musikalischen »Gesture« im Zusammenhang mit der Erzeugung von Emotionen, Sinn und Bedeutung. In diesem Rahmen definiert Lidov musikalische und körperliche Gesten im Hinblick auf ihr expressives bzw. kommunikatives Potential:

»A bodily gesture, literally, is a molar unit of motion, initiated by a single impulse, and accomplishing nothing other than expression or communication [...]. While a corporal gesture is an unbroken unit, the musical representation of a gesture might involve several notes. We have no rule of translation between such musical forms and the somatic patterns which they represent. To speak of gesture as a basis of musical reference is theoretically vacuous unless we are aware of the questions this idea puts on table. How do distinctions among musical representations of gestures correspond to distinctions among gestures of the body? What is the place and function of these representations in music?«²⁵

Nach diesem Blick auf den Terminus »Gestus« stellt sich nun die Frage nach Wahl und Bestimmung des Gestenbegriffs für die vorliegende Studie. Als *Gesten* bestimmen wir eine Einheit, die musikalisch bzw. musikdramaturgisch, inszenatorisch oder performativ produziert wird. Gesten setzen daher immer einen intersubjektiven Prozess zwischen produzierendem (SängerInnen, SchauspielerInnen sowie Partituren und Regiekonzept) und rezipierendem Pol (Publikum, LeserInnen, ZuhörerInnen) voraus. Kennzeichen von Gesten ist ihre zeitliche Entfaltung: Gesten sind somit immer dynamisch und prozessual. Wir unterschieden drei Typen von Gesten: 1) die musikalischen und musikdramaturgischen, 2) die inszenatorischen (oder Inszenierungsgesten) und 3) die performativen Gesten. Die musikalischen und musikdramaturgi-

---

24 | Ebd.
25 | Lidov, David: From Gestures to Discourses, in: ders.: Is Language a Music? Writings on Musical Form and Signification, Bloomington 2003, S. 131-132. Von dorther formuliert Lidov sieben Fragen, um eine Theorie des musikalischen Gestus zu entwickeln: 1) »What are the universal (or innate) characteristics of gesture, and how do these relate to an emotion feeling?«, 2) »Are emotions of distinct types or do they belong to a continuum?«, 3) »How do expressive corporal motions become vehicles of communication?«, 4) »To what extent can expressive behavior be faked?«, 5) »How do brief expressive gestures relate to the longer-term growth and decay of an emotional state?«, 6) »What parameters of gestural expression correlate with intensity of feeling?«, 7) »How can music convey expressive gestures?«, ebd., S. 133-135.

schen Gesten umfassen jeweils motivische, rhythmische, harmonische, dynamische Einheiten eines Notentextes in seinen Verhältnissen zum Sprachtext. Musikalische und musikdramaturgische Gesten ergeben sich aus der musikwissenschaftlichen Ergründung von Noten bzw. Libretto. Inszenatorische oder Inszenierungsgesten sind die körper- und raumbezogenen szenischen Mittel zur Darstellung einer inszenatorischen Intention. Bühnenkomponenten – Bewegungen, Haltungen, Kostüme, Frisur, Requisite, Bühnenbild, Beleuchtung – werden hier also im Hinblick auf ihre Intentionalität statt aus der unmittelbaren ästhetischen Erfahrung heraus aufgefasst. Inszenierungsgesten erschließen sich aus der Auseinandersetzung mit den Inszenierungsmaterialien sowie aus mehrmaligem Besuch der gleichen Inszenierung. Musikalische, musikdramatische und inszenatorische Gesten basieren also auf einer vorausgesetzten textuellen Instanz – sei es die Partitur oder das Regiebuch. Dabei wird impliziert, dass eine Bedeutung im Voraus erzeugt wird, bevor sie dann auf der Bühne vermittelt wird. Da wir die textzentrierte Auffassung von Oper – und von Theater im Allgemeinen – sowie vom linearen Ablauf der Bedeutungserzeugung grundsätzlich in Frage stellen, entwerfen wir den Begriff des *performativen Gestus*, um die aufführungsspezifischen Momente der Bedeutungserzeugung zu bezeichnen. Performative Gesten sind körper und raumbezogene Bewegungen, die während der Aufführung hervorgebracht werden. Sie sind daher nur einmalig vorhanden, erzeugen ihre eigene Signifikanz im Moment ihrer Produktion bzw. ihrer Rezeption und sind unabhängig von einer intentionalen Instanz – ob als solche erkannt oder nicht.

Während der Gestusbegriff vom produzierenden Pol einer Aufführung[26] ausgeht, wird mit dem Begriff *Knoten* der Fokus auf den rezipierenden Pol, also auf die ZuschauerInnen bzw. AnalytikerInnen, gelegt. Knoten in diesem Sinne sind die während einer Aufführung erfahrenen Spannungsmomente; sie werden musikalisch, inszenatorisch und performativ-atmosphärisch[27] hervorgebracht. Als solche resultieren Knoten aus individueller ästhetischer Erfahrung und hängen vom subjektiven Erkenntnis- und Erfahrungsrepertoire[28] ab. Wie

---

26 | Auf die Hauptbegriffe des Performativen wie u.a. »Aufführung«, »Körper/Leib«, »Präsenz«, »Atmosphäre« wird im 2. Unterkapitel »Performative turns in der Theaterwissenschaft«, S. 69-82, ausführlich eingegangen. Es sei daher hier lediglich auf die kurze Definition von Erika Fischer-Lichte hingewiesen, welche die Aufführung als »die leibliche Ko-Präsenz von Akteuren und Zuschauern« bestimmt, in: Fischer-Lichte, Erika: Ästhetik des Performativen, Frankfurt a.M. 2004, S. 47.
27 | Vgl. Performative turns in der Theaterwissenschaft, S. 69-82.
28 | Als Repertoire bezeichnen wir das Ensemble der stets veränderbaren Erfahrungen (Erfahrungsrepertoire) und epistemologischen Aneignungen (Erkenntnisrepertoire) eines Individuums.

die Gesten lassen sich Knoten in drei Kategorien unterteilen: 1) musikalische und musikdramaturgische Knoten, 2) inszenatorische oder Inszenierungsknoten und 3) Aufführungsknoten. Musikalische, musikdramaturgische und inszenatorische Knoten sind die unmittelbaren sinnlichen, körperlichen und emotionalen Reaktionen auf die jeweiligen musikalischen, musikdramaturgischen und inszenatorischen Stimuli. Aufführungsknoten sind Momente emotionaler Intensivierung während der Aufführung, wie z.B. Irritation, Schock, Rührung, Genuss, Komik, Ekel, Wut. Sie sind die Momente, die einem als Erstes einfallen, um eine Aufführung zu beschreiben, und somit auch das, was das spezifische Erlebnis einer Aufführung ausmacht. Der Knotenbegriff dient uns darüber hinaus dazu, die parallel erzeugten Spannungen aus den musikalischen, musikdramaturgischen, inszenatorischen und performativen Ebenen simultan zu erfassen und miteinander zu vergleichen.

Um die Wechselwirkung zwischen Produktion (Gesten) und Rezeption (Knoten) zu beschreiben, verwenden wir den Begriff der *Korrespondenz*. Als Korrespondenz definieren wir die assoziative Zusammenführung mindestens zweier Phänomene während der Aufführung. Korrespondenzen werden auditiv, räumlich, körperlich, atmosphärisch, aber auch imaginär erzeugt. Sie schaffen eine Brücke zwischen produzierendem und rezipierendem Pol sowie innerhalb des produzierenden bzw. rezipierenden Pols. Für die vorliegende Studie legten wir den Fokus auf theaterbezogene Prozesse der Bedeutungserzeugung, doch die Frage nach den durch Imagination gestifteten Korrespondenzen, welche stets kulturhistorisch bzw. gesellschaftlich bedingt sind, stellt sich im Hinblick auf eine Ethik des analytischen Vorgangs besonders akut.

3. Methode

Opernanalyse als Aufführungsanalyse zu betrachten, bedeutet eine grundlegende methodische Veränderung der Analyse. Zunächst galt es, ein völlig neuartiges Korpus herzustellen, das statt aus den herkömmlichen schriftlichen Materialien – u.a. Partitur, Libretti, Regiebücher, Briefwechsel – nun aus besuchten Opernaufführungen zu bestehen hatte. Diese Materialien stellten wir in drei Phasen her: Als Erstes wurden unterschiedliche Inszenierungen mehrmals besucht und protokolliert.[29] Die Fülle an Notizen und Skizzen, die

---

29 | U.a.: Peter Konwitschny: Don Giovanni (Komische Oper Berlin), Andreas Homoki: Rosenkavalier (Komische Oper Berlin), Peter Beauvais: Carmen in der Bearbeitung von Sören Schuhmacher (Deutsche Oper Berlin), Katja Czellnik: Die Verurteilung des Lukullus (Komische Oper Berlin), Sasha Waltz: Dido & Aeneas (Staatsoper Unter den Linden), Ruth Berghaus: Il Barbiere di Siviglia und Pelléas et Mélisande (Staatsoper Unter den

während der Aufführungen und Pausen angefertigt wurden, dienten als Gedächtnisprotokolle, welche dann zum Ausgangspunkt der Aufführungsanalyse gemacht werden konnten. In der letzten Phase wurden die Dokumente zum einen nach ihrem aufführungsanalytischen Erkenntnisgewinn ausgewählt und zum anderen auf ihre Rückwirkung im opernanalytischen Prozess geprüft. Hier fiel die Wahl auf zwei Inszenierungen von Ruth Berghaus (1927-1996): *Il Barbiere die Siviglia* und *Pelléas und Mélisande*.

Die Wahl zweier Inszenierungen von Ruth Berghaus erfolgte also weder aus spezifischen theaterästhetischen noch aus biographischen Gründen. Vielmehr fanden wir bei den Aufführungen von *Il Barbiere die Siviglia* und *Pelléas und Mélisande* die meisten aufführungsanalytischen Erkenntnisse, die sich dann in eine umfassende Untersuchung der Problematik der Opernanalyse mit einbeziehen ließen. Aufführungen dieser Inszenierungen gaben uns die entscheidenden Impulse zur Reflexion der Techniken der Opernanalyse aus bühnenorientierter Perspektive. Bei der darauf folgenden Beschäftigung mit der Regisseurin führten uns ihre Aussagen über Kunst, ihre Auffassung der Regiearbeit und nicht zuletzt einige anspruchsvolle und äußerst interessante interpretatorische Ansätze dazu, Berghaus als paradigmatisch für die Problematisierung opernanalytischer Fragen zu sehen. Wir griffen dabei zurück auf Aufführungsprotokolle, die zwischen 2003 und 2009 an der Staatsoper Unter den Linden angefertigt wurden. Die vorliegenden Analysen sind systematisch aufgebaut: Zunächst wird ein Ausschnitt aus den Aufführungsprotokollen wiedergegeben – durch kursive Formatierung und die Erzählperspektive »erste Person Singular« vom analytischen Text abgesetzt. Die jeweiligen Aufführungsausschnitte nennen wir *Sequenz* in Anlehnung an die zeitlichen Sequenzen in der Musik. Dann werden die aufführungsspezifischen Knoten, Gesten und Korrespondenzen einzeln beschrieben, bevor sie in einer letzten Phase im Zusammenhang betrachtet werden. In dieser letzten Phase erarbeiten wir unsere zwei opernspezifischen Aufführungsanalysen, welche jeweils mit diachronischen bzw. synchronischen analytischen Verfahren korrespondieren: die Figurenanalyse (diachronischer Ansatz) einerseits und die Szenen oder Vier-Schritt-Analyse (synchronischer Ansatz) andererseits.

Als Vier-Schritt-Analyse bezeichnen wir die Untersuchung einer Szene im Hinblick auf ihre (musik-)dramaturgischen, inszenatorischen und performativen Knoten. Dabei werden die vier Opernebenen zuerst einzeln betrachtet, bevor sie miteinander verglichen werden. Aus den unterschiedlichen Stellungen und Funktionen der Knoten in ihren jeweiligen Bereichen lassen sich Erkenntnisse

---

Linden), Calixto Bieito: Entführung aus dem Serail (Komische Oper Berlin), Götz Friedrich: Traviata (Deutsche Oper Berlin).

im Hinblick auf kompositionshistorische, ästhetische, technische, aber auch kulturhistorische und ethische Fragen gewinnen. Für die vorliegende Studie beschränkten wir uns allerdings auf technische Fragen. Unter *Figurenanalyse* verstehen wir die Ergründung einer szenischen Darstellung im Hinblick auf Performativität (SängerInnen, Orchester, aufführungsspezifische Interaktionen), Inszenierung (Regie von Ruth Berghaus), Dichtung (Libretto von Cesare Sterbini nach Beaumarchais für *Il Barbiere* bzw. von Maurice Maeterlinck für *Pelléas*) und Musik (Komposition von Gioachino Rossini bzw. Claude Debussy). Ausgehend von der Performanz der SängerInnen und des Orchesters werden Prozesse der Bedeutungserzeugung als Ergebnis der spezifischen Interaktion zwischen diesen und dem Zuschauerraum an exemplarischen Stellen dargelegt.

4. Gliederung

Der erste Teil »Historiographie der Opernanalyse« ist der Theorie und Methode der Opernanalyse gewidmet. Im ersten Kapitel stellen wir neben Techniken der Musikanalyse (Formalismus und Symbolismus) die musikwissenschaftlichen Diskurse über Opernszenen seit dem 19. Jahrhundert dar. Nach der historischen Darstellung der formalistischen bzw. symbolischen Ansätze arbeiten wir drei Tendenzen heraus, die die Generierung von Techniken der Opernanalyse nachhaltig prägten: 1) Opernszene als Teil eines Organismus – mit Oskar Bie, Paul Bekker, Erik Fischer; 2) Opernszene als Repräsentation – mit Hermann Danuser und Horst Weber; 3) Opernszene als historisches Ereignis – mit Carl Dahlhaus, Heinz Becker und Wulf Konold. Im zweiten Kapitel werden Problematiken der theaterwissenschaftlichen Analyse vor dem *performative turn* – mit Jürgen Schläder und Christopher Balme – dargelegt. Hier wird u.a. auf die Kluft zwischen musikwissenschaftlicher Opernforschung und theaterwissenschaftlicher Musiktheaterforschung sowie den Erkenntnisgewinn der Theatersemiotik und Bildtheorie als Beitrag zum Aufbau einer systematischen Opernanalyse eingegangen. Es folgt ein Einblick in Theorien des Performativen mit Sybille Krämer und Erika Fischer-Lichte; vorgestellt werden Hauptbegriffe der theaterwissenschaftlichen Aufführungsanalyse: Körper/Leib, Präsenz, Atmosphäre, Raum, Wahrnehmung, Rhythmus.

Zweiter und dritter Teil sind den Aufführungsanalysen von *Il Barbiere di Siviglia* – besucht zwischen 2002 und 2007 – und *Pelléas et Mélisande* – besucht zwischen 2003 und 2008 – gewidmet. Die Analyse von *Il Barbiere di Siviglia* umfasst vier Kapitel, pro Kapitel wird jeweils eine Aufführung behandelt. Auf diese Weise korrespondieren die vier Aufführungen vom 9. März 2002, 9. Februar 2006, 26. Oktober 2007 und 4. November 2007 mit den Kapiteln 3 bis

6. *Pelléas et Mélisande* umfasst drei Kapitel, welche die drei Aufführungen vom 31. Oktober 2003, 10. April 2008 und 20. April 2008 behandeln. Jeweils am Ende beider Teile werden die aufführungsanalytischen Erkenntnisse zusammengefasst sowie die jeweiligen performativen Gesten und Aufführungsknoten in tabellarischer Übersicht zusammengestellt.

I. Historiographie der Opernanalyse

1. Der musikwissenschaftliche Diskurs über Opernszenen

Noch zu Beginn des 20. Jahrhunderts wird *Oper* identifiziert mit *Opernmusik*, zeigt ein Blick in die Geschichte der musikwissenschaftlichen Opernforschung.[1] Denn die modernen Opernpraktiken konfrontierten Musikkritiker und wissenschaftler[2] mit einem Forschungsgegenstand, dessen szenische Komponenten weder mit den herkömmlichen Begrifflichkeiten noch mit den gängigen opernanalytischen Methoden erfasst werden konnten. Die Technisierung und die damit einher gehenden Möglichkeiten der Reproduktion und Vervielfältigung von Musik wirkten als Katalysator bereits begonnener, grundlegender Veränderungsprozesse der Produktion und Rezeption von Musik. Insofern ist es wenig verwunderlich, dass das Begriffspaar »Werk versus Interpretation« schlicht aus dem Musikalischen auf einen gänzlich anders funktionierenden Gegenstandsbereich übertragen wurde. Im Folgenden wird der musikwissenschaftliche Diskurs über die Opernszene unter dem Blickwinkel ihrer Wirkung auf die opernanalytischen Verfahren skizziert. Im Rahmen dessen erfolgt erstens ein historischer Überblick über die Fokussierungen und analytischen Techniken in den Musik- und Theaterwissenschaften und wird zweitens die heutige Forschungslage der Opernanalyse dargelegt. Wesentliche Aspekte der musik- und theaterwissenschaftlichen Diskurse werden dabei an Abhandlungen illustriert, die sich entweder durch ihre prägende Systematik

---

1 | Im Interesse der besseren Nachvollziehbarkeit der Kluft zwischen avantgardistischen Opernpraktiken und musikwissenschaftlicher Opernanalyse sei daran erinnert, dass die Opernforschung zunächst einmal ein Teilbereich der musikwissenschaftlichen Forschung war, so dass Opernforschung lange Zeit mit Opernmusikforschung gleichgesetzt wurde. Zentrale Fragestellungen galten überwiegend der Autorenschaft, der historischen Rekonstruktion. Vgl. Daude, Daniele: Le Kroll-Oper (1927-1931), quelle interprétation pour l'opéra?, Paris 2003.

2 | Ich verwende die männliche Form hier sehr bewusst; trotz des Vorliegens von Schriften von *weißen* und ForscherInnen *of color* wird Historiographie heute noch einseitig mit einer weißen männlichen Perspektive gleichgesetzt.

oder durch ihre nachhaltigen Auswirkungen in der Opernanalyse besonders ausgezeichnet haben; der Fokus liegt auf dem deutschsprachigen Raum.

1. Formalismus und Symbolismus

In ihrem Artikel »Analysis«[3] gibt die Musikwissenschaftlerin Carolyn Abbate einen anschaulichen Überblick über Methoden und ästhetische Prämissen der Opernanalyse. Dabei weist sie nicht nur auf die historisch bzw. kontextuell bedingte Entstehung der verwendeten Begriffe, sondern auch auf deren analytische Implikationen bzw. Eingrenzungen hin. Aufgebaut und systematisiert wurde die Opernanalyse als Bestandteil einer akademischen Musikwissenschaft, in der *Oper* mit *Opernmusik* identifiziert wurde. Aus diesem Grund erfolgten Opernanalysen nach werkästhetischen Kriterien; die Partitur und das Libretto galten als exklusive Forschungsgegenstände, Oper galt als musikalisches System. Laut Abbate bewirkten diese Voraussetzungen Defizite in zweierlei Hinsicht. Erstens wurden Einzelteile isoliert erforscht; eine umfassende Herangehensweise wurde nicht entwickelt. Zweitens wurde jegliche plurale Herangehensweise »with the capacity to acknowledge his diversity and richness« verhindert. Schon in den Anfängen einer systematischen Opernanalyse bildeten sich zwei gegensätzliche analytische Tendenzen heraus: »the symbolic and the formalist«. 1849 legte Alexander Oulibicheff mit seiner Monographie »Mozarts Opern, kritische Erläuterungen« den ersten umfassenden *symbolischen* Ansatz vor. Für Abbate zielen die Vertreter dieser Strategie darauf ab, »to identify moments at which operatic music could be understood as exemplifying not musical perfection per se but music's capacity to reflect emotion, dramatic events or poetics images«.[4] Die Symboliker erfassen somit Opernmusik unter zwei Aspekten: Einerseits ist sie ein »Ort der Verweise«, der stets auf etwas anderes – Emotionen, dramaturgische Situationen oder poetische Bilder – hinweist. Andererseits wird damit die stete Verstrickung zwischen den Bestandteilen eines Operngebildes in Verbindung gebracht. Eine symbolische Analyse baut folglich nicht auf strikt musikalischen Gegenständen auf – das heißt harmonischen, motivisch-melodischen, rhythmischen und formalen Kriterien –, sondern schlägt ständig eine Brücke zwischen internen musikalischen und externen Metaphern und Assoziationen, die von literarischen Bildern geprägt sind. Herausragend im Bereich der *symbolic analysis* von Opern sind zweifelsohne Franz Liszts *Tannhäuser* (1851) und Friedrich Wilhelm Jähns' *Carl Maria von Weber* (1871). Während Liszt wiederkehrende musi-

---

3 | Abbate, Carolyn: Artikel »Analysis«, in: The new Grove Dictionnary of Opera, Bd. 1, Sadie, Stanley (Hg.), London 1998, S. 116-120.
4 | Ebd., S. 117.

kalische Motive durch außermusikalische Analogien systematisch zu erfassen und deuten sucht, führt Jähns mit dem Begriff des *Leitmotivs* eine der wichtigsten und nachhaltigsten opernanalytischen Kategorien ein. Als Paradigma der zweiten opernanalytischen Tendenz, der *formalist analysis*, gilt die erste umfassende operngeschichtliche Abhandlung »Die moderne Oper« (1875) von Eduard Hanslick. Abbate definiert diesen Ansatz als die Herausarbeitung von »typologies of arias and ensemble types, descriptions of traditional forms such as sonata form in operatic incarnation and harmonic and tonal analysis«.[5] Im Gegensatz zur *symbolic analysis* handelt es sich hier um strikte innermusikalische Untersuchungen, also um die technische Untersuchung von Opernmusik als unabhängige und selbständige Erscheinung. Die Formalisten suchten sich von den poetisch-emphatischen Beschreibungen der Symboliker abzugrenzen und eine sachlich-nüchterne Basis dafür zu schaffen, die Oper bzw. Opernmusik systematisch, nach naturwissenschaftlichem Vorbild zu untersuchen. Damit schufen Vertreter des Formalismus nicht etwa eine neue Tendenz, sondern griffen vielmehr auf eine alte musikanalytische Tradition, die Formanalyse, zurück. Mit einer festen, hierarchisierten Systematik bot die Formanalyse den *formalists* technischen und ästhetischen Rückhalt; dadurch entstanden analytische Werkzeuge, die bis heute Anwendung finden. Doch auch der Anteil der *symbolic analysis* am Aufbau einer systematischen Opernanalyse ist nicht zu unterschätzen. Denn während *formalists* versuchten, den Forschungsgegenstand »Oper« positiv zu bestimmen, also durch die Beschreibung ihrer Elemente, formulierten *symbolists* Theorien und Werkzeuge, die die Oper in einer mehrschichtigen Vernetzung mit ihrem jeweiligen Umfeld erforschten. Jähns Begriff des *Leitmotivs* war der Versuch, ein analytisches Werkzeug zu schaffen, welches den musikalischen Text mit den jeweiligen orchestralen und szenischen Elementen in Verbindung bringen könnte. Erst die Wagnerforschung machte aus dem Leitmotiv eine für Wagners Werk spezifische, motivische, sich durch den *Ring des Nibelungen* erstreckende Erscheinung. So unterschiedlich beide Ansätze, *symbolist* und *formalist,* auch sind – sie bauen auf der gemeinsamen ästhetischen Prämisse auf, dass »Oper« als »Opernmusik« zu verstehen ist.

2. OPERNSZENE ALS TEIL EINES ORGANISMUS

Die Oper als eine Art von Gesamtorganismus zu betrachten, ist eine Sichtweise, die sich im Grunde auf eine weit zurückliegende Auffassung von Musik als Bestandteil eines umfassenden kosmologischen Systems stützt. Doch erst im 19. Jahrhundert bekommt diese Musikauffassung anthropologische Züge,

---

5 | Ebd., S. 117.

welche dann mit Richard Wagners Schriften zum systematischen ästhetischen Programm erhoben werden:

> »Wie das Innere wohl der Grund und die Bedingung für das Äußere ist, in dem Äußeren sich aber erst das Innere deutlich und bestimmt kundgibt, so sind *Harmonie* und *Rhythmos* wohl die gestaltenden Organe, die *Melodie* aber ist erst die wirkliche Gestalt der Musik selbst. Harmonie und Rhythmus sind Blut, Fleisch, Nerven und Knochen mit all dem Eingeweide, das gleich jenem beim Anblicke des fertigen, lebendigen Menschen dem beschauenden Auge verschlossen bleibt; die Melodie dagegen ist dieser fertige Mensch selbst, wie er sich unserem Auge darstellt.«[6]

In der musikwissenschaftlichen Rezeption von Wagners Schriften diente die organische Auffassung der Oper der methodologischen Überwindung des Konflikts zwischen Formalisten und Symbolisten. Das ästhetische Erfassen der Opernszene ging insofern stets mit der Herstellung opernanalytischer Kategorien einher. Dies wollen wir nun anhand der Abhandlungen von Oskar Bie (1864-1901), Paul Bekker (1882-1937) und Erik Fischer exemplarisch erläutern.

In seiner Abhandlung »Die Oper« knüpft *Oskar Bie*[7] an diesen Ansatz an, indem er den misslungenen Charakter des Organismus »Oper« zu demonstrieren sucht. Von ihm stammt die mittlerweile äußerst strapazierte Formulierung, die Oper sei ein »unmögliches Kunstwerk«. »Unmöglich« sei dieses »Ensemble unwägbarer Medien und Valeurs und Reflexe, innerer Widersprüche, balanzierender Kräfte«[8] in seiner »Logik« – in der Beziehung von Kunst und Leben, seiner »Geschichte« – durch den verlangsamten Aufbau der Musik und die »Theorie«. Erstens, weil eine Theorie der Oper aus dem Missverständnis der Nachahmung antiker Tragödien geboren wurde, und zweitens, weil diese noch an ihrer Unanwendbarkeit scheitere. Auf die Frage, was die Oper ausmache, sucht Bie eine Antwort in der Formulierung ihrer Geschichte als »Spirale«, welche »stets wieder, wenn auch auf unterschiedlichem Niveau, von

---

6 | In Teil I [173-174], Leipzig 1852, Stuttgart 2000, S. 110.

7 | Bie formuliert die Paradoxie der Opernaufführung als die Gegenseitigkeit der höchsten Disziplin der Hervorbringung einerseits und der »so zahllosen Zufälligkeiten menschlicher Nerven« andererseits, »die Absichten des produzierenden und reproduzierenden Künstlers ungeschmälert herauszubringen«. Das »enigmatische Paradigma« der Oper bestehe daher in der Ergründung dieser vollkommen gedachten »Vereinigung so vieler schöner Künste«, welche dazu verdammt seien, nur als unvollkommene in Erscheinung zu treten. Die Oper sei daher als »ein Begriff, ein Wunsch, ein Ideal« zu erfassen. Es stelle sich von daher die Frage, »wie nun darüber schreiben?« (Bie, Oskar: Die Oper, München 1913-1980, S. 9-10).

8 | Ebd., S. 12.

demselben Punkte« anfange. Die entsprechende Herangehensweise verfolge daher weniger den wissenschaftlich-methodischen Anspruch als vielmehr ein »organisches« Prinzip,[9] welches »von der Unmöglichkeit dieses Kunstgenres« auszugehen versuche:

»Die Oper ist die Einbildung, daß es möglich ist, stundenlang eine zusammenhängende Musik zu schreiben, daß einige Noten dieser Musik von Sängern zu einem richtigen Drama als Wortunterlage gesungen werden, teilweise sogar alle untereinander, daß das begleitende Orchester seine Selbständigkeit trotzdem wahrt, daß das alles auf einer Bühne wirklich gemacht wird mit Dekorationen, Indispositionen, Eifersüchteleien und Balletten, daß dieser ganze Apparat im Verhältnis zum Publikum, welches ja im Grunde unmusikalisch ist, ein gut gehendes Rechenexempel wird und daß endlich, nachdem man alle diese Schwierigkeit eingesehen hat, sich noch Leute finden, die eine Oper komponieren.«[10]

Von dorther stellt Bie sieben Widersprüche zusammen, welche wiederum in zwei Kategorien eingeteilt werden: einerseits werkimmanente Elemente wie Musik, Text, Sprache, Deklamation, Autoren und das Orchester, andererseits kontextbedingte Faktoren wie Aufführung,[11] Gesellschaft, Publikum, Theorie und Operngeschichte. Auch wenn dieser Einteilung die Dichotomie »Werk versus Interpretation« zugrunde liegt, erweist sich die Abhandlung insoweit als interessant, als nicht die Abschnitte über die Musik den größten Teil darstellen – wie bei einer werkorientierten Theorie zu erwarten wäre –, sondern der Abschnitt über die Aufführung. Der Aufführung widmet der Autor die meisten Seiten, und er bespricht sie an zentraler Stelle. Die Aufführung wird dabei zwischen werkimmanentem und kontextuell bewertetem Element verortet.

Die ersten und zweiten Widersprüche sieht Bie schon allein in der Musik, und zwar als Widerspruch zwischen Zeit und Raum bzw. zwischen darstellenden und baulichen Elementen sowie zwischen psychologisch nachahmenden Inhalten einerseits und rhythmisch-architektonischen Gliedern und Wiederholungen andererseits. Der räumlich-zeitliche Widerspruch bestehe darin, dass der lineare Ablauf der Melodie den baulich-strukturierenden Elementen ent-

---

9 | Ebd., S. 9-12.
10 | Ebd., S. 13.
11 | Eine Unterscheidung zwischen Inszenierung und Performanz findet in den musikwissenschaftlichen Ansätzen erst ab den 80er Jahren statt. Mit dem Begriff »Aufführung« wird bei Bie lediglich die szenische Komponente eines Opernorganismus bezeichnet (also vom Bühnenbild zur Inszenierung über die Performanz der SängerInnen). Die Aufführung wird hier in Abgrenzung bzw. als Ergänzung zu den Textmaterialien (Libretto und Partitur) konzipiert.

gegenstünde. Daraus entstehe ein inhaltlicher Widerspruch, illustrierbar am Problem des Ausdrucks bzw. der spezifischen Opernform:

»Die Situation der Oper fixierte den Ausdruck, bis man ihn ihr glaubte. Der Ausdruck ist Feuer, heiß und gestaltlos [...]. Aber die Form, die gestaltbildend in den Strukturen der Dinge lebt, heißt uns scheiden und wählen und anfangen und aufhören und Beziehungen schaffen: eine rhythmische Räumlichkeit, eine musikalische Kausalität. Die Oper, das Abbild dieses und jenes Lebens, lehrte, zwang, forderte Ordnung. Sie scheidet das Erzählende und das lyrische, das sie im Dramatischen verbindet [...].«[12]

Der dritte Widerspruch ist der des Textes. Dabei geht Bie von vier Problembereichen aus: Inhalt der Oper, Sprache und Nationalität, musikalische Deklamation, Differenz zwischen Librettisten und Komponisten.[13] Während der inhaltliche Widerspruch einen Ausweg durch die *Opera buffa* findet, welche »aus dem Schmerz und Wollust« der Inhalte einen Witz mache,[14] lässt Bie den Widerspruch zwischen Sprache und Musik offen. Denn während die Musik mehr als sämtliche Verkehrsmittel verbinde, trenne »die Sprache die Völker mehr als ihre Rasse«.[15] Bei der Deklamation stellt sich Bie zum einen die seit dem 18. Jahrhundert umstrittene Frage nach dem Verhältnis von Wort und Mimik im Hervorbringen von Ausdruck; zum anderen fragt er sich, wie der spezifische Operntext, welcher zwischen gesprochenem und gesungenem Wort oszilliere, kohärent vorzutragen sei. Die Widersprüche zwischen Librettisten und Komponisten, also zwischen Text und Musik, begreift Bie als Fortsetzung der oben beschriebenen Konflikte. Dabei führt er die Geringschätzung des Operntextes zurück auf historische Praktiken: Bis zum 19. Jahrhundert wurden »Operntexte gedruckt, den Bühnen verschickt, wahllos und rücksichtslos von den Komponisten bearbeitet«.[16] Der vierte Widerspruch betrifft das Orchester; Bie stellt sich die Frage, welche Funktion die Stimme haben mag, wenn das Orchester selbständig geworden ist, und wie das Orchester sich am besten entfalten könne angesichts des Ungleichgewichts zwischen begrenzter menschlicher Stimme und unbegrenztem instrumentalem Apparat.[17] Insgesamt stellt Bie, historisch betrachtet, folgende Einsatzmöglichkeiten des Orchesters fest: Das Orchester kann den Gesang begleiten, das Leben der Bühne »durch eigene

---

12 | Ebd., S. 22.
13 | Ebd., S. 25.
14 | Ebd., S. 28.
15 | Ebd., S. 32. Zur ethischen Dimension bzw. ideologischen Dimension der Opernanalyse vgl. Daude, Daniele: Performing Race on Opera Stage, www.textures-plattform.com 2013.
16 | Ebd., S. 41.
17 | Ebd., S. 45.

Ausdruckslinien« illustrieren, es kann uns Dinge mitteilen, »die auf der Bühne verschwiegen werden«, es kann »die Wahrheit« sagen, wenn auf der Bühne gelogen wird, und es kann schließlich »unsere unmittelbaren Empfindungen [aussprechen]«. Seit dem 19. Jahrhundert sei das Orchester nicht mehr auf eine begleitende oder schildernde Funktion reduziert, vielmehr forme es »instrumentale, charakteristische Wendungen, die es bei der Wiederkehr der Personen und Situationen den veränderten Umständen entsprechend variiert«.[18] Der fünfte Widerspruch betrifft die Aufführung. Im Kontext der Darstellung der vor-gluckschen italienischen Oper vermerkt der Autor den starken Beitrag der Aufführung im Konstitutionsprozess einer Oper: »Die Aufführung ist sonst eine Frage, bei der Oper ist sie ein Problem. Sie greift tief und schmerzlich in das Kunstwerk ein«.[19] Um die Opernszene zu erfassen, geht Bie nicht von der Regie als maßgebendes Kriterium der Sichtbarkeit aus, sondern von der Dekoration. Denn: »Sie gibt dem Fluß des musikalischen Dramas einen bleibenden Fond, eine Stimmungszentrale, einen Horizont von grundlegender Lyrik. Sie ist der sichtbare Generalbaß der wechselnden Vorgänge. Sie bringt in das Drama das Bild, das Zusammenfassende, die Atmosphäre, das Milieu«.[20] Von dorther wird Regie im Kontext eines Widerspruchs zwischen Bühnenvorgängen und Abhängigkeit vom Dirigenten begriffen. Den Ausweg aus dieser Lage sieht Bie folgerichtig weniger auf Seiten der Regiearbeit als vielmehr »im Taktstock des Dirigenten«, welcher die unterschiedlichen Kräfte und persönlichen Divergenzen zu überwinden vermöge. Das Tempo diene hier als einziges Einheitsmaß zwischen Bühne und Orchester. Der sechste Widerspruch betrifft die Gesellschaft: Bie beschreibt die Oper als eine Gattung, die für Fürsten und Adlige erschaffen, vom Volk übernommen und von Stars beherrscht wird, wobei sich die konstituierenden Faktoren vom künstlerischen Anspruch und ästhetischen Problematiken auf Erfolgszwang und Unterhaltung im Dienste des Abonnement-Publikums verschoben. Grundlegend ist der Hinweis auf die soziale Funktion der Oper in einem umfassenden Zusammenhang:

»Die Gesellschaft steht nicht außerhalb der Oper, sie ist in ihr Wesen verflochten. Es ist nicht da oben ein Stück und da unten eine Gruppe Zuschauer, sondern es besteht Rücksicht von oben nach unten, von unten nach oben, gegenseitige Beeinflussung, ein Budget der Finanzen, aber auch der Schicksale und des gesellschaftlichen Zuschnitts, wie in keiner anderen öffentlichen Kunst [...]. An der Oper haben nicht nur Künstler, sondern auch Zuhörer mitgearbeitet. Der Konflikt, die Beziehung zwischen beiden sind Fluidum ihres Lebens.«[21]

---

18 | Ebd., S. 48.
19 | Ebd., S. 50.
20 | Ebd., S. 60-61.
21 | Ebd., S. 62.

Als siebten und letzten Widerspruch benennt Bie das Problem der Operngeschichte, »das durch die Jahrhunderte und Nationen und Klimata geworfen wird, ohne sich Schaden zu tun. Es nuanciert sich, aber bleibt dasselbe. Denn es ist mehr als ein Kunstproblem«.[22]

Bies Versuch, die Opernszene zu beschreiben, weist argumentative Unstimmigkeiten auf. Diese lassen sich weniger auf eine Spiegelung der beschriebenen Paradoxien zurückführen als vielmehr darauf, dass der Autor sich in einem Zwiespalt befindet: einerseits seiner werkorientierten Theorie verpflichtet, die auf der Partitur gründet, und andererseits der Erkenntnis der grundlegenden Funktion der szenischen Dimension im Entstehungsprozess der Oper. Bie erkennt zwar die zentrale Stellung der Opernszene, ihre Rolle als konstituierender Bestandteil, doch gleichzeitig muss er dies abstreiten. Andernfalls wäre nicht nur die Einteilung in werkimmanente und kontextuelle Elemente außer Kraft gesetzt, sondern das ganze theoretische, textzentrierte Fundament geriete ins Schwanken. Ähnlich ergeht es ihm hinsichtlich der Stellung des Publikums: zugleich innerhalb des Entstehungsprozesses eines Opernwerkes, und zwar Einfluss ausübend im Produktionsprozess, und außerhalb, da im Grunde »unmusikalisch«.

Ein weiterer Autor, der von einem »Opernorganismus« ausgeht, ist der Musikwissenschaftler und Wagnerspezialist *Paul Bekker*. Bekker definiert die Oper als eine sogenannte »Spielorganik«, die in der Partitur niedergeschrieben wurde: »Aus der Vereinigung von Wort, Bild, Klang gestaltet, wird es in Partiturniederschrift festgehalten und von dieser Niederschrift aus Objekt des musikalischen Theaters, der Verwirklichung durch die Opernbühne«.[23] Die Partitur dient dabei als Szenarium und Spielanweisung für alle anderen Komponenten. Sie ist der Ort der Fixierung der Spielorganik. Damit ist weder eine »Szene aus dem Geiste der Musik« noch eine »Musik aus dem Geiste der Szene« gemeint, sondern eine gegenseitige Bedingtheit von Musik und Szene. Von dorther entfaltet sich Bekkers organisches Prinzip prozessual. Am Anfang steht die »szenische Vision«[24] eines Komponisten. Sie ist ein szenisch-gestisch impulsierter Urbestandteil der Konzeption, dessen Inbegriff die tänzerische Gebärde bildet.[25] Die szenische Vision ist somit sowohl Ursprung des »Organismus Oper« als auch Ziel. Sie steht im Zentrum der Opernauffassung Bekkers; sie hält die Organik zusammen in einem dreiteiligen Prozess. Erstens formt sie die Mu-

---

22 | Ebd., S. 88, vgl. Ethik des Performativen.
23 | Bekker, Paul: Das Opterntheater, in: Kestenberg, Leo (Hg.): Musikpädagogische Bibliothek, Heft 9, 1931, S. 1.
24 | Ebd., S. 3.
25 | Ebd., S. 21.

sik, so dass die Opernmusik sich von jeglicher nicht-szenischer Musik wesentlich unterscheidet: »Die Szene ist also formale Gestalterin der Musik, und der formale Bau der Opernmusik ist das Kennzeichnen ihrer Theaterbedeutung«. Zweitens kristallisiert die Vision im Prozess einer Verschriftlichung, so dass drittens eine szenische Realisierung, die Dynamisierung, hervorrufen werden kann.[26] Die Partitur ist also die entscheidende Schnittstelle und »einzige sachliche Gegebenheit« und daher nie »rein musikalische Angelegenheit«, sondern »der Niederschlag aus der Durchdringung von Szene und Musik«.[27] Ist der Status der Partitur als Ergebnis beziehungsweise als formale Erscheinung eines – wechselseitig bedingten – prozessualen Werdegangs bestimmt, lässt sich das organische Prinzip durch die Formanalyse der Partitur ergründen. Die Opernpartitur wird also nicht aufgrund eines Vorrangs der Schrift untersucht, sondern weil sie die einzige greifbare Dokumentation der szenisch-musikalischen Formwerdung darstellt. Für Bekker erweist sich dabei die Formanalyse als die beste Technik:

»Weg, der von den musikalischen Schriftzeichen der Partitur und den erläuternden Hilfsmitteln des Textes zur Erkenntnis der Spielorganik führt, zur Erfassung von Szene und Musik als gleichmäßig bestimmenden Urkräften der theatralischen Gestaltung. Analyse in weitest ausgreifender, vom größten bis zum kleinsten Element sich verästelnder Durchbildung, Analyse aller historischen, ästhetischen, stilkritischen, klangmateriellen Bestandteile. Diese analytische Aufteilung erst gibt eine ungefähre Anschauung dessen, was sich im Leben der Partitur vollzieht.«[28]

Die emphatische Bezeichnung steht hier also für eine klare Programmatik, welche auf die Erkenntnis der in der Partitur enthaltenen Spielgesetze abzielt.[29] Dabei unterscheidet Bekker zwischen strukturierenden oder tektonischen Bauelementen einerseits und dynamischen Ausdruckselementen andererseits. Während die tektonischen Strukturen sich aus der Ergründung der »Grundlinien des szenischen Aufbaues« ergeben, dient die Untersuchung der

---

26 | Vgl. Risi, Clemens und Brüstle, Christa: Aufführungsanalyse und interpretation. Position und Fragen der »Performance Studies« aus musik- und theaterwissenschaftlicher Sicht, in: Ballstaedt, Andreas, Hinrichsen, Hans-Joachim (Hg.): Werk-Welten, Schliengen-Liel 2008.
27 | Bekker, S. 3-4.
28 | Ebd., S. 6.
29 | Dass diese organische Auffassung von Musik auf einer langen Tradition innerhalb des Musikdenkens beruht, welche die Existenz der Dichotomie »wahr und schön« versus »falsch und hässlich/Schein« voraussetzt, würde uns zu weit vom eigentlichen opernanalytischen Thema entfernen. Es sei jedoch im Schluss auf die ethisch-ideologische Komponente im opernanalytischen Prozess hingewiesen.

dynamischen Aspekte der Erkenntnis der »Grundkräfte des szenischen Ausdruckes und aller Bewegungsmotive«:

> »Die tektonische Struktur erfasst alle rein konstruktiven Bauelemente, die bedingt sind durch Material und Stil, also Stimmen und Instrumente in der Besonderheit ihrer formalen Behandlung und Zusammenstellung, der Art und dem Charakter ihrer Verwendung und Gliederung. Die dynamische Struktur erfasst die ausdrucksmäßige Anlage, wie sie bedingt wird durch die historische Stilgesetzlichkeit, den Eigenwert des Klangmateriales, die Besonderheit des Kolorites und die Ablaufenergie.«[30]

Die Untersuchung der tektonisch-dynamischen Strukturen bildet damit das erste methodische Instrumentarium zur Erkenntnis der szenisch-musikalischen Urkräfte. Eine ansatzweise Verdeutlichung dieser These liefert Bekker an anderer Stelle, wo er über den Status der Partitur spricht: »Alles, was in der Partitur steht, ist notwendig, also richtig: was aber nicht in ihr steht, ist überflüssig, also falsch. Das Gesetz des Notwendigen beherrscht die gesamte Aufführung der Oper, weil nur die Erfüllung des Notwendigen und eben allein dieses Notwendige die Erfüllung des Autorenwillens gewährleistet.«[31] Bekker setzt dabei ein Selektionsprinzip voraus: »Das Notwendige« ist Teilbereich der übergeordneten Kategorie des »Wesentlichen«, in der die organischen Kräfte verortet werden und die als solche eine »konstitutive Rolle« spielt. Das »Beiwerk« hingegen ist Teilbereich einer kontextuellen Kategorie und umfasst alle Elemente, die sich nicht aus den organischen Urkräften ergeben.

Das Verhältnis zwischen Szene und Musik stellt Bekker an der gegenseitigen Bedingtheit von Gesang und Tanz exemplarisch dar: »Die Aria ist ruhender Tanz« und der »Tanz wiederum ist darstellbar nur auf Grund latenter Gesangsempfindung«, wobei »der Mensch Mittelpunkt und eigentliches Objekt des szenischen Spieles« ist. Ausgangspunkt ist die »Naturbeschaffenheit der menschlichen Stimme und die enge Begrenzung in der Auswahl von Stimmtypen«, und von hier aus stellt Bekker die Stimmtypen – z.B. Heldentenor oder Heldenbariton – als Basis seiner These vor. Stimmtypen sind »die Grundtypen, mit denen der Komponist rechnet«,[32] und daher das Material, auf das die Vision des Komponisten baut. Sie bilden die Grundbestimmung der Oper, was weniger im Hinblick auf den Erkenntnisgewinn bezüglich der Oper von besonderer Relevanz ist, sondern vor allem im Hinblick auf den Aufbau des dazu erforderlichen opernanalytischen Apparats. Die Grundbestimmung der Oper sieht Bekker in zwei Komponenten realisiert: dem Kontrast der Stimmen und

---

30 | Bekker 1931, S. 5.
31 | Ebd., S. 30.
32 | Ebd., S. 17-22.

dem musikalischen Rhythmus. Der Erstere bilde den Grundsatz der gesamten dramaturgischen Gestalt und verlange dann eine szenische Übertragung »in die handlungsgemäß dargestellte tänzerische Geste«.[33] Was Bekker unter »Handlungsmäßigkeit« versteht, erläutert er in seiner Abhandlung über die zweite Grundbestimmung, den musikalischen Rhythmus:

»Erst aus dem Begreifen dieser rhythmischen Bewegungslinie kommt das Begreifen der Handlungslinie, kommt das Verstehen der Gestalten, ihrer Charaktere und ihrer Schicksale [...] Der Aufbau der Gestalt ist zu begreifen als klangliches und rhythmisches Element der Handlung, ihr Charakter als impulsgebende Kraft, ihr Schicksal als dynamische Steigerungslinie. So ergibt sich die Bewegungserkenntnis, die genaueste Bezeichnung der Gestik und Mimik. Sinn dieses Studiums ist das Sehenlernen der Erscheinung. Aus dem musikalisch vorgezeigten Bilde erwächst durch sorgsame Bloßlegung der formbildenden Elemente die visuelle Vorstellung der Gestalt mit allen Einzelheiten ihres Gehabens und all ihren Beziehungen zu den Mitspielenden [...].«[34]

Mit der rhythmischen Einheit sind wir beim zweiten opernanalytischen Instrument Bekkers angelangt. Wo die Formanalyse auf die Erkenntnis der aus Musik und Szene bestehenden Urkräfte abzielt, dient die Erforschung von Rhythmen und Rhythmuslinien zur Erkenntnis der Bewegungen der »Gestalten«,[35] also Mimik und Gestik der »Menschen« auf der Bühne. Die rhythmischen Bewegungslinien als in der Partitur enthaltene rhythmische Gebärden unterscheiden sich somit von den Körperbewegungen der SängerInnen, also den Reflexbewegungen. Letztere werden nicht von den rhythmisch-tänzerischen Gebärden der Partitur hervorgebracht, sondern von den individuellen physiologischen Eigenschaften der SängerInnen. Die Reflexbewegungen werden durch das Erkennen der rhythmischen Grundgesetze erst legitimiert. Das Begreifen der »rhythmischen Bewegungslinien« bildet dabei den ersten und entscheidenden Moment eines musik-szenischen Begreifens und damit auch die erste Stufe eines opernanalytischen Prozesses. In dieser Definition von »Begreifen« ist Bekkers Konzeption der »Oper von ihr aus« enthalten.

Ziel Bekkers ist die Wiederherstellung des Autorenwillens beziehungsweise der in der Partitur enthaltenen musik-szenischen Kräfte. Von dorther entwickelt der Autor ein opernanalytisches Instrumentarium aus Formanalyse

---
33 | Ebd., S. 36.
34 | Ebd., S. 37.
35 | Da Bekker keine Unterscheidung zwischen Repräsentation und Präsenz trifft, werden mit »Gestalt« abwechselnd »Figuren«- und »Sänger«-Gestalten bezeichnet. Die wenigen Spezifizierungen der Gestalten im opernanalytischen Rahmen sind jedoch auf die »Figuren« bezogen.

einerseits und Rhythmusanalyse andererseits, wobei die Auswahl des zu erforschenden Materials aus den entgegengesetzten Kategorien des »Notwendigen« und des »Beiwerks« erfolgt. Die Kategorie des Notwendigen erfüllt eine zentrale Funktion in der Bekker'schen Ästhetik: Zunächst bildet sie den Orientierungspunkt, nach dem Form- und Rhythmusanalyse sich richten, denn sie ist der Maßstab zur Selektierung und Anerkennung des analytischen Erkenntnisgewinns. Sie erfüllt daher eine normative Funktion und generiert technische Anhaltspunkte, das heißt tektonisch-dynamische Strukturen für die Formanalyse und rhythmische Bewegungslinien für die Rhythmusanalyse. Mit dem formanalytischen Vorgang stützt sich Bekker auf eine gut verankerte musikalische Tradition der Formenlehre sowie auf eine formalistische Untersuchungslinie der Oper. Dabei werden die verborgenen Spielgesetze eines als organisch erfassten Gegenstandes benannt und »belebt«. Jenseits einer formanalytischen Tradition ist die rhythmische Einheit als analytische Kategorie hervorzuheben, denn diese kündigt in mehrfacher Hinsicht etwas Neues an.[36] Als Instrument zur Erkenntnis von musik-szenischen Strukturen ist sie zunächst einmal eine opernanalytische Alternative zur damals herrschenden leitmotivischen Einheit.[37] Sie ermöglicht außerdem zugleich die Weiterführung der Idee, »Oper aus ihr heraus« zu begreifen, denn die textzentrierten Ordnungen werden nicht in Frage gestellt. Der Szene wird zwar eine kreative Funktion zuerkannt, doch wird weiterhin auf einer strikt repräsentativen Stellung der Partitur bestanden.[38] Ein erhebliches Defizit besteht bei Bekkers Ansatz in der genauen Bestimmung der technischen Mittel der Analyse. Bis auf die »tektonisch-dynamischen Strukturen« in Analogie zur Architektur und die »rhythmischen Bewegungslinien« als neuartige analytische Einheit äußert sich Bekker zu den Mitteln nur *ex negativo*, bleibt vage und begibt sich als Begründung auf die Ebene des Selbstverständlichen. Die These einer szenischen Vision des Komponisten, die einer tänzerischen Gebärde zugrunde liegt, erfüllt eine Doppelfunktion. Sie bestimmt das Verhältnis zwischen dem

---

36 | Zum »Rhythmus« als analytische Kategorie um 1900: Artikel MGG/opernspezifische Lage (Groove).

37 | Zum Leitmotiv als analytische Kategorie siehe Dahlhaus, Carl: Zur Geschichte der Leitmotivik bei Wagner, in: Das Drama Richard Wagners als musikalisches Kunstwerk, Regensburg 1970, S. 17-40, und: Form und Motivik im Ring des Nibelungen, in: 100 Jahre Bayreuther Festspiele, Wagners Konzeption des musikalischen Dramas, Regensburg 1971, S. 71-86.

38 | Um die szenische Dimension der Partitur zu bestimmen, definiert Bekker Letztere nicht nur als »Spielanweisung« (S. 1), sondern auch als *Szenarium* (ebd.). Die Analogie zum Film lässt sich insofern verstehen, als Bekker hiermit eine verbindliche Beziehung zu etablieren sucht, mittels derer das szenische Geschehen von Anbeginn an reguliert wird.

Musikalisch-Kompositorischen und dem Szenisch-Gestischen und impliziert damit die Idee einer »richtigen Entzifferung« der Spielgesetze und zugleich die Idee einer »richtigen szenischen Verwirklichung« sowie einer »richtigen Deutung« beziehungsweise »richtigen Beurteilung«. Bekkers Verständnis der Opernanalyse zielt ab auf die Bewahrung eines Authentischen des Autors und einer Wahrheit des Werkes. Sie ist ein Instrument nicht nur zur Bewahrung der doppelten Instanz »Autor-Werk«, sondern auch zu ihrer »richtigen Beurteilung«.

Im ersten Kapitel seiner Abhandlung »Zur Problematik der Opernstruktur« thematisiert *Erik Fischer* die Beschreibungssprache der Analysen. Zum einen sei die »metaphorische Rede« kritisch zu sehen, zumal diese weniger erkläre als vielmehr durch bildhafte rhetorische Wendungen suggeriere; hier knüpft Fischer an die bereits erwähnte Forderung der *formalists* nach einer Entmythisierung des Operngegenstandes durch präzise und klare Beschreibungen nach naturwissenschaftlichem Vorbild an, wobei diese Ansprüche allerdings keineswegs die Etablierung einer poetischen Sprache verhinderten, welche die beobachteten Phänomene durch rhetorische Mittel und Analogien widerzuspiegeln suchte.[39] Zum anderen bewahren jene ausgewählten »konventionalisierten Interpretationsmodelle, polemischen Begriffsstereotypen oder rhetorischen Topoi [...] ihre eigentümlich präformierende Kraft auch für die Sprache der Operntheorie und geschichtsschreibung«.[40] Am Beispiel von Hermann Aberts Abhandlung »Grundprobleme der Operngeschichte«[41] identifiziert Fischer zwei Hauptprobleme eines Operndiskurses, im Rahmen dessen ein innerer »Zusammenhang zwischen wissenschaftlichen Aussagen und konventionellen Vorstellungsmodellen« hergestellt wird:

»Zum einen werden philosophisch-ästhetische Deutungsansätze, die im Verlauf der Gattungsgeschichte immer wieder aufgegriffen und variiert worden sind, zu normativ-systematischen Definitionen der Oper erhoben. Zum anderen weisen die terminologischen Systeme Leerstellen auf, die mit unpräzisen Allgemeinaussagen zur ›Seinsweise‹ der Sprache und des Dramas besetzt werden können.«[42]

Von hier aus untersucht Fischer »das künstlerische System ›Oper‹ sowie [das] Spektrum seiner vielfältigen Variationsformen« bzw. dessen »Fundamen-

---

39 | Fischer, Erik: Zur Problematik der Opernstruktur. Das Künstlerische System und seine Krisis im 20. Jahrhundert, Wiesbaden 1982, S. 1.
40 | Ebd., S. 5.
41 | Abert, Hermann: Grundprobleme der Operngeschichte, in: Kongress-Bericht Basel, 1924, in: Fischer, S. 6.
42 | Fischer, S. 17.

talstruktur«. Am Beispiel von Ausschnitten aus Mozarts *Le Nozze di Figaro*, Wagners *Götterdämmerung* und Monteverdis *L'Incoronazione di Poppea* sucht Fischer einerseits die Autonomie der sprachlichen, musikalischen und theatralen Systeme zu beweisen und andererseits ihre enge Bezogenheit aufeinander. Im Interesse der Verständlichkeit seien hier kurz die Grundzüge der Beweisführung Fischers dargelegt – ohne sie dabei in ihren Einzelheiten rekonstruieren zu wollen: Angelehnt an Ingardens Begrifflichkeit der Haupt- und Nebentexte[43] sowie seine Bestimmung dreier Funktionen der Sprache als Darstellung der Gegenständlichkeiten, Ausdruck der »psychischen Zuständigkeiten der dargestellten Personen und Kommunikation«,[44] definiert Fischer einen opernspezifischen Haupttext. Anhand eines Ausschnitts aus *Le nozze di Figaro* (II, 9) stellt Fischer drei Einheiten des Haupttextes fest: 1) »die metrisch-rhythmische Ordnung«, in der bestimmte Verse und somit Inhalte hervorgehoben werden, 2) die »klanglich-rhythmischen Elemente«, welche zwar modifiziert, deren Funktionen jedoch vom Autor nicht bestimmt werden, und 3) die »semantische Komposition«,[45] welche beispielsweise der Intensivierung einer Aussage dient. Der Nebentext hingegen bestehe mit Ingarden »aus allen anderen sprachlichen Bemerkungen und Hinweisen«. Es sind die Angaben, die anzeigen, »welche Person die Gruppe der Anwesenden erweitert, wer die Sätze auszusprechen hat und welche Aktion den Schluß der Rede begleiten soll«.[46] Von dorther erfasst Fischer beide Texte als stets miteinander inter-agierende Einheiten in einem umfassenden kommunikativen Prozess:

»Die isolierte Betrachtung der beiden ›Texte‹ und des musikalischen Satzes zeigt, daß die Verknüpfungen dieser unterschiedlichen Elemente jeweils zu zahlreichen internen Entsprechungen und Kongruenzen führt. Darüber hinaus gibt die Untersuchung aber auch zu erkennen, daß die Relationsgefüge der drei Zeichensysteme einander in hohem

---

43 | »Den Haupttext des Theaterstückes bilden die von den dargestellten Personen ausgesprochenen Worte, den Nebentext dagegen die vom Verfasser gegebenen Informationen für die Spielleitung. Bei der Aufführung des Werkes auf der Bühne fallen sie überhaupt fort und werden nur beim Lesen des Theaterstücks wirklich gelesen und üben ihre Darstellungsfunktion aus. Einen Grenzfall des literarischen Kunstwerks aber bildet das Theaterschauspiel insofern, als in ihm, neben der Sprache, ein anderes Darstellungsmittel vorhanden ist – nämlich die von den Schauspielern und den ›Dekorationen‹ gelieferten und konkretisierten visuellen Ansichten, in denen die dargestellten Dinge und Personen sowie ihre Handlungen zur Erscheinung gebracht werden« (Von den Funktionen der Sprache im Theaterschauspiel, in: Ingarden, Roman: Das Literarische Kunstwerk, 4. Aufl., Tübingen 1972, S. 403).
44 | Ingarden, S. 406-409.
45 | Ebd., S. 22.
46 | Ebd., S. 22.

Maße ähneln. Deshalb dürfen die Strukturen der künstlerischen Materialien insgesamt homolog genannt werden.«[47]

Der Begriff der Homologie[48] ist bei Fischer insofern zentral, als er dadurch die »kohärenten Relationsgefüge« bestimmt, und zwar sowohl innerhalb der jeweiligen Haupt- und Nebentexte als auch zwischen ihnen. Somit verbindet Fischer die zugrunde liegenden dramatischen, musikalischen und theatralen Bestandteile der Texte durch »homologe Strukturen« fest miteinander. Dass jedoch »Sprache, Musik und Szene vergleichbaren Ordnungsprinzipien gehorchen«, wird von Fischer mehr behauptet als begründet. Mit Wagners *Götterdämmerung* sucht Fischer seine These an Werken, »die gänzlich anderen Entwicklungsphasen der Operngeschichte zugehören«,[49] zu erproben. Über die Schlussfolgerungen der musikalischen und literarischen Analysen Fischers könnte sicherlich diskutiert werden – allerdings liefert Fischer hier eine durchaus nachvollziehbare Argumentation. In diesem Rahmen äußert er eine Kritik an Carl Dahlhaus, welcher Wagners Dichtung als Prosa anstatt als Versdichtung begreife. Fischer erinnert in seiner Widerlegung erstens daran, dass Wagner mit dem Prosa-Begriff ein »Verfahren der Versvertonung« bezeichnete, »das er sich gerade nicht zu eigen machen, sondern vermeiden wollte«, und das deshalb zur Deskription seiner Musik nicht geeignet sei, zweitens daran, dass Wagners »strenge Beachtung der logisch-rhetorischen Akzente [...] sich durchaus den Prinzipien ›gebundener Rede‹ fügen [kann]«, und drittens daran, dass »die wechselnde Anzahl der Hebungen ebenfalls den Regeln der Verssprache [gehorche], weil die Füllungsfreiheiten ihre Grenze in zwei rekurrenten Zeichenmodellen finden«.[50] Charakteristisch bei Wagner seien daher die »vielfältigen Strukturentsprechungen« zwischen Vokalpart und Haupttext, welche in einer »Versmelodie«[51] verschmelzen. Fischer nutzt Wagners Bestimmung der Versmelodie als Paradigma seiner Homologie-These, in der »die Medienverknüpfung, die den Bau der ›Versmelodie‹ begründet, gleichermaßen das Verhältnis zwischen dem dichterischen System und den übrigen musika-

---

47 | Ebd., S. 24.
48 | In Anlehnung an Claude Lévi-Strauss beschreibt Fischer »Homologie« als »die Relation der Äquivalenz zwischen (mindestens) zwei (mindestens) zweistelligen Relationen, die jeweils beliebige Terme derselben oder verschiedener Klassen verknüpfen. Auf das Gebiet der formalen Opernanalyse übertragen, vermag dieser Begriff das konstruktive Verhältnis zu treffen, in dem die Elemente solcher pluridimensionalen Kompositionen zueinander stehen« (ebd., S. 25).
49 | Ebd., S. 27.
50 | Ebd., S. 36.
51 | Ebd., S. 38.

lischen Elementen« treffe.[52] Selbst wenn auch hier eine Begründung fehlt, ist die Argumentation von Fischer durchaus kohärent. Denn auch in diesem Fall dienen Stellung und Funktion der Haupt- und Nebentexte der Schaffung eines umfassenden opernanalytischen Instrumentariums:

> »Der Figaro- und Ring-Ausschnitt zeigen hinlänglich, daß neben Sprache und Szene auch die Musik eigengesetzlich und vorbehaltlos an der Konstitution der theatralischen Handlung beteiligt wird. Aus der Interdependenz dieser Medien ergibt sich mithin regelmäßig eine dem Genus eigentümliche Struktur der dargestellten ›Realität‹, die von derjenigen der Erfahrungswelt ostentativ geschieden ist [...] Aus diesem Grunde bildet die Oper als integrierendes Gesamtsystem dreier Künste die dramatisch-fiktionale Gattung [...] Die ›funktionale Einheit‹ aller Ausdrucksmittel findet in der ›musikdramatischen Fiktion‹ ihr Korrelat, weil das Gefüge der artistischen Elemente und das ästhetische Phänomen einer gleichzeitig handelnden und singenden Bühnenfigur einander stets wechselseitig bedingen.«[53]

Wie wir feststellen konnten, sind also Auffassungen von »Oper« als übergeordnetes, globales System, welches aus unterschiedlichen autonomen Elementen besteht, keineswegs neu. Auch die Aufteilung der Opernkomponenten in eine einzige Invarianz, eine musikdramatische Konstante einerseits und eine plurale Variable, eine kontingente Szene andererseits, findet sich bereits bei Bie. Damit wird der musikdramatische Text zugleich in abstrahierender Ahistorizität verortet und zur allein gültigen, allein untersuchbaren Opernkomponente erklärt. Doch darauf, dass das musikalische Material durch und durch von seiner Historizität geformt ist und als solches zu betrachten ist, weisen bereits Praktiken des frühen 20. Jahrhunderts – z.B. die historische Aufführungspraxis – und kritische Stimmen aus den Geisteswissenschaften hin. Allerdings liefert Fischer wichtige Impulse für die musikwissenschaftliche Opernanalyse in mehrfacher Hinsicht: Schon die Problematisierung der analytischen Sprache ist zu begrüßen; indem Fischer auf den präformierenden Charakter der verwendeten Begriffe hinweist, thematisiert er die zugrunde liegenden ästhetischen Prinzipien der Bezeichnungen, womit der Grundstein einer genealogischen Untersuchung der analytischen Begriffe, ihrer Implikationen im opernanalytischen Verfahren sowie ihrer Prämissen gelegt wird. Dies ist wiederum Bedingung einer kritischen Opernforschung, welche imstande ist, durch archäologische und genealogische Untersuchungen ihre übernommenen präformierten Begriffe zu reflektieren. Darüber hinaus bietet Fischer einen Gegendiskurs zur seinerzeit herrschenden Wagner-Analyse von Carl

---

52 | Ebd., S. 38.
53 | Ebd., S. 46.

Dahlhaus. Es ist daher kaum verwunderlich, dass Dahlhaus gegen Fischers Ansatz mehr polemisch als sachlich argumentierte.

3. OPERNSZENE ALS REPRÄSENTATION

Zum Ansatz, die Opernszene als Repräsentation zu begreifen, gehen wir auf die Abhandlungen *Hermann Danusers* und *Horst Webers* ein. Als Carl Dahlhaus mit dem umfassenden »Neuen Handbuch der Musikwissenschaft« Ende der 80er Jahre begann, zielte er auf eine Synthese der damaligen historiographischen Tendenzen in einer Kompositions-, Ideen- und Institutionsgeschichte. Hermann Danuser verfolgt dieses Ziel weiter und verfasst in diesem Rahmen eine ausführliche Abhandlung über die musikalische Interpretation. Danuser bestimmt dabei zwei Sachverhalte der musikalischen Interpretation: Zum einen handelt es sich um eine hermeneutisch-theoretische Deutung, welche »auf eine begriffliche Erkenntnis der komponierten Struktur- und Formzusammenhänge«[54] abzielt, zum anderen wird dadurch eine aufführungspraktische »Klangrealisation des vorgestellten musikalischen Sinnes«[55] bezeichnet. Es sei zunächst erinnert an die unterschiedliche Bedeutung der Begriffe »Aufführung« und »Aufführungspraxis« in den Musikwissenschaften. Denn anders als in den Theaterwissenschaften bezeichnet »Aufführungspraxis« hier »den Bereich von Musikforschung und praxis, der alle Aspekte der Umsetzung notierter Musik in Klang umsetzt.«[56] Auf einer theaterwissenschaftlichen und praktischen Ebene entspricht dieser Umsetzung zum einen die dramaturgische Arbeit und zum anderen der Inszenierungsprozess. Auf der Opernebene wird jedoch von historischer Aufführungspraxis gesprochen, wenn die Zusammenarbeit zwischen praktischer Musikausübung (z.B. Instrumentalkunde bzw. Organologie) einerseits und historischer Musikforschung (also Beschreibung und Bewertung von Quellen in ihren jeweiligen Zusammenhängen) andererseits gemeint ist. Solche Zusammenarbeit zwischen Musikpraxis und theorie fand zunächst im Bereich der Alten Musik statt, doch seit etwa dreißig Jahren sind neue Kooperationen im Bereich der Neuen Musik zu beobachten, denen großer Erfolg beschert ist. Ausgehend von der historischen Tatsache, dass Anfang des 20. Jahrhunderts eine Kluft zwischen dem Vortragenden und der von ihm dargestellten Musik zu beobachten war, identifiziert Danuser drei »Interpretationskulturen« oder modi: historisch-rekonstruktiver Modus, tradi-

---

[54] | Danuser, Hermann: Die musikalische Interpretation, in: Dahlhaus, Carl, Danuser, Hermann (Hg.): Neues Handbuch der Musikwissenschaft, Wiesbaden 1992, Vorwort.
[55] | Ebd., S. 301.
[56] | Gutknecht, Dieter: Artikel »Aufführungspraxis«, in: MGG, Finscher, Ludwig (Hg.), 2. neubearbeitete Ausgabe. Sachteil 1 u.a. Kassel, Basel, London 1996, Sp. 954.

tioneller Modus und aktualisierender Modus. Diese Interpretationsmodi sind idealtypische »Zeithorizonte«, anhand derer Danuser die unterschiedlichen Einstellungen der Aufführenden gegenüber dem aufzuführenden Werk zu erfassen sucht.

»Der erste Zeithorizont bestimmt ein Musikwerk in seinen Anfängen in der vom Komponisten selbst vorgesehenen Weise der Darstellung. Dieser Zeithorizont ist bei einigem Abstand nicht länger gegenwärtig. Nur durch historische Forschung können die Bedingungen jenes einem Werk ursprünglich eigenen Zeithorizontes näherungsweise, aber niemals vollkommen rekonstruiert werden: im ästhetischen und lebensweltlichen Bewußtsein von Interpret und Hörer findet das Rekonstruktionsbemühen eine unüberschreitbare Schranke.«[57]

Der historisch-rekonstruktive Modus kommt bei der bereits erwähnten historischen Aufführungspraxis zum Zuge. Hier wird eine Rekonstruktion der Bedingungen, unter denen ein musikalisches Werk entstanden ist, angestrebt; das Werk ist im Hinblick auf Aussagen der Autoren und ihre szenischen Vorstellungen aufzuführen. Dieser Modus ist daher weniger im Zusammenhang mit ästhetischen Problematiken der musikalischen Interpretation zu sehen, als vielmehr als Archivierungsmethode der historischen Musikwissenschaft zu verstehen. Der traditionelle Modus entspricht der musikalischen Wirkungsgeschichte eines Werkes; in diesem Zusammenhang macht Danuser mehrere problematische Aussagen, die auf ästhetisch-ideologische Prämissen zurückzuführen sind. Erstens nimmt er eine »Kontinuität des musikalischen Vortrags im Rahmen einer Interpretationskultur«[58] an und zweitens geht er von einer »unbewußten Tradition« aus, welche im Sinne »eines Leitfadens für die Gegenwart« fungiere. Im Opernbereich ist es nicht möglich, von einer einheitlichen, kontinuierlichen musikalischen oder szenischen Praxis zu sprechen; Opernpraktiken sind historische Produkte und als solche immer plural, fragmentiert, widersprüchlich, miteinander verstrickt und aufeinander reagierend. Szenische Praktiken jedoch, die sich im Laufe der Inszenierungsgeschichte einer erfolgreichen Oper wie *Zauberflöte*, *Aida* oder *Carmen* festigten, werden als Opernkonventionen bezeichnet. Zutreffender wäre also, von einem Aufführungsmodus zu sprechen, welcher sich innerhalb nicht hinterfragter Inszenierungskonventionen bewegen soll. Mit dem Begriff der »Interpretationskultur« geht Danuser von einem einheitlichen und kontinuierlichen Kulturbegriff aus, welchen es zur Analyse kultureller Erzeugnisse zu kritisieren gilt. So problematisch die ideologischen Prämissen und Implikationen dieser Aussage sind,

---

57 | Ebd., S. 13.
58 | Danuser, Hermann: Die musikalische Interpretation, in: Dahlhaus, Carl, Danuser, Hermann (Hg.): Neues Handbuch der Musikwissenschaft, Wiesbaden 1992, S. 13.

ihre Funktion im globalen argumentativen Feld ist nachvollziehbar. Zunächst werden Musikpraktiken in einem aktivierenden Kontinuum konstruiert, zugleich werden so Aufführungspraktiken auf eine kontextuelle Variable reduziert, während die schriftlich fixierten Werke essentialisiert bzw. verabsolutiert werden. Auf diese Weise kann der aktualisierende Modus als Interpretation bestimmt werden, »dezidiert von der jeweiligen Gegenwart gesetzt«, »im Lichte der Vorstellung einer prozeßhaft voranschreitenden Kompositionsgeschichte, aus deren Perspektiven ein älteres Werk in seiner Aktualität für die Gegenwart neu interpretiert wird«.[59] Dabei wird impliziert, eine Interpretation könne mehr oder weniger »dezidiert« von der Gegenwart ausgehen, was methodologisch begründbar wäre, sich jedoch in der Praxis nicht bewahrheitet. Doch die drei Interpretationsmodi Danusers sind ohne seine grundlegende These zur Konstitution des musikalischen Werks aus einem »Struktursinn« und einem »Aufführungssinn« nur teilweise erläutert:

»Der Struktursinn eines Werktextes offenbart sich der Lektüre nach der Maßgabe schriftlicher Texte. Er umfaßt den gesamten Sinn eines Werkes, den die musikalische Analyse unabhängig von einer Aufführungsperspektive freizulegen vermag [...] Von dieser Lektüre ist der Aufführungssinn eines Textes zu unterscheiden. Er bezieht sowohl die explizit formulierte Vortragsbezeichnung als auch die nicht notierten bzw. nicht notierbaren Text-Dimensionen konstitutiv mit ein [...] seine Bedeutung ist abhängig von dem pragmatischen Kontext, in dem er sich realisiert – von der je und je verschiedenen Aufführungssituation im Blick auf den Raum, das Publikum, Anzahl und Beschaffenheit der Instrumente bzw. der Vokalkräfte, die Einstellung des Interpreten auf das Publikum, auch die individuelle Gestimmtheit des Interpreten und weitere variable Faktoren [...].«[60]

Diese Zweiteilung in Struktur- und Aufführungssinn ist methodisch zunächst zu begrüßen, denn dadurch wird der Versuch unternommen, die Aufführungsdimension musikalischer und musiktheatraler Produktionen genauer zu erfassen und somit auch ihre Analyse zu ermöglichen. Allerdings gründet diese Teilung auf unsicherem Fundament. Denn wenn der kontextuelle Charakter des Aufführungssinns ostentativ hervorgehoben wird, wird der ebenso kontextuelle Aspekt des Struktursinns völlig ausgeblendet. Von dieser Entgegensetzung ausgehend, befinden wir uns erneut in den Schranken einer Oppositionsreihe, außerhalb derer musikalische und musikdramaturgische Produktionen nicht mehr gedacht werden können: hier der Struktursinn – also Werk, Wahrheit, Objektivität, Essenz –, und dort der Aufführungssinn – also Interpretation, historische Kontexte, Subjektivität und *quantité négligeable*.

---

59 | Ebd., S. 13.
60 | Danuser, S. 4-5.

Einer der ersten Musikwissenschaftler, die sich nicht nur gegen diese dreifache Einteilung wehren, sondern auch deren zugrunde liegende werkästhetische Prämisse hinterfragen, ist *Horst Weber* mit seinen gesammelten Aufsätzen über Werktreue in der Musik:

> »Ins Bewußtsein einer breiten Öffentlichkeit trat das Wort ›Werktreue‹ in den fünfziger und sechziger Jahren dieses Jahrhunderts, als Schallplattenfirmen mit neuen Labels alte Musik auf den Markt brachten und manch langweilige Einspielung mit dem Etikett der Werktreue zu nobilieren suchten. In diesem Verwendungszusammenhang brachte das Wort ›Werktreue‹ zwar die historische Distanz zwischen Werk und Interpret irgendwie zu Bewußtsein, aber das Wechselverhältnis zwischen Werk und Interpret wurde stillgestellt: Als Ware wurde Werktreue zur Wiederbelebung einer historisch gewordenen Musizierpraxis verkürzt. Ein solcher Begriff von Werktreue schlich sich auch in Beurteilungen des aufkommenden Regietheaters ein [...].«[61]

Von dieser Beobachtung ausgehend untersucht Weber den Begriff der Werktreue auf seine historische Formung hin. Dabei unterstreicht er prägende Momente dieser historischen Formung, welche auf die Auffassung von Musik bzw. Oper als Kunstwerk besonders nachhaltig wirkten: die gegenseitige Bedingtheit von Schriftlichkeit und Werkidee, die Bestimmung von Musik als *opus perfectum et absolutum*, die Gegenüberstellung von »Treue« und »Bearbeitung« von Werken und schließlich die Bemühungen von Opernautoren, die Aufführung zu kontrollieren. Insofern sei das Moment der Schriftlichkeit zu betonen; denn »nur was schriftlich fixierbar ist, kann in einer Schriftkultur zu den unveränderlich tradierbaren Momenten des Werkes gehören, und umgekehrt muß die Schrift dazu befähigt werden, die jeweils wesentlichen Aspekte des Werkes festhalten zu können«. Indem er an die wechselseitige Bedingtheit von Schrift und Werkidee erinnert, lokalisiert Weber einerseits den ästhetischen Entstehungskontext, aus dem der Begriff der Werktreue Jahrhunderte später entstand, und verweist andererseits auf die ästhetischen und analytischen Folgen des Werkbegriffs. Hier wurde der Keim einer textzentrierten Auffassung von Musik bzw. Kunst und Wissen gelegt, so dass Opernproduktionen zwar »auf Verbreitung in Raum und Zeit angelegt«,[62] jedoch zugleich auf ihre schriftliche Fixierung reduziert wurden. Das Moment der Schriftlichkeit müsse auch deshalb betont werden, »weil wir selbst uns in einem Stadium der Kultur befinden, in dem sich der Schwerpunkt der kulturellen Äußerungen und der Bewußtseinsbildung aufgrund der Omnipräsenz der Massenme-

---

61 | Weber, Horst: Vom »treulos treuesten Freund«, eine Einführung in das produktive Dilemma des Regietheaters, in: Weber, Horst (Hg.): Oper und Werktreue, fünf Vorträge, Stuttgart und Weimar 1994, S. 1.
62 | Ebd., S. 3.

dien von der Schriftlichkeit (wieder) zur Bildlichkeit verlagert. Dies hat weitreichende Konsequenzen für die Überlebensfähigkeit schriftlicher Kulturgüter in unserer Bilder-Gesellschaft«.[63]

Ein weiteres prägendes Moment, das zur Entstehung des Begriffs der Werktreue beitrug, ist, dass die Autoren »die Instanz ›Aufführung‹ in ihrer Eigenverantwortung zurückzudrängen [suchten], in der Musik durch Vorschriften für Tempo, Dynamik usw. in Theaterstücken durch immer genauere Angaben über Spielorte, Bewegungen und Ausdrucksnuancen«[64] bestimmt wurde. Angesichts dieser unterschiedlichen Momente der Musikgeschichte, die einerseits das Werk zur eigentlichen Kunstproduktion und später zum »objektiven« Forschungsgegenstand erklären und andererseits sämtliche szenischen Komponenten ausschließen, erscheint die Entgegensetzung »Werk versus Aufführung« geradezu als logische Problematisierung im Rahmen einer bereits vorhandenen ästhetischen Auffassung. Daraus resultiert für Weber ein Paradigmenwechsel. Statt Oper als »Treue versus Bearbeitung« zu verstehen, stellt er die Frage nach einem Werkbegriff, welcher die Aufführung mit einbezieht: »Was heißt also Treue zu einer Oper, wenn man dabei nicht nur die Instanz ›Text‹, sondern auch die Instanz ›Aufführung‹ in den Blick nimmt?«[65] Es stelle sich weniger die Frage nach der »Treue« zum Text, zu den vermeintlichen Intentionen der Autoren oder zum »Wahrheitsgehalt«[66] des Kunstwerks, als vielmehr die Frage nach den historischen Veränderungen des Komplexes aus textlichen und inszenatorischen Bestandteilen. Diesbezüglich thematisiert Weber die Oper unter dem interessanten und bislang kaum beachteten Aspekt des Alterns ihrer Bestandteile: »Werke altern, weil sie einen Sinn intendieren, den jeder Zuschauer und Zuhörer, auch Leser neu rekonstruieren muß«.[67] In der Oper altern die erzählten Geschichten und ihre sprachlichen Formen, die auf das szenische Geschehen ausgerichtete Musik, die ästhetischen Normen des Theaterspiels und die Konventionen.[68]

Diese Erkenntnis ist sowohl für die Praxis als auch für die Analyse der Oper grundlegend. Denn wenn Komponenten in ihrem jeweiligen, historisch be-

---

63 | Ebd., S. 3.
64 | Ebd., S. 4.
65 | Ebd., S. 9.
66 | »Der Wahrheitsgehalt der Kunstwerke ist die objektive Auflösung des Rätsels eines jeden einzelnen. Indem es die Lösung verlangt, verweist es auf den Wahrheitsgehalt. Der ist allein durch philosophische Reflexion zu gewinnen. Das, nichts anderes, rechtfertigt Ästhetik« (Adorno, Theodor W.: Zum Wahrheitsgehalt der Kunstwerke, in: Ästhetische Theorie, Frankfurt a.M. 1970, S. 193).
67 | Weber, S. 9.
68 | Ebd., S. 10.

dingten Alterungsprozess aufgefasst werden, entpuppt sich die Entgegensetzung »Werk versus Aufführung« als Ergebnis einer schriftzentrierten Ästhetik, welche keineswegs jegliche performative Kunsterscheinung und Wissensform zu erfassen vermag. Webers Leistung besteht in der Erweiterung des textzentrierten Werkbegriffs um die szenische Komponente. Der Autor geht allerdings weiterhin von einem einheitlichen, konstanten Textbegriff aus, der weder die Werkästhetik noch die Gegenüberstellung »Werk versus Bühne« in Frage stellt. Vielmehr wird der textzentrierte Fokus verschoben bzw. um die Opernszene erweitert. Webers Arbeit trägt zweifelsohne zu einer Öffnung der Opernanalyse bezüglich der szenischen Komponente bei, ist jedoch hinsichtlich einer Aufführungsanalyse unzureichend. Mit der synonymen Verwendung der Grundbegriffe »Inszenierung« und »Aufführung« tritt weniger Webers individuelle Auffassung zu Tage als vielmehr ein strukturelles Problem der musikwissenschaftlichen Opernforschung. Da Opernforscher sich lange Zeit ausschließlich mit Opernmusik auseinandersetzten, wurden Ästhetik und Methode zur Ergründung von Instrumentalmusik auf einen gänzlich anderen Forschungsgegenstand übertragen. Es bestand insofern kein Bedürfnis danach, zwischen »Inszenierung« und »Aufführung« überhaupt zu unterscheiden. Doch wenn Opernpraktiken geradezu dazu zwingen, die szenische Komponente zu reflektieren, stellt sich die Frage nach präziser Bezeichnung ganz akut.

4. Opernszene als historisches Ereignis

Als lange Zeit unbestrittener Wagnerspezialist hatte *Carl Dahlhaus* (1928-1989) mit seinen Theorien und Analysen prägenden Einfluss auf die Herausbildung opernanalytischer Instrumente. In seinen Bemühungen, Oper und Wagnersches Musikdrama deutlich voneinander abzugrenzen, unternahm Dahlhaus eine systematische Klassifizierung der jeweiligen dramaturgischen, musikalischen und szenischen Komponenten. Je nachdem, ob eine Komponente als opern- oder musikdramatischer Bestandteil bestimmt wurde, verortete Dahlhaus sie unterschiedlich, was wiederum auf die Analyse einwirkte. Zunächst sei – ohne die damaligen Diskussionen um das Wagnersche Musikdrama rekonstruieren zu wollen – an die Terminologie, auf die Dahlhaus sein opernanalytisches Instrumentarium aufbaut, erinnert. In seiner Abhandlung »Wagners Konzeption des musikalischen Dramas« bestimmt Dahlhaus »Oper« als ein »Drama der Affekte«, welches aus einer szenischen Vorstellung heraus entstehe und auf ihre Realisierung abziele. Damit knüpft Dahlhaus an Bekkers Idee der szenischen Vorstellung als Ursprung und Ziel der Opernpartitur an.

»Das Leben der Oper – der opera seria, nicht buffa, die anderen Gesetzen folgt – erfüllt sich wie das des Affekts, dessen Ausdruck der gesungene Ton ist, in der jeweiligen Gegenwart, der unmittelbaren Präsenz. So ›undramatisch‹ die Oper sein darf, ohne ihr Daseinsrecht zu gefährden, so unausweichlich ist der Zwang zum Theatralischen, dem sie unterliegt: Die *raison d'être* der Gattung ist die an den Augenblick gebundene Theaterwirkung im unverächtlichen Sinne des Wortes.«[69]

Dahlhaus unterscheidet zwei wesentliche Elemente, welche in Oper bzw. Musiktheater jeweils anders in Erscheinung treten: die Dramaturgie und die theatrale Gewichtung. Die Operndramaturgie wird dabei als eine »nicht analytisch[e], sondern präsentierend[e]«[70] Instanz bestimmt, in der weniger die Handlung als vielmehr die Szene ausschlaggebend sei: »Der theatralische Augenblick ist für sich von Bedeutung, nicht durch die Konsequenzen, die aus ihm hervorgehen [...]. So haben in der Oper die Stationen des Weges für sich Sinn und Geltung«.[71] Indem »Oper auf ›Vergegenwärtigung‹ und Sichtbarkeit sämtlicher Handlungsmomente«[72] abziele, fungiere ihre Musik »ausschließlich als Ausdruck der handelnden Personen«.[73] Auf diese Weise existiere Oper als ein in der Gegenwart verankertes und von ihren Autoren emanzipiertes Gebilde. Ganz anders verhalte es sich im Musikdrama, in dem:

»der Autor kommentierend in die Vorgänge [eingreift], und zwar als Komponist, nicht als Dichter. In der musikalischen Sprache der Leitmotive, der ›Orchestermelodie‹, redet Wagner selbst und verständigt sich über den Kopf der handelnden Personen hinweg mit den Hörern, sofern sie fähig sind, die musikalische Metaphorik zu begreifen [...] Die Leitmotivik vermittelt dadurch, dass sie an das jeweils Gegenwärtige ›Ahnungen‹ und ›Erinnerungen‹ anknüpft, eine Übersicht über das Ganze, als dessen Funktion das Einzelne erscheint, statt sich als szenisch-musikalischer Augenblick zu verselbstständigen.«[74]

Dahlhaus deutet die Wagnersche musikalische Leitmotivik als privilegierte gemeinsame Ebene zwischen Autor und Rezeption; von hier aus lassen sich strukturelle Unterschiede zwischen Opernformen und Musikdramen feststellen: Die jeweiligen Bestandteile sind in der Oper und im Musiktheater nicht dieselben. Wo das »Theatralische« die zugrunde liegende Struktur von Opern bildet, erhält es im Musikdrama eine ambivalente, nicht widerspruchslose Funktion. Denn »durch die Inszenierung, die Wagner als Verwirklichung

---

69 | Ebd., S. 17-18.
70 | Ebd., S. 20.
71 | Ebd., S. 18.
72 | Ebd., S. 21.
73 | Ebd., S. 22.
74 | Ebd., S. 22.

begriff, wird das Drama nicht reproduziert, sondern überhaupt erst hervorgebracht. Der (musikalische) Text ist, pointiert ausgedrückt, ›Vorlage‹«.[75] Allerdings sei zugleich die Inszenierung des Musikdramas »mit komponiert«, so dass das »Theatralische« eine sekundäre Funktion erhalte. Dass die Inszenierung ausschließlich im Musikdrama mit komponiert sei, begründet Dahlhaus damit, dass in der Oper »die mimisch-szenische Ergänzung des geschriebenen Textes« nicht im gleichen »Ausmaß« auftrete und den »Spielraum des Regisseurs«[76] bilde. Dahlhaus kann hier auf die aristotelische Argumentation zurückgreifen, nach der die Szene kein Bereich der *Poiesis*, sondern der Praxis ist. Die thematisch unterschiedliche Gewichtung zwischen Oper und Musikdrama bestehe darin, dass die Oper »an den einzelnen Augenblick, an die szenische Präsenz« gebunden und somit als »Drama der Affekte« definiert werde, während das Wagnersche Musikdrama ein »Drama der Charaktere« sei. Im Gegensatz zur Oper verknüpfe das Musikdrama die Vorgänge »mit Erinnerungen« und »Ahnungen«, so dass die Wirkungen dort weniger durch das »Sichtbare« (*Diegesis*) als vielmehr durch die Erzählung bzw. das Erzählte (*Episches*) erzeugt werden.[77] Während die auktoriale Funktion in der Oper zugunsten einer dominierenden szenischen Komponente sowie eines Drangs zur Vergegenwärtigung in den Hintergrund tritt, wird die gleiche auktoriale Komponente im Musikdrama zum eigentlichen Kern erhoben. In Dahlhaus' Bemühen, eine starke auktoriale Komponente im Musikdrama zu begründen, ist der Versuch zu erkennen, eine historische Inszenierungspraxis des Wagnerschen Musikdramas zu legitimieren. Ein neues Feld der Opernanalyse eröffnete Dahlhaus' Unterscheidung zwischen oper- und musikdramatischen Strukturen dadurch, dass einerseits formale und symbolische Ansätze überwunden und andererseits das Werk in seinen historischen Zusammenhängen verortet und erfasst wurde. Richard Klein beschreibt Dahlhaus' opernanalytische Problematisierung als das Streben nach einer Analyse, »die nicht ständig auf Handlungsnarrative zu rekurrieren brauchte, um den dramatischen Sinn einer musikalischen Struktur oder eines musikalischen Zusammenhangs formulieren zu können, die aber ebenso konsequent mit klassischer Formenlehre und Sonatensatztheorie in puncto Musikdrama Schluß machen sollte«.[78] Dahlhaus übte drastische Kritik an den bisherigen Theorien, Methoden und

---

75 | Ebd., S. 23.
76 | Ebd., S. 23. Dabei übernimmt Dahlhaus die Argumentation von L. K. Gerhartz. Allerdings bestimmt Dahlhaus die Funktion der Inszenierung in Opernformen in Abgrenzung zum gesprochenen Drama.
77 | Ebd., S. 19.
78 | Klein, Richard: Werk vs. Theater, Carl Dahlhaus im Konflikt mit Richard Wagner, in: Klein, Richard (Hg.): Carl Dahlhaus, Gegenwart und Historizität, Musik und Ästhetik, Stuttgart 2008, S. 52-53.

Geschichtsschreibungen der Opernforschung und arbeitete zugleich am Aufbau neuartiger analytischer Einheiten.

Eine ausführliche Darstellung seiner opernanalytischen Prinzipien liefert Dahlhaus im Aufsatz »Zur Methode der Opern-Analyse«. Gleich zu Beginn fasst der Musikwissenschaftler die Problematik der Opernanalyse wie folgt zusammen:

»Die Opern-Analyse – die wissenschaftliche wie die publizistische – krankt an dem Zwiespalt, daß zwar die Prinzipien, von denen sie ausgehen müssten, in den Umrissen feststehen, daß jedoch die Kategorien und Kriterien, die im einzelnen eine den Postulaten der Opernästhetik angemessene Interpretation möglich machen, immer noch unentwickelt sind. Die Einsicht, daß es nicht genügt, das ›Wort-Ton-Verhältnis‹ zu untersuchen, um einer Oper als musikalisch-dramatischem oder musikalisch-theatralischem Werk gerecht zu werden, gehört inzwischen zu den Gemeinplätzen, an denen niemand zweifelt. Wie sich aber die Forderung, daß in jenem Augenblick das szenisch-gestische Moment zu musikalischen und sprachlichen in Relation gesetzt werden sollte, analytisch einlösen lässt, ist ein Problem, das Verlegenheit bereitet, weil es einstweilen an Begriffen mangelt, die zwischen den Grundsätzen der Theorie und den Details, aus denen die Praxis besteht, plausibel vermittelt.«[79]

Von hier aus sucht Dahlhaus Kategorien und Kriterien für eine Opernästhetik herauszuarbeiten. Dabei geht es ihm zunächst darum, ein begriffliches Instrumentarium zu entwickeln, welches die Beziehungen zwischen »szenisch-gestisch« und dem musikalisch-sprachlichen Moment genauer zu erfassen bzw. zu bestimmen vermag. Wir interessieren uns dabei für zwei Haupt- bzw. Oberbegriffe: die Zeit und das Gestische.

Ausgehend von der Feststellung, dass »die Unterscheidung zwischen realer und gedehnter Zeit oder imaginärer Zeit, die sich im Gegensatz zwischen Rezitativ und Arie manifestiert, keineswegs genügt, um den ungezählten Abstufungen, aus denen die musikalisch-dramatische Wirklichkeit besteht, gerecht zu werden«,[80] sucht Dahlhaus die Zeitproblematik zunächst als solche darzulegen:

»Während das Rezitativ, in dem die musikalisch-formale Zeit mit der real dargestellten Zeit in der Regel annähernd übereinstimmt [...] ist der Zeitverlauf geschlossener Nummern dadurch problematisch, daß er fast immer, anders als der des gesprochenen

---

[79] | Dahlhaus, Carl: Zur Methode der Opern-Analyse, in: Vom Musikdrama zur Literaturoper, Aufsätze zur neueren Operngeschichte, München, Salzburg 1983, S. 9.
[80] | Dahlhaus, Carl: »Zeitstrukturen in der Oper«, ebd., S. 25.

Dramas, ungleichmäßig und gewissermaßen rhapsodisch ist. Der kontinuierlichen Zeit im Schauspiel steht eine diskontinuierliche in der Oper gegenüber.«[81]

Mit dem Begriff der Diskontinuität zielt Dahlhaus auf »die selten berücksichtigte Eigentümlichkeit der Oper, daß das Maß an der dargestellten Zeit oft genug innerhalb der gleichen Szene zwischen Extremen wechselt«. Damit sind die »Brüche und Risse« gemeint, die eine Szene durchziehen. Die Diskontinuität ist somit »als Mittel einer Dramaturgie [zu verstehen], die unter musikalischen Voraussetzungen auf Theaterwirkungen zielt«.[82] Zur Illustration dieser Kategorie führt Dahlhaus das Finale des dritten Aktes aus Rossinis *Guillaume Tell* an, in dem es »nicht weniger als vier verschiedene Relationen zwischen musikalisch-formalem und dramatisch-inhaltlichem Zeitverlauf« gebe: erstens die dargestellte Zeit des Rezitativs; zweitens die Ausbreitung eines *Tableau vivant*, in dem »die Handlung innehält, ohne daß jedoch von einem Stillstand der Zeit die Rede sein kann«; drittens »ein in der Zeit fortschreitender, aber durch Textrepetition verzögerter und durch ungleichmäßige Gangart vom realen Zeitverlauf abweichender Dialog« und viertens die Zeit des abschließenden Quintetts mit Chor, in dem jeder für sich »quasi monologisch in die eigenen Gefühle und Gedanken versunken ist«.[83] Diese Demonstration verhilft Dahlhaus zur Formulierung seiner zentralen These:

»Die Aufhebung der Zeit erscheint als Kehrseite einer Aufhebung der realen, dialogisch-szenischen Beziehung zwischen den Personen. Der Wechsel zwischen fließender und stockender Handlung führt in der Oper zur Dissoziation der Zeit in einem formalen Zeitablauf, der sich in der Aufführungsdauer manifestiert, und einem inhaltlichen, der aus dem Gang der Handlung als deren reales Substrat erschlossen werden muß.«[84]

Allerdings ist die Aufteilung in eine »stockende« und eine »fließende« Handlung sowie die Trennung zwischen formalen und inhaltlichen Zeiten in mehrfacher Hinsicht höchst problematisch. Erstens nimmt der Autor eine Ähnlichkeit der Zeitstruktur von Oper und Epik an, welche auf der »Differenz zwischen Erzählzeit und erzählter Zeit« basiere, und zwar im Gegensatz zum Theater, in dem »Darstellungszeit und dargestellte Zeit« allein aufgrund der aristotelischen Forderung nach »Einheit der Zeit« übereinstimmen. Doch »erzählte Zeiten«, die beispielsweise durch Berichte oder Briefe artikuliert werden, sind sehr wohl immanente Bestandteile einer Schauspieldramaturgie. Dann stellt sich die Frage nach den Verhältnissen zwischen »Erzählzeit« und

---

81 | Ebd., S. 25.
82 | Ebd., S. 29.
83 | Ebd., S. 25-26.
84 | Ebd., S. 26.

»erzählter Zeit«. Um seiner These Nachdruck zu verleihen, stellt Dahlhaus eine opernspezifische Dissoziation der Zeit fest, und zwar »in eine gezeigte, reale Zeit und eine imaginäre, bloß evozierte – oder anders ausgedrückt: in die präsente Zeit der Dialoge und die nicht präsente, von der in den Dialogen die Rede ist«.[85] Dies ermöglicht dem Autor zugleich, die damals weit verbreitete analytische Kategorie der »Vorgeschichte« zu verwerfen und stattdessen eine »imaginäre oder zweite Handlung« einzuführen, welche sich nicht mehr außerhalb des szenischen Geschehens befindet. Doch wenn eine Aufhebung der Zeit stattfindet, in der die Handlung »stockt«, kann dies nur in der erzählten Zeit geschehen. Denn die reale Erzählzeit, die Zeit der Dialoge und der Aufführung, verläuft weiter. Wie lässt sich dann »Zeit« als analytische Einheit zur Opernanalyse verwenden? Eine Trennung zwischen realer und imaginärer Zeit mag methodologisch nachvollziehbar sein; sie kann jedoch allenfalls als Übergang zu einem effizienteren Instrumentarium eingesetzt werden. Denn die Anwendung dieser analytischen Einheit scheitert daran, dass sie von starken Antagonismen zwischen zwei Zeiten ausgeht; abgesehen von der jeweiligen Konstruiertheit beider Zeiten, sind diese Antagonismen jedoch nicht zwangsläufig vorhanden. Darüber hinaus wird die Zeitproblematik auf zwei entgegengesetzte Pole reduziert, was jedoch weder etwas zum generellen Erfassen des Gegenstands »Oper« noch zum Begreifen der textlich-szenischen Beziehungen beiträgt. Stattdessen wird der Gegenstand »Oper« in einer weiteren hoffnungslosen binären Problematik – wie etwa das sehr nachhaltige »Wort-Ton-Verhältnis« oder der Mythos »objektiver versus subjektiver Analyse bzw. Analytiker« – verengt. Die zweite Kategorie unter dem Oberbegriff der Zeit, mit der Dahlhaus das Verhältnis zwischen Operntexten und szenen zu erfassen sucht, ist die Simultaneität. Im Gegensatz zur Kategorie der Diskontinuität, in der die Gleichsetzung von Rezeption und Erzeugung der musikdramatischen und szenischen Brüche vorausgesetzt wird, wird die Simultaneität einzig »in der Phantasie des Lesers« bzw. des Zuschauers erzeugt. Dies führt Dahlhaus zunächst zurück auf »die Erzähltechnik, nacheinander zu schildern, was gleichzeitig an verschiedenen Orten geschieht«.[86] Als Beispiel führt er die Ouvertüre von *Guillaume Tell* an: »Während das szenische Panorama unveränderlich feststeht, gleicht die musikalische Technik, die mit den Mitteln einer tönenden *Couleur locale* dasselbe Panorama skizziert, der Methode eines Erzählers, der von Ort zu Ort wandert, aber dem Leser ein Gesamtbild suggeriert, dass er nach und nach entstehen läßt.«[87] Mit dem Begriff der Simultaneität sucht Dahlhaus »verschiedene Vorgänge oder Dialogfragmente« zu erfassen, welche gleichzeitig stattfinden. Darüber hinaus dient ihm dieser

---

85 | Ebd., S. 27.
86 | Ebd., S. 31.
87 | Ebd., S. 32.

Begriff dazu, eine globale Zeitstruktur wiederherzustellen, in der die heterogenen Komponenten – formale und inhaltliche sowie Darstellungs- und dargestellte Zeiten – wieder zusammenfallen.

Das *Gestische* bzw. die *Geste* stellt zunächst ein Definitionsproblem dar. Dahlhaus verwendet beide Begriffe uneinheitlich und ohne eine genauere Bestimmung zu liefern. Der Autor spricht von »gestischen Charakteren der Motive« oder »gestischen Motiven«, »gestischen Momenten« und vom »musikalisch Gestischen« einerseits und von »musikalischer Geste« und »musikalischer Gebärde« andererseits, wobei die Begriffe abwechselnd synonym gebraucht und gegenübergestellt werden. Insofern wollen wir versuchen, begriffliche Klarheit zu schaffen. Um die erste Lesart, den »gestischen Charakter der Motive« oder das »gestische Motiv« zu erläutern, führt Dahlhaus ein ausführliches Zitat von Wagner an, in dem dieser die Bewegungen von Daland bzw. die genaueren Momente der Ausführung dieser Bewegungen festzulegen sucht.

»Das Nachspiel der Arie Dalands muß vollständig ausgeführt werden: während der ersten vier Forte-Takte wendet sich Daland sogleich mit Entschiedenheit zum Abgang; mit dem fünften und sechsten Takte macht er halt und dreht sich wieder um; die folgenden sieben Takte begleiten sein teils wohlgefälliges, teils neugierig-erwartungsvolles Gebärdenspiel bei seiner abwechselnden Betrachtung des Holländers und Sentas; während der darauf folgenden zwei Takte der Bässe geht er kopfschüttelnd bis zur Türe; mit dem abermaligen Eintritt des Themas in den Blasinstrumenten steckt er den Kopf noch einmal herein, zieht ihn verdrießlich wieder zurück und schließt hinter sich die Türe, so daß er mit dem Eintritte des Fis-Dur-Akkordes in den Blasinstrumenten sich ganz entfernt hat.«[88]

Aus dieser Beschreibung schließt Dahlhaus auf ein »der Arie angehängtes Pantomimenfragment, das insofern an die Tradition des Recitativo accompagnato erinnert, als der Zusammenhang der einzelnen Phrasen weniger abstrakt musikalisch als durch die szenische Aktion, auf die sie bezogen sind, vermittelt wird«.[89] Somit werden zwei Unterkategorien des Begriffs des »Gestischen« eingeführt: das »gestische Motiv« und die »musikalische Geste«. Erstere wird als ein »primär musikalisch-szenisches Moment« beschrieben, welches weniger auf den musikalischen Kontext als vielmehr »auf den Theateraugenblick, auf die szenische Aktion, die es umschreibt oder unterbricht, bezogen [ist]«.[90] Doch werden beim vorgeführten Beispiel Bewegungen weder in der Musik abgebildet, noch bildet die Musik einen dynamischen Impuls zu den

---

88 | Ebd., S. 76.
89 | Ebd., S. 76.
90 | Ebd., S. 77.

beschriebenen Bewegungen. Vielmehr handelt es sich hier um den vergeblichen Versuch Wagners, Regieanweisungen festzulegen, indem Bewegungen im Hinblick auf eine musikalische Vorlage eingegrenzt und rhythmisiert werden. Mit dem Begriff der »musikalischen Geste« beschreibt Dahlhaus die Gestaltung der Figuren und ihre jeweiligen Handlungen in der Musik. Die »musikalische Geste« bezieht sich also im Gegensatz zum »gestischen Motiv« auf einen dramaturgischen Inhalt. Am Beispiel von Tristan erläutert Dahlhaus: »Das Tristan-Motiv, mit dem die Szene, gleichsam heraldisch, beginnt, [...] ist unverkennbar eine musikalische Geste, und zwar des Stolzes und der Herausforderung – nicht zufällig gründet die Umkehrung des Tristan-Motivs als Marke-Motiv, als Ausdruck von Gebrochenheit und Enttäuschung«.[91] Doch das »musikalische Motiv« sei nicht mit einem »Aktionsmotiv« identisch, will der Autor mit dem »Motiv des Schreitens« illustrieren. Das »Motiv des Schreitens« sei vom Tristan-Motiv abgeleitet und gelte »als dessen Ergänzung und Konsequenz«. Isolde schreite langsam, begleitet von einem »Motivkomplex, in der Zusammensetzung von Tristan-Motiv, wiederholtem Motiv des Schreitens und der Halbkadenz«. Doch statt sich in einem Thema zu entwickeln, wird das, was Dahlhaus inzwischen »gestisches« und »Aktionsmotiv« nennt, »bloß auf anderer Stufe wiederholt«.[92] In diesem instabilen begrifflichen Kontext rekurriert Dahlhaus auf den erprobten Begriff der »Leitmotivik«, wobei dieser fest mit den szenischen Handlungen verbunden wird. Der Begriff der Leitmotivik, paradigmatisch am *Ring* illustrierbar, sei stets doppeldeutig:

»Einerseits sind die Motive gestisch bestimmt; die Orchestermelodie ist in der szenischen Aktion begründet und umgekehrt. Das Schwert- und das Speermotiv malen nicht unmittelbar die Gegenstände, deren Namen sie tragen, sondern ein Stück Aktion: das Ziehen des Schwertes und das Schreiten mit gesenktem Speer. Und sogar Motive, die nicht eigentlich als tönende Gebärden erscheinen, wie das Siegfriedmotiv, sind durch Bewegungsvorstellungen, die ein gestisches Moment enthalten, mitbestimmt; musikalischer Ausdruck ist zu einem nicht geringen Teil durch Gestisches vermittelt. Andererseits werden in der Ring-Tetralogie die Motive, auch die gestisch geprägten, in eine weitgespannte musikalische Reflexion hineingezogen und gleichsam zu einem Netz von Gedanken und Vorstellungen verknüpft, das die ganze Tetralogie überzieht und eine zweite innere Handlung neben der sichtbaren konstituiert [...] Das agierende, gestische Moment ist also mit einem epischen, reflektierenden verschränkt.«[93]

Wie so häufig bei Dahlhaus' Argumentationen ergeben sich seine Erkenntnisse aus einem logisch funktionierenden System, welches jedoch auf unbe-

---

91 | Ebd., S. 77.
92 | Ebd., S. 77.
93 | Ebd., S. 81.

gründeten Prämissen basiert. Darüber hinaus bleiben die Begrifflichkeiten oft unscharf; so werden die Hauptbegriffe – z.B. die »tönende Gebärde«, die »Bewegungsvorstellung« und die »gestischen Momente« – zwar benannt, nicht jedoch erläutert oder begründet. Trotz der präzisen Ziele scheitern die methodischen Absichten Dahlhaus' insofern bereits an den Begriffen. Die lyrischen Beschreibungen sowie die vagen und austauschbaren Bezeichnungen des »Gestischen« stellen kein begriffliches Instrumentarium zum Erfassen der Verhältnisse zwischen Opernszene und text dar. Höchst problematisch sind darüber hinaus die omnipräsenten, jedoch nie begründeten und hinterfragten ästhetischen Voraussetzungen des Dahlhaus'schen Projekts einer neuen Opernästhetik – z.B. ein von Adorno unhinterfragt übernommener Wahrheitsbegriff. Insgesamt machen Dahlhaus' Bemühungen die erheblichen Schwierigkeiten der musikwissenschaftlichen Analyse von Opern sichtbar, die mit der szenischen Komponente schlicht an ihre Grenzen stößt. Nichtdestotrotz trieb Dahlhaus zweifelsohne die Opernforschung in mehrfacher Hinsicht voran. Die szenische Komponente wird hier zum immanenten Bestandteil der Oper – wenn auch mit geringerem Anteil am Werkcharakter. Auch der doppelte Anspruch, praktikable analytische Einheiten zu entwickeln für die Verhältnisse zwischen Operntext und bühne, ist zwar nicht neu, doch mit den analytischen Kategorien »Zeit« und »Geste« erweiterte Dahlhaus das opernanalytische Feld, woran diese Studie anknüpft.

Ausgehend von einer Episode der französischen Operngeschichte, in der der Operndirektor Croisnier und der Leiter des Vaudeville-Theaters Antenor Joly juristisch um den formalen Unterschied zwischen einer »Opéra comique« und »Vaudeville à air nouveau« streiten, stellt der Musikwissenschaftler und Opernforscher *Heinz Becker* drei immanente Probleme der Opernforschung fest: 1) »eine allgemeine Unsicherheit bei der Handhabung der musikalischen Begriffe«, 2) »wie vielschichtig der Begriff Oper ist«, 3) in welch hohem Maße außermusikalische und wirtschaftliche Interessen »in die Konzeption eines solchen Werkes hineinwirkten«.[94] Daraufhin listet Becker die gesammelten methodischen Mängel der Opernforschung auf, wobei diese stets in ihrem jeweiligen historischen Kontext dargestellt werden. Von dorther formuliert Becker mehrere methodische Alternativen zur Verbesserung der Erforschung der Oper. Dazu zählen zunächst: »die Bereitstellung repräsentativer, umfangreicher Opernsammlungen«, »die Auswertung des Materials, die Darstellung von Zusammenhängen wie der vielfältigen Einzelzüge, das Eingehen auf die Libretto Frage, auf soziale Bindungen«.[95] Es gelte dann, eine Operngeschich-

---

94 | Becker, Heinz: Zur Situation der Opernforschung, in: Finscher, Ludwig, Mahling, Christoph-Hellmut (Hg.): Die Musikforschung, Gesellschaft für Musikforschung 27, Kassel, Basel 1974, S. 153.
95 | Ebd., S. 159.

te bzw. Operngeschichtsschreibung gründlich aufzuarbeiten, das heißt, zum einen nicht nur exemplarisch und kanonisch und zum anderen von jeglichem nationalen bis nationalistischen Interesse befreit. Auch eine »noch fehlende Untersuchung zur Rezeptionsgeschichte« müsse unternommen werden. Daraus könnten beispielsweise wesentliche Erkenntnisse über den Einfluss der jeweiligen Aufführungskontexte auf die Werke gewonnen werden. Nicht weniger dringend sei eine Opernforschung, die die musikwissenschaftlich- ästhetische Prämisse des abgeschlossenen Kunstwerks in Frage stelle. In diesem Rahmen stellt Becker die Untersuchung der »Inszenierungs- und Aufführungspraktiken« als unumgänglich dar. Am Beispiel der Barockoper sei die »Frage, wie sich die Inszenierung einer Barockoper vollzog und welchen Wandlungen hier die Verfahrensweisen unterlagen, welche Persönlichkeiten die Proben verantwortlich leiteten, wie diese Proben überhaupt organisiert wurden, ob der Komponist als gleichzeitiger Generalleiter von Orchester und Bühne von Anbeginn die Konzeption bestimmte«,[96] zu klären. Die nachhaltigste Aussage Beckers, an die Musiktheater-Forscher erst in den 90er Jahren wieder anknüpfen, ist die Forderung nach der Erforschung der jeweiligen kulturpolitischen Kontexte der Entstehung von Opern. In diesem Sinne plädiert Becker für die Rehabilitierung von Faktoren, die bislang aufgrund der Fokussierung der Musikwissenschaft auf die Partitur ausgeschlossen waren, das heißt die Berücksichtigung der wirtschaftlichen Bedingungen, unter denen die zu erforschende Oper entstand. Denn schon aufgrund ihrer aufwendigen Gestaltung und des mobilisierten künstlerischen und technischen Personals sei die Oper in viel stärkerem Maße von ihren Produktionsbedingungen geprägt als andere, instrumentale Formen. Als Beispiel führt Becker die sehr unterschiedlichen Erscheinungsformen eines Werks an: Es könne im Auftrag eines Hoftheaters, mit fürstlichen Mitteln, oder für ein unter Erfolgsdruck stehendes kommerzielles Theater entstanden sein oder zum Repertoire einer wandernden Operntruppe gehören. Damit waren »die Kräfte und Bedingungen, die schon während des Entstehens auf eine Oper einwirkten, recht unterschiedlicher Natur«.[97] Auch die Erforschung des Zusammenwirkens von Komponisten und Technikern bemängelt Becker. Dabei gelte es, die Frage zu beantworten, »inwieweit die technischen Neuerungen – Maschinerien, Dioramen, Gaslicht – die Wahl eines Opernstoffes beeinflussten oder zumindest zur Betonung einzelner Szenen führten (z.B. Rollschuhe – Schlittschuhballett in Meyerbeers *Prophet*)«.[98] Becker schließt seinen Vortrag mit der Forderung nach einer effizienten Opernforschung:

---

96 | Ebd., S. 161.
97 | Ebd., S. 164.
98 | Ebd., S. 162.

»Von der heutigen und künftigen Opernforschung gilt es zu fordern, die Oper mehr als ein bloßes Konzert in einem Opernhause zu begreifen, Opernpartituren nicht nur nach ihrer musikalischen Gestalt zu befragen, sondern den Gesamtorganismus einer Oper ins Auge zu fassen, die Bedingungen, unter denen ein Opernkomponist sein Werk fertigte, zu klären und die Aufführungsgeschichte einer Oper zu verdeutlichen. Alle diese Strömungen sichtbar zu machen, von der ersten Verständigung eines Komponisten mit seinem Librettisten – sofern es eine solche gab – bis zum niemals fertigen Opernkunstwerk, das nach seiner Uraufführung gelegentlich noch ein recht wandelbares Leben entfaltete, bei dem viele mitredeten und noch dreinredeten, ist Sache des Opernforschers.«[99]

Indem Becker die Produktions- und Rezeptionsbedingungen eines Opernwerkes zum konstitutiven und somit zu erforschenden Bestandteil aufwertet, weist er nicht nur auf technische Lücken und methodische Mängel der Opernforschung hin, sondern lenkt den Blick zum einen auch auf fragwürdige ästhetische Prämissen wie die Annahme der textlichen Grundlage als fixiertes, abgeschlossenes Werk, zum anderen auf die nicht erforschte, jedoch vorhandene Kontextualität bzw. Historizität von Opernwerken. Besonders die zu Beckers Zeit noch nicht erforschten Verhältnisse zwischen Komponisten und weiteren künstlerischen und technischen Opernschaffenden sind hervorzuheben. Abgesehen von wenigen vereinzelten Abhandlungen blieb der theaterbezogene Appell Beckers in der Musikwissenschaft allerdings nahezu folgenlos.

Als letzter Autor zum Thema »Opernszene als historisches Ereignis« sei der Musikwissenschaftler *Wulf Konold* angeführt. Konold gehört zu jenen musikwissenschaftlichen Ausnahmen, die an Beckers Theorie anknüpften und seinen Ansatz weiterzuentwickeln suchten. In der Abhandlung »Methodenprobleme der Opernforschung« sucht Konold die methodologischen Aporien der Opernforschung zu überwinden, indem er erstens ihre historischen Hintergründe darstellt, zweitens versucht, den Forschungsgegenstand Oper »mit der notwendigen theoretischen Abstraktion und praktischen Konkretheit so zu beschreiben, daß sich daraus drittens Überlegungen und Ansätze zu einem erweiterten, interdisziplinären und sich der Praxis öffnenden Methodenverständnis der Opernforschung ergeben«.[100] Konold fragt nach den möglichen Gründen einer methodischen und theoretischen Aporie der Opernforschung und hebt fünf Faktoren hervor, die sowohl auf die Opernpraxis als auch auf technisch-ästhetische Schwachstellen der Opernforschung zurückzuführen sind. Im ersten Teil »Rückblick auf einhundert Jahre Opernforschung« erarbeitet Konold sowohl die Wissensformen und Denkschemata der musikwissenschaftlichen Opernforschung (Archäologie) als auch die Formungen und

---

99 | Ebd., S. 164.
100 | Konold, Wulf: Methodenprobleme der Opernforschung, Jahrbuch für Opernforschung 1987, S. 7-8.

Variationen dieser Formen (Genealogie). Schon ein Blick in die Geschichte der Opernpublikationen zeigt die unvermeidbaren Eingrenzungen der Opernforschung. Als Gesamtausgaben wurden Opern bis Ende des 19. Jahrhunderts kaum publiziert.[101] Diese Tatsache lässt sich weniger auf die Kostenfrage zurückführen als vielmehr auf die primäre Fokussierung der akademischen Musikwissenschaft auf Kirchen- und Instrumententalmusik. Bei Opernpublikationen ist festzustellen, dass es »der älteren Musikwissenschaft nicht um eine Wiedergewinnung zumal der Vor-Mozartschen Oper für die musikalische Praxis« ging, sondern um die auszugsweise, »exemplarische Publikation aus einem Gesamtzusammenhang, der eher am Rande stand«.[102] Wenn man bedenkt, dass »in den etwa vierhundert Jahren der Operngeschichte im Schnitt pro Jahr etwa einhundert Werke« produziert wurden, bekommt man einen ungefähren Eindruck des beträchtlichen Aufwands einer umfassenden Opernerforschung im Vergleich zu den praktizierten exemplarischen Untersuchungen. Selbst wenn sich das seit Konolds Abhandlung etwas gebessert hat – nach wie vor zielt das größte Forschungsinteresse auf exemplarische Darstellungen. Dabei weist schon Beckers Kritik an der exemplarischen Darstellung zum einen auf verheerende opernanalytische Implikationen und zum anderen auf höchst problematische ästhetische und ideologische Prämissen hin.[103]

Ein weiteres Problem der Opernforschung ist die textzentrierte Sichtweise. Auch dies ließe sich historisch erklären – schon allein aus der Geburt der Opernforschung als Teilbereich der musikwissenschaftlichen Forschung. Schon Becker formulierte eine Kritik an diesem Vorgang:

»Anders als bei einem Orchesterwerk stellte die Opernpartitur, mit der ein Komponist die Probenarbeit eröffnet, zunächst nur eine Arbeitsgrundlage dar, die sich noch im Prozeß der Realisierung erheblich verformen konnte. Zwischen den Praktiken der Opernkomponisten des frühen 17. und frühen 19. Jahrhunderts bestand in dieser Hinsicht nur ein gradueller Unterschied, der Rückschlüsse auf eine ähnliche Einstellung zum Werkcharakter erlaubt.«[104]

Konold sucht den Fokus auf Opernpraktiken im Auge zu behalten und erinnert daran, dass »die theatralische Wirksamkeit eines Opernwerkes – zum Ärger vieler Musikwissenschaftler – nicht unbedingt auf einer kompositorischen Qualität« fußt und dass diese kompositorisch-musikalischen Qualitäten noch

---

101 | Ebd., S. 9.
102 | Ebd., S. 8.
103 | Z.B. die Auffassung von Geschichte als einheitliches und teleologisches Kontinuum.
104 | Becker, S. 156.

kein Werk davor bewahrt haben, für die Opernpraxis verloren zu gehen.[105] Damit weist Konold zum einen hin auf die Notwendigkeit für die Opernforschung, sich mit den Aufführungspraktiken auseinanderzusetzen; zum anderen stellt der Autor die damals wie heute gewagte These auf, dass das, was über Leben und Tod einer Oper entscheidet, weniger ästhetischen Gründen – wie etwa der kompositorischen Qualität – als vielmehr der erfolgreichen Politik eines Opernhauses verdankt sei. Erst vor dorther würden Publikationen gefördert und werde somit auch das Forschungsinteresse überhaupt erweckt. Oper als Kunstproduktion hänge somit weniger von ästhetischen Fragen als vielmehr von ihrem jeweiligen historischen Produktions- und Rezeptionskontext ab:

»Eine systematische Erschließung der gesellschaftlich-sozialen Rahmenbedingungen von Oper im Sinne einer Geschichte der ›Institution Oper‹ schließlich ist noch nicht einmal in Ansätzen zu erkennen – und das, obwohl hier die Rückwirkung von Realisierungsinstanz auf die Konzeption und Struktur des Werkes weitaus größeren Einfluß hat als Wandel in der ›Institution Orchester‹ auf die Struktur der Symphonien.«[106]

Konold entwickelt eine Archäologie der unterschiedlichen Definitionen von Oper, die er jedoch »Phänomenologie der Oper« nennt. Am Beispiel hervorragender Abhandlungen sucht der Autor die ästhetische Prämisse der Erforschung und Analyse von Oper darzustellen. Dabei stützt er sich u.a. auf Ansätze von Anna Amalie Abert und Arnold Schmitz.[107]

Weiter übt Konold scharfe Kritik am Gestus-Begriff, welcher einerseits keinen Zusammenhang zwischen »gesellschaftlichen Bedingungen und ästhetischem Ausdrucksvermögen« herstelle, andererseits »mehr behauptet als

---

105 | Konold, S. 11.
106 | Ebd., S. 13.
107 | In ihrem Artikel in der MGG von 1962 sieht Anna Amalie Abert das Wesen der Oper in der »Verbindung von Bühnendichtung und Musik«. Dann ergänzt Abert ihre Definition durch eine ausführliche kulturhistorische Darstellung, in der Oper von Anfang an »durch das Schwanken zwischen Ideenkunstwerk und der Neigung zum bloßen Ausstattungsstück« bestimmt wird, das heißt als »ein gesellschaftliches Ereignis«, wodurch Oper »weit mehr als alle anderen musikalischen Gattungen von den Wandlungen abhängig [wurde], die diese Gesellschaft im Laufe der Zeit durchmachte«. Arnold Schmitz, in seinem Artikel im Riemann-Musiklexikon von 1967, bemüht sich um eine sehr fragwürdige Differenzierung zwischen »echter, guter Oper« und vermeintlich unechten bzw. unguten musiktheatralen Erscheinungsformen. Oper zeichne sich dabei dadurch aus, dass »sich Drama und Musik in einer dialektischen Spannung« befänden, welche überhaupt erst zustande komme, »wenn die Musik eigene Mittel zum Ausdruck der Rede und Gebärde im szenischen Dialog und Monolog einsetzt und die dramatische Aktion verdeutlicht«.

bewiesen«[108] sei, so dass er weder historisch noch funktionell verarbeitet werden könne. In diesem Rahmen formuliert Konold auch eine Kritik an Fischer, welche im Gegensatz zu Dahlhaus' polemisierendem Tonfall sachlich ausfällt:

»Fischers anspruchsvoller Ansatz scheitert wohl an einer grundsätzlich doppelten Problematik: entweder bleiben die Begriffe abstrakt und inhaltsarm, damit sie ihre generelle Geltung nicht einbüßen – damit sind die mit ihnen beschriebenen Sachverhalte triviale; oder eine präzise Begriffs-Füllung muß Sachverhalte, die nicht ins System passen, ausgrenzen, und erhält damit einen normativ-dogmatischen Zug, der die im systematischen Zugriff erstrebte Allgemeingültigkeit gefährdet. Hinzu kommt die grundsätzliche Schwierigkeit, historische Phänomene systematisch zu fassen – wo Geschichte sich lebendig ereignet und nicht abgeschlossen ist, versagen Systematisierungsversuche, oder engen sie ein.«[109]

Von dorther plädiert Konold »für eine Operntheorie mittlerer Reichweite«, also im Sinne konkreter Verbesserungsvorschläge als Reaktion auf die beobachteten methodischen und theoretischen Mängel der Opernforschung. Konold formuliert diese Vorschläge sehr anschaulich in sechs Punkten: Erstens kann eine Geschichte der Oper als Gattungsgeschichte »sinnvoll verstanden werden nur in steter Verbindung zu einer Sozial- und Strukturgeschichte der Institution Oper«.[110] Zweitens solle eine nicht lineare Operngeschichtsschreibung erzeugt werden, die »die Gleichzeitigkeit des Ungleichzeitigen« nicht scheue. Damit ist eine Kritik an jener heute weithin herrschenden Geschichtsschreibung geäußert, deren Hauptkriterien eine höchst problematische – jedoch nicht hinterfragte – Fortschrittsideologie im ästhetischen Bereich innewohnt. Drittens plädiert Konold für eine pluralistische historische Darstellung, in der, statt von »*der* Geschichte *der* Oper zu reden«,[111] zunächst die Traditionen der Geschichtsschreibung überprüft werden sollten. Problematisch seien viertens die miteinander verstrickten Kategorien der Gattung, des Werks und der Interpretation, womit der Gegenstand Oper erfasst werde. Selbst wenn Konold den Gattungs- und Werkbegriff nicht in Frage stellt, erkennt er doch die Notwendigkeit einer Problematisierung der Musikgeschichte in ihren ineinander greifenden »Widersprüchen und Lösungsversuchen zwischen sozialen, technischen, formalen und ästhetischen Bestimmungsmerkmalen«.[112] Fünftens lasse sich jene Gattungsgeschichte nicht ohne eine dramaturgische Erforschung denken. Damit bezeichnet Konold »gleichermaßen solche (Bestand-

---

108 | Konold, S. 17.
109 | Ebd., S. 20.
110 | Ebd., S. 21.
111 | Ebd., S. 21.
112 | Ebd., S. 22.

teile) zur Stoffgeschichte wie zur Dramenstruktur und zu den besonderen Spezifika des Genres hinsichtlich der Darstellungsformen und Zeitstrukturen«.[113] Die sechste und abschließende Forderung Konolds bildet den Ausgangspunkt einer theaterwissenschaftlichen Musiktheaterforschung. Denn eine Möglichkeit, »das szenisch-gestische Moment zum musikalischen und sprachlichen in Relation zu setzen«, sieht Konold darin, »vom theatralischen Ereignis« auszugehen.[114] Selbst wenn Konold das musikwissenschaftliche Begriffspaar »Werk und Interpretation« nicht in Frage stellt, sind seine geschichtlich-kritischen Ansätze und theaterbezogenen Forderungen für die Opernforschung heute noch immer aktuell. Nicht weniger avantgardistisch ist Konolds Schlussforderung nach einer »interdisziplinären Zusammenarbeit mit den Literaturwissenschaften, der Theaterwissenschaft und den historischen Sozialwissenschaften«.[115] Denn durch das »methodologische Instrumentarium der Nachbarwissenschaften« könnten nicht nur beispiellose inhaltliche Erkenntnisse über den Gegenstand Oper gewonnen werden, sondern auch die unterschiedlichsten Analysetechniken, womit wir in der Lage wären, den komplexen Forschungsgegenstand in allen »auf den Rezipienten wirkenden Facetten« zu beschreiben.

---

113 | Ebd., S. 23.
114 | Ebd., S. 23, zum Begriff des »Theatralischen«. Man bedenke, dass es sich um einen im Jahr 1986 verfassten musikwissenschaftlichen Text handelt. Kraft der inzwischen erworbenen Erkenntnisse aus den Theaterwissenschaften gilt es, diesen Terminus heute durch den des »Theatralen« zu ersetzen, welcher das szenische Ereignis vom negativ besetzten Aspekt der Emphase befreit.
115 | Ebd., S. 24.

2. Erneuerung aus der Theaterwissenschaft und *performative turns*

1. MUSIKTHEATERFORSCHUNG UND BILDANALYSE

Weil musikdramatische Formen lange Zeit exklusiver Forschungsgegenstand der Musikwissenschaft waren, war ihre Erforschung beträchtlich geprägt von den musikwissenschaftlichen Methoden, Problemstellungen und ästhetischen Prämissen. Außerdem verfügte die theaterwissenschaftliche Musiktheater-Forschung nicht über die nötigen analytischen Instrumente und Techniken zur Erforschung von Musik, ein konstitutiver Bestandteil des Forschungsgegenstands, und war insofern auf die musikwissenschaftlichen Erkenntnisse und Methoden angewiesen. Der Fokus der Theaterwissenschaft liegt auf dem Drama und dem theatralen Ereignis, womit andere Problemstellungen, analytische Methoden und ästhetische Prämissen einhergehen. Da die musikwissenschaftliche Opernforschung und die theaterwissenschaftliche Musiktheaterforschung den Forschungsgegenstand »Oper« also aus unterschiedlichen Perspektiven, mit unterschiedlichen ästhetischen Prämissen und unterschiedlichem Fokus betrachten, liegt die Annahme nahe, beide Fächer könnten einander ergänzende Erkenntnisse über ihren gemeinsamen Forschungsgegenstand liefern. Im Folgenden werden theoretische Ansätze der Musiktheaterforschung und der Bildanalyse am Beispiel der Theorien von Jürgen Schläder und Christopher Balme dargelegt.

Ausgehend vom Hiatus zwischen einer textzentrierten Opernforschung und einer szenenorientierten Musiktheater-Forschung sucht der Theaterwissenschaftler *Jürgen Schläder* »das Defizit an theoriebildenden und methodischen Überlegungen zur theaterwissenschaftlichen Erforschung des Musiktheaters«[1] zu ergründen, wobei der Fokus auf den spezifischen Schwierigkeiten der Theaterwissenschaft mit musikdramatischen Forschungen liegt. Die erste dieser Schwierigkeiten ist eine technische. Denn für die Erforschung des mu-

---

1 | Schläder, Jürgen: Musikalisches Theater, in: Möhrmann, Renate (Hg.): Theaterwissenschaft heute. Eine Einführung, Berlin 1990, S. 130.

sikalischen Theaters »verlangt die theaterpraktische Auseinandersetzung mit musikalischen Bühnenwerken intime Kenntnisse von Gesangs- und Musiziertechniken«.[2] Da diese jedoch selten vorhanden sind, entstehen thematische Lücken, etwa hinsichtlich der Erforschung von Rollenfächern, »Darstellungsmöglichkeiten und Eigenarten von Sängerinnen und Sängern«.[3] Auch die Divergenz zwischen musikwissenschaftlichen und theaterwissenschaftlichen Schwerpunkten erschwert die Entwicklung einer Theorie des Musiktheaters aus theaterwissenschaftlicher Sicht. Wie zuvor Konold übt Schläder scharfe Kritik an der musikwissenschaftlichen Ergründung von Gattungen und Formen, welche »einerseits nur einen Teilaspekt, nämlich die formale Gliederung und stilistische Differenzierung (*Ouvertüre, Sinfonia, Arie, Lied, Rezitativ u.ä.*) eines musikalisch-dramatischen Bühnengeschehens« erfasst, andererseits verhindert, »die gleichermaßen musikalisch wie außermusikalisch bestimmte Funktion und Institution der Oper« zu beschreiben, »geschweige denn eine Gattungssystematik bruchlos [zu] integrieren«.[4] Jene Gattungssystematik versage schließlich darin, dass sie »weder die Tonalität einer Opernkomposition [...] noch die funktionale Eigenart von Musikstücken und musikalischen Stilen« erfasse. Darüber hinaus gelte »das System der musikalischen Gattungen, sofern sich die Klassifizierung vornehmlich auf musikalische Kriterien stützt, was in der Oper nicht der Fall ist«.[5] Auch der vorausgesetzte Werkbegriff sei insofern problematisch, als er die jeweilige historische Realität des musikalischen Theaters nicht beachte.[6] Beispielsweise wurden Opernpartituren »nicht selten als Material- und Spielvorlagen, aus denen erst der für die jeweilige Aufführung Verantwortliche eine nur für den flüchtigen Augenblick erarbeitete Werkgestalt kelterte«,[7] verwendet. Worauf Schläder jedoch nicht eingeht, sind die nach wie vor vorhandenen, grundlegenden methodischen Probleme im Zusammenhang mit den Einschränkungen der Gattungs- und Werkkategorien. Zu klären bleiben weitere ästhetische Prämissen, auf denen die musikwissenschaftliche Opernanalyse aufbaut – wie etwa die auktoriale Problematik. Wünschenswert wäre auch eine Dekonstruktion der ästhetischen Prämissen, auf die die theatrale Analyse baut bzw. aufzubauen wäre. Stattdessen stützt sich Schläder auf Ingardens Kategorien des Haupt- und Nebentextes.[8] Höchst

---

2 | Ebd., S. 130.
3 | Ebd., S. 130.
4 | Ebd., S. 131.
5 | Ebd., S. 134.
6 | Ebd., S. 135.
7 | Ebd., S. 136.
8 | »Den Haupttext des Theaterstückes bilden die von den dargestellten Personen ausgesprochenen Worte, den Nebentext dagegen die vom Verfasser gegebenen Informationen für die Spielleitung. Bei der Aufführung des Werkes auf der Bühne fallen sie

2. Erneuerung aus den Theaterwissenschaften und *performative turns*

problematisch ist darüber hinaus die von ihm vertretene Auffassung, dass die szenische Realisation »mit komponiert« sei – und zwar weniger dadurch, dass »der musikalische Ablauf (in der Oper) in weit höherem Maße als die Bühnensprache im Schauspiel die Dauer, den Bewegungsimpuls und den Charakter einer jeden Szene« festlege, worin Schläder zu folgen ist, als vielmehr wegen der daraus gezogenen Schlussfolgerung, dass »die immanente Ordnung der Musik die choreographische Ordnung der Szene vorgibt«.[9] Nichtsdestotrotz bleibt Schläders Text ein wesentlicher Grundstein als eine der ersten Abhandlungen, die auf die spezifischen Schwierigkeiten der Theaterwissenschaft mit dem Forschungsgegenstand »musikalisches Theater« hinweisen.

In seinem Aufsatz »Libretto – Partitur – Bild« ergründet der Theaterwissenschaftler *Christopher Balme* die Beziehung zwischen Text und Inszenierung in der »Oper« bzw. im »Musiktheater«[10] am Beispiel von zwei Händel-Inszenierungen: *Giulio Cesare in Egitto*[11] (Regie: Richard Jonas) und *Ariodante*[12] (Regie: David Alden). Ausgangspunkt ist eine Kritik am Textbegriff in der Analyse von Inszenierungen, welcher »der Dominanz des Bildlichen« nur unzureichend nachkomme. Die Ursache für die Auffassung szenischer Komponenten als »Text« sieht Balme »im Siegeszug der Semiotik und des Strukturalismus begründet, die in den 1960er Jahren eine willkommene Alternative zu einer vom Marxismus dominierten ideologisierten Wissenschaftspraxis boten«.[13] Wenige

---

überhaupt fort und werden nur beim Lesen des Theaterstücks wirklich gelesen und üben ihre Darstellungsfunktion aus. Einen Grenzfall des literarischen Kunstwerks aber bildet das Theaterschauspiel insofern, als in ihm, neben der Sprache, ein anderes Darstellungsmittel vorhanden ist – nämlich die von den Schauspielern und den ›Dekorationen‹ gelieferten und konkretisierten visuellen Ansichten, in denen die dargestellten Dinge und Personen sowie ihre Handlungen zur Erscheinung gebracht werden« (Von den Funktionen der Sprache im Theaterschauspiel, in: Ingarden, Roman: Das Literarische Kunstwerk, 4. Aufl., Tübingen 1972, S. 403).

9 | Ebd., S. 139.

10 | Balme definiert »Musiktheater« als »Dachbegriff für alle Erscheinungen eines dominant musikalischen Theaters [...]. Zum anderen bezeichnet Musiktheater einen historisch bedingten, von den Opernkonventionen sich verselbstständigenden Regiestil im 20. Jahrhundert, der die theaterästhetischen Errungenschaften des Sprechtheaters auf die Opernbühne zu übertragen versuchte« (Balme, Christopher: Einführung in die Theaterwissenschaft, 3. Aufl., Berlin 2003, S. 19).

11 | Ausstattung: Nigel Lowery; musikalische Leitung: Ivor Bolton. Premiere am 21. März 1994.

12 | Ausstattung: Ian MacNeil; musikalische Leitung: Ivor Bolton. Premiere am 17. Januar 2000.

13 | Ebd., S. 53.

Jahrzehnte danach übertrug die erste Generation von TheatersemiotikerInnen – darunter Keir Elam, Erika Fischer-Lichte, Patrice Pavis – die aus den Literatur- und Sprachwissenschaften erworbenen neuen Erkenntnisse »vor allem auf die Bereiche Text und Inszenierung«.[14] Somit konnte Theater einerseits »als Form der Kommunikation« begriffen werden, andererseits wurden Inszenierung und Aufführung durch vielfältige Zeichensysteme analysierbar gemacht. Den größten Erkenntnisgewinn der Theatersemiotik sieht Balme jedoch in der Übertragung des Textbegriffs auf die Aufführung. Denn »wenn die Aufführung auch ein Text bzw. ein Werk ist, dann wird die Forderung nach Werktreue redundant«.[15] Doch so unumstritten die Erkenntnisse der Theatersemiotik sind, die Textanalogie weist einige Leerstellen in der Analyse von Theaterbühnen auf; Balme identifiziert drei: Erstens privilegiere die Theatersemiotik »vor allem und zwangsläufig die semantische Ebene des Theaters«, womit nicht-semantische theatrale Erscheinungsformen vom analysierbaren Feld ausgeschlossen seien. Zweitens ignoriere sie »die besondere Materialität der verschiedenen Zeichentypen – beispielsweise den menschlichen Körper als Grundlage der Bewegungsästhetik«, und drittens lasse sie »die komplexe Medialität der Bilder«[16] außer Acht. Von dorther sucht Balme die Inszenierung anhand eines Bildbegriffs zu erfassen, womit er Theorien von Adolphe Appia, Ernst Gombrich und Hans Belting[17] stützt.

---

14 | Ebd., S. 53.

15 | Ebd., S. 54.

16 | Ebd., S. 55.

17 | Vgl. Appia, Adolphe: Die Musik und die Inszenierung, München 1899; Gombrich, Ernst: The Visual Image: Its Place in Communication, in: Woodfield (Hg.): The Essential Gombrich, London 1996; ders.: The Evidence of Images, in: Singleton, Charles S. (Hg.): Interpretation, Theory and Practice, Baltimore 1969; Belting, Hans: Bild-Anthropologie. Entwürfe für eine Bildwissenschaft, München 2001. Von Adolphe Appia übernimmt Balme die Bestimmung der Inszenierung als eine Zusammensetzung aus »unbelebter« – das Bühnenbild – und »belebter« Bildebene und erarbeitet vier Grundtendenzen der szenographischen Strategien im 20. Jahrhundert: 1) »eine realistische Verdoppelungsästhetik«, 2) »die antipiktoriale Bühne von Adolphe Appia, Edward Gordon Craig, Bertolt Brecht und Wieland Wagner«, 3) eine antipiktoriale Bühne von deren »szenographische Askese zugleich transzendierenden Bühnenbildnern wie Karl-Ernst Herrmann, Achim Freyer und Wilfried Minks« und 4) ein gemäß Robert Wilson und seinen Adepten »postkonzeptuelles Regietheater«, in dem die Idee der Mehrspurigkeit propagiert wird, das heißt: »Text, Musik, Bilder entstehen gleichsam parallel zueinander, ohne inhaltliche oder konzeptuelle Abstimmung« (Balme, S. 55). Wenn allerdings Bühnenbild belebt und Körper/Leib verdinglicht werden, wie dies in den Praktiken seit Mitte des 20. Jahrhundert immer öfter vorkommt – vgl. die Sturmszene im *Barbiere di Siviglia* –, ist diese These nicht mehr tragbar; ebd., S. 55-58.

Für unser opernanalytisches Anliegen interessieren wir uns für Balmes Bildtheorie besonders im Hinblick auf das Theater. Angelehnt an Ernst Gombrich konstatiert Balme: »Bilder hätten ein hohes Erregungs-, aber ein schwach ausgeprägtes Aussagepotential«. Somit wird weniger das, *was* ein Bild ist bzw. was ein Bild ausmacht, definiert, als vielmehr der Versuch unternommen, die Produktion und Wirkungen eines Bildes zu erfassen.

»[Bilder verfügen] über ein Aussagepotential, das hinsichtlich Subtilität, Assoziationsfähigkeit und Anspielungsreichtum Sprache und Musik bei weitem übertrifft. Bilder sprechen unser kulturelles und ästhetisches Gedächtnis an. Bilder haben textuelle Elemente, sie können aber nur metaphorisch als Text bezeichnet werden«.[18]

Darin, dass Bilder »textuelle Elemente« beinhalten, jedoch selbst keinen Text bilden, stimmen wir mit Balme überein. Dass Bilder über ein prägendes, wenn auch subtiles und anspielungsreiches Aussagepotential verfügen, dem stimmen wir ebenso zu. Dass Bilder jedoch über eine spezifische »Assoziationsfähigkeit« verfügen, muss hinterfragt werden. Assoziationen sind vielfältige, vielschichtige, uneinheitliche und nicht kausale Prozesse. Aussagen werden miteinander verknüpft, ohne dass sich die Gesetze dieser Zusammensetzung – wenigstens auf den ersten Blick – eindeutig erschließen lassen. Doch assoziative Prozesse sind mit ihren Auslösern – seien sie sprachlich, optisch, auditiv, haptisch etc. – nicht identisch. Geweckt werden Assoziationen sowohl von sinnlichen Stimuli als auch von der jeweiligen präformierten Imaginationskraft eines Individuums, wobei beides in ständiger Wechselwirkung steht. Doch verarbeitet werden Assoziationen ausschließlich im Imaginären eines Individuums. Einmal die Wirkung von Bildern definiert, sucht Balme ihre besondere Medialität zu erfassen. Dabei stützt sich der Autor auf die Definition des Bildanthropologen Hans Belting, welcher die Bildproduktion als Interaktion zwischen »Bild selbst, seinem Medium und einem Körper« versteht. Als »Medium« wird die »Form und Wahrnehmbarkeit« des Bildes bestimmt, während der Körper »den Ort der Wahrnehmung und der Erinnerung [bildet], die wiederum Voraussetzung für innere Bildproduktion«[19] ist. Von dorther unterscheidet Balme zwischen »inneren« und »äußeren« Bildern, welche in steter Wechselwirkung miteinander stehen: »Die äußeren Bilder sind diejenige Artefakte, die das Auge wahrnimmt, und die mentalen Bilder diejenigen, die im Bewußtsein entstehen als Reaktion auf die äußeren. Die beiden stehen in einer engen Wechselbeziehung zueinander.«[20] Wie diese Wechselseitigkeit die Deutung eines Bildes entscheidend beeinflusst, stellt Balme am Beispiel

---

18 | Ebd., S. 58-59.
19 | Ebd., S. 60.
20 | Ebd., S. 59.

eines prägenden, jedoch äußerst ambivalenten Bildes aus dem ersten Akt der Münchener Inszenierung von *Giulio Cesare in Egitto* dar: eines meterhohen Tyrannosaurus Rex. Während Claus Spahn und Wolfang Schreiber das Tier jeweils als »die alten Ägypter – eine aussterbende Spezies« und als »Sinnbild für ein aberwitzig vergangenes wie pittoreskes Ägypten«[21] sehen, assoziieren andere Kritiker wie etwa Wolf-Dieter Peter das gleiche Tier mit Cäsar bzw. seiner Herrschaft. Ob nun auf die Ägypter oder auf die Römer zugeschnitten, auf alle Fälle scheint das Tier Assoziationen mit einer gewaltigen und monströsen Macht zu erwecken. Die Erscheinung weiterer Schreckensbilder (z.b. weiße Haie) scheint diese These noch zu bestätigen. Doch auch wenn die Aussage prägend sein mag, sie bleibt mehrdeutig. Balme fasst diese Bilder als »polysemantische Bilderkomplexe« zusammen, die »die Assoziationsfähigkeit des Zuschauers in Gang setzen mit unbekanntem Ziel«.[22] Mit der zweiten Händel-Inszenierung *Ariodante* liefert Balme weniger eine vergleichende Interpretationsanalyse als vielmehr ein Zeugnis der »Wirksamkeit des postkonzeptuellen Bildtheaters«.[23] Balme stellt die These auf, dass die hervorgerufene assoziative Kette »nur durch Bilder ausgelöst werden konnte«.[24] Wir stimmen mit dieser These nicht überein, denn Auslöser und assoziative Prozesse sind – wie wir bereits sagten – nicht identisch.

Mit der Bildanalogie bemüht sich Balme um eine analytische Kategorie, welche die visuelle Komponente theatraler Formen ins Zentrum setzt. Dadurch weist der Autor erstens auf eine Leerstelle der Textanalogie hin: Die spezifische Materialität und Medialität der überwiegenden visuellen Komponente theatraler Erscheinungen vermochte sie nicht zu erfassen. Zweitens schlägt er konkrete Kategorien vor, anhand derer jenes »Gesehene« erfasst werden könnte.

---

[21] | Ebd., S. 61.
[22] | Ebd., S. 65.
[23] | »Ein leuchtend blau gemalter Barockhimmel schwebt wie ein Emblem des Zeitalters über die Bühne. Der barockisierende Bühnenraum selbst erscheint wie eine Spolie, ein Fundstück, das selbst wiederum Fundstücke älterer Geschichte inkorporiert. Und schließlich öffnet sich eine Öffnung im Hintergrund des Bühnenraums nach Bedarf zu einem Fenster auf ein strahlendes Hochgebirgspanorama. Das Hochgebirgspanorama ist ein Bild für die Anrufungen der Natur im Diskurs der *Ariodante* über das Glück. Es ist aber auch ein Dokument der Selbstreflexion, denn mit dem Barockhimmel und dem südwärts gerichteten Blick auf die Alpen ist seinerseits ein Emblem des Opernortes München gegeben. Das *teatrino* schließlich, auf dem die Figuren der Ariodante auftreten, zeigt, in welchem Status sich die Helden befinden: Zwischen der Welt der Tatsachen und den Wundern des Himmels, mitten im Spiel« (Zitat von Klaus Georg Koch in: Balme, S. 68).
[24] | Ebd., S. 69.

2. Erneuerung aus den Theaterwissenschaften und *performative turns*

Doch die Bildanalogie ist im theatralen Bereich nicht unproblematisch. Zunächst werden jegliche Komponenten, die eine theatrale Aufführung auszeichnen – zeitlicher Rahmen, performative Hervorbringung und ihre sinnliche Erfassung – geradezu ausgeblendet. Sodann wird, was unter Bildern verstanden werden soll, nicht näher bestimmt.[25] Handelt es sich um die Szenographie, um die Inszenierung oder um die Aufführung? Wie werden dann bewegte Körper und Bühnenelemente aufgefasst? Auch die Unterteilung von Bildern in »innere« und »äußere« bedarf der Präzisierung. Wir übernehmen dafür die Definition des Kulturwissenschaftlers W. J. T. Mitchell, welcher fünf Typen von Bildlichkeit unterscheidet: geistige, optische, graphische, plastische und perzeptuelle Bilder.[26] Als Forschungsgegenstand von Natur- und Geisteswissenschaften bilden die perzeptuellen Bilder ein Grenzgebiet »zwischen physischen und psychischen Darstellungsformen der Bildlichkeit«. Mitchell identifiziert vier Formen dieses Gebiets, die in enger Wechselbeziehung zueinander stehen: »Die ›sichtbaren Gestalten‹ oder ›wahrnehmbaren Formen‹, die (nach Aristoteles) von den Gegenständen ausgehen und sich in den wachsähnlichen Rezeptakula unserer Sinnesorgane wie ein Siegelring abdrücken; die Vorstellungsbilder (*phantasmata*), die von der Vorstellungskraft in Abwesenheit der sie ursprünglich hervorrufenden Gegenstände wieder zum Leben erweckte Formen jener Sinneseindrücke sind; die ›Sinnesdaten‹ oder ›Wahrnehmungen‹, die in der modernen Psychologie eine in etwa entsprechende Rolle spielen; und schließlich die ›Erscheinungen‹, die (nach der gängigen Redeweise) sich zwischen uns und die Wirklichkeit drängen und von denen wir so häufig als ›Bilder‹ sprechen – angefangen bei dem Bild, das uns ein geschickter Schauspieler vermittelt, bis zu den Bildern, die Reklame- und Propagandaexperten für Produkte und Personen kreieren.«[27]

---

25 | Vgl. »Bilder [sind] im Theater ein recht komplexes Gebilde« (ebd., S. 55).
26 | »Geistige Bildlichkeit gehört zur Psychologie und zur Erkenntnistheorie; optische Bildlichkeit zur Physik; graphische, plastische und architektonische Bildlichkeit zur Kunstgeschichte; sprachliche Bildlichkeit zur Literaturwissenschaft; perzeptuelle Bilder gehören zu einem Grenzgebiet, auf dem Physiologen, Neurologen, Psychologen, Kunsthistoriker und solche, die sich mit Optik befassen, mit Philosophen und Literaturwissenschaftlern gemeinsam arbeiten« (W.J.T. Mitchell in: ders., Frank, Gustav (Hg.): Bildtheorie, Frankfurt a.M. 2008, S. 21).
27 | Ebd., S. 21.

2. PERFORMATIVE TURNS IN DEN THEATERWISSENSCHAFTEN

Zunächst als ästhetisches Problem in der Tradition der *Querelle* zwischen alter und moderner Praxis begriffen, erwiesen sich die neuen Bühnenpraktiken des 20. Jahrhunderts bald als Symptom einer tiefer gehenden Wandlung, welche in zunehmende Distanz zwischen modernen musiktheatralen Praktiken und historisch orientierter musikwissenschaftlicher Opernanalyse mündete. In ihrer Abhandlung »Opernregie Regieoper« (1984) führt Viebeke Peusch die wachsende Bedeutung experimentellen Musiktheaters auf die neue bildungspolitische Funktion des Theaters in den 20er Jahren zurück: »Die im 19. Jahrhundert erworbene Rezeptionshaltung zum bestehenden Bildungsgut trat zurück: Der aktuelle Theateranlaß wurde zum Kriterium des Theaters. Eine Inszenierung sollte einen zeitbezogenen Kommentar zur Wirklichkeit bieten, anstatt durch Identifikationsmöglichkeiten zu verdecken [...]. Das Publikum war aufgefordert, das Theater nicht nur als Unterhaltungsbetrieb, sondern als Möglichkeit zur Auseinandersetzung mit der Gegenwart zu benutzen.«[28] Vom Einsatz neuer Techniken bis zu modernen Interpretationsansätzen des tradierten Opernrepertoires stellte die Opernavantgarde alle konstituierenden Opernelemente in Frage. Doch dieser »Eingriff« der Opernpraxis in das Repertoire ist insbesondere zu begreifen als Teil einer umfassenden kulturhistorischen Wandlung in den europäischen und nordamerikanischen Künsten und Wissenschaften, den *cultural turns*:

»Von einem *turn* kann man erst sprechen, wenn der neue Forschungsfokus von der Gegenstandsebene neuartiger Untersuchungsfelder auf die Ebene von Analysekategorien und Konzepten ›umschlägt‹, wenn er also nicht mehr nur neue Erkenntnis*objekte* aufweist, sondern selbst zum Erkenntnis*mittel* und *medium* wird. So geht es etwa im *performative turn* nicht einfach darum, verstärkt Rituale zu analysieren und ›gesteigerte Aufmerksamkeit‹ auf sie zu richten. Vielmehr werden soziale Abläufe, etwa soziale Dramen, überhaupt erst mit Hilfe des Instrumentariums der Ritualanalyse erkannt und in ihrer Verlaufsstruktur durchleuchtet.«[29]

---

[28] | Peusch, Vibeke: Opernregie und Regieoper. Avantgardistisches Musiktheater in der Weimarer Republik, Frankfurt a.M. 1984, S. 14.

[29] | Bachmann-Medick, Doris: Cultural Turns, Neuorientierungen in den Kulturwissenschaften, 2. Aufl., Reinbek bei Hamburg 2007, S. 26.

2. Erneuerung aus den Theaterwissenschaften und *performative turns* 71

Bachmann-Medick beschreibt sieben *cultural turns: interpretative,*[30] *postcolonial,*[31] *translational,*[32] *spacial,*[33] *iconic,*[34] *reflexive* oder *literary* und schließlich *performative turn.* Der *reflexive turn* geht von postmodernen sprachphilosophischen Überlegungen aus, die Sprache nicht mehr als ein Instrument der Beschreibung von Wirklichkeit begreifen, sondern »vielmehr als ein Instrument zur Konstitution von Wirklichkeit«.[35] Von dorther konnte die beschriebene Realität nicht mehr als ein isoliertes, verabsolutiertes *An-sich* erfasst werden, sondern galt als Ergebnis sprachlicher Konstruktionen. Dies erschütterte jenen Grundsatz der akademischen Geisteswissenschaften, der die klare Trennung zwischen analysiertem Objekt und analysierendem Subjekt verlangte. Nun stellte sich die Frage nach der Neubestimmung eines angewandten Textbegriffs, der diese neue Erkenntnis mit einbezog. Einen grundlegenden Ansatz dürfte Paul Ricœur mit seiner Abhandlung »Der Text als Modell: hermeneutisches Verstehen«[36] bilden. Statt den Text wie bisher innerhalb eines Sprachsystems« *(la langue)* zu betrachten, verortet ihn Ricœur im Sprachgebrauch *(la parole)*, wobei der Text als eine »semantische Autonomie«[37] verstanden wird. Diese Autonomie ermöglicht es wiederum, den Text im Hinblick auf intersubjektive Phänomene in dreierlei Hinsicht als paradigmatisch zu begreifen. Erstens werden interpretatorische Möglichkeiten erheblich erweitert, z.B. durch die Betrachtung der Rezeptionsgeschichte im analytischen Verfahren; zweitens werden neue analytische Werkzeuge geschaffen, die imstande sind, Subjektivitäten bzw. intersubjektive Verhältnisse zu erfassen; drittens können nicht schriftlich fixierte Handlungen und Ereignisse hier erfasst werden. An dieser Stelle wird der Performanzbegriff für die theatrale Untersuchung fruchtbar gemacht.

---

30 | Vgl. Paul Rabinow, William M. Sullivan (Hg.): Interpretative Social Science, Berkley 1979-1987.

31 | Vgl. Frantz Fanon: Peau Noir, Masques Blancs, Paris 1952; Edward W. Said: Orientalism, Vintage 1978-2004; Gayatri Chakravorty Spivak: Can the subaltern speak?, London 1988.

32 | Vgl. Susan Bassnett, Harish Trivedi (Hg.): Post-colonial Translation: Theory and Practice, London 1999; Edwin Gentzler, Maria Tymoczko (Hg.): Translation and Power, Amherst 2002.

33 | Vgl. Gaston Bachelard: Poetik des Raumes, Paris 1957, Frankfurt a.M. 2001; Rudolf Maresch, Niels Werber (Hg.): Raum – Wissen – Macht, Frankfurt a.M. 2002.

34 | Vgl. Horst Bredekamp, Gabriele Werner (Hg.): Bildwelten des Wissens. Kunsthistorisches Jahrbuch für Bildkritik, Berlin, ab 2003; W.J.T. Mitchell: Picture Theory. Essays on Verbal and Visual Representation, Chicago, London 1994; ders.: What Do Pictures Want? The Lives and Loves of Images, Chicago, London 2005.

35 | Bachmann-Medick, S. 35.

36 | Vgl. Paul Ricœur, München 1972.

37 | Bachmann-Medick, S. 71.

Mit dem Begriff *Performance* wird zunächst eine künstlerische Richtung innerhalb der Darstellenden Künste seit den 1960er Jahren beschrieben – z.b. *Happening, Performance Art, Body Art, Aktionskunst*.[38] Im Allgemeinen wird damit eine Leistung oder der Vollzug einer Handlung (*to perform*) bezeichnet. Im Theater fand der Begriff Anwendung im Zusammenhang mit postmodernen bzw. postdramatischen Theaterformen,[39] welche den herkömmlichen Rahmen – dramaturgisch, zeitlich, räumlich etc. – sprengten. Fischer-Lichte definiert *Performance* als »kulturelle Praktiken, die sich durch einen Handlungs- und Aufführungscharakter auszeichnen und das Selbstverständnis einer bestimmten Gruppe von Menschen darstellen«. Ausgehend von der Sprachphilosophie Austins[40] lassen sich drei verschiedene Übersetzungen des Begriffs im deutschsprachigen Raum feststellen, welche wiederum unterschiedliche Forschungsfelder und analytische Herangehensweisen generierten: *Performanz* (Uwe Wirth, 2002), *Performativität* (Sybille Krämer, 2004) und das *Per-*

---

38 | Während Performance-KünstlerInnnen und Body-Artists wie Tom Marioni und Bonie Sherk alltägliche Tätigkeiten wie Trinken und Essen als selbstreferentielle aufführten, gingen PerformerInnen wie Chris Burden (*Five Day Locker Piece*, 1971) oder Marina Abramović (*Lips of Thomas*, 1975) einen Schritt weiter, indem sie ihren Körpern (reale) Schmerzen und Verletzungen zufügten, so dass sämtliche herkömmlichen Begriffe zum Erfassen ihrer Darstellungen außer Kraft gesetzt wurden. Vgl. Goldberg, Roselee: Performance Art. From Futurism to the Present, London 1979.

39 | Der Begriff »Postdramatisches Theater« wurde u.a. von Hans-Thies Lehmann (1999) geprägt und bezeichnet postmoderne Theaterformen, in denen neue dramatische Formen wie Collage, Montage, Zitate, Simultaneität, aber auch neue Interaktivitäten zwischen SchauspielerInnen, ZuschauerInnen und Räumlichkeiten erschaffen werden. AutorInnen wie George Tabori, Richard Foreman, Pina Bausch, Elfriede Jelinek, Heiner Müller oder René Pollesch zählen zu den treibenden Persönlichkeiten der Anfänge. Neuartige Theaterdramaturgie wird heute allerdings immer mehr von Kollektiven (She She Pop, Rimini Protokoll) als von einzelnen AutorInnen vorangetrieben. Vgl. Finter, Helga: Das Kameraauge des postmodernen Theaters, in: Thomsen, Christian W. (Hg.), Studien zur Ästhetik des Gegenwartstheaters, Heidelberg 1985, S. 46-70; Lehmann, Hans-Thies: Postdramatisches Theater, Frankfurt a.M. 1999; Weiler, Christel: Artikel »Postdramatisches Theater«, in: Metzler Lexikon Theatertheorie, Stuttgart, Weimar 2005, S. 245-248; Wirth, Andrej: Realität auf dem Theater als ästhetische Utopie, in: Gießener Universitätsblätter 2, 1987.

40 | Besonders die Unterteilung von Äußerungen in konstative und performative bzw. die dreigliedrige Einteilung in lokutionären Akt (als der Weltbezug einer Äußerung), illokutionären Akt (als die durch eine performative Äußerung geschaffene Wirklichkeit) und perlokutionären Akt (als die Wirkung der Äußerung in die Wirklichkeit) erwiesen sich als fruchtbar für theaterwissenschaftliche Untersuchungen; in: Austin, John L.: How to do things with Words, Vorlesungen, Harvard 1955.

formative (Erika Fischer-Lichte, 2004). Der Germanist Uwe Wirth verweist auf die Schwierigkeit einer genaueren Bestimmung des Begriffs aufgrund der verschiedenen Interessen und Methodologien der jeweiligen Geisteswissenschaften, die mit dieser Benennung operieren:

> »Auf die Frage, was der Begriff *Performanz* eigentlich bedeutet, geben Sprachphilosophen und Linguisten einerseits, Theaterwissenschaftler, Rezeptionsästhetiker, Ethnologen oder Medienwissenschaftler andererseits sehr verschiedene Antworten. *Performanz* kann sich ebenso auf das *ernsthafte Ausführen* von Sprechakten, das *inszenierende Ausführen* von theatralen oder rituellen Handlungen, das *materiale Verkörpern* von Botschaften im ›Akt des Schreibens‹ oder die Konstitution von Imaginationen im ›Akt des Lesens‹ beziehen [...] Wissenschaftsgeschichtlich betrachtet, hat sich der Begriff der Performanz von einem *terminus technicus* der Sprechakttheorie zu einem *umbrella term* der Kulturwissenschaften verwandelt, wobei die Frage nach den ›funktionalen Gelingensbedingungen‹ der Sprechakte von der Frage nach ihren ›phänomenalen Verkörperungsbedingungen‹ abgelöst wurde.«[41]

Im Hinblick auf theatrale Aufführungsanalyse kommt den Begriffsbestimmungen der Philosophin Sybille Krämer und der Theaterwissenschaftlerin Erika Fischer-Lichte besondere Relevanz zu. In ihrem Aufsatz »Was haben Performativität und Medialität miteinander zu tun?«[42] geht Sybille Krämer von einem medialen Performativitätsbegriff aus. Dem vierteiligen Performanzbegriff von Wirth setzt Krämer ein dreiteiliges Modell entgegen, in dem Performativität und Medialität sich gegenseitig bedingen. Krämer unterscheidet drei Modi von Performativität: eine universalisierende, eine iterabilisierende

---

41 | Wirth, Uwe: Der Performanzbegriff im Spannungsfeld von Illokution, Iteration und Indexikalität, in: Performanz. Zwischen Sprachphilosophie und Kulturwissenschaften, Frankfurt a.M. 2002, S. 9-10.

42 | Vgl. Krämer, Sybille: Was haben »Performativität« und »Medialität« miteinander zu tun?, in: dies. (Hg.): Performativität und Medialität, München 2004. Sybille Krämer bestimmte allerdings schon drei Performativkonzepte in: Das »Performative« als Thema der Sprach- und Kulturphilosophie, in: Fischer-Lichte, Wulf (Hg.): Theorien des Performativen, Berlin 2001, S. 35-64, wie folgt: 1) das schwache Performativkonzept, welches Handlungs- und Gebrauchsdimension der Sprache umschreibt, 2) das starke Performativkonzept, in dem Sprache und Handlungen gleichgesetzt werden bzw. Sprache zum symbolischen Handeln erhoben wird, und 3) das radikale Performativkonzept, welches durch den Verweis auf die operative Funktion von Sprache die dichotomen Klassifizierungen und Schemata ins Schwanken zu bringen vermag (z.B. J.L. Austins sprachliche Inszenierung des Scheiterns). Für unser Anliegen ist allerdings weniger eine Bestimmung der Performativität in Hinblick auf Sprachverhältnisse als vielmehr im Hinblick auf intersubjektive Prozesse fruchtbar.

und eine korporalisierende Performativität. Die universalisierende Performativität stützt sich auf Austins Theorie,[43] in der performative Äußerungen weniger als weltbeschreibend als vielmehr als weltkonstituierend aufgefasst werden. Performativität bedeutet hier: »Regeln und Folgen eines sprachlichen Handelns bestimmen, um im Rahmen intersubjektiver Beziehungen erfolgreich zu agieren«.[44] Da nicht von Praktiken, sondern von einem idealtypischen Modell ausgegangen wird, kann die universalisierende Performativität nur als methodisches Provisorium fungieren, anhand dessen sprachlich-symbolische Handlungen beschrieben werden können:

»Die Kommunizierenden werden so betrachtet, *als ob* sie in ihren Möglichkeiten, sich am Diskurs zu beteiligen, gleichgestellt sind: Sie sind die aller körperlichen und sozialen Differenzen entkleideten Personifikationen von Gestaltungsansprüchen. Gegenstand der ›universalisierenden Performativität‹ ist damit nicht das *wirkliche* Sprechereignis, sondern die universalen Regeln gehorchende mögliche Kommunikation; kurzum die Kommunikation ›sub specie aeternitatis‹.«[45]

Gestützt auf Abhandlungen Jacques Derridas und Judith Butlers[46] definiert Sybille Krämer die iterabilisierende (Iteration = Wiederholung) Performativität als text- und sprachbezogene Handlung. Darunter wird eine »Wiederholung von Zeichenausdrücken in zeit- und raumversetzten neuen Kontexten« verstanden, welche »zugleich eine Veränderung der Zeichenbedeutung bewirkt«.[47] Zeichen erhalten ihre Bedeutung also erst durch performativen bzw. wiederholten Vollzug.[48] Da performative Akte *per definitionem* einmalig geschehen, sollte sich die Frage nach ihrer Wiederholung erübrigen. Doch Philosophinnen wie Judith Butler und Elsa Dorlin zeigten eine Wiederholungsdimension performativer Akte auf, welche wiederum Identität bzw. das gesellschaftliche Subjekt

---

43 | Vgl. Austin, John L.: Vorlesungen zur Theorie der Sprechakte, Stuttgart 1979; ders.: Performative Äußerungen, in: Gesammelte philosophische Aufsätze, Stuttgart 1986.
44 | Krämer, S. 15.
45 | Ebd., S. 15.
46 | Vgl. Derrida, Jacques: Unabhängigkeitserklärungen, in: Jacques Derrida, Friedrich Kittler: Nietzsche und die Politik des Eigennamens. Wie man abschafft, wovon man spricht, Berlin 2000, S. 9-19; Derrida, Jacques: Randgänge der Philosophie, Wien 1988; Butler, Judith: Performative Acts and Gender Constitution: An Essay in Phenomenology and Feminist Theory, in: Sue-Ellen Case (Hg.): Performing Feminisms: Feminist Critical Theory and Theatre, London 1990, S. 270-282; Butler, Judith: Haß spricht. Zur Politik des Performativen, Berlin 1998.
47 | Krämer, S. 16.
48 | Krämer, S. 17.

2. Erneuerung aus den Theaterwissenschaften und *performative turns*

erst hervorbringe.[49] Für die vorliegende Abhandlung sei lediglich auf die Frage hingewiesen, inwieweit performative Handlungen der Stabilisierung einer gesellschaftlichen Ordnung dienen (vgl. Inszenierungskonvention) und wann – also nach welchen Kriterien – diese Ordnung ins Schwanken gebracht wird. Hinsichtlich der letzten Bestimmung, der korporalisierenden Performativität, geht Krämer vom instabilen, flüchtigen Ereignischarakter einer Aufführung aus. Damit wird erstens auf die Rolle des Zuschauers als »Kollaborateur der Aufführung« hingewiesen, zweitens ergibt sich die Aufführung als wirklichkeitskonstituierend, indem sie »nicht länger [als] Zeichen für einen dahinter liegenden immateriellen Sinn, der in der Materialität des Darstellungsgeschehens lediglich zur Erscheinung kommt«, begriffen wird.[50] Die korporalisierende Performativität beschreibt somit einen intersubjektiven Prozess zwischen allen Beteiligten einer Aufführung. Fischer-Lichte knüpft an diese Begriffsbestimmung an und entwickelt sie in theaterspezifischen Kontexten weiter.

Ausgehend von Max Hermanns Fokusverschiebung vom Drama zur Aufführung und von Judiths Butlers Verkörperungsbedingungen[51] schlägt Erika Fischer-Lichte eine Bestimmung des Performativen vor, deren Inbegriff die *Aufführung* darstellt. Die Aufführung wird als »die leibliche Ko-Präsenz von Akteuren und Zuschauern«[52] für eine bestimmte Zeitspanne an einem bestimmten Ort definiert, so dass:

»die Aufführung selbst sowie ihre spezifische Materialität im Prozeß des Aufführens von den Handlungen aller Beteiligten überhaupt erst hervorgebracht [wird]. Hermanns Aufführungsbegriff geht über Austins und Butlers Begriff des Performativen insofern hinaus, als er ganz ausdrücklich auf die Verschiebungen in den Relationen von Subjekt/Objekt und Material/Zeichenhaftigkeit abhebt, die von der Aufführung vollzogen werden.«[53]

---

49 | Während Butler performative Wiederholungen als Fundament einer normativen Konstitution geschlechtlicher Ordnung/Identität erfasst, analysiert Dorlin diese Praktiken im Hinblick auf intersektionale Konstruktionen von Geschlecht, Rasse und Klasse. Vgl. Elsa Dorlin: La matrice de la race, Paris 2006, und: Performe ton corps, performe ta race! Re-penser l'articulation entre sexisme et racisme à l'ère post-coloniale, Online, 2007.
50 | Krämer, S. 17-18.
51 | Judith Butler definiert »Embodiment« als »a manner of doing, dramatizing and reproducing a historical situation«; in: Performative Acts and Gender Constitution. An Essay in Phenomenology and Feminist Theory, S. 271.
52 | Fischer-Lichte, Erika: Ästhetik des Performativen, Frankfurt a.M. 2004, S. 47.
53 | Ebd., S. 56.

Vom Moment der Aufhebung der begrifflichen Paare »Subjekt/Objekt« und »Material/Zeichenhaftigkeit« an stellt sich die Frage nach den Kriterien und Anhaltspunkten zur Untersuchung der Aufführung. Hinsichtlich dieser Problematik formuliert Fischer-Lichte vier Thesen – die These von der »Medialität«, von der »Materialität«, der »Semiotizität« und der »Ästhetizität«. Die Medialität der Aufführung bestehe in der »Interaktion aller Teilnehmer, d.h. aus der Begegnung von Akteuren und Zuschauern«; ihre Materialität sei das, »was sich in Aufführungen zeigt«, also das, was »immer *hic et nunc* in Erscheinung [tritt] und in besonderer Weise als gegenwärtig erfahren [wird]«. Die Ästhetizität der Aufführung stellt die Besonderheit der ästhetischen Erfahrung als »einen besonderen Modus der Schwellenerfahrung«[54] dar. Was unter »Schwellenerfahrung« verstanden wird, wird in der These zur Semiotizität erläutert, welche besagt: »Eine Aufführung übermittelt nicht andernorts bereits gegebene Bedeutungen, sondern bringt die Bedeutungen, die in ihrem Verlauf entstehen, allererst hervor.« Wie bei der Krämer'schen korporalisierenden Performativität erfolgt jegliche semiotische Deutung aus den Phänomenen. Das vorgeschlagene Modell erweist sich für unseren Rahmen deshalb als interessant, weil es eine dynamisierende Auffassung von Semiotizität vorschlägt.

»Eine bestimmte Bedeutung bewirkt, dass sich die Wahrnehmung auf ein bestimmtes Element richtet, es in seinem phänomenalen Sein erfasst. Die dadurch erzeugte Bedeutung ruft ihrerseits assoziativ wieder andere Bedeutungen hervor, von denen die eine oder andere darauf hinwirkt, dass dieses oder jenes Element wahrgenommen wird, und so fort *ad infinitum.*«[55]

Zunächst zentrales Anliegen der Theatersemiotik, rückt die Auseinandersetzung mit Prozessen der Bedeutungserzeugung seit Mitte der 90er Jahre ins Feld performativer Theatertheorien. In Anlehnung an Theorien von Helmuth Plessner, Georg Simmel, Maurice Merleau-Ponty, Judith Butler und Richard Schechner entstanden die Hauptbegriffe der theaterwissenschaftlichen Aufführungsanalyse. Anhand einer bündigen Darstellung aufführungsanalytischer Hauptbegriffe – *Körper/Leib, Verkörperung, Präsenz, Atmosphäre, Raum, Wahrnehmung, Rhythmus* – wollen wir im Folgenden einen Überblick über die grundlegenden Theorien des Performativen in den Theaterwissenschaften geben.

Um heutige theaterwissenschaftliche Bestimmungen von *Körper/Leib* nachzuvollziehen, ist auf die Ansätze des Anthropologen Helmuth Plessner zurückzugreifen. Plessner begreift das spezifisch Menschliche, in Abgren-

---

54 | Fischer-Lichte: »Einleitende Thesen zum Aufführungsbegriff«, in: Fischer-Lichte, Erika, Risi, Clemens, Roselt, Jens (Hg.): Kunst der Aufführung, Aufführung der Kunst, Berlin 2004, S. 11-26.
55 | Ebd., S. 20.

zung zum Tier, als die Fähigkeit zur Abständigkeit *von* und *zu* sich selbst. Das heißt die Fähigkeit, eine Distanz zur eigenen Körperlichkeit zu schaffen, ohne diese jedoch verlassen zu können:[56] Der Mensch *sei* und *habe* einen Körper. Während das Körper-Sein »eine vom Leibe ablösbare Individualität« darstelle,[57] ermögliche das Körper-Haben die permanente Herstellung neuer Bilder über sich selbst (Bildentwürfe). Auf das Theater bezogen, bedeutet dies, dass Körperlichkeit stets zugleich als *phänomenaler Leib*, also die SängerInnen, und *semiotischer Körper*, also die auf der Bühne verkörperte Rolle, auftritt bzw. wahrgenommen wird. Die Auseinandersetzung mit dem semiotischen Körper lässt sich bis in die Rhetorik der Antike zurückverfolgen, der spezifische Leib der DarstellerInnen wird hingegen erst im Zuge der Literarisierung im 18. Jahrhundert thematisiert.[58] Doch erst mit Maurice Merleau-Ponty wird die Auffassung von Leib (Sein) und Körper (Haben) für Performanz-Theorien fruchtbar gemacht. Merleau-Ponty sucht den cartesianischen Dualismus »Körper-Geist« zu überwinden, indem er den Leib ins Zentrum seiner Überlegungen rückt und zum Fundament jeglicher Orientierung in der Welt erklärt. Der Leib steht dabei für ein ambivalentes »In-der-Welt-Sein«, weil er zugleich »Ding unter Dingen« und Träger des Ich sei.[59] Erika Fischer-Lichte erinnert an Merlau-Pontys Erkenntnisgewinn für eine Theorie des Performativen hinsichtlich seiner Philosophie des Fleisches (*chair*) wie folgt: »Es ist das ›Fleisch‹, durch das der Körper immer schon mit der Welt verbunden ist. Jeglicher Zugriff auf die Welt erfolgt mit dem Leib [...]. Deshalb eben übersteigt der Leib in seiner Fleisch-

---

56 | Plessner, Helmuth: Die Stufen des Organischen und der Mensch (1929), in: Dux, Günter u.a. (Hg.): Gesammelte Schriften, 10 Bde., Bd. 4, Frankfurt a.M. 1981.

57 | Plessner, Helmuth: Zur Anthropologie des Schauspielers, in: GS Bd. 7, Frankfurt a.M. 1980.

58 | Als »Literarisierung des Theaters« wird hier die von bildungsbürgerlichen Literaten erzwungene Subsumierung aller theatralen Komponenten unter das Drama bezeichnet. Das exponentielle Wachstum von Schriften über Schauspiel- und Theatertheorie im 18. Jahrhundert ist daher weniger als plötzliches Interesse als vielmehr als Ausdruck eines Legitimationsbedürfnisses einer aufsteigenden bürgerlichen Kaste gegenüber dem Adel aufzufassen. Es wird eine geeignete Nachahmung auf der Bühne angestrebt, so dass »Natürlichkeit« der Darstellung und Körperdressur im Zentrum der Betrachtungen stehen. Vgl. Gottsched, Johann Christoph: Die Schauspiele und besonders die Tragödien sind aus einer wohlbestellten Republik nicht zu verbannen (Vortrag 1729); Lessing, Gotthold Ephraim: Hamburgische Dramaturgie (1767); Schiller, Friedrich: Die Schaubühne als eine moralische Anstalt (1782); Engel, Johann Jakob: Ideen zu einer Mimik (1785); Goethe, Johann Wolfgang von: Regeln für Schauspieler, in: Goethes Werke, Band 40, Weimar 1901.

59 | Merleau-Ponty, Maurice: Phänomenologie der Wahrnehmung, Berlin 1966, in: Hardt, Yvonne: Artikel »Körperlichkeit«, in: Metzler Lexikon Theatertheorie, S. 181.

lichkeit jede seiner instrumentellen und semiotischen Funktionen.«[60] Insofern trägt die herkömmliche Auffassung des Körpers/Leibes der SchauspielerInnen als verkörperte Rolle nicht mehr. Die gegliederte Auffassung von Körperlichkeit, die Unterscheidung von semiotischem Körper und phänomenalem Leib ermöglicht es, zwei grundlegende Prozesse der Bedeutungserzeugung zu untersuchen: Körper als Inkorporation, Wiederholung gesellschaftlicher Strukturen (Bourdieu), Ort sozialer Normierung, Disziplinierung und Kontrolle (Foucault) einerseits, und Leib als strukturierende Struktur (Bourdieu) und subversive performative Praktiken (Butler, Dorlin) andererseits.

Als *Verkörperung* wird die Transformation eines phänomenalen Leibs in einem semiotischen Körper bezeichnet, so »dass dieser instand gesetzt würde, für die sprachlich ausgedrückten Bedeutungen des Textes als ein neuer Zeichenträger, als materielles Zeichen zu dienen«.[61] Dabei wird von einer logozentrierten Auffassung von Bedeutung ausgegangen, nach der ein schriftlich fixierter Inhalt durch Versinnlichungsprozesse vermittelt wird. Diese Annahme einer vermittelten Bedeutung widerlegte allerdings bereits der Soziologe Georg Simmel 1923 in seiner Abhandlung »Zur Philosophie des Schauspielers«, indem er zwischen sprachlich und körperlich erzeugter Bedeutung unterscheidet: »Als Dichtung angesehen ist das Drama ein selbstgenügsames Ganzes; hinsichtlich der Totalität des Geschehens bleibt es Symbol, aus dem diese sich nicht logisch entwickeln läßt«.[62] Verkörperung setzt allerdings stets eine Vorstellung dessen, was auf der Bühne repräsentiert wird bzw. werden sollte, voraus. Insofern sind künstlerische Verkörperungsprozesse (z.B. Besetzungspolitik, Universalisierung *weißer* Körper) Ergebnis eines sozialen Wechselspiels zwischen individueller Imagination von KünstlerInnen und hegemonialen Repräsentationskulturen der Kontexte, denen diese Imaginationen entstammen und in denen sie situiert sind.[63]

---

60 | Merleau-Ponty, Maurice: Das Sichtbare und das Unsichtbare, in: Fischer-Lichte, Erika: Ästhetik des Performativen, Frankfurt a.M. 2004, S. 141.
61 | Fischer-Lichte, Erika: Ästhetik des Performativen, Frankfurt a.M. 2004, S. 132.
62 | Simmel, Georg: Das individuelle Gesetz, Frankfurt a.M. 1968, S. 75.
63 | Vgl. Hall, Stuart: Representation: Cultural Representations and Signifying Practices, Milton Keynes 1997; hooks, bell: Black Looks. Race and Representation, Cambridge 1992; Friedrichsmeyer, Sara, Lennox, Sara, Zantop, Susanne (Hg.): The imperialist imagination: German colonialism and its legacy, Ann Arbor 1998; Zantop, Susanne: Colonial fantasies: conquest, family, and nation in precolonial Germany, 1770-1870, Durham 1997; Wolter, Stefanie: Die Vermarktung des Fremden: Exotismus und die Anfänge des Massenkonsums, Frankfurt a.M., New York 2005; Berman, Russell A.: Enlightenment or empire: colonial discourse in German culture, Lincoln 1998; Sieg, Katrin: Ethnic Drag Performing Race, Nation, Sexuality in West Germany, Michigan 2009.

2. Erneuerung aus den Theaterwissenschaften und *performative turns*

Hans-Ulrich Gumbrecht definiert *Präsenz* als »ein räumliches Verhältnis zur Welt und zu deren Gegenständen«. Präsenz entstehe daher durch die unmittelbare Wirkung eines Stimulus (ob Mensch oder Gegenstand) auf den Körper der ZuschauerInnen. Präsenz ist daher stets relational und intersubjektiv. Fischer-Lichte bezieht den Begriff der Präsenz »auf den phänomenalen Leib des Darstellers, nicht auf seinen semiotischen Körper. Präsenz ist keine expressive, sondern eine rein performative Qualität.«[64] Während Präsenz für die SchauspielerInnen die Beherrschung von Spieltechniken, durch die sie Aufmerksamkeit auf sich zu ziehen vermögen, bedeutet, heißt Präsenz für die ZuschauerInnen das Erspüren einer von den SchauspielerInnen ausgehenden Kraft. Fischer-Lichte bestimmt den Präsenzbegriff im weiten Sinne als »eine intensive Erfahrung von Gegenwart« und elaboriert von dorther ein starkes Konzept von Präsenz als den »Bezug auf die Beherrschung des Raumes durch den Akteur und die Fokussierung der Aufmerksamkeit auf ihn.«[65] Dabei meint der Begriff der Präsenz allerdings weniger außergewöhnliche als vielmehr gewöhnliche Momente, welche im Laufe der Wahrnehmungsprozesse auffällig werden. Dies setzt eine reale Interaktion zwischen produzierendem Leib der SchauspielerInnen und rezipierendem Leib der ZuschauerInnen voraus und ist insofern auf die Rezeption von Medien (z.B. Filmaufnahme) in dieser Form nicht anwendbar. Wie und wodurch die jeweilige Präsenz empfunden wird, hängt von der individuellen Subjektivität bzw. konkreten kulturhistorischen Kontexten ab. Eine systematische Untersuchung dieser Vorgänge wäre wünschenswert, würde den Rahmen dieser Studie jedoch sprengen.

Nach Sabine Schouten bezieht sich der Begriff *Atmosphäre* auf »die leiblich-affektive Wirkung einer Umgebung«.[66] Jeder Raum sei von spezifischer Atmosphäre geprägt, die sowohl von produktiver als auch von rezeptiver Seite ausginge. Theatrale Atmosphäre werde einerseits durch Lichtverhältnisse, Geräusche, Gerüche, klimatische Faktoren, Bühne, Raum, und andererseits durch die Wahrnehmung, also die Wirkungen all dieser Faktoren auf den eigenen Leib hergestellt. Damit ist die atmosphärische Untersuchung immer zum einen eine Ergründung der Interaktionen zwischen produktiven und rezeptiven Polen, womit zum anderen stets die Frage nach Stellung und Funktion des Raumes bzw. der erfahrenen Emotionen im analytischen Prozess gestellt werden muss. Im aufführungsanalytischen Kontext setzt dies die Bestimmung dessen voraus, was unter Raum bzw. Wahrnehmung zu verstehen ist.

Jens Roselt definiert den theatralen *Raum* als eine stets ambivalente Instanz, da er »sowohl Voraussetzung für Aufführung als auch Produkt theatraler Vor-

---

64 | Fischer-Lichte, Erika: Ästhetik des Performativen, Frankfurt a.M. 2004, S. 165.
65 | Ebd., S. 166.
66 | Schouten, Sabine: Artikel »Atmosphäre«, in: Metzler Lexikon Theatertheorie, S. 13.

gänge«[67] sei. Als solche habe der Raum zugleich einen dynamischen Charakter – »durch die Handlungen der Akteure, z.b. die Bewegungen und das Sprechen der Schauspieler und Zuschauer« –, und einen statischen Charakter – »weil dabei mit vorfindbaren Begebenheiten, z.b. geographischen Begrenzungen oder natürlichen Lichtverhältnissen, umgegangen wird«.[68] Von dorther ließe sich ein theatraler Raum auf drei Ebenen beschreiben: 1) die soziale Dimension, also die Position, die Theater bzw. Oper in einer Gesellschaft einnehmen, 2) die funktionale Dimension, also die Art und Weise der Nutzung des Raumes, und 3) die ästhetische Dimension. Diese Differenzierung hilft bei der systematischen Untersuchung des Raumes, doch es gilt daran zu erinnern, dass funktionale und ästhetische Dimensionen eines Raumes niemals ohne die ihnen zugrunde liegenden sozialen Dimensionen ergründet werden können.

Mit der *Wahrnehmung* kommen wir auf eine zentrale und komplexe analytische Kategorie der Aufführungsanalyse. Eine erste Schwierigkeit besteht hier in der tiefen Verankerung des Begriffs sowohl in den Natur- als auch in den Geisteswissenschaften, so dass scheinbar ähnliche Gegenstände bzw. Vorgänge unter völlig unterschiedlichen Prämissen erforscht werden. Aus naturwissenschaftlicher Sicht geht es hier insbesondere um perzeptionspsychologische und neurologische Aspekte der Sinnesverarbeitung; gefragt wird nach dem Zusammenhang zwischen den Sinnesorganen oder rezeptoren von Lebewesen und der Erfassung ihrer Umgebung. Aus der Perspektive der Neurologie und der Hirnforschung liegt der Fokus auf der Untersuchung der Umwandlung rezipierter Informationen in »Gehirnsprache«, also elektrische Impulse, welche dann »über Nervenbahnen in das Gehirn geschickt [werden], wo es für jede Modalität einen speziellen Bereich gibt, der die Nervenimpulse des jeweiligen Sinnesorgans empfängt und auswertet«.[69] Da »unsere Sinnesorgane auf physikalische Reize auf ihre durch Struktur und Vernetzung spezifische festgelegte Weise [reagieren]«,[70] wird die Wahrnehmung hier als immense Reduktion von Datenmengen begriffen. Aus geisteswissenschaftlicher Perspektive beschäftigt sich traditionellerweise insbesondere die Philosophie mit Phänomenen der Wahrnehmung.[71] Im 17. Jahrhundert suchten Denker wie Spinoza, Locke und Descartes die Zusammenhänge von Wirklichkeit und Sinneswahrnehmung zu ergründen; ab dem 18. Jahrhundert war es die Erkenntnistheorie,

---

67 | Roselt, Jens: Artikel »Raum«, in: Metzler Lexikon Theatertheorie, S. 260.
68 | Ebd., S. 260.
69 | Ebd., S. 8.
70 | Gegenfurtner, Karl R.: Gehirn und Wahrnehmung, 4. Aufl., Frankfurt a.M. 2006, S. 8.
71 | *Aisthesis* als Lehre der sinnlichen und körperlichen Wahrnehmung ist u.a. von Protagoras, Empedokles, Parmenides, Aristoteles und Platon thematisiert worden.

die sich mit Fragen der Wahrnehmung intensiv beschäftigte.[72] In unserem aufführungsanalytischen Kontext spielen Prozesse der Wahrnehmung insofern eine zentrale Rolle, als Sinneseindrücke »den Ausgangspunkt für jegliche theatrale Kommunikation« bilden.[73] Willmar Sauter beschreibt die Wahrnehmungsvorgänge bei einer Aufführung als Kommunikationsprozess, bei dem die ZuschauerInnen, die DarstellerInnen und das Verhältnis zwischen ihnen von Bedeutung sind. Da es sich um eine künstlich erzeugte Situation handelt, kommt ein spezieller Modus der Wahrnehmung zum Tragen: die ästhetische Erfahrung.[74]

Als letzter aufführungsanalytischer Begriff sei die *rhythmische* Komponente genannt. In seinem Artikel »Rhythmus« definiert der Musik- und Theaterwissenschaftler Clemens Risi vier rhythmische Aspekte einer Aufführung: 1) die durch Wiederholung gleichzeitig betonte und hervorgebrachte Prozessualität, 2) die Intermodalität der Wahrnehmung, also die gegenseitige Beeinflussung unterschiedlicher Wahrnehmungsmodalitäten und momente, 3) die physiologischen und kognitiven Bedingungen und 4) die körperliche Wirkung als affektive Teilhabe.[75] Der Begriff des Rhythmus erweist sich für unseren aufführungsanalytischen Kontext insofern als fruchtbar, als er als übergeordnetes organisatorisches und strukturierendes Prinzip zu fungieren vermag.[76] Rhythmus kann erstens eine »Dehierarchisierung der verwendeten theatralen Mittel bewirken, was eine Fokussierung der Wahrnehmung auf die Materialität des Wahrgenommenen statt auf seine Zeichenhaftigkeit zur Folge hat«; zweitens »als ein Prinzip der Selbstorganisation im Hinblick auf die Inszenierung fun-

---

72 | Dazu: Intuition-Intellekt (Spinoza), dreifache Wahrnehmung (Locke), Körper-Seele (Descartes), transzendentale Analytik (Kant), Noema (Husserl).
73 | Sauter, Willmar: Artikel »Wahrnehmung«, in: Metzler Lexikon Theatertheorie, S. 386.
74 | Von der Antike bis zum Mittelalter standen Darstellung und Wirkung der Affekt-Erzeugung im Zentrum der Betrachtungen. Während der Literarisierung des Theaters im 18. Jahrhundert suchten Literaten die spezifische transformative Kraft einer theatralen Aufführung (u.a. Katharsis, Identifikation) zur Erziehung des aufsteigenden Bürgertums zu nutzen. Im 20. Jahrhundert führten Theaterpraktiker wie Artaud, Piscator, Brecht diese Ansätze weiter, indem sie bestimmte Effekte beim Publikum zu erzeugen suchten. Mit dem Boom der Performanz-Künste seit den 60er Jahren steigerte sich das Interesse der Theaterwissenschaft für die transformative Kraft einer Aufführung. In diesem Rahmen erforscht Erika Fischer-Lichte die ästhetische Erfahrung als Schwellenerfahrung oder Liminalität in Anlehnung an Ansätze aus der Ethnologie.
75 | Vgl. Risi, Clemens: Artikel »Rhythmus«, in Metzler Lexikon Theatertheorie, Stuttgart 2005, S. 271-274.
76 | Vgl. Ebd., S. 274.

gieren«, wobei dies im »ständigen Wechsel zwischen dem Voraussagbaren und dem Unerwarteten« geschieht; drittens ermöglicht Rhythmus den an einer Aufführung Beteiligten die »geteilte Erfahrung in ihrer Dynamik leiblich zu spüren und zu erleben«.

Wir haben nun etliche Begriffe betrachtet, die für die folgende Aufführungsanalyse eine Rolle spielen – wir knüpfen an sie an, erweitern oder widerlegen sie.

II. Il Barbiere di Siviglia 2002-2007

»Eine Aufführung übermittelt nicht andernorts bereits gegebene Bedeutungen, sondern bringt die Bedeutungen, die in ihrem Verlauf entstehen, allererst hervor.«
ERIKA FISCHER-LICHTE

3. Erste Aufführung: 9. März 2002

Sequenz 1: Szene 1, I, Nr. 1 (Fiorello und Almaviva)

Unmittelbar nach der Ouvertüre taucht eine Figur auf. Vom Kostüm und Gang her dürfte es sich um Fiorello[1] handeln – der ältere »Diener« des noch nicht aufgetauchten Conte d'Almaviva. Von links aus öffnet er die vordere Wand des Kastens. Sein Oberkörper ist nach vorne gebeugt, sein Gang besteht aus kleinen, schleppenden Schritten. Als er im Begriff ist, die vordere Stoffwand von der Mitte aus zu öffnen, ändert sich seine Haltung. Der Oberkörper wird nach oben gestreckt und plötzlich werden seine Arm- und Beinbewegungen flink, geschickt und graziös vollzogen. Der Kontrast zu seinem schleppenden Auftritt lässt diesen Moment sehr komisch wirken. Er öffnet die vordere Stoffwand mit kleinen, elastischen Sprüngen. Nach dieser Anstrengung ruht er sich aus, indem er sich mit einer Hand auf die Knie stützt und die andere auf den Rücken legt. Almaviva tritt auf. Als Erstes stellt er sich demonstrativ dem Publikum vor. Mit offener Armhaltung und breitem Lächeln im Gesicht vermittelt er den Eindruck der Sicherheit, gar der Selbstverliebtheit. Sein weißes Kostüm unter einem dunklen, edlen Gewand unterscheidet ihn von Fiorello im schlichten dunklen Anzug und verweist zugleich auf seine höhere gesellschaftliche Stellung. Sein Gang ist weder langsam noch hektisch, sondern maßvoll und locker. Er stellt gleich einen starken Kontrast zum alten Fiorello her. Dann tritt eine aus etwa zehn Individuen bestehende Musikergruppe von hinten auf.

Bereits während der Ouvertüre, die auf offener Bühne stattfindet, werden erste Eindrücke bzw. Assoziationen gesammelt bzw. hervorgerufen. Als »Eindrücke« bezeichnen wir die unmittelbaren Auswirkungen eines sinnlich erfassten Geschehens, wobei diese sich prozessual entfalten. Eindrücke sind also prägende Momente der ästhetischen Erfahrung, die sich von unzähligen anderen Momenten darin unterscheiden, dass sie hervorgehoben und im Gedächtnis gespeichert werden. Sie sind die ersten Momente, die einem einfallen bei der Beschreibung einer Aufführung, der man beigewohnt hat, und dienen somit

---

1 | Alle Figuren werden mit dem italienischen bwz. französischen Namen der Originaltexte bezeichnet.

auch als erste aufführungsanalytische Anhaltspunkte. Als weitere Anhaltspunkte zu benennen sind Assoziationen – also die Verknüpfungen innerhalb der stets veränderbaren Erfahrungs- und Erkenntnisrepertoires.[2] Eindrücke und Assoziationen gehören dabei nicht unbedingt zu getrennten Kategorien, vielmehr sind es permanent interagierende Einheiten.

Als die Ouvertüre erklingt, sitzen wir vor einer Bühne, die abgesehen von einem Stoffkasten in der Mitte leer ist. Bis auf den weiß-grauen Hintergrund ist das ganze Bühnenbild – also der grau-weiße Boden und der Stoffkasten – mit parallelen dünnen schwarzen Streifen versehen. Die Frontwand des Stoffkastens verstärkt den Eindruck einer dargestellten Künstlichkeit, indem die Streifen in perspektivischer Kontinuität zum Boden gezeichnet sind. Durch die Richtung der Streifen nach hinten hat die Bühne zugleich eine besondere Tiefe und eine ostentative Künstlichkeit. Denn die Streifen ähneln einer übertriebenen Vervielfachung der perspektivischen Grundlinien – als werde eine schon längst beherrschte und daher nutz- und sinnlose zeichnerische Übung karikiert und verspottet. Eindrücke und Assoziationen sind in unserem aufführungsanalytischen Kontext nun insofern von äußerster Relevanz, als sie erstens die Einstimmung gegenüber der kommenden Aufführung in entscheidendem Maße prägen, womit zweitens Erwartungshaltung und kommende Fokussierungen ebenso entscheidend gelenkt werden. Das Geschehen bekommt hier also insofern eine Ausrichtung, als die neuen Informationen einen Zusammenhang mit den anfänglichen Sinneseindrücken und imaginären Assoziationen zu bilden scheinen. Wir wollen dies am Beispiel des gelungenen Witzes oder der Komik veranschaulichen.

Fiorellos kontrastierendes Verhalten – erst der schleppende Gang eines alten, gebeugten Mannes und dann plötzlich jungenhafte, elastische Sprünge beim Öffnen der Stoffwände – wird mit dem bereits als karikaturistisch oder spöttisch erfahrenen Bühnenbild von Freyer in Verbindung gebracht, so dass die Hypothese einer inszenierten Komik schon von Anbeginn an vorhanden ist. Ausschlaggebend ist allerdings weniger diese – mehr oder weniger bewusste – Verknüpfung als vielmehr die Wertung des Witzes als gelungen. Auf einer kollektiven Ebene hängt das Gelingen eines Witzes weniger ab vom Erkennen seiner Intention als vielmehr vom implizierten gemeinsamen Konsens bzw.

---

2 | Als *Repertoire* bezeichnen wir zum einen das Ensemble der körperlichen Haltungen und Spielweisen von SängerInnen (Haltungs- und Bewegungsrepertoire) und zum anderen das Ensemble der stets veränderbaren Erfahrungen (Erfahrungsrepertoire) und epistemologischen Aneignungen (Erkenntnisrepertoire) eines Individuums. Die Repertoires setzen daher immer einen performativen Ausgangspunkt und seine Erfahrung in einer einmaligen, spezifischen Interaktion voraus.

der Berufung auf ein gemeinsames Imaginäres zwischen Produktion einerseits und Rezeption andererseits. Ob und wie etwas als witzig bewertet wird, hängt auf individueller Ebene zum einen ab von der eigenen gesellschaftlichen Stellung innerhalb eines gegebenen kulturhistorischen Kontextes und somit zum anderen von der Teilhabe bzw. vom Ausschluss dieser Stellung im Kontext normativer Praktiken – hier Inszenierungskonventionen. Was hier »komisch« gewirkt hat, ist der abrupte Kontrast im performativen Vollzug des Sängers Bernd Riedel. Auch in unserer unmittelbaren Umgebung wurde diese Handlung für komisch gehalten: An dieser Stelle wurde gekichert. Durch ihre jeweiligen Kostüme (Inszenierung) und ihr Bewegungsrepertoire (Perfomanz/ Aufführung) werden Bernd Riedel (Fiorello) und John Osborn (Almaviva) über die klare Abgrenzung voneinander verdeutlicht. Riedels Bewegungen lassen ihn rasch als Vertreter des *Buffo*-Teils erscheinen. Wenn er nicht mit nach vorne gebeugtem Oberkörper in kleinen Schritten geht, lässt er sich mit steifen, leicht auseinandergestellten Beinen an einer Ecke der vorderen Stoffwand nieder. Dabei kreuzt er demonstrativ die Arme und nimmt eine leicht nach hinten gelehnte Haltung ein, so dass seine ganze Körperhaltung Missbilligung und Ärger ausstrahlt. Der Gang Osborns hat mit den kleinen, hektischen Schritten und leichten Sprüngen Riedels nichts gemeinsam. Mit geradem, leicht nach hinten geneigtem Oberkörper, die Arme weit offen und ein breites Grinsen im Gesicht, tritt er in mäßigem Tempo, jedoch zielstrebig zur Rampe hin. Dort verneigt er sich vor dem Publikum mit der Andeutung einer Reverenz, wie sie beispielsweise am französischen Hof von Ludwig XIV. praktiziert wurde.[3] Angedeutet wird diese Reverenz allein durch die Fußstellung und die Armbewegungen, während auf die parallele Gewichtsverlagerung des Körpers nach hinten und die Verbeugung des Oberkörpers nach vorne verzichtet wird. Die Reverenz ist an das Publikum gerichtet; während der alte Fiorello mitten in seinen Aufgaben für den Grafen steckt – zunächst das Öffnen des Stoffkastens und später das Management der Musiker – und sich meistens von der Profilseite bzw. im Dreiviertelprofil zeigt, kokettiert der Graf mit offenen Armen mit

---

3 | Die vollständige französische Hof-Reverenz lässt sich in drei Etappen beschreiben: 1) Das rechte Bein wird mit geradem Fuß nach vorne gestreckt, das linke leicht nach hinten geknickt, mit dem Fuß etwas nach außen. 2) Das Körpergewicht wird nach hinten beziehungsweise auf das hintere linke Bein verlagert, während der rechte Arm »den Hut hebt« und mit gemäßigtem Tempo einen halben Kreis nach außen bis zur linken Seite zeichnet. 3) Schon während des Zeichnens des Kreises beugt sich der Oberkörper mit gleichem Tempo nach vorne, so dass das Ende des Kreises, den der rechte Arm beschreibt, mit der Vollendung der Verbeugung zusammenfällt. Die Stellung des linken Armes scheint weniger festgelegt zu sein. Er kann als Gegenbewegung zum rechten Arm gesetzt werden, indem er hinter dem Rücken einen halben Kreis mit dem Oberarm vollzieht oder andeutet; oder die linke Hand liegt von Anfang an auf dem linken Schenkel.

dem Publikum. Die Selbstverliebtheit, die für Almaviva bezeichnend ist, lässt sich also auf ein Netz von Eindrucks- und Assoziationsmöglichkeiten zurückführen, mittels dessen Almaviva und Fiorello als komplementäre Gegenparts erfasst werden, und zwar weniger infolge der intentionalen Inszenierung von Ruth Berghaus als vielmehr durch die vollzogene Performanz von John Osborn als Almaviva und Bernd Riedel als Fiorello.

SEQUENZ 2: 1, I, NR. 1 (FIORELLO, ALMAVIVA UND DIE MUSIKER)

Eine Musikergruppe, aus etwa zehn Individuen bestehend, tritt auf. Die Gruppe scheint direkt einem Theaterstück der Commedia dell'Arte entnommen. Ich vernehme einen Paukenschläger, einen Beckenschläger, einen Geiger, einen Lautenspieler, einen Klarinettisten und einen Flötisten. Ihre Gesichter und Körper sind ganz dem Grafen zugewandt. Nach und nach nähern sie sich ihm – vorsichtig, doch wie gebannt. Am Ende des Largo haben sich die Musiker im Halbkreis um den Grafen auf der Vorderbühne versammelt. Sie schauen den Grafen fasziniert an und erstarren. Erst das Eröffnungsmotiv der Holzbläser reißt die Musiker aus ihrer Erstarrung. Hier beginnen sie ihre jeweilige Choreographie. Drei davon fallen mir auf: der Paukenschläger, der Beckenschläger und der Flötenspieler. Bis auf Kopf, Arme und Füße ist der Paukenspieler vollständig ausgestopft. Sein Kostüm besteht aus einem breiten, mehrmals gefalteten und mit Schnüren gehaltenen weißen Hemd und einer sehr kurzen Hose. Auf diese Weise kommen der kugelförmige Oberkörper und die Beine noch mehr zum Vorschein. Bei diesen umfangreichen Körperproportionen scheinen Kopf und Arme besonders klein, was durch die Choreographie noch unterstrichen wird. Diese besteht darin, Schläge auf seine vorne befestigte Pauke anzudeuten, indem er mit seinen Schlägern kleine Kreise in der Luft formt. Dazu macht er kleine, hüpfende, tänzelnde Schritte auf der Stelle und dreht sich gleichzeitig um. Ich bewundere die erhebliche Koordinationsleistung des Sängers. Der Beckenschläger fällt ebenso auf durch seinen runden, gestopften Oberkörper. Er trägt ein breites, weißes Hemd und hat links ein Holzbein. Dieses verleiht ihm einen hinkenden Gang und hindert ihn daran, sich so schnell wie die anderen zu bewegen. Daher nimmt er schon am Anfang seinen Platz ein, vorne links, den er kaum verlässt. Seine Choreographie besteht darin, seine Becken andeutungsweise in der Luft zu schlagen. Im Gegensatz zu den beiden Schlagzeugspielern sind beim Flötenspieler weniger Kostüm und Requisite auffällig als vielmehr seine Choreographie. Leicht nach vorne gebeugt, schreitet er, Faun Pan ähnlich. Seine Schritte entstehen aus der rhythmischen Erhebung seiner Knie, wobei die Fußspitzen nach unten gerichtet sind und der Oberkörper leicht nach vorne gebeugt.

Der Auftritt des Männerchors markiert einen ersten bezeichnenden Moment des Aufführungserlebnisses. Anstelle der bisherigen, recht übersichtlichen Konstellation zweier Körper – Almaviva, Fiorello – tritt eine zehn bis zwölf Mann starke Gruppe auf, die nicht nur inszeniert, sondern auch choreographiert wird. Das ist eine Fülle an neuen, zu filternden Informationen. Uns interessiert nun weniger die Frage, warum bestimmte Elemente selektiert werden, als vielmehr, wie dieser Selektionsprozess erfolgt. Als die Musiker die Bühne betreten, haben sich Eindrücke und Assoziationen bereits im Gedächtnis gesammelt und prägen damit den Wahrnehmungsvorgang. Das, was hier als auffällig erscheint, ist deshalb weder Ergebnis einer völlig unvorhersehbaren sinnlichen Rezeption noch Produkt chaotischer, willkürlicher Assoziationen. Vielmehr ist das Auffällige einem Netz bestehender Aufführungserlebnisse und Repräsentationsordnungen der Erfahrungs- und Erkenntnisrepertoires verdankt. So richtet sich beispielsweise die Aufmerksamkeit auf die Musiker, deren Kostüme die Körperproportionen überbetonen; zu Beginn der Aufführung waren Proportionen bereits räumlich thematisiert worden, und von dieser Referenz her wird ein Zusammenhang zwischen räumlichen und körperlichen Proportionen hergestellt und richtet sich die Aufmerksamkeit auf weitere Figuren. – An diesem Punkt erinnern wir daran, dass wir keinerlei ontologisches Interesse verfolgen, sondern in erster Linie die Frage, *wie* diese Fixierung auf diese drei Figuren erfolgt. – Während Paukenspieler und Beckenschläger die Aufmerksamkeit aufgrund ihrer besonderen Kostüme auf sich ziehen, fällt der Flötenspieler durch seine choreographierten Pan-Schritte auf. Die Fokussierung wird somit bei Ersteren durch ein inszenatorisches Element erreicht – durch ihre Kostüme –, während Letzterer durch seine Choreographie bzw. seine spezifische performative Handlung auffällt. Wir haben es hier mit zwei verschiedenartigen Phänomenen zu tun, welche aus unterschiedlichen Prozessen resultieren: ein inszenatorischer für Paukenspieler und Beckenschläger und ein performativer für den Flötenspieler. Zur Veranschaulichung der inszenatorischen Komponente kann Berghaus' Aussage über ihre choreographische Arbeit beitragen:

»Die Choreographie ist an das Zeitmaß der Musik gebunden. Aber sie muß es nicht deuten! Sie kann z.B. kontrapunktisch damit umgehen. Sie muß nur Musik und Bewegungen zusammensetzen und zusammenfügen. So haben wir bei dem Komplex ›Die Römer beginnen den Sturm‹ sehr unregelmäßige musikalische Rhythmen und verhältnismäßig regelmäßige choreographische Rhythmen [...].«[4]

---

4 | »Notate zu den Schlacht-Szenen, Musik und Choreographie«, Coriolan (1964), in: Das Theater der Ruth Berghaus, Berlin 1989, S. 21.

Indem Berghaus die Choreographie als »Mittel zur Erzählung einer Fabel« bestimmt, begreift sie diese auch als szenisch komplementären Teil zur Musik. Als solche stellt Choreographie bei Berghaus keineswegs eine bewegliche Illustrierung der Musik dar, sondern eine autonome Instanz, die sich mit Letzterer reibt. Die Fabel beim Auftritt der Musiker lautet wie folgt: Die Musiker sind von Almaviva beauftragt worden, ihn bei seiner *Cavatina* zu begleiten. Währenddessen wird der kleine Männerchor dramaturgisch zur choreographierten Gruppe.[5] Berghaus inszeniert die Gruppe als heterogene, hüpfende Masse, wobei einzelne Mitglieder jeweils ein bestimmtes Bewegungsrepertoire vorführen. Ausgehend von den inszenatorischen und aufführungsanalytischen Punkten wollen wir diese Sequenz näher ergründen.

In einem ihrer wenigen Interviews gibt Ruth Berghaus Auskunft darüber, wie sie die inszenatorische Arbeit an einer Oper begreift und ausführt. Dabei unterstreicht die Regisseurin immer wieder das Spezifikum der Opernformen,[6] welche – im Gegensatz zum Sprechtheater – »nicht erfunden«, sondern lediglich »erfüllt« werden müssen.[7] In diesem inszenatorischen Arbeitsprozess dient die Werkanalyse dazu, die Gesetze eines musiktheatralen Gefüges in technischer und konzeptioneller Hinsicht zu erfassen. Berghaus beschreibt diese Phase ihrer Arbeit in einem Interview mit dem Musikkritiker Kühn als die »sinnliche Umsetzung« von szenischen Vorgängen:

»Um szenische Vorgänge sinnlich zu machen, nimmt man bestimmte Zeichen, die in Verhältnis gesetzt werden: zur Natur des Menschen, zur Bühne, Musik, Figur, zum Gesang oder zum Wort – also vielfältige Bindungen sind da auf der Opernbühne. Und mein Bestreben ist, sie als gefügte Bindungen seh-, hör- und messbar zu machen.«[8]

Mit »szenischen Vorgängen« ist das Wie, Wann und Was auf einer Bühne gemeint. In diesem Zusammenhang distanzieren wir uns ausdrücklich von der Bestimmung des Theaterwissenschaftlers Andreas Kotte, welcher Vorgänge

---

5 | Vgl. Regieanweisung der *Cavatina*: »*I suonatori accordano gl'instrumenti e il Conte canta accompagnato da essi*« (Die Musiker stimmen ihre Instrumente und der Graf singt, von ihnen begleitet); Übersetzungen, wenn nichts anderes vermerkt, von Danièle Daude.
6 | Ruth Berghaus im Gespräch mit Michal Gielen und Sigrid Neef, November 1986, in: Neef, Sigrid: Das Theater der Ruth Berghaus, Berlin 1989, S. 116.
7 | Interview mit Heiner Müller, 1987, in: Neef, Sigrid: Das Theater der Ruth Berghaus, S. 182.
8 | Ebd., Interview mit Kühn, 1989, S. 97.

als eine »Ebene des Umgangs mit dem Geschehen«[9] definiert. Kotte bestimmt theatrale »Vorgänge« in Abgrenzung zu »Handlungen«, welche er als »bewusste[n], planvolle[n] Tätigkeiten« definiert, und zu »Situationen«, welche er als die »kleinsten und kompaktesten verstehbaren Einheiten menschlicher Handlungszusammenhänge«[10] definiert. Wenn wir seine Bestimmung von »Situation« als Moment, »wo die Handlungen beginnen oder einen neuen Verlauf nehmen oder enden«,[11] übernehmen, grenzen wir uns von seiner Definition von »Handlung« ab, die nicht geplante Handlungen vom Untersuchungsfeld ausschließt. Da diese ungeplanten Aktionen den hiesigen Forschungsgegenstand bilden, bestimmen wir »Handlung« als vollzogene Tätigkeit, sei sie performativ, inszenatorisch oder musikdramaturgisch. Innerhalb dieser Vorgänge werden Inhalte durch aussagekräftige Gesten[12] vermittelt, wodurch Gefühle und Handlungen der Figuren sowie Situationen erkennbar verkündet werden. Mit Blick auf Berghaus' Inszenierung stellt sich an diesem Punkt die Frage nach den inszenatorischen Spannungspunkten, den Inszenierungsknoten und deren Mitteln, den inszenatorischen Gesten. Wir gehen dazu vom inszenatorischen Leitfaden aus: der Komik.

»Unser Bestreben ist, das Komödiantische im wahrsten Sinne des Wortes gegen die Klamotte zu mobilisieren und Tradition gegen die Konvention. Wir scheuen keine groben Späße und Clownerien. Die Auswahl soll allerdings immer unter einem Gesichtspunkt stattfinden: Die Späße müssen Auskunft geben über die soziale, gesellschaftliche Lage der handelnden Personen und damit das System erkennen lassen, in dem sie spielen.«[13]

In dieser Hinsicht bildet die Eröffnungsszene mit den Musikern eine Schlüsselszene. Der Chor ist als choreographierte Gruppe inszeniert, in der jedem eine präzise Aufgabe zugeteilt ist. Wichtig dabei ist der erzeugte Masseneffekt, wodurch der inszenatorische Leitfaden der Komik vermittelt wird. Diese für die Inszenierung entscheidende Situation bildet einen ersten Inszenierungsknoten. Hier werden die inszenatorischen Paradigmen dargestellt; nicht nur die Komik, sondern auch ihre subversive Funktion soll sichtbar werden. Erfahren wird bei der obigen Sequenz allerdings nicht unmittelbar die Choreographie, sondern die Performanz der Chorsänger und der Solisten. Die Fokussierung und Fixierung der Aufmerksamkeit auf Paukenspieler, Beckenschläger und Flötenspieler bezeichnen wir als *scharfe Fokussierung*. Die anderen Musiker,

---

9 | »Handlung *ist* Geschehen, Vorgang *bezeichnet* das Geschehen«, in: Kotte, Andreas: Theaterwissenschaft, eine Einführung, Köln, Weimar, Wien 2005, S. 19.
10 | Ebd., S. 15.
11 | Ebd., S. 19.
12 | Vgl. Einleitung, Gesten – Knoten – Korrespondenz.
13 | RBA 127, S. 2.

Almaviva und Fiorello treten währenddessen in den Hintergrund. Sie werden *unscharf* erfahren. Da sich zu jenem Zeitpunkt die Figuren bereits musikdramaturgisch und inszenatorisch entfaltet haben, sei zunächst an deren bisherige dramaturgische und inszenatorische Charakterisierung erinnert.

FIGURENANALYSE

1. Figaro

Figaro zeigt sich schon bei seinem berühmten Auftritt »*Largo al factotum*« (Nr. 2) selbstsicher und als Hochstapler. Die emphatische Art und Weise seiner musikalischen Gestaltung ist Hinweis sowohl auf das Übertreiben seiner Heldentaten wie auch auf seine eigentliche Überforderung, macht die Figur jedoch sympathisch. Im Laufe des ersten Aktes entpuppt sich Figaro als gescheit und gegen Bezahlung auch hilfsbereit und einfallsreich.[14] Dem Grafen Almaviva rät er, Rosina eine *Canzone* zu singen, in der er ihr »alles sagen solle«.[15] Von ihm stammt die erste Verkleidungsidee als Möglichkeit, beim misstrauischen Bartolo einzudringen. Als betrunkener Soldat soll Almaviva auftreten, und zwar weil »*d'un ch'è poco in sè, che dal vino casa già, il tutor, credete a me, il tutor si fiderà*«.[16] Den anderen Figuren gegenüber zeigt sich Figaro nicht weniger einfallsreich und gescheit. Zu Bartolo und Basilio ist er spöttisch und übermütig. Versteckt belauscht er den Hochzeitsplan von Bartolo und schaltet sich unmittelbar danach bei Rosina ein. Er heitert sie auf, indem er ihr das baldige Kommen ihres Verehrers, des als Lindoro verkleideten Almaviva, verspricht. Er rät ihr auch, einen Brief an Lindoro zu schreiben,

---

14 | Recitativo-Duetto: »Sono pronto. Ah, non sapete i simpatichi effetti prodigiosi che ad appagare il mio signor Lindoro produce in me la dolce idea dell'oro? All'idea di quel metallo portentoso onnipossente un vulcano, un vulcano la mia mente già comincia, già comincia a diventar ...« (Ich bin bereit! Ah, Sie kennen nicht die wunderbaren Wirkungen, die um meinen Herrn Lindoro zu Liebe, die sanfte Vorstellung des Goldes in mir erweckt! Schon allein die Idee des kostbaren, des allmächtigen, des wundervollen Metalls verwandelt meine Gedanken in einen Vulkan ...). (4, I.) Nr. 3, S. 81-83, und Nr. 4, S. 84-111. Alle musikalischen Beispiele aus der Partitur: Il Barbiere di Siviglia, Edizione critica a cura di Alberto Zedda (1969) Ricordi, Milano 2004.

15 | »*In una cazonetta, così, alla buona il tutto spiegatele, signor*« (Ein Liedchen, so, sagen Sie ihr auch ruhig alles!). (4, I.)

16 | (weil wer dem Wein bis zum Umfallen verfallen ist, glauben Sie mir, der Vormund wird kein Misstrauen hegen). (4, I.)

wobei Rosina diesen bereits verfasst hat.[17] Inszenatorisch lehnt sich Figaros Darstellung an die Figur des ersten *Zane* aus der *Commedia dell'Arte* an. Er hat ein »gutes Herz«, ist gescheit, einfallsreich und treibt dadurch die Handlung voran. Er lässt sich nicht wie die Musiker zuvor von Almavivas Lippenbekenntnissen[18] täuschen. Er fordert eine Bezahlung für seine Aufgabe und zeigt sich erst nach Überreichen einer (mageren) Geldbörse hilfsbereit. Seine Motivation hängt vom Versprechen einer besseren Bezahlung ab. Hier werden zwei Charakterzüge dargestellt: der Geiz Almavivas und die Geldgier Figaros. Doch Figaro ist in dieser Inszenierung nicht auf einen Typus zu reduzieren; das veranschaulicht beispielsweise schon die Verwendung seiner Maske. Wie Arlecchino verfügt Figaro über eine halbe schwarze Maske, welche das Gesicht von der Stirn bis zur Nase bedeckt. Doch Figaro trägt sie umgekehrt, so dass die Maske ihre archetypische Funktion nicht mehr erfüllt. Diese umgekehrte Verwendung der Maske, wodurch die Vielfältigkeit der Figur statt eines Typus demonstriert wird, stellt einen subversiven inszenatorischen Gestus dar. Denn es wird zugleich auf einen Archetyp hingewiesen und sich von ihm distanziert.

2. Bartolo

Bartolo wird von Figaro als Vormund Rosinas eingeführt – und nicht als ihr Vater, wie Almaviva fälschlicherweise vermutete. Dennoch ist der Jubel Almavivas – »*Oh che conzolatione!*« – von kurzer Dauer, denn gleich darauf erscheint der misstrauische Bartolo an der Seite von Rosina (3, I), womit ihre Lage klar wird. In der kurzen Zeit der dritten Szene wird Bartolo dramaturgisch gänzlich porträtiert. Die Eigenschaften, die ihm hier eingangs zugeschrieben werden, ändern sich im Laufe der Handlung nicht mehr; sie werden lediglich nacheinander präsentiert. Bartolo ist ein besitzergreifender Vormund und hinterfragt deshalb jede Handlung von Rosina: »*Il tempo è buono? ... Cos'è quella carta?*«[19] Bartolo steht für einen wohlhabenden Bildungsbürger, der seiner mittelbaren und weiteren Umgebung gefühl und gedankenlos begegnet: »*Un lungo, malinconico, noioso, poetico strambotto. Barbaro gusto! Secolo corrotto!*«[20] Dass Sterbini und Rossini (ob Rossini an dieser Stelle mitgewirkt hat oder nicht, lässt sich nicht mit Sicherheit feststellen) Bartolo als groben Ignoranten

---

17 | »*Ve' che bestia! Il maestro faccio a lei! ... Ah, che in cattedra costei di malizia può dettar!*« (Sieh die Bestie! Der Schüler hat den Meister überholt! ... An List und Tricks kann sie mich belehren). (9, I.)

18 | »*Va là, non dubitar; die tue fatiche largo compensato*« (Zögere nicht, ich werde deine Mühen reich belohnen). (4, I.) Nr. 3, S. 83.

19 | »Schönes Wetter, nicht wahr? Was ist das für ein Zettel?«

20 | »Ein langes, melancholisches, langweiliges Melodram! Welch barbarischer Geschmack! Welch korruptes Jahrhundert!«

und eifernden Sittenwächter darstellen, ist auch eine kleine Pointe, adressiert an ihre zeitgenössischen Gegner. Durch die Anlehnung an den Typus des getäuschten aber nicht unsympathischen *Pantalone* der *Commedia dell'Arte* wird diese Figur komisch angelegt und ist deshalb nicht gänzlich negativ besetzt. Täuschungen führen bei Bartolo allerdings nur zu immer neuen Einfällen und raschen Reaktionen in heiklen Situationen. Gleich zu Beginn entlarvt er die List Rosinas, die mittels des Zettels eine Botschaft an Lindoro schickte. Seine Reaktion ist rasch und übertrieben: Er befördert sie ins Haus, in dem sie sich ohnehin bereits befindet, und kündigt an, den Balkon zumauern lassen wollen. Die Komik entsteht durch die Unangemessenheit der Strafe, womit zugleich eine unseriöse Dimension konstruiert bzw. bestätigt wird.[21] Berghaus zeichnet Bartolo durch übertriebene Schritte aus; das geschieht, indem er die Knie etwa bis zum unteren Oberkörper hebt, so dass ein großer Schritt angedeutet wird. Beim Senken des Beines wird der Fuß aber nicht weit nach vorne geworfen, wie es die anfängliche Bewegung vermuten lässt, sondern lediglich einen Augenblick gehalten und in einem kleinen Abstand zum anderen Fuß wieder gesenkt. Auf diese Weise entstehen trotz nachdrücklicher Bewegungen kleine Schritte. Dieser Gang lässt sich als inszenatorischer Gestus begreifen, mit dem zugleich der angeberische Charakter – groß angekündigte Schritte – und die tatsächliche Hohlheit der Figur – de facto kleine Schritte – dargestellt wird. In dieser Szene lässt Bartolo sich abermals täuschen und wirkt dabei sogar aktiv mit.

3. Basilio

Basilio ist an den Typus des *Dottore*, des Arztes, angelehnt. Im Gegenteil zu *Pantalone* zeichnet sich er durch seine Gelehrtheit bzw. die stete Behauptung dieser aus. Er steht an der Seite von *Pantalone* als Vertreter der Moral und der guten Werte. Er berät, intrigiert und vor allem rettet er sich, wenn eine Situation ungünstige Züge annimmt. Sterbini und Rossini machen aus ihm einen opportunistischen Moralisten und geschickten Intriganten. Er wird ebenfalls von Figaro eingeführt, jedoch wenig schmeichelhaft beschrieben (4, I): »È un solenne imbroglio di matrimonio, un collo torto, un vero disperato sempre

---

21 | Vgl. zur Temperamentlehre: Glas, Norbert: Das Antlitz offenbart den Menschen, II Band: Die Temperamente, 4. Aufl., Stuttgart 1990; Kretschmer, Ernst: Körperbau und Charakter. Untersuchungen zum Konstitutionsproblem und zur Lehre von dem Charakter, 4. Aufl., Berlin 1924; Lütke Notarp, Gerlinde: Von Heiterkeit, Zorn, Schwermut und Lethargie, in: Lademacher, Horst, Geeraedts, Loek (Hg.): Niederlande Studien, Bd. 19, München, Berlin 1998.

senza un quattrino ...«.[22] Was Basilio dazu bewegt, an Bartolos Seite zu bleiben, ist einzig die Nähe zum wohlhabenden Bürger, also dessen Geld. Insofern ist er das negative Gegenstück zum Sympathieträger Figaro, welcher keinen Hehl aus seiner Motivation macht. Doch bei seinem Auftritt (8, I) werden andere, viel prägendere Aspekte für diese Figur evoziert.

Im Gegensatz zu den anderen ist Basilios Auftritt nicht exakt festgelegt. Bartolo ist allein auf der Bühne geblieben und verflucht Figaro; bald darauf ist Basilio da. Berghaus zeichnet ihn aus durch einen besonderen Gang: rasche, kleine Schritte unter seinem langen Priesterrock, während sein Oberkörper auffällig unbewegt bleibt. Dabei hält er stets die Hände vor die Brust in christlicher Gebetshaltung. Während die steife Stellung des Oberkörpers die vermeintliche Aufrichtigkeit der Figur darstellt, wird durch die raschen Schritte unter dem fußlangen schwarzen Rock das Doppelspiel der Figur gezeigt: Wo der Oberkörper das fromme und aufrichtige Bild des Gelehrten abgibt, erzeugen die kleinen, raschen Schritte unter schwebendem Gewand einen völlig gegensätzlichen Eindruck. Auf diese Weise wird die Figur als Trugbild inszeniert bzw. als solches offengelegt – als eine Figur also, bei der sich Agieren und Anschein sehr unterscheiden. Bezeichnend dafür ist dieser Gang, er stellt einen inszenatorischen Gestus dar.

4. Almaviva

Almaviva entpuppt sich als äußerst ambivalente Figur. Zu Beginn wird er als leidenschaftlicher Liebender und zielstrebiger Retter von Rosina dargestellt; für seine Ziele, die Eroberung und Befreiung Rosinas, scheut er keine Mittel und Wege. Auch wenn er nicht willig ist, Fiorello, die Musiker und Figaro zu bezahlen, engagiert er sie für seine Ziele. Getrieben wird Almaviva allerdings weniger durch seine »Liebe« zu Rosina als vielmehr durch die Herausforderung des Unternehmens. Berghaus stellt Almaviva als Spieler und geizigen Adligen dar, wobei Letzteres besonders hervorgehoben wird. Die Musiker bekommen jeweils eine Münze und werden dann unerbittlich davongejagt; Figaro wird nach Aufforderung zwar eine Geldbörse zugesteckt, doch die ist von geringem Hinhalt. Jeder Moment, in dem Almaviva sein Geld verteilen muss, ist ihm eine Qual. Ein anderes Charakteristikum Almavivas in dieser Inszenierung ist sein Jähzorn. Bei seinem Auftritt als betrunkener Soldat im *Finale I* des ersten Aktes gerät er aus der Fassung, als er merkt, dass Bartolo sich als zäher erweist als geplant. Der Doktor verfügt über ein »*brevetto d'esenzione*«, das einigen wenigen angesehenen Bürgern einen Ausnahmestatus verleiht, der sie von der Verpflichtung befreit, Soldaten aufzunehmen. Sterbini schreibt

---

22 | »Ein unglaublicher Kuppler für Hochzeiten, ein Heuchler, armer Kerl, der immer pleite ist«.

folgende Anweisungen dazu: »*con un roverscio di mano manda in aria la pergamena*«.[23] Als Almaviva Bartolo zu beschimpfen beginnt und ihn schließlich mit dem Schwert bedroht, kommt seine Wut zum ersten Mal zum Vorschein. Bei Berghaus zerstückelt er das wertvolle Schreiben vor den entsetzten Augen Bartolos und nähert sich ihm sehr aufgebracht – mit der Wut eines Verzweifelten, der zur Gewalt bereit ist, um seine Ziele zu erreichen. Diese inszenierte Wut ist in diesem Kontext als Kontrollverlust eines wohlhabenden Adligen zu begreifen, der es nicht erträgt, seine Pläne durchkreuzt zu sehen. – Nach dieser Skizzierung der Entfaltung der jeweiligen Figuren können wir nun auf die entsprechende Sequenz eingehen.

SEQUENZ 3: SZENE 4, II, NR. 13
(ROSINA, ALMAVIVA, BARTOLO, FIGARO, BASILIO)

Basilio tritt von links auf, genauer gesagt, er schleicht sich von links aus ein. Zuerst steht er einen Augenblick einsam in der Mitte da und schaut sich verlegen um, während die anderen bei ihren jeweiligen Beschäftigungen – links Almaviva und Rosina am Klavier, rechts Bartolo und Figaro am Barbierstuhl – verweilen. Wie seit Anbeginn hält er die Hände vor der Brust in christlicher Gebetsposition. Als Rosina »Don Basilio« schreit, schrecken alle auf und starren ihn entsetzt an. Bartolo erhebt sich langsam vom Stuhl, geht auf ihn zu und löst damit die allgemeine Erstarrung. Basilio und Bartolo sind auf der Hut. Basilio versucht die Situation, in die er geraten ist, zu begreifen, indem er sich unentwegt umschaut. Bartolo hingegen strahlt eine latente Aggressivität aus, die jederzeit auszubrechen droht. Er nähert sich Basilio langsam und bedrohlich und fragt ihn nach seiner Gesundheit. Er testet ihn. Figaros Versuch, die Konfrontation abzulenken, schlägt fehl, indem Bartolo ihn mit einer langsamen, abwertenden Handbewegung abtut. In dieser Konstellation greift Almaviva ein. Seine Strategie besteht darin, Basilio und Bartolo keine Zeit zum Überlegen zu lassen. Er spricht die beiden schnell abwechselnd an. Zu Basilio ist er zurückhaltend und schmeichelnd, meidet jede Konfrontation und bleibt auf Distanz zu ihm. Kennzeichen seiner Haltung ist die nachdrückliche Ehrerbietung, worauf Basilio mit noch mehr Emphase antwortet. Bartolo wendet Almaviva sich sehr verschwörerisch zu. Er nähert sich ihm seitlich, flüstert ihm ins Ohr und spielt den Vertrauten. Almaviva strengt sich sichtbar an, doch reichen leere Versprechungen bei beiden Männern allmählich nicht mehr aus. Da entscheidet sich Almaviva, materielle Beweise und Argumente ins Spiel zu bringen. Bartolo zeigt er den (von ihm) geschriebenen Liebesbrief an Rosina. Basilio wird heimlich eine Geldbörse zugesteckt mit der ausdrücklichen Bitte, fortzugehen. Beide Mittel funktionieren ausgezeichnet: Almaviva wird augenblicklich zum Verbündeten von Bartolo einer-

---

23 | »... durch Drehen der Hand wirft [Almaviva] das Schreiben in die Luft«.

seits und Auftraggeber Basilios andererseits. Doch Letzterer findet Gefallen daran, das Ganze in die Länge zu ziehen. Während des nun folgenden Ensembles »Buona sera, mio signore« macht Basilio keine Anzeichen, sich fortzubewegen. Als er am Ende doch weggeht, kommt er in einer lang gezogenen Generalpause wieder zurückgeschlichen, setzt sich in die Mitte und schreckt alle auf mit einem letzten, tiefen »Buona sera«. Der komische Effekt ist sehr gelungen.

Zu Beginn der Szene hat sich das zweite Verkleidungsspiel Almavivas gerade als erfolgreich erwiesen: Bartolo hat sich zum zweiten Mal täuschen lassen. Diesmal glaubt Bartolo in dem als Schüler Basilios verkleideten Almaviva einen Verbündeten gegen Almaviva und Figaro gewonnen zu haben. Eine durchaus buffoneske Situation. Der später eingetretene Figaro amüsiert sich über diese Lage und hilft den Liebenden, indem er Bartolo ablenkt. In dieser friedlichen, jedoch sehr fragilen Konstellation tritt Basilio auf. Schon allein wegen der Unterbrechung eines mühsam etablierten Friedens stellt Basilio dramaturgisch und musikalisch einen Störfaktor dar. Auf den erschreckten Schrei Rosinas »*Don Basilio!*« und die darauf folgenden raschen und hektischen Reaktionen – von Almaviva »*Cosa veggo!*«, von Figaro »*Quale intoppo!*« und vom ebenso überraschten Bartolo »*Come qua?*« – antwortet Basilio mit einem ausgedehnten »*Servitor, servitor di tutti quanti*«.[24] Dass er stört, ist ihm gleich zu Beginn klar. Es bleibt noch zu bestimmen, wobei.[25] Um die Lage zu ergründen, verfolgt Basilio unterschiedliche Strategien. Zunächst versucht er, Zeit zu gewinnen, indem er sich »*stupido*« stellt.[26] Er lässt sich Zeit, indem er Bartolos Fragen erst einmal wiederholt, bevor er sie mehr oder weniger beantwortet.[27] Er bleibt vage und wartet defensiv ab. Auf die Behauptung Almavivas, er sei eigentlich fiebrig und bleich wie eine Leiche, bleibt Basilio bei seiner vorsichtigen Strategie der Wiederholung. Erst bei der Diagnose der »*scarlatina*« (Gelbfieber) schreit er auf. Almaviva, für den die Lage bedrohliche Züge annimmt, steckt ihm in diesem entscheidenden Moment rasch eine Geldbörse zu, was den verblüfften Basilio tatsächlich zum Schweigen bringt. Die Börse löst die Situation auf. Basilio weiß zwar immer noch nicht, wobei er stört, doch

---

24 | »Was sehe ich!«
»Wie ungünstig!«
»Sie hier?«
»Seien Sie allesamt begrüßt«.
25 | »*Ah, qui certo v'è un pasticcio, non s'arriva a indovinar*« (Sicherlich handelt es sich um eine verwickelte Geschichte, die ich jedoch nicht zu ergründen vermag).
26 | Supido ließe sich nicht nur mit »erstaunt« übersetzen, sondern meint auch: »sich blöd stellen«.
27 | »*Don Basilio, come state? – Como sto?*« (Don Basilio, wie geht es Ihnen? Wie geht es mir?) »*... Ehi il curiale? – Il curiale?*« (Sehen Sie, Ihr Gehilfe? – Mein Gehilfe?).

er weiß, dass er unerwünscht ist: »*non mi faccio più pregar*«.[28] Dies einmal begriffen, begnügt er sich damit, seine wenige Macht auszuüben, indem er den baldigen Abschied wiederholt beschwört, ohne ihn jedoch unmittelbar umzusetzen. Die Komik entsteht aus der Diskrepanz zwischen versprochenem Handeln und tatsächlichem Bleiben. Einmal die Gangarten der Figuren als inszenatorische Gesten erfasst, bleiben jedoch weitere Fragen offen. In unserem aufführungsanalytischen Kontext stellt sich die Frage nach der Bestimmung aufführungsbedingter Gesten, die sich statt aus einer Inszenierungskonzeption aus der jeweiligen Performanz der SängerInnen ergeben, in akutem Maße. Von dorther wollen wir diese Aufführungs- bzw. performativen Gesten sowohl als isolierte Einheit als auch im Zusammenhang mit den musikdramaturgischen und inszenatorischen Gesten zu bestimmen suchen.

SEQUENZ 4: SZENE 8, II, NR. 15 (STOFFKASTEN)

Kurz vor Beginn des Sturms wird das Licht gedämpft. Ich rechne mit der Schließung des Vorhangs. Stattdessen bleibt die Bühne offen und menschenleer, so dass der Stoffkasten einsam in der Mitte steht. Den ersten Pianissimo-Einsatz der Streicher vernehme ich nicht, was mir erst an der Antwort der Flöte klar wird. Der zweite Einsatz ist so überzeugend leise und zögerlich gespielt, dass er mir »entschuldigend« vorkommt, als ob die Bratschen zu früh eingesetzt hätten und es erst nach dem Vollzug des Motivs gemerkt hätten. Ich lausche den sehr leise gespielten Sechzehnteln und erwarte nichts Besonderes, als ich dort eine Bewegung der zwei Stoffwände vernehme. Genauer gesagt, die Wände zucken zusammen, alle nach links. Darauf erklingt der regelmäßige Rhythmus des anfänglichen Regens in den Streichern. Dynamik und Artikulation der Streicher sind bezaubernd leise und präzise. Ich warte mit gesteigerter Spannung darauf, ob sich das Zucken der Wände wiederholt. Darauf erklingt das erste Anzeichen des Sturms mit einem forte subito in den Bässen. Die Wände zucken nicht mehr, sondern erheben sich ohne Hast von unten nach oben, zeichnen leicht versetzte Linien parallel zum Boden und senken sich wieder ab. Die Bewegungen, mit denen die Wände geführt werden, sind nicht hektisch, sondern sachte. Die Wände »tanzen« gelassen und nach eigenen Gesetzen, werden nach links und rechts bis zur Grenze des Ausreizens gezogen, so dass der Kasten auch mitschwingt. Es wirkt beeindruckend und faszinierend. Während die Musik sich bis zum Gewitter steigert, tanzen die Wände auf der immer noch menschenleeren Bühne weiter. Die unter dem Vorhang sichtbar aufgehängten falschen Kerzenhalter werden für Blitzeffekte eingesetzt. Das wirkt äußerst komisch, wie eine Parodie von Operneffekten.

---

28 | »... gut, ich lasse es mir nicht noch mal sagen«.

An diesem Punkt der Analyse scheinen die Deutungsprozesse weniger aus dem Erfahrungs- und Erkenntnisrepertoire der Aufführung zu resultieren als vielmehr aus der Verarbeitung bereits vorhandener Informationen innerhalb eines individuellen Erfahrungs- und Erkenntnisrepertoires. Diese Hypothese findet sich beispielsweise in der Beschreibung der Musik bestätigt. Indem Dynamik und Artikulation begrüßt werden, ist bereits ein Urteil über eine musikalische Performanz gefallen, welchem die Vorstellung einer gelungenen Vorführung dieser Musik innewohnt. Kurz, die Performance wird nicht als ein »an sich« betrachtet, sondern vergleichend mit vorher erfahrenen bzw. erinnerten. Doch der Moment, in dem die scharfe Fokussierung auf das Lauschen der Musik sich zur Beobachtung des Stoffkastens verschiebt, scheint ein Gegenbeispiel zu dieser Hypothese darzustellen. Scharfe und unscharfe Fokussierungen entstehen nicht mehr aus einem eindeutig vornehmlich visuellen (wie beim Auftritt der Musikergruppe) oder auditiven (wie bei der Ouvertüre) Erfassen des szenischen Geschehens. Stattdessen werden auditive und visuelle Schwerpunkte abwechselnd zum Hauptgegenstand der Aufmerksamkeit. Es sei hier daran erinnert, dass der Terminus »Fokussierung« *per definitionem* die stete Präsenz aller Parameter – der scharf und der unscharf fokussierten Elemente – der sinnlichen Erfassung voraussetzt. Das Zucken der Wände wird zunächst unscharf erfasst, und zwar allein deshalb, weil damit nicht gerechnet wurde. Als solches interferiert das Zucken als Randphänomen im Prozess einer überwiegend auditiven Erfahrung. Hier entstehen Fragen, die schließlich in eine Verlagerung der Aufmerksamkeit vom Zuhören auf die Bühne resultieren: Haben sich die Wände wirklich bewegt? Wenn ja, was könnte bzw. sollte diese Bewegung bedeuten? Die scharfe Fokussierung erfolgt also, um die mögliche Ursache eines vage wahrgenommenen Effekts zu überprüfen. Nachdem das unerwartete Zucken überraschend gewirkt hat, wird eine Unsicherheit hervorgerufen, anhand derer die Wahrnehmung selbst in Frage gestellt wird. In ihrer Darstellung des Sturms referiert Berghaus sowohl Aspekte der Inszenierungsgeschichte des *Barbiers* als auch des damaligen Aufführungskontextes. Spektakuläre Effekte einer historischen Inszenierungstradition werden ebenso karikiert wie der Anspruch auf realistische Darstellungsweise. Berghaus' Inszenierung zeigt darüber hinaus, wie wirkungsvolles musikalisches Theater weniger aus aufwendigen technischen Mitteln als vielmehr aus geschicktem gestischem Aufbau entsteht. Dieser Gedanke ist nicht nur für die Opernregie, sondern auch für deren Analyse richtungsweisend. Doch dass diese Sequenz als gelungen eingeordnet wird, lässt sich weniger auf die erfolgreiche Durchführung einer – noch nicht bekannten – Inszenierungskonzeption zurückführen als vielmehr auf den faszinierenden Einsatz einfacher, jedoch wirkungsvoller theatraler Mittel.

Mit dem Auftritt der Musiker sahen wir bereits, wie eine erste Selektion aus der Fülle von Informationen und eine scharfe Fokussierung erfolgen konnte und wie dieses Selektieren sich weniger aus dem spezifischen Aufführungskontext als vielmehr aus der Verarbeitung des Wahrgenommenen in einem bereits vorhandenen individuellen Erfahrungs- und Erkenntnisrepertoire ergab. Nun ist die Frage: Wie können diese Informationen in Zusammenhang mit einer umfassenden Opernanalyse gebracht werden und welche Erkenntnisse erfolgen daraus? Betrachten wir die bereits eingeführten Begriffe »Knoten« und »Gestus«. Gesten wiesen wir nach am Gang der Figuren: Almaviva läuft mit maßvollen und lockeren Schritten. Figaro läuft mit kleineren und schnelleren Schritten, schreitet aber gradlinig, gar zackig fort. Rosina wird durch kleine, hüpfende Schritte charakterisiert, die sie beim Ausgehen macht. Bartolo wird mit übermäßig großen Schritten eingeführt, was durch eine Hebung des Knies bis zum Bauch geschieht. Basilio rast unter seinem Priesterrock, während sein Oberkörper den Anschein der Ruhe erweckt. Doch inwieweit diese Gesten inszenatorische oder performative Gesten sind, lässt sich nach nur einem Aufführungsbesuch kaum sagen. Es gilt daher zunächst, den Bereich »inszenatorische Gesten und Knoten« zu klären.

Exkurs 1: Inszenierungsanalyse von *Il Barbiere di Siviglia*

Zwischen jener beschriebenen ersten Aufführung und der zweiten Aufführung am 24.1.2004 haben sich die Verhältnisse, was die Oper *Il Barbiere di Siviglia* und Berghaus' Arbeiten betrifft, erheblich geändert. Mit der Bereicherung und Erweiterung des Erkenntnis- und Erfahrungsrepertoires geht die Änderung der Einstellung bzw. Erwartungshaltung bezüglich der kommenden Aufführung einher. Wir unterscheiden dabei zwischen Veränderungen, die sich aus der Auseinandersetzung mit der Inszenierungskonzeption der Berliner und Münchener *Barbiere*-Inszenierungen und aus der Ergründung weiterer Regiearbeiten von Ruth Berghaus ergaben, und jenen Informationen, welche im Rahmen der Regie-Hospitation an der Komischen Oper bei der Inszenierung von Daniel Slater erworben wurden.

1.1 Inszenierungskonzeption von Ruth Berghaus

Aus Ruth Berghaus' Archiv (RBA) an der Akademie der Künste untersuchten wir Dokumente zur Berliner und zur sechs Jahre später entstandenen Münchener Inszenierung. Das untersuchte Material umfasst Notizen und Regiebuch von Berghaus, protokollierte Konzeptionsgespräche und Probenarbeit, Interviews der Regisseurin, Rezensionen und schließlich eine leider geschnittene Videoaufnahme (nur des ersten Aktes). Dem Material zur Regiekonzeption[1] entnahmen wir wichtige Informationen zu den inszenatorischen Zielen, ihrer effizienten und überzeugenden Darstellung sowie den zugrunde liegenden ästhetischen Überlegungen und zur praktischen Zusammenarbeit. Berghaus skizziert die Inszenierungskonzeption der *Barbiere* wie folgt:

---

[1] | RBA 127, »Zur Regiekonzeption« von Ruth Berghaus, 129, »Konzeptionelle Überlegungen zu Rossinis ›Barbier von Sevilla‹«, 132, »Hospitations-Notate«, 19453, »Überlegungen zum Gespräch mit Hans Schröter vom Radio DDR«, 22.10.1969, Video-Aufnahme 1969.

»Im ›Barbier von Sevilla‹ funktioniert ein System. Die Handlungen der Personen vollziehen sich nach einer Gesetzmäßigkeit, die akzeptiert und vor allem einkalkuliert ist. Keine Ideale werden verletzt, keine proklamiert: innerhalb dieses Systems verläuft die Handlung logisch, folgerichtig, keiner bricht aus ihm heraus. Die Personen sind Kinder ihrer Zeit, die nichts anderes wollen, als mit ihr zurechtzukommen, sie nicht zu kritisieren, sich einrichten, um für sich selbst ein Stück Fleisch herauszuschneiden. Bezeichnen wir das als den Gegenstand des Stücks, so erscheint der Text gar nicht so belanglos oder, wie oft vermutet wird, nur als Vorwand für die Musik. Er funktioniert nicht nur günstig für die Musik, sondern liefert den Figuren starke Charakteristika, ohne zu charakterisieren, verbleibt (verleiht?) ihnen Herz und Verstand, ohne zu psychologisieren.«[2]

Als System wird hier eine *Form* bezeichnet, mittels derer Handlungen und Figuren festgelegt werden. Diese Form entspricht dem Typus der *Opera buffa*, welche wiederum »Wesen und Gestalt des Werkes [bestimmt] und auch die Grundlagen für die Interpretation festlegt.« Die szenischen Mittel werden an diese Traditionen angelehnt bzw. ihnen entnommen, so dass der szenische Ablauf weniger auf »charakterlichen Entwicklungen, Läuterungen und Wandlungen, sondern auf Haltungen, Verhaltensweisen«[3] beruht. Um diese Grundelemente auf der Bühne zu veranschaulichen, rekurriert Berghaus auf die *tippi fissi* der *Commedia dell'Arte*, die sie präzise und anschaulich beschreibt:

»Der witzige, zungengewandte, schlaue Arlecchino (Figaro), der polternde, liebestolle und zum Schluß genarrte Dottore (Bartolo), das junge, sich über alle Widerstände an Verwicklungen und Verkleidungen hinwegsetzende Liebespaar (Rosine und Almaviva), der intrigante Musiklehrer und Jesuit Basilio, der dümmliche Notar, die ewig schläfrigen und niesenden Bediensteten, und auf der untersten Stufenleiter: die gekauften Musikanten und [...] Soldaten.«[4]

Mit dieser Typologie bekommt die sprachlich-stimmliche Artikulation des Textes ein beträchtliches Gewicht. Es sei hier daran erinnert, dass die Inszenierung im Jahre 1968 ins Deutsche übersetzt und vorgetragen wurde. Auf diese Weise funktionierten manche Späße auch über die Sprache – z.B. der thüringische Einschlag von Herrn Olesch als Bartolo[5] –, was bei den Wiederaufnahmen auf Italienisch nicht der Fall war. Das macht klar, dass der Textvortrag nicht nur der Verständlichkeit dient, sondern zur Charakterisierung der Figuren entscheidend beiträgt. Wie diese Charakterisierung zustande

---

2 | RBA 127, S. 1.
3 | RBA 129, S. 2.
4 | RBA 129, S. 2.
5 | Hospitations-Notate, RBA, 5.11.1968, S. 20.

kommt, lässt sich anhand einer Untersuchung der Zusammenarbeit zwischen Regieteam und SängerInnen erläutern. Dafür bilden die zwei zwanzigseitigen Hospitationsnotizen zu den Proben zwischen dem 30. September 1968 und dem 5. November 1968 unsere unentbehrliche Quelle. Die Notizen enthalten nicht nur Angaben über verfehlte und gelungene szenische Effekte sowie inszenatorische Ergänzungen und Reflexionen, sondern dokumentieren darüber hinaus, wie SängerInnen in die Regiekonzeption einwirkten. Sicherlich ist das Protokoll ein höchst ambivalentes Dokument, in dem die Ansichten der Hospitantin und die der Regisseurin nicht immer eindeutig auseinanderzuhalten sind. Doch die erste Aussage über die Interaktion zwischen Regie und Sängern ist zweifelsohne Berghaus'sche Sprache:

»Dem Sänger müssen die Absichten in den Handlungen seiner Figur und auch noch darüber liegende Zusammenhänge entdeckt werden. Er wird dadurch aktiver und in die Lage versetzt, selbst zu ziehen. Grundvoraussetzung für wirkungsvolles Handeln auf der Bühne. Jedoch scheint es mir nötig, immer tiefere Einsichten in konzeptionelle Fragen anzustreben. Hier müsste wohl der Regisseur den genauen Überblick behalten. Den Darsteller würde das am unbefangenen Hineinsteigen in die momentane Situation hindern. Er bedarf der Aufklärung über die Situation.«[6]

Demnach verlaufen die Proben stets auf zwei miteinander eng verknüpften Ebenen. Einerseits wird ein zusammenhängendes Inszenierungskonzept vermittelt, andererseits aber werden SängerInnen dazu aufgefordert, individuelle, wirkungsvolle Mittel einzusetzen. Es handelt sich also darum, eine Balance zwischen intentionalen und performativen Polen zu finden, indem die Regiekonzeption weniger als Vorgabe als vielmehr als flexible Vorlage zum jeweils individuellen Spiel dient. Von einer Dialektik zwischen Regie und SängerInnen im Sinne einer Instrumentalisierung kann hier also keine Rede sein: Die improvisatorische Freiheit der SängerInnen, TänzerInnen oder SchauspielerInnen während der Probenphasen ist das fundamentale Element, auf das Berghaus ihre Inszenierungskonzeption aufbaut.[7] Ihren Umgang mit den SängerInnen beschreibt Berghaus ausführlich in einem späteren Interview mit Herrn Kühn wie folgt:

»Wenn sie (die Sänger) sagen, ›wir sind nur Ihr Instrument‹, dann muß ich das sofort ändern. Das möchte ich nicht. Weil es natürlich am besten ist, wenn der Sänger mitarbeitet, wenn er durch sich selbst findet, was er zu sagen hat – so da ich mehr anrege. Ich spiele ja kaum vor: Das man gemeinsam weiß, was man will; aber jeder findet es von seiner Person und mit ganzem Einsatz […] Ich fange an, indem ich den Leuten

---

6 | RBA 132, Probe am 30.9.1968, S. 1.
7 | Vgl. Rienäcker, Gerd: Zur Arbeitsweise von Ruth Berghaus, 2002, S. 1-7.

genau erkläre, was ich gefunden habe in der Oper, in dem Schauspiel; und was meine wichtigste Lesart ist im Moment. Jedes Stück hat natürlich mehrere Lesarten. Und ich versuche, den Sänger von meiner zu überzeugen [...] Und je besser der Techniker, der Chorsänger, der Zeichner, der Kostümbildner – wer immer daran beteiligt ist – das versteht, was wir meinen gefunden zu haben – auch wieder ein Kollektiv von Dirigent, Dramaturg, Bühnenbildner, Assistenten –, was wichtig ist heute zu zeigen am Stück, desto besser wird die Aufführung.«[8]

Ob und wie sich diese Arbeitsweise an der Produktion der *Barbiere* tatsächlich nachweisen lässt und was genau das an Implikationen für die Inszenierung und Aufführungen mit sich bringt, wollen wir hier erforschen. Die Spielweise von Almaviva, dargestellt von Peter Schreier, beschreibt die Hospitantin als ein »häufiges Vor-sich-hin-Singen« und fügt hinzu: »Bis jetzt scheint mir der Einsatz des Grafen nur zu kommen, weil es in den Noten steht.«[9] Damit wird eine Diskrepanz zwischen inszenatorischer Regiekonzeption und performativer Spielweise Schreiers signalisiert, welche in diesem Fall zu Unzufriedenheit führt. Allerdings wird der Sänger hier nicht in seiner stimmlichen und körperlichen Individualität betrachtet, sondern als Person in Frage gestellt. Angezweifelt wird nämlich die Fähigkeit des Sängers, ein Inszenierungskonzept zu verinnerlichen und durch individuelle Mittel zu verwirklichen. Eine durchaus harsche Kritik, in der ersichtlich wird, dass der Sänger – mindestens an dieser Stelle – als Instrument einer Regiekonzeption begriffen wird. Mehrmals »funktionieren« die inszenatorischen Vorschläge Berghaus' nicht und werden gestrichen.[10] An anderer Stelle jedoch werden die Leistungen der SängerInnen als inszenatorisch beispielhaft zitiert. So ergeht es der Sängerin Sylvia Geszty, die Rosina verkörpert:

»Geszty spielt herrlich Klavier. Wobei die besonderen Akzente dieses Spielens immer klar vorgezeigt werden (Liebe, Angst, Intrige usw.). Virtuos die Wechsel zwischen Dame, Mädchen, Heuchlerin, Verliebte usw. Stets klare und aussagestarke Haltung!«[11]

Nicht nur die offensichtliche Fähigkeit von Geszty, eine inszenatorische Arbeit performativ zu vermitteln, wird hier gelobt. Vielmehr dokumentiert die er-

---

8 | Vgl. Kühn, S. 98-99.
9 | RBA 132, Probe am 30.9.1968, S. 3.
10 | RBA 132, Probe am 1.10.1968, Auftritt von Graf und Bartolo (Akt II), »Berghaus: ›Graf spielt alle seine Diener‹ (wurde später leider verworfen)«, S. 5; »Wenn der Graf und Bartolo Gesicht an Gesicht gegenüberstehen, muß dem B. demonstrativ ins Gesicht zittern, um die Ekelreaktion auszulösen. (Zittern als Charakteristikum der Vorstellung später aufgegeben)«, S. 6.
11 | RBA 132, Probe am 5.11.1968, S. 22.

wähnte Virtuosität, mit der die Sängerin den Spielwechsel zwischen den unterschiedlichen Facetten Rosinas zu meistern scheint, hoch geschätzte individuelle Qualitäten, nämlich Gesztys Spielweise – die Art und Weise, wie sie Vorgänge, Situationen, Handlungen und Gemütsäußerungen darstellt. Auf der Suche nach möglichen Interaktionen während dieser Probenphase erregte ein Kommentar über Bartolo, gespielt von Reiner Süß, unsere besondere Aufmerksamkeit:

»Herr Süß sitzt in der Staatsoper zu viel in Hemdsärmeln auf Stühlen, zieht komische Schuhe an und aus, badet Füße, wohlig grunzend, zieht sogar Hosen an und aus. Schon deshalb wäre hier eine Lösung außerhalb des Gewohnten wünschenswert!«[12]

Hier wird auf ein wesentliches Moment der Wechselbeziehung zwischen Inszenierungskonzeption und individuellen performativen Praktiken hingewiesen. Ausgehend von der Darstellungsweise eines berühmten Sängers mit einem ausgeprägten Bewegungs- und Haltungsrepertoire wird der Versuch unternommen, eine bestehende Theaterpraxis, nämlich die der Berliner Staatsoper zu Beginn der 70er Jahre, zu überwinden. Es liegt daher die Vermutung nahe, dass die Zusammenarbeit mit Süß darin bestanden haben dürfte, zunächst das gewohnte körperliche Repertoire abzubauen, bevor an einem neuen gearbeitet werden konnte. Letzteres ist zwar an die Spielweise und Rollentypen der *Commedia dell'Arte* angelehnt, doch dies reicht längst nicht, um die Figuren zum Erwachen zu bringen. Bartolo wird beispielsweise durch den »*Pantalone*-Gang« charakterisiert. Berghaus fügt zu dieser Beinbewegung noch eine Handstellung – »hinter dem Rücken, als wäre gar nichts«[13] – hinzu. Dadurch wird der ängstliche Charakter einer Figur unterstrichen, die sich weniger Situationen zu stellen vermag als vielmehr diese durch Heuchelei und Intrigen löst. Auf diese Weise wird die gestische Primärquelle der *Commedia dell'Arte* nicht eins zu eins übernommen, sondern beträchtlich erweitert bzw. in eine umfassende Inszenierungskonzeption verformt. Alte Gesten werden dabei variiert (z.B. *Pantalone*-Gang), neu eingesetzt (z.B. die hüpfenden Schritte Rosinas) oder gar erfunden (z.B. die flatternden Hände zwischen Rosina und Almaviva). Darüber, wie Süß die Entschlossenheit der Figur, »alles in Ordnung bringen zu wollen«, dargestellt haben mag, ist leider nichts weiter bekannt – allein die offensichtliche Unzufriedenheit, mit der er dies tat: »›Haltung!‹ Text abliefern. Ausdruck ist schon komponiert, muß deshalb nicht forciert werden.«[14] Interessant ist der Vergleich mit der Besetzung des Bartolo durch Herrn Olesch bei der letzten protokollierten Probe für Quintett Nr. 11:

---

12 | RBA 132, Probe am 1.10.1968, S. 5.
13 | RBA 132, Probe am 30.9.1968, S. 2.
14 | RBA 132, Probe am 30.9.1968, S. 2.

»Olesch lässt sich zu oft von seinen Handlungen ziehen und treiben, anstatt sie gezügelt vorzuführen!«[15] Hier wird auf eine Spielweise hingewiesen, bei der die individuellen Bewegungs- und Haltungsrepertoires des Sängers negativ ins Gewicht fallen. Was bei Süß fehlte, wird hier im Übermaß eingesetzt. Doch gemeinsam ist beiden Fällen, dass die Kritik am Spiel der Sänger im Hinblick auf eine vorausgesetzte Referenz, nämlich die Inszenierungskonzeption, erfolgt. Gearbeitet wird also weniger an den einzelnen SängerInnen als vielmehr an einem Ensemble, innerhalb dessen jeder eine präzise Funktion zu erfüllen hat. Wird jene Funktion nicht erfüllt, gerät das fragile Gleichgewicht des Ensembles ins Schwanken. Daher auch der doppelte Druck auf die SängerInnen, einerseits individuelle Leistung hervorzubringen, welche die gesamte Inszenierungskonzeption mitbestimmt, sich andererseits jedoch der Gesamtkonzeption unterzuordnen bzw. nicht herauszuragen. In der diesbezüglichen Untersuchung von Interaktionen zwischen Regieteam und SängerInnen erweisen sich manch wiederkehrende Termini als sehr hilfreich.

Der erste entscheidende Begriff ist »Haltung«.[16] Direkt wird, was unter »Haltung« verstanden wird, nicht definiert, doch entfaltet sich der Terminus als Ergänzung zu anderen Termini und Bestimmungen *ex negativo*. In diesem Rahmen stellt sich die Frage, ob »verbesserungswürdig« genannte Haltungen sich aus missglückten szenischen Umsetzungen ergeben oder ob mit ihnen eine individuelle Performanz, also unabhängig von der inszenatorischen Konzeption, beurteilt wird. Das erste Urteil zur »Haltung« eines Sängers gilt dem Auftritt Fiorellos, gespielt von Horst Hiestermann, gleich zu Beginn der Oper: »Unnötig, nach den Nachbarn zu sehen. Gezeigt werden muß, daß er Geld für die geleistete Arbeit haben will. Haltung!«[17] Hier wird zugleich eine unnötige Bewegung signalisiert und eine Grundstellung des Körpers vermisst, welche die Erwartung des Lohnes zu veranschaulichen vermag. Damit dürfte weniger eine ausgestreckte Hand mit der Handfläche nach oben gemeint sein, denn diese einfache Bewegung lässt wenig Möglichkeiten, sie »falsch« auszuführen. Vielmehr zielt diese Kritik auf eine Körperhaltung, die nicht nur die Erwartung des Lohnes zu veranschaulichen vermag, sondern auch die ambivalente Situation, in der sich Fiorello befindet. Fiorello fordert seinen Lohn für den ausgeführten Auftrag. Jedoch weit davon entfernt, sich in einer berechtigten Lage zu befinden, muss er um die Höhe des Lohns, ja um die versprochene Belohnung insgesamt fürchten. Diese Machtlosigkeit erfüllt ihn wiederum mit Groll und Unsicherheit. Diese bewusste Ambivalenz bestimmt die Grundposition dieser Figur im oben erwähnten System. Wird nur Groll oder aufdring-

---

15 | RBA 132, Probe am 5.11.1968, S. 20.
16 | RBA 132, S. 1, 2, 5, 7, 12 und 13, insgesamt 13 Einträge.
17 | RBA 132, Probe am 1.10.1968, S. 1.

liche Aufforderung dargestellt, missglückt diese durchdachte Ambivalenz. Daran wird Hiestermann hier erinnert. Die zweite Aufforderung zum Einnehmen einer »Haltung« gilt Almaviva, Herrn Schreier, bei seinem ersten Dialog mit Figaro. Die Haltung Schreiers wird als »bisher nicht artistisch genug, zu verwaschen und unkontrolliert, zerlatsch«[18] beschrieben. Damit ist der Begriff »Haltung« zum ersten Mal mit dem ebenso häufig verwendeten Begriff des »Artistischen« kombiniert. Problematisch ist, dass hiermit eine bestimmte Haltung verlangt wird, ohne dass der Begriff jedoch definiert wird, wozu zwei Hypothesen denkbar sind. Entweder ist der Begriff »artistisch« für alle Beteiligten so selbstverständlich gewesen, dass er der Erläuterung nicht bedarf. Oder er ist für alle eine vage Konstruktion geblieben, in der jeder für sich entschied, was darunter zu verstehen sei. Doch das eine schließt das andere nicht zwangsläufig aus. Denn in beiden Fällen wird eine Grundstellung anerkannt, die anzustreben ist. In dieser Hinsicht sind die Notizen der Hospitantin eher Behauptungen als Erläuterungen. Als »artistisch« wird auch die Spielweise der Sänger – z.B. der *Pantalone*-Gang oder dramaturgische Brüche[19] – qualifiziert, was eher auf einen Oberbegriff als auf eine Qualifizierung schließen lässt. Ein interessanter Versuch, eine »artistische« Spielweise zu präzisieren, ergibt sich aus einer Bestimmung *ex negativo*: Dem Artistischen wird eine »naturalistische« Spielart entgegengesetzt. Bei der Probenarbeit mit dem als Alfonso verkleideten Grafen und dem misstrauischen Bartolo zu Beginn des zweiten Aktes ist von einer »naturalistischen Nachahmung des Basilio«[20] die Rede. Ein weiteres Mal erscheint die Entgegensetzung bei der Arbeit an der Darstellung der Trunkenheit des Grafen im *Finale I*:

»Es wird keine naturalistische Betrunkenheit gespielt, sondern das Publikum hat Anspruch auf eine artistische Darbietung. Deshalb ständiges Hin- und Herpendeln im Spiel mit der Hand, gleichmäßiges alkoholisches Schwanken, das ›verselbständigt‹ und ›artizifiert‹ wurde und nun von den Spielern als Ausdruck der Verstellung dem Publikum vorgeführt wird. Darüber wird der Text abgeliefert und erreicht erstaunlicherweise einen hohen Grad von Bedeutung, wie es kaum geschehen würde, wenn der Körper wie üblich die Worte nur stützt oder verstärkt. Aufpassen: Bewegungen dürfen nicht musikalisch erfolgen und unabhängig vom Wort.«[21]

---

18 | RBA 132, Probe am 30.9.1968, S. 2.
19 | RBA 132, Probe am 30.9.1968, S. 2.
20 | RBA 132, Probe am 1.10.1968, S. 6.
21 | RBA 132, Probe am 4.10.1968, S. 7.

Allmählich wird ersichtlich, was unter »artistisch« verstanden wird. Als Anmerkung zum Spiel der SängerInnen wird mit dem Artistischen auf eine Darstellungskonvention angespielt, wie etwa die der *Commedia dell'Arte* oder der *Opera buffa*. Es wird also auf Theaterpraktiken referiert, wobei ein Spielrepertoire vorausgesetzt wird. Die Kontrastierung mit dem Naturalistischen dient in dieser Hinsicht der Unterstreichung des künstlichen Charakters des Spiels. Und nochmals wird auf die Darstellung eines Kontrasts hingewiesen, ohne den der angestrebte Effekt verfehlt wird: Während der Graf eine Trunkenheit darstellt, indem er sich pantomimischer Mittel aus der *Commedia dell'Arte* bedient, soll der Text geradlinig »abgeliefert« werden, das heißt ohne Schwingungen oder Nachahmung des Betrunkenseins im Gesang. Wenn die Hospitantin das Spiel von Herrn Schreier als »nicht artistisch genug« beschreibt, dürfte sich die Kritik demnach an ein Spiel richten, das, statt aus Theaterpraktiken gewachsen zu sein, auf einer mehr oder weniger gelungenen Nachahmung der Realität basiert. Die Kritik an den »unkontrollierten« Bewegungen des Sängers verweist jedoch weder auf eine misslungene Anlehnung an Theaterpraktiken noch auf eine misslungene Ausführung eines Inszenierungskonzepts. Vielmehr wird hier die individuelle, unbefriedigende Koordinationsleistung des Sängers kritisiert, welche frei von jeglicher Spannungserzeugung sei – »verwaschen« und »zerlatscht« –, ohne die weder ein »artistisches« Spiel der Trunkenheit entstehen noch eine Ambivalenz überzeugend dargestellt werden kann. Mit der Probe zu Figaros Eröffnungs-Kavatine wird diese Hypothese darüber, was unter »Haltung« zu verstehen ist, bestätigt. Die Grundhaltung der Kavatine lautet: »Die Bewegungen haben mit dem Gesang nichts zu tun. Sie ergänzen jedoch die durch die Musik gegebene Figur«, so dass die Bewegungen ausdrücklich nicht im Rhythmus der Musik vollzogen werden dürfen, »sonst ist die Bewegung stärker als der Gesang!«.[22] Genau wie bei der Darstellung der Trunkenheit gilt es hier, den Kontrast zwischen der Vervielfachung von Bewegungen einerseits und dem ruhigen Gesang andererseits zu veranschaulichen. Die erwünschte Diskrepanz zielt allerdings auf die Darstellung von Gelassenheit und Selbstironie: Während dem Gesang Ruhe und Beherrschung entnommen werden soll, verraten die Bewegungen eine unsichere (finanzielle) Lage und die sich daraus ergebende Nervosität. Figaro, Wolfgang Anheisser, wird an dieser Stelle harsch kritisiert. Denn nicht nur wird seine individuelle Motorik hier angegriffen, sondern gar seine darstellerische Kompetenz in Frage gestellt: »Haltungen halten als Voraussetzung, überhaupt etwas vorzeigen zu können!«[23] »Haltungen« sind also weder mit Posen noch mit Bewegungen identisch. Vielmehr zeichnen sie Vorgänge aus und müssen deshalb »gehalten« werden. Dass Haltungen als Vorgänge gelten, impliziert aber auch eine

---

22 | RBA 132, Probe am 19.10.1968, S. 11.
23 | RBA 132, Probe am 19.10.1968, S. 12.

bereits vorhandene Herausarbeitung von Vorgängen und Situationen, welche mittels musikdramaturgischer Analyse und inszenatorischer Gesten – hier an Theaterpraktiken der *Commedia dell'Arte* angelehnt – veranschaulicht werden. Um erfolgreich durchgeführt zu werden, können die konzipierten inszenatorischen Gesten jedoch weniger als Vorschrift als vielmehr als Rahmen dienen. Aus den Hospitations-Notaten ist ersichtlich, dass die individuellen Qualitäten der Sänger, das heißt ihr Repertoire an Bewegungen, Posen, Gesten, ihre Mimik und ihre Bühnenpräsenz, durchaus grundlegende Beiträge zur Inszenierungskonzeption bilden. Die harte Kritik[24] am Spiel von Anheißer (Figaro), die Streichungen von etlichen inszenatorischen Vorschlägen Berghaus' am Spiel von Schreier (Almaviva), das besondere Lob des Spiels der Übergänge und Brüche an Geszty (Rosina), das unterdrückte Spielrepertoire von Herrn Süß oder der thüringische Akzent von Olesch (Bartolo) lassen niemanden daran zweifeln, dass eine andere Besetzung nicht nur eine andere Aufführungsgeschichte hervorgebracht hätte, sondern eine ganz andere Inszenierung des *Barbier*. Nicht die durchaus notwendigen Inszenierungsüberlegungen des Teams aus Dramaturg, Regisseur, Dirigent und Bühnenbildner bilden den entscheidenden Faktor effizienter, wirkungsvoller Haltungen, sondern die individuellen körperlichen Leistungen der SängerInnen und deren Zusammenarbeit. Wie die Hospitantin zum Schluss bemerkt: »Erstaunlich, was Sänger während des Singens körperlich zu leisten vermögen. In der vorliegenden Inszenierungsweise scheint mir ein Modus vorzuliegen, der dem ›Sänger‹ weit weniger gefährlich ist als ständige auf echte Emotionen drückende und quälende Umstülpung des Darstellers!«[25]

---

24 | RBA 132, Probe am 19.10.1968, S. 12-21. Das Schlussurteil der Kritik am Spiel von Herrn Anheißer fällt drastisch und unmissverständlich aus: »Herausragendes Merkmal des A., da er mechanisch handelt, da seine Impulse nicht aus dem szen. Mitdenken erwachsen. Auf diese Art ist keiner seiner Schritte glaubhaft. A. innerhalb dieser Konzeption in dieser Rolle einzusetzen: ein eklatanter Fehler, mit dem niemandem ein Dienst erwiesen wurde, weder dem Werk noch dem Haus und auch nicht dem Darsteller«, S. 21.
25 | RBA 132, Probe am 19.10.1968, S. 13.

1.2 Inszenierungsknoten und -Gesten bei Ruth Berghaus' *Il Barbiere di Siviglia*

Inszenierungsknoten	Inszenatorische Gesten
Akt I 1. Auftritte Fiorello und Almaviva (Nr. 1) 2. Auftritt der Musiker (Nr. 1) 3. Auftritt Figaro (Nr. 2) 4. Auftritt Rosina (Nr. 5) 5. Auftritte Berta und Ambrogio (Nr. 5) 6. Aria Basilio (Nr. 6) 7. Rosina und Bartolo (Nr. 7) 8. Aria Bartolo (Nr. 8) 9. Figaros Unterbrechung: *Finale I* (Nr. 9: I, 15) 10. Alle: *Stretta del Finale I* (Nr. 9 ab Takt 24) **Akt II** 1. Auftritt Don Alfonso (Nr. 10) 2. Aria Rosina (Nr. 11) 3. *Quintetto* (Nr. 13) 4. Berta und Ambrogio (Nr. 13) 5. Aria Berta (Nr. 14) 6. *Temporale* (Nr. 25)	**Die Figuren** 1. Almaviva: offene Armstellung, gemäßigter Gang und Reverenz 2. Figaro: Buffomaske nach hinten getragen, Schritte entweder klein oder betont gelassen 3. Rosina: betont unschuldig, hüpfende Schritte 4. Bartolo: große, übertriebene Pantalone-Schritte, Zittern in heiklen Situationen 5. Basilio: kleine, rasche Schritte unterm langen Rock, Hände stets vor der Brust gehalten 6. Berta: circa 45 Grad gebückt, große, zackige Schritte, niest ständig, auch vor ihrem Auftritt 7. Ambrogio (Tänzer): circa 60 Grad gebückt, Karo-Grundstellung der Beine, gähnt ständig 8. Der Männerchor: der Aufgepumpte und der Dickbäuchige tauchen unverändert als Musiker oder Cavallieri auf **Vorgänge und Situationen** 1. Stilisierte Choreographien der Musiker 2. Der Verliebtheitsgestus: flatternde Hände Rosina-Almaviva 3. Bartolos Nachahmung von Rosinas Unschuld durch hohe Stimme

2. Inszenierungskonzeption von Daniel Slater

Die Hospitation am *Barbier von Sevilla* in der Inszenierung von Daniel Slater bildet die zweite erhebliche Veränderung unseres Erkenntnis- und Erfahrungsrepertoires vor dem zweiten Besuch an der Berliner Staatsoper. Ob die Hervorhebung der Themen, die Verarbeitung der Vorgänge, die inszenatorischen Gesten oder die ausgewählte Ästhetik, alles scheint die beiden Inszenierungen zu trennen. Berghaus betrachtet den *Barbier* als ein System, in dem die Figuren nach eigenen Gesetzmäßigkeiten agieren, wobei jeder versucht, »sich selbst ein Stück Fleisch herauszuschneiden«.[26] Das Komödiantische mobilisiert sie »gegen die Klamotte« und »Tradition gegen Konvention«,[27] also *Opera buffa* und *Commedia dell'Arte* versus Inszenierungskonventionen. Als »reine Verbindung zwischen Volkstheater und Opernkunst«[28] stellt die *Opera buffa* den systematischen Rahmen dar, während Elemente der *Commedia dell'Arte* Haltungen, Spiel-, und Sprechweise bestimmen. Zentral und präzise ist die Funktion der Späße, nämlich Auskunft über die »soziale, gesellschaftliche Lage der handelnden Personen [geben] und damit das System erkennen lassen, in dem sie spielen«.[29]

Slater hingegen arbeitet weniger die Figuren als Bestandteile eines Systems heraus als vielmehr das System selbst. Für ihn gilt es, die wirkungsvollste Machtform der sogenannten Industrieländer zu thematisieren: die Macht der Medien. Dargestellt wird diese Macht durch ihre gravierenden Auswirkungen in der Privatsphäre sowie in staatlichen Angelegenheiten. Versetzt wird die Handlung in einen europäischen angelsächsischen Raum der 60er Jahre. Zu diesem Zeitpunkt erlebte die Presse eine ungeahnte Blüte und stellte somit auch, so Slater, den Ausgangspunkt der aktuellen Medienpolitik des sogenannten Westens dar. Darüber hinaus ermöglicht dieser Zeitabschnitt, die eklatanten Kontraste der angelsächsischen Gesellschaften – die Slater als exemplarisch für den Westen versteht – geradezu paradigmatisch darzustellen. Beispielhaft für diese Kontraste ist zweifelsohne die parallele Ko-Existenz der stark durch die Medien vermittelten sexuellen Befreiung einerseits und des weniger medialisierten, jedoch weiterhin herrschenden Puritanismus andererseits. Letzterer ist der Rahmen für die Handlung zwischen Rosina und dem Grafen mit Hilfe Figaros, während Bartolo und Basilio den Übergang zur Öffentlichkeit bzw. ins Staatliche schaffen.

---

26 | RBA 127, Berghaus, Ruth: Zur Regiekonzeption, S. 1.
27 | Ebd., S. 2.
28 | Ebd., S. 1.
29 | Ebd., S. 2.

»Bartolo (Stefan Stoll) ist bei uns ein Kommunalpolitiker, er will auf jeden Fall Bürgermeister werden und hat also ein sehr respektvolles Verhältnis zur Presse. Die hat hier die Macht, und nicht der Graf.«[30] Bartolos Verhältnis zu Rosina nutzt Slater zur Illustrierung der Diskrepanz zwischen politischer bzw. öffentlicher Macht und privater Ohnmacht. In dieser Hinsicht begreift Slater Bartolo als eine *Pantalone*-Figur, eine moderne und US-amerikanische allerdings. Er liebt die junge Rosina tatsächlich in der größten *Pantalone*-Tradition. Allerdings ist ihm ihre Meinung einerlei, denn er ist ein verantwortungsvoller Mann und sie ein Kind. Seine stete Furcht vor einem Medienskandal unterstreicht einerseits seinen ängstlichen und dümmlichen Charakter und bestimmt andererseits all seine Handlungen. Sein Wutausbruch wird weniger ausgelöst durch die dicke Lüge Rosinas bzw. den entlarvten Täuschungsversuch als vielmehr durch die Furcht davor, dass der Brief an die Öffentlichkeit geraten könnte. Den Verleumdungsvorschlag Basilios lehnt er energisch ab, weil sich dies gegen ihn richten und seine politische Karriere beschädigen könnte. Die Hochzeit mit Rosina muss in aller Heimlichkeit stattfinden, wegen der zudringlichen Presse, denn noch herrscht er nicht über sie. Almaviva, gespielt von Mario Zeffiri, möchte wirklich als Person geliebt werden und nicht wegen seines Adelstitels. Deshalb ist seine Verkleidung als Student auch nicht nur als Täuschung Bartolos gedacht, sondern im Moment der Selbstfindung Almavivas auch als »Prüfung« Rosinas. Almaviva bildet eine Schwachstelle in der Inszenierungskonzeption Slaters. Durch die Entkräftung seines adeligen Status fällt auch jegliche Ambivalenz fort, was ihn auf eine eindimensionale Liebhaberrolle reduziert, so dass all seine Einfälle und Handlungen zur Rettung Rosinas sich dadurch begründet finden. Von allen Figuren hat er, trotz der Bemühungen von Zeffiri, die fadeste Rolle. Figaro, gespielt von Alexander Marco-Buhrmester, sieht Slater als einen »selbsternannten Latino in irgendeiner nordeuropäischen Stadt, dessen Bruchbude von Frisiersalon zwar sein ganzer Stolz, für die Nachbarn aber eine Peinlichkeit ist«. Es ist hier weder der Ort noch die Zeit, sich mit unkritischen Auffassungen eines *weißen* US-Amerikaners über die Konstruktion des »Latin Lovers« auseinanderzusetzen. Für unser Anliegen reicht es festzustellen, dass spätestens hier eine Lesart, welche tief in der *weißen* US-amerikanischen Mittelschicht wurzelt, signalisiert wird. Ebenso wie Almaviva ist auch dieser Figaro sehr eindimensional. Besonders unterstrichen werden fröhliche und angeberische Züge. Ausgeblendet wird seine prekäre finanzielle Lage sowie seine Aversion gegenüber Basilio und Bartolo. Seine Motivation, Almaviva zu helfen, ist schwer ergründbar. Denn als sogenannter Latin Lover ist er selbst an Rosina interessiert. Almaviva

---

30 | Alle Zitate aus: Der Barbier von Sevilla 2002. Ein Gespräch mit Daniel Slater. Interview mit dem Dramaturgen Joachim Großkreutz. Im Programmheft: Der Barbier von Sevilla, Premiere am 21. April 2002.

schließt er sich widerspruchslos an, allein der Abenteuer wegen. Rosina, Claudia Mahnke, »ist ein reizendes Mädchen, alle verfallen ihr. Das weiß sie auch und setzt es z.b. bewusst ein, um Figaros Hilfe zu bekommen.« Inszeniert ist Rosina als pubertärer Teenager, der sich zum ersten Mal verliebt. Ihr Zimmer, ihre Kostüme und Requisiten, ihre Bewegungen und Haltungen weisen auf ihr jugendliches Alter und eine gewisse Unbekümmertheit hin. Diese Rosina ist nicht ambivalent, sondern spielerisch, naiv und lieblich rosa. Sie lässt sich gerne treiben, »weil alles aufregend ist«.[31]

So systematisch und nachvollziehbar die Inszenierung Slaters sein mag, so wenig geht die Konzeption jedoch auf der Bühne auf. Eine erste Hypothese zu den möglichen Ursachen der immer größer werdenden Diskrepanz zwischen einer durchaus zusammenhängenden Inszenierungskonzeption und der tatsächlich recht wenig überzeugenden Performanz der SängerInnen, die wir während der letzten Probenphase aufstellten, besagte: So durchdacht eine Inszenierung auch sein mag, wird sie dem Ensemble einseitig aufgedrängt, »funktioniert« sie nicht. Mit »funktionieren« bezeichnen wir keinen inszenatorischen Erfolg, sondern einen performativen, indem SängerInnen Vorgänge und Situationen überzeugend veranschaulichen. Die Bestimmung des Gelungenen bezieht sich somit nicht auf die Inszenierung, sondern auf die Aufführung. Wir sahen an der Probenarbeit von Berghaus mit ihren SängerInnen, dass körperliche Haltungen die *conditio sine qua non* für ein überzeugendes Spiel bilden. Wie verlief diese interaktive Zusammenarbeit zwischen Regie und SängerInnen bei Slater? Slater hatte eine sehr genaue Vorstellung davon, was, wann, wo und wie auf der Bühne geschehen sollte. Je näher die Premiere rückte, desto detaillierter und ausführlicher wurden seine Kommentare zu den anzustrebenden Haltungen und Bewegungen der SängerInnen. Er demonstrierte sie immer häufiger, was weniger zur Verständlichkeit führte als vielmehr zur Ungeduld seinerseits und zur Müdigkeit bis Gereiztheit eines Ensembles, welches ohnehin von der Inszenierungskonzeption wenig überzeugt zu sein schien. Ob aus Mangel an Erfahrung, Zeitdruck oder einfach methodischen Gründen, Slater beharrte darauf, seine Konzeption den Sängern aufzudrängen. Auf das jeweilig individuelle Potential wurde wenig Rücksicht genommen, so dass die Szenen forciert wirkten. Der auf Deutsch gesungene Text, gemäß der Tradition der Komischen Oper Berlin, unterstrich noch diesen forcierten Aspekt des Spiels. Als exemplarisch für die Zusammenarbeit Slaters mit seinen SängerInnen können drei Szenen gelten, die wir nun anführen.

Einen beträchtlichen Bestandteil dieser Inszenierung stellt der Tanz dar. Bereits das erste Duett zwischen Figaro und Almaviva (Akt I Nr. 4) wird choreo-

---

31 | Zitat von Slater während der Probenarbeit.

graphiert. Auf der rechten Seite der Vorderbühne stehen geblieben, setzt Figaro sein »Ah, strahlt auf mich der Glanz des Geldes« (*all'idea di quel metallo*)[32] »fröhlich und leicht«[33] an. Almaviva schaut ihm zunächst von seiner mittigen Position auf der mittleren Bühne amüsiert zu, setzt dann selbst ein, wobei er Figaros stolze Haltung spöttisch nachahmt. Almaviva nähert sich ihm allmählich, bis er beim »was sie uns zum Glück schafft« (*qualche monstro singular*, Takt 62) vorne neben ihm steht. Nach Figaros Vorschlag, sich als betrunkener Soldat auszugeben (*Andante*, Takte 109-116), erklingt der musikalische Refrain dieser Rondoform zum zweiten Mal (*Tempo primo*, Takte 117-147) auf die Textstelle »Vorzügliche Einfälle! Bravo, Bravo, an die Arbeit!« (*che inventione prelibata! Bravo bravo in verità*). Figaro und Almaviva stehen vorne auf der rechten Seite und halten sich seitlich an den Schultern fest.[34] In dieser Haltung beginnen die beiden Männer einen hüpfenden *Pas de deux*. Slater beabsichtigt damit, einerseits den gemeinsamen Genuss des nahenden Abenteuers, andererseits den Bund beider Männer darzustellen. So viel zur inszenatorischen Intention dieser Sequenz. Trotz der nicht anspruchslosen Choreographie gelingt es den Sängern tatsächlich, im Rhythmus seitlich zu hüpfen, während sie zugleich eine heikle Triolenstelle ebenfalls im Takt meistern. Bei der Generalprobe und der Premiere schien die lange geübte Choreographie sogar leicht und selbstverständlich, was wiederum überzeugend wirkte. Interessant ist die dabei entstandene Komik. Mit Hilfe des Choreographen Arturo Gama suchte Slater, Komik vor allem durch präzise choreographierte, hüpfende, kleine Schritte zu erzeugen. Die Sequenz wirkte auch tatsächlich komisch, allerdings weniger allein der Schritte wegen als vielmehr durch den Kontrast zwischen den Schritten und den unberührt fröhlichen Mienen Figaros und Almavivas. Aufgeführt wurde jedenfalls schlichte, gar naive Fröhlichkeit. Vom gemeinsamen Genuss und Bund der Männer jedoch kam herzlich wenig in der Performanz von Alexander Marco-Buhrmester (Figaro) und Mario Zeffiri (Almaviva) vor. Wie bereits erwähnt, mussten Marco-Buhrmester und Zeffiri eine heikle, schnelle Triolenstelle singen und zugleich den koordinierten Tanzschritt zu zweit bewältigen. Dies beansprucht hohe Aufmerksamkeit und Konzentration, so dass es selbst für einen Profi schwierig ist, einen ambivalenten Gemütszu-

---

32 | Eigene Übersetzung nach Günther Rennert, welcher »metallo« mit »Gold« übersetzt, in: Pahlen, Kurt: Gioacchino Rossini, Der Barbier von Sevilla, Il Barbiere di Siviglia, Serie Musik Atlantik, 3. Aufl., Schott, München 2005.
33 | Termini von Daniel Slater während der Probenarbeit.
34 | Es wurden allerdings andere Armpositionen ausprobiert, bevor diese sich durchsetzte. Eine bestand darin, die Arme hinter den Rücken des Partners zu positionieren, die Hände etwa an der Taille. Diese Stellung ermöglicht zwar einen besseren Halt bei der Ausführung von koordinierten Bewegungen zu zweit, wurde jedoch von beiden Sängern verworfen.

stand darzustellen. Dass also nur eine »einfache Fröhlichkeit« rezipiert wird, liegt weniger an den Sängern, die wohl im Stande sind, mehrere Handlungen beim Singen auszuführen, als vielmehr an der musikdramaturgischen Stelle, an der sie dies vermitteln sollen. Ein weiteres und schwerwiegendes Problem ist die Verdoppelung eines musikalischen Motivs durch eine Choreographie, welche noch den Rhythmus betont. Nicht nur das musikalische Relief wird dadurch erheblich verflacht, vielmehr vernichtet die Tautologie gerade jede Möglichkeit einer differenzierten und wirkungsvollen Darstellung. Weitere Tanzbeispiele bestätigen nur noch die vernichtenden Wirkungen eines systematisch tautologischen Einsatzes des Tanzes.

Am Ende von Bartolos kurzer *Arietta* im zweiten Akt II (Nr. 12, *quanto mi sei vicina*) lässt Slater Claudia Mahnke (Rosina) auf den letzten drei Takten einen hektischen Charleston mit Figaro tanzen.[35] Diese Stelle nutzen wir als Paradigma zur Veranschaulichung der Zusammenarbeit Slaters mit den SängerInnen. Bei der Probe, auf der Slater diese Choreographie den SängerInnen zum ersten Mal präsentierte, begründete er den Tanz Rosinas mit Figaro damit, dass Rosina noch sehr jung sei, eigentlich eine Jugendliche, die jede Gelegenheit zum Spaß nutze. Eine schwache, nicht unbedingt kohärente Begründung, die ohne Begeisterung, aber auch ohne Groll zur Kenntnis genommen wurde. Slater sprang immer öfter auf die Probefläche, um den Charleston vorzumachen. Er zerlegte die Bewegungen in kleine, übersichtliche Einheiten, führte das Ganze in Zeitlupe aus, betonte die Wichtigkeit, im Rhythmus zu tanzen, ließ dafür den Korrepetitor mit langsamem Tempo anfangen und beschleunigen. Kurz, Slater ging sehr pädagogisch vor. Dass das Ausführen seines Charleston[36] weder ihn noch die Sänger und noch später das Publikum überzeugte, hielt ihn nicht davon ab, die Szene beizubehalten. Was musste in diesem kurzen Tanz vermittelt werden, das weder Streichung noch Veränderung ertrug? Wenn es tatsächlich darum ging, jugendliche Freude darzustellen, wäre es wohl auch in anderen Formen gegangen. Nachvollziehen ließe sich der Einsatz eines Tanzes bei Rosina im Hinblick auf die grundsätzlich vorhandene Tanzbegeisterung. Doch warum gerade der afroamerikanische Charleston und nicht der in der weißen Mittelschicht weit populärere Rock 'n' Roll? Letzterer hat darüber hinaus den erheblichen Vorteil, einfachere Schritte zu beinhalten, die sich dement-

---

35 | Vgl. S. 309.

36 | Der Charleston wurde von afroamerikanischen Künstlern wie Al Minnes und Leon James in den frühen 30er Jahren entwickelt. Er wurde bereits 1925 durch Persönlichkeiten wie Josephine Baker nach Europa importiert, genoss jedoch erst nach dem Zweiten Weltkrieg große Popularität. Einmal von Jugendlichen aus weißen Mittelschichten übernommen, wurde der Tanz immer mehr variiert, so dass weitere Musik und Tanzrichtungen entstanden, u.a. der Rock 'n' Roll.

sprechend besser vermitteln und lernen ließen. Auch nach dem Grund, warum dieser Tanz unbedingt in eine so kurze Zeitspanne (drei Takte) gequetscht werden sollte, sucht man vergeblich. Schließlich, wozu die gut hörbaren Sechzehnteltriolen? Es sei hier daran erinnert, dass charakteristisch für den Charleston die schnellen, zugleich grazilen und leicht gesprungenen Schritte sind. Baker fügte eine sehr erfolgreiche Figur hinzu, indem sie die nach außen geknickten Beine nach innen bewegte, wobei die Hände auf den Knien die Bewegung nicht synchron begleiten. Auf diese Weise entstand aus den zwei Rhythmen, den ausgestreckten Armen auf den Knien einerseits und den angewinkelten Beinen andererseits, eine irritierende optische Täuschung. Genau diese Bewegung sollte die Sängerin der Rosina ausführen. Verlangt wurde dabei eine existierende, »realistische« Spielweise als Ziel und Mittel der Darstellung. Da diese allerdings weder als inszenatorischer Gestus noch als Performanz erfolgreich war, stellt sich die Frage: Warum wurden nicht andere Tanzfiguren ausgewählt? Warum wurde nicht nach Tanzfiguren gesucht, in denen die Sängerin sich erstens wohl gefühlt hätte, die zweitens den angestrebten Effekt auf eine andere Weise darzustellen vermocht hätten und die drittens auf *ihrem* individuellen Repertoire aufbauten? Es wäre durchaus möglich gewesen, die Sängerin zu fragen, was sie gerne und gut tanzt, und von dorther eine gemeinsame Form zu entwickeln. Der angestrebte »Realismus« der Spielweise ist als ein Kennzeichen der Inszenierung Slaters zu verstehen. In seinen zahlreichen Vorführungen ging es ihm stets darum, »reales« Benehmen nachzuahmen, und zwar so präzise wie möglich. Er berief sich dafür auf Beispiele seiner persönlichen Erfahrung, zeigte jedoch auch Beispiele aus Haltungen und Bewegungsrepertoires angelsächsischer Filmproduktionen, was insofern problematisch ist, als diese historisch und ästhetisch in krassem Gegensatz zu Darstellungsaspekten der Opernform stehen und sich deshalb nicht eins zu eins übertragen lassen. Freilich steht die Oper nicht außerhalb der Welt, der sie entsprungen ist, doch sie hat ihre eigenen Gesetzmäßigkeiten und Konventionen, und diese sind nicht identisch mit denen von Filmen, Sprechtheater oder der »realen« Welt. Solch eine Missachtung der spezifischen Opernform verurteilt die brillantesten inszenatorischen Einfälle von Anfang an zum Scheitern.

Das erste choreographierte Ensemble befindet sich in der *Stretta* des *Finale I* (Akt I). Gerade ist »die Polizei«[37] in geordneter Reihe und wie zu erwarten im Gleichschritt einmarschiert. Nach dem Durcheinander, in dem alle gleichzei-

---

37 | Die üblichen Übersetzungen »Wache« für *Forza* und »Offizier« für *Ufficiale* wurden in dieser Produktion durch die Bezeichnungen »Polizei« und »Polizeichef« ersetzt. Diese Wahl erfolgte allerdings nicht nur aus der neuen Bearbeitung des Barbiers von Sevilla an der Komischen Oper nach einer Pause von fünfzig Jahren, sondern entsprach auch dem Wunsch Slaters nach realitätsnaher Spielweise und Alltagssprache.

tig versuchen, den »Polizeichef« von ihrem gutem Recht zu überzeugen, und nachdem Almaviva sich dem Polizeichef offenbart hat, stellen sich die Polizisten mit dem Rücken zum Publikum den Protagonisten gegenüber. Auf diese Weise entstehen zwei entgegengesetzte Reihen. In dieser Stellung erklingt »Mir platzt gleich der Kopf ...« (*Mi par d'esser con la testa* ...). Während Figaro, Rosina, der als Soldat verkleidete Almaviva, Bartolo, Basilio und Marcellina versuchen, die Polizeikette nach vorne zu durchbrechen, drängen sie die Polizisten nach hinten zurück. Diese Bewegung ergibt kein chaotisches Gegenüber Einzelner, sondern eine harmonische Bewegung: eine Welle. Es wird also auf eine stilisierte Darstellung eines Kampfes zurückgegriffen. Da sich Slater bislang um die Hervorbringung von Haltungen bemühte, die nicht Opernpraktiken entstammen, sondern dem Film oder dem Sprechtheater, oder Nachahmung des »realen« Lebens sind, ist die Frage nach der Begründung dieses Rückgriffs auf ein Mittel, das tief in den musiktheatralen Gattungen verankert ist, durchaus berechtigt. Insofern sollen nun die inszenatorischen Ziele und szenischen Gesten dieser Sequenzen erforscht werden. Figaro, Almaviva und Rosina einerseits und Bartolo, Basilio und Marcellina andererseits, einst in zwei gegeneinander gerichtete Gruppen aufgeteilt, sind sich nun für einen Moment alle gegen die Polizei einig. Selbst wenn Almavivas Offenbarung die Spielregeln eigentlich bricht – denn er muss sich nicht wie die anderen um den Ausgang dieser Situation sorgen –, sind alle vom gleichen Drang gegen die Polizei bewegt. Die Figuren treten deshalb statt als Summe der bisherigen Persönlichkeiten – die ihren Eigencharakter beibehalten würden – als eine durch das gemeinsame Bedrängen der Polizei verbundene, wenn auch nicht einheitliche Gruppe auf. Dieses Bündnis wird durch das gemeinsame Vorrücken gegen die Polizeikette dargestellt. Dabei bestimmt die Choreographie, wo und wann die Welle einsetzt und fortgesetzt wird. Diese wiederum vermag die dramaturgisch ambivalente Situation der Protagonisten, die nur notgedrungen und auch nur provisorisch zusammenhalten, inszenatorisch umzusetzen. Darüber hinaus erzeugt die Welle einen visuellen Effekt des Hin und Her, welcher den verwirrten Gemütszustand aller versinnbildlichen kann. Der Effekt wäre auch gelungen, würde die Welle nicht die bereits wellenartigen musikalischen Bögen verdoppeln. Das Ziel dieser Verdoppelung lässt sich leicht feststellen: die Verstärkung eines schon bestehenden musikalischen Effekts durch eine inszenatorische Imitation. Abgesehen von der bereits erläuterten Verflachung infolge solcher Verdoppelungen entstehen auch hier beträchtliche technische Probleme, welche weder am Ende der Probenphase noch bei unseren Aufführungsbesuchen behoben waren. Auch hier scheinen die Solisten überfordert zu sein. Trotz der emphatischen Bewegungen des Dirigenten wird stets geschleppt, die Einsätze sind unsicher und die »Wellen« unregelmäßiger Zickzack. Allerdings erweist sich letzterer Aufführungszufall als bezeichnende Verbesserung des Effekts: Bei jeder Probe, jeder Aufführung wurde der

Rhythmus der »Welle« unterschiedlicher. Statt diese performativen Varianten als das, was sie sind, ein dichtes kreatives Potential, zu nutzen, kämpfte Slater jedoch konsequent dagegen an und verlor.

Als letztes choreographisches Beispiel dient uns die musikalische Nummer 15: der Sturm. Auf der Bühne treten nacheinander die Mitglieder eines kleinen Tänzerensembles mit Schirmen auf und führen damit eine dem musikalischen Rhythmus aufgezwungene Choreographie vor. Mit der Steigerung der Musik multiplizieren und verdichten sich die Bewegungen bis zur Gewitterstelle. Schirme werden nach rechts und links gefegt, von den Winden umgedreht und mit aller Mühe zitternd zusammengehalten, bevor die TänzerInnen sich wieder verteilen. Hier wird zum zweiten Mal auf eine musiktheatrale Praxis rekurriert. Allerdings bildet diese Stelle den einzigen Ort in der Inszenierung, an dem ausschließlich TänzerInnen auftreten. Bei den ersten Proben suchten wir zunächst nach Gründen einer so aufwendigen bis hektischen Choreographie. Ziel war es, den Sturm zu illustrieren. Dabei wurde wieder quasi jeder Schlag nachgetanzt, die Bewegungen folgten bereits vorhandenen musikalischen Gesten, wieder wurden Sequenzen verdoppelt und damit verflacht. Bei den ersten Proben wirkte die Szene befremdlich. Mit dem Einsatz des Tanzes ist auch die illustrative Absicht von Anbeginn klar. Es stellt sich jedoch die Frage, ob und wenn ja, wie ein bereits musikalisch gestalteter Sturm visuelle Verdoppelung braucht. Berghaus entschied sich ebenfalls für eine Inszenierung des Sturms. Allerdings ist ihre Darstellung inszenatorisch und gestisch derjenigen Slaters weitaus überlegen. Wie wir in den vorigen Untersuchungen zeigten, liegt diese Überlegenheit weniger an der durchaus hohen Qualität der Inszenierungskonzeption Berghaus' als vielmehr an einer wesentlich anderen Auffassung von Oper. An erster Stelle hat diese spezifisch musikdramatische Form respektiert zu werden. »Ich sage: Es wird gesungen, weil eine Oper da ist, weil ein Komponist das komponierte und sich die Form wählte, die er für seinen Stoff brauchte. Man muß den Autor akzeptieren und nicht versuchen, beim Spiel zu begründen, warum Shakespeare hier oder Dialoge geschrieben hat.«[38] Dementsprechend wird bei ihr nicht der Versuch unternommen, eine bereits bestehende musikdramatische Aussage visuell zu illustrieren. Dies würde außerdem gegen ein weiteres Prinzip der Regisseurin verstoßen, die Bühne, statt sie auf eine repräsentative Funktion zu reduzieren, als eine weitere narrative Ebene im komplexen Operngewebe zu betrachten. Der dritte für unser Anliegen relevante Unterschied ist die Zusammenarbeit mit den SängerInnen. Während Berghaus von den individuellen SängerInnen und ihrem jeweiligen Repertoire ausging, versuchte Slater vergeblich, seine

---

38 | Interview mit Berghaus, Gielen und Neef mit Müller, in: Neef, Sigrid: Das Theater der Ruth Berghaus, S. 176.

inszenatorischen Konzeptionen den SängerInnen aufzudrängen. Indessen übersah er ihre jeweiligen Kompetenzen und verlor somit das effektive performative Potential, aus dem wirkungsvolle Haltungen entstehen. Diese vergleichsbasierten Erkenntnis- und Erfahrungsgewinne gilt es nun, für die Aufführungsanalyse fruchtbar zu machen.

2.1 Inszenierungsknoten und -Gesten bei Daniel Slaters' Der Barbier von Sevilla

Inszenierungsknoten	Inszenatorische Gesten
Akt I 1. Auftritt Almaviva (Nr. 1) 2. Auftritt Figaro (Nr. 2) 3. Auftritt Rosina (Nr. 5) 4. Aria Basilio (Nr. 6) 5. Figaro und Rosina (Nr. 7) 6. Aria Bartolo (Nr. 8) 7. Alle: *Stretta del Finale I* (Nr. 9)	**Die Figuren** 1. Almaviva: bedacht um falsches Haar 2. Figaro: Hände auf den Hüften 3. Rosina: kindliches Hüpfen 4. Bartolo: – 5. Basilio: – 6. Berta: – 7. Der Männerchor
Akt II 1. Auftritt Don Alfonso (Nr. 10) 2. Arietta Bartolo (Nr. 12) 3. Quintett (Nr. 13) 4. Der Sturm (Nr. 15) 5. Terzett (Nr. 16) 6. *Finale II*	**Vorgänge und Situationen** 1. »Welle« im *Finale I* 2. getanzter Sturm 3. endlos langes Einpacken Rosinas

Zweite Aufführung: 9. Februar 2006

Sequenz 1: Ouvertüre

Beim ersten Akkord der Ouvertüre zucke ich zusammen. Die Flöten sind viel zu tief und der Akkord wird nicht korrigiert. Die Streicher setzen nicht gemeinsam ein und es dauert einen Augenblick, bis sie sich wieder einheitlich zusammenfügen. Das zweite Thema ist gehetzt. Die Hörner verfehlen ihren Einsatz.

Diesmal dient nicht die Bühnenperspektive, sondern der Einsatz der Musik als erste scharfe Fokussierung. Wohl wissend, dass weder Raum noch Menschen auf der offenen Bühne inszeniert werden, kann sich die Aufmerksamkeit ganz auf das Auditive richten. Das Urteil fällt drastisch aus. Ob sich das auf eine hohe musikdramaturgische und performative Erwartung zurückführen lässt oder ob die Leistung des Dirigenten Julien Salemkour an jenem Tag tatsächlich sehr mittelmäßig war, lässt sich nicht beantworten. Viel relevanter für unser aufführungsanalytisches Anliegen hingegen ist, dass das Urteil erneut aus vorhandenen Erkenntnissen und Erfahrungen zu erfolgen scheint statt aus einem Vergleich mit der ersten Aufführung. Im Folgenden soll untersucht werden, ob sich dies bestätigt bzw. widerlegt wird.

Sequenz 2: Figaros Rückenschmerzen

Kurz vor Beginn der Aufführung wird angekündigt, dass Figaro, Alfredo Daza, unter starken Rückenschmerzen leide und deshalb nur über eine eingeschränkte Bewegungsfreiheit verfüge. Es wird deshalb um Nachsicht für die physischen Einschränkungen des Sängers gebeten und ihm viel Glück gewünscht. Gleich bei seinem Auftritt »Largo al factotum della città!« (Nr. 2) wird Daza empathisch erfahren. Er spielt einen zugleich selbstbewussten und lässigen Figaro durch leicht nach hinten gehaltenen Oberkörper und schlendernden Gang. Seine Beeinträchtigungen fallen mir erst einmal nicht auf, aber ich rechne jederzeit damit, dass etwas passiert. Kurz von der Cavatina des Grafen »Se il mio nome saper voi bramete« (Nr. 3) setzt sich

Figaro auf den Souffleurkasten mit dem Rücken zum Publikum. Die Bewegung wird in mäßiger Geschwindigkeit ausgeführt, aber nicht besonders steif oder langsam wie erwartet. Kurz nach dem Einsatz der Cavatina bin ich jedoch von Figaro abgelenkt, denn obwohl die Cavatina mir wohl bekannt ist, werde ich vom Gesang zu Tränen gerührt. Meine Aufmerksamkeit richtet sich dementsprechend ganz auf dem Grafen, Ismael Jordi. Dies ändert sich, als der Graf sich anschickt, sich auf Figaros rechte Schulter zu setzen. Stets in Erinnerung, dass Daza Rückenschmerzen hat, frage ich mich, ob diese Bewegung tatsächlich vollzogen wird. Jordi setzt sich tatsächlich auf Figaro, was mich nervös macht. Jedoch scheint mir Jordis Bewegung vorsichtig und langsamer geführt als bei den beobachteten Proben, Protokollen und Videoaufnahmen.

Physische Schmerzen eines Sängers wurden weder während der musikdramaturgischen noch während der inszenatorischen Vorbereitungen bedacht, so dass die Verarbeitung solch einer Information sich zunächst als Problem darstellt: Uns fehlt ein vorher durchdachtes analytisches Instrumentarium, welches ermöglicht, diese Information in die Analyse einzubeziehen. Da dieses Ungeplante zunächst nicht in und aus dem Erfahrungs- und Erkenntnisrepertoire erfasst und eingeordnet werden kann, fokussieren wir uns in der Wahrnehmung bzw. für die performative Analyse des Figaro auf die Implikationen dieser Information. Deshalb wird diese Sequenz, welche strikt chronologisch betrachtet vor der ersten Sequenz stattfindet, erst beim Auftritt Figaros verarbeitet. Genauer gesagt, diese Information wirkt sich im Laufe der ganzen Aufführung aus, ohne jedoch ständig zu Aufführungsknoten zu führen. Dass ein Sänger hier trotz Rückenschmerzen auftritt, stellt also den ersten Aufführungsknoten dieser Aufführung dar. Diese Information ruft nämlich Verständnis und Empathie für die kommende Performanz Dazas hervor, so dass er nicht nur mit erhöhter Aufmerksamkeit beachtet wird, sondern auch mit Nachsicht. Kurz, Daza wird grundsätzlich positiv eingestuft und daher auch wahrgenommen. Dieser unabsehbare Vorfall, welcher zunächst als methodisches Hindernis empfunden wurde, erweist sich somit als Möglichkeit, ein spezifisches Aufführungselement, nämlich Daza, in seiner ganzen Besonderheit wahrzunehmen. Dies schafft eine besondere Situation, in der es nun möglich ist, sich außerhalb der musikdramaturgischen und inszenatorischen Schienen zu bewegen. Die Grundeinstellungen (Verständnis, Empathie, Nervosität etc.), mit denen die Aufführung erfahren wird, werden weder durch die Musik Rossinis noch durch die Inszenierung Berghaus' verursacht, sondern gänzlich durch die Performanz Dazas. Der ebenso ungeplante Rührungsmoment der Cavatina des Grafen bestärkt diese These. Indem dieser Moment zu einem bedeutsamen Aufführungsmoment wird, muss die Cavatina außerhalb ihrer geringen musikdramaturgischen und inszenatorischen Rolle gedacht werden. Das heißt, ein Moment, der musikdramaturgisch und inszenatorisch keinen Knoten bildet, kann trotzdem ein Aufführungsknoten sein. Es stellt sich daher die Frage, in welchem Zusammenhang musikdramaturgische und inszenatorische Knoten und Aufführungsknoten stehen und wie diese im opernanalytischen Prozess wirken. Als Jordi sich anschickt, sich auf den Rücken von Daza zu setzen, werden musikdramaturgische und inszenatorische Erkenntnisse außer Kraft gesetzt. Es zählt allein die performative Ausführung dieser Geste, die mit erhöhter Spannung verfolgt wird. Zu überprüfen gilt, ob diese Beobachtung sich bei weiteren Sequenzen bestätigt bzw. widerlegt wird.

SEQUENZ 3: SZENE 6, II, NR. 14 (BERTA UND AMBROGIO)

Bartolo hat Berta und Ambrogio zu sich gerufen. Beide werden immer erst akustisch angekündigt, indem Berta hoch niest und Ambrogio laut gähnt. Nachdem Bartolo den Raum verlassen hat, beginnt Berta mit ihrer Arie »Il vecchiotto cerca moglie«. Zunächst putzt sie hektisch die Wände des Kastens, dann geht sie zielstrebig auf den Souffleurkasten zu. Allerdings läuft Berta mit einer starken Beugung des Oberkörpers nach vorne. Ihre Schritte sind groß und breitbeinig, so dass die an ihren langen Rock gebundenen Gegenstände bei jedem Schritt wackeln. Dass dies komisch angelegt ist, ist klar. Jedoch hinterlässt der Witz einen bitteren Beigeschmack. Berta setzt sich dann breitbeinig auf den Souffleurkasten. Sie putzt dann beim Singen immer wieder den Kasten. Beim Erklingen des zweiten Themas der Geigen fängt Ambrogio, im Hintergrund geblieben, plötzlich an, Tanzfiguren aus dem klassischen Ballett zu vollziehen: Pointe, fünfte Armposition (Arme im Oval nach oben) und eine Arabesque! Allerdings wird Letztere abrupt abgebrochen, denn er verrenkt sich den Rücken beim Strecken. Die Choreographie ist sehr gelungen und sehr komisch. Dann kehrt er zu seiner vorigen Aktivität zurück, die sich mir allerdings erst jetzt erschließt. Er ist dabei, die vier Wände des Stoffkastens an den unteren Kanten mit Seilen zu befestigen. Sie sind der »Trick«, mittels dessen die Wände in der kommenden Sturmszene zum Tanzen gebracht werden. Dann merke ich eine Besonderheit in der Arie von Berta. Bei einer langen Fermate setzt die Sängerin das berühmte hohe Motiv aus der Rachearie der Königin der Nacht ein. Ich bin verblüfft. In meinem Umfeld wird gekichert.

Berta, Brigitte Eisenfeld, und Ambrogio[1] sind wie alle anderen Figuren durch spezifische Haltungen und Schritte gekennzeichnet. Bertas Grundhaltung besteht in einer Beugung des Oberkörpers von circa 45 Grad nach vorne. Sie hält dabei eine Bürste, mit der sie immer wieder Gegenstände, Wände oder Bartolo hektisch und kurz poliert. Ihr Gang ist breitbeinig und zackig, so dass

---

[1] Da es uns nicht gelungen ist, den Namen dieses Mitglieds des Berliner Staatsballetts mit Sicherheit festzustellen, bezeichnen wir ihn als den »Tänzer«.

die an ihrem langen Rock angebrachten Gegenstände stets mit baumeln. Ihre ganze Erscheinung wirkt zunächst komisch. Doch bei näherer Betrachtung vergeht einem das Lachen. Denn die gebeugte Haltung lässt sowohl auf eine alte, erschöpfte Angestellte als auch auf eine lange, leidvolle Arbeit schließen, was wiederum auf ihre untergeordnete Lage im Hause Bartolos hinweist. Zusammen mit Ambrogio ist Berta die einzige Figur, die nicht nur visuell bzw. gestisch charakterisiert wird, sondern auch akustisch. Sie wird immer mit einem hohen Niesen bereits von den Kulissen aus, also bevor sie auftritt, angekündigt. Ambrogio, eine stumme Figur, wird von Berghaus mit einem Tänzer besetzt. Dies wird bereits bei seinem ersten Auftritt mit Berta (Nr. 5, »Ah disgraziato Figaro«) festgestellt. Gereizt über die Unfähigkeit seines Angestellten, zieht Bartolo Ambrogio am Ohr und lenkt damit seinen Kopf nach unten. Ambrogio vollendet die Bewegung, indem er den abwärts gerichteten Oberkörper mit einem unerwarteten, aufwärts gehenden seitlichen Spagat mit einem Bein an der Wand ausgleicht. Auch seine Grundhaltung besteht in einer Beugung des Oberkörpers nach vorne, allerdings mit weniger Neigung und mit Hervorstrecken seines verlängerten Rückens nach hinten. Sein Gang besteht aus kleinen Schritten, die sich wiederum auf die Grundstellung der Beine und Füße zurückführen lassen: Die Beine zeichnen ein Karo, indem sie stets leicht gebeugt mit den Füßen nach außen gestellt werden. Diese stete Beugung der Beine unterscheidet Ambrogios Grundstellung von der ersten Ballettposition – in der die Füße in eine seitliche Linie zum Körper gestellt werden, wobei die Fersen sich berühren – und der zweiten Position – in der die Füße leicht auseinander gehalten werden, wobei die Beine gestreckt bleiben müssen. Indem er eine Übergangstellung des Balletts (die Beinbeugung oder Plié) zur Grundstellung seines Gangs macht, ergibt sich ein schlendernder und etwas clownesker Gang, der noch durch den herausgestreckten verlängerten Rücken und die Pantoffeln an den Füßen unterstrichen wird. Interessant bei dieser Sequenz sind die Sprünge zwischen Bertas Arie einerseits und der Choreographie Ambrogios andererseits, das heißt, wie sich die Aufmerksamkeit auf sinnlich verschiedenartige Gegenstände fokussiert. Ebenso wie zuvor bei Figaro und Almaviva wird hier zwischen akustischem und visuellem Schwerpunkt stets gewechselt. Es sei hier erneut daran erinnert, dass die Aufführungsanalyse weniger ontologische als vielmehr genealogische Ziele verfolgt. Also nicht die Gründe dieser Sprünge, sondern ihre allmähliche Entfaltung im analytischen Prozess ist von Relevanz. Der Bericht hilft uns, Momente zu bestimmen, in denen sich die Aufmerksamkeit von einem Element löst und zum anderen überspringt. Zunächst richtet sich die Aufmerksamkeit auf Berta, Brigitte Eisenfeld.

Zu Beginn ihrer Arie tritt Eisenfeld gestisch und akustisch in den Vordergrund und wird dementsprechend scharf fokussiert. Der Tänzer Ambrogio

4. Zweite Aufführung: 9. Februar 2006   125

bleibt währenddessen im Hintergrund. Er wird nur als visuelle Randerscheinung wahrgenommen, also unscharf fokussiert. Die Prioritäten ändern sich allerdings, als der Tänzer Ambrogio seine Choreographie beginnt und Berta in den Hintergrund rückt. Ebenso wie bei der vorigen Fokussierung – Bertas Arie und Poliertätigkeiten bis zum Hinsetzen – erfolgt auch diese neue visuell und akustisch. Der Einsatz der Choreographie kommt mit dem zweiten Thema,[2] das sich durch ein sanftes, aufwärts gehendes Motiv in den Geigen auszeichnet, welches von den Holzbläsern übernommen wird. Auf diese Weise werden beide Elemente miteinander verbunden und sind nicht mehr voneinander zu trennen. Das heißt, nach der Aufführung reicht das Motiv, um die Choreographie wieder vor Augen zu führen. Während der Aufführung wirkt diese Kombination höchst komisch, was auf den gelungenen Charakter der Choreographie schließen lässt. So klug der Einsatz der Choreographie auch ist, das Gelungene dieser Sequenz ist nicht allein durch die Choreographie zu begründen. Als »gelungen« wird hier nicht die Übereinstimmung oder die Diskrepanz zwischen Performanz und intentionaler Inszenierung beurteilt, sondern schlicht die erfolgreiche Auswirkung der Performanz des Tänzers. Bei der Performanz Eisenfelds ist es nicht anders. Ihre Schritte, ihre Beugung, ihre hektischen Bewegungen und ihre Stimme wirken sich hier aus, nicht die Inszenierung. Bei der Performanz des Tänzers wird außerdem seine Tätigkeit während der Aufführung, also das Anbringen von Seilen an den Wänden für die kommende Sturmszene, erstmalig sichtbar. Von der Inszenierungskonzeption war uns bekannt, dass der Sturm bereits während Bertas Arie aufgebaut würde. Wann genau das sein würde, ließ sich jedoch nicht feststellen, da der Zeitpunkt im Laufe der Proben und bei der einzigen Videoaufnahme uneinheitlich war. Nach dieser Aufführung verorten wir den »Aufbau des Sturms« in dem Moment, in dem Berta sich im Vordergrund befindet und Ambrogio im Hintergrund bleibt. Erst als Ambrogio zu tanzen beginnt, wird er hervorgehoben. Ob dies bemerkt wird oder nicht, hängt wiederum weniger von der Inszenierung als vielmehr von der performativen Leistung des Tänzers in besagtem Moment ab. Setzte er die Choreographie zu früh oder zu spät ein, tätigte er zunächst ein jeté oder eine Arabesque statt einer Pointe, gestaltete er die Sequenz völlig anders. Seine individuelle Gestaltung ist somit nicht nur für die performative Hervorhebung unabdingbar, sondern auch für ihre Analyse. Die Aufmerksamkeit gegenüber Ambrogios Aktivitäten wird ihrerseits aufgehoben, als Eisenfeld bei der Fermate Mitte des zweiten Themas (Takt 71, S. 364) zu einer beeindruckenden, raschen, aufwärts gehenden Tonleiter ansetzt, welche dem berühmten Motiv[3] aus der Rachearie der Königin der Nacht

---

2 | Vgl. Aria Nr. 14, Allegro, Takte 55-70, S. 363-364.

3 | Vgl. vier gebundene aufwärts gehende Sechzehntel, Auftakt auf a und acht pikierte Achtel auf c; dann das Gleiche eine Terz tiefer auf f und a: Takte 36-38. Diese zwei Takte

entstammt. Eisenfeld singt dabei zwar nur die erste Figur dieses Motivs, diese ist jedoch gut erkennbar. Diese erfolgreiche gesangliche Leistung sowie der individuelle Einfall ist umso mehr zu begrüßen, als sie darüber hinaus auf die kommende schwermütige Textstelle »*Egli è un male universale, una smania, un pizzicore, un solletico, un tormento* ...«[4] aufmerksam macht.

SEQUENZ 4: SZENE 8, II, NR. 15
(STOFFKASTEN, BARTOLO UND ROSINA)

Das Licht wird gedämpft, die Bühne bleibt offen, das Gewitter beginnt. Ich genieße das Zucken der Wände, deren Aufbau ich zuvor beobachtet habe. Alles verläuft wie erwartet. Erst das Zucken, dann werden die Wände immer höher, länger und stärker gezogen. Da ich die Inszenierungskonzeption und ihre szenischen Vorgänge jetzt kenne, wundere ich mich sehr über eine bisher nicht bemerkte Pantomime. Zunächst kämpfen Figuren in Mänteln gegen die Winde hinter dem Kasten. Dann tauchen zwei Figuren im Kasten auf: Bartolo und Rosina. Bartolo überreicht Rosina den Brief Almavivas, den er als Beweis für eine vermeintliche Falle einsetzt. Rosina ist bestürzt. Bartolo macht ihr einen Antrag, in den sie mit einem schweren Kopfnicken einwilligt.

Dass die Inszenierung diesmal bekannt ist, bedeutet, dass mit dem gerechnet wird, was in den Gesprächen zur Inszenierungskonzeption, im Regiebuch und während der Probenarbeit berichtet wurde. Warum die Pantomime jedoch als überraschend erfahren wird, dazu lassen sich zwei Hypothesen aufstellen: Entweder wurde die Pantomime nirgends im Material erwähnt oder das Material wurde nur auf das, was während der ersten Aufführung erfasst wurde – der choreographierte Stoffkasten –, untersucht. Nach Überprüfung des vorhandenen Materials fanden wir tatsächlich eine Erwähnung dieser Pantomime, so dass wir von der zweiten Hypothese ausgehen. Dieser scheinbar bedeutungslose Vorfall gibt uns jedoch Auskünfte über die prägenden Auswirkungen der ersten Aufführung im analytischen Prozess. Die Pantomime ist weder protokolliert noch in Erinnerung geblieben. Das heißt, sie wurde während der ersten Aufführung *nicht* wahrgenommen, was an zweierlei liegen mag: erstens an der notwendigen Fokussierung in der Informationsflut einer ersten Aufführung, zweitens an der »faszinierenden« Auswirkung der choreographierten Wände, welche die ganze Aufmerksamkeit auf sich zogen. Indem die Choreographie bereits während der Aufführung als »faszinierend« erfahren und somit auch

---

kommen unmittelbar vor dem berühmten hohen F (Takte 41-42), welches nicht nur diese Rache charakterisiert, sondern gar die Figur der Königin der Nacht selbst, S. 226-227.

4 | Dieses universale Unheil, ein Fieber, ein Stechen, ein Schmerz, ein Schauder ...

scharf fokussiert wurde, rückte alles andere in den unscharfen Bereich. Diese Erfahrung wirkte wiederum nachhaltig auf die Inszenierungsanalyse. Diesen Einfluss des ersten Aufführungserlebnisses auf jegliche analytische Untersuchung nennen wir Prägung. Als weitere Beispiele unbekannter Elemente während dieser Aufführung – trotz der inszenatorischen Auseinandersetzung – bemerkten wir das Lispeln des als Don Alfonso verkleideten Almaviva (Nr. 10) und Bartolos stimmliche Nachahmung von Rosina, indem er ihren letzten Satz auf gleicher Höhe wiederholt (Nr. 7). Diese Elemente ließen sich als inszenatorische Gesten einordnen. Darüber hinaus stellten wir Gesten fest, die weniger aus der Inszenierung als vielmehr durch die jeweiligen SängerInnen zustande kamen. Solche Gesten nannten wir bereits performative Gesten. Genauso wenig wie die Aufführung sich als Ausführung einer Inszenierung erfassen lässt, sind performative Gesten Illustrationen von inszenatorischen Gesten. Sie können durch inszenatorische Gesten induziert werden, wie etwa die flatternden Hände des Liebespaars Rosina-Almaviva. In diesem Fall werden sie *per definitionem* jedoch immer unterschiedlich durchgeführt, was sie von den inszenatorischen Gesten grundsätzlich unterscheidet. Wenn Katharina Kammerloher, Rosina, ihre Finger schnell flattern lässt, während Ismael Jordi, Almaviva, mit einem langsameren Rhythmus einsetzt, kann dadurch die heftige Verliebtheit Rosinas einerseits und die mäßige, gar spielerische Almavivas andererseits interpretiert werden. Folgerichtig erfolgte eine andere Interpretation, wenn Kammerloher ihre Finger mit ungefähr gleicher Geschwindigkeit oder langsamer als die von Herrn Jordi flattern ließe. Der performative Gestus bildet somit nicht nur eine unentbehrliche aufführungsanalytische Einheit, sondern wird zum unabdingbaren Ausgangspunkt jeder Analyse einer erlebten Oper. Performative Gesten sind jedoch nicht zwangsläufig auf inszenatorische zurückzuführen. Hier sei eine sehr sexualisierte Darstellung von Rosina durch Katharina Kammerloher als Beispiel angeführt. Inszeniert ist eine scheinheilig-unschuldige Rosina, die sich kindlich, gar albern gibt, besonders wenn sie in Schwierigkeiten gerät. Bereits bei ihrer Auftrittsarie »*Una voce poco fa*« (Nr. 5) fügt Kammerloher eine eindeutig sexualisierte Dimension hinzu. Nachdem sie ihren Oberschenkel auf eine irritierend kindliche Art vorgezeigt hat, lässt sie ihre Hände lasziv am Oberkörper von oben nach unten gleiten, während sie starr vor sich hin schaut. Auf diese Weise hört sich ihr drittes »*Lindoro mio sara*« geradezu orgastisch an, was durch die Kombination mit einer sonst kindlichen Körperhaltung und bewegung höchst komisch wirkt. Eine ambivalente Darstellung der Rosina gehört zwar zur Inszenierungskonzeption, ist jedoch in dieser Form Ergebnis der individuellen spielerischen Leistung Kammerlohers. Es sei hier angemerkt, dass inszenatorische und performative Gesten sich umso besser herausarbeiten lassen, wenn Inszenierungskonzeptionen bereits beherrscht werden und mehrere Aufführungen besucht wurden. Insofern ergeben sich zwei verschiedenartige, jedoch komplementäre opernanalytische

Prozesse: einerseits die inszenatorische Untersuchung als szenischer Bestandteil einer (musikwissenschaftlichen) Werkanalyse, andererseits die Ergründung der Aufführung mittels ihrer performativen, räumlichen, körperlichen, akustischen Bestandteile.

Mit der analytischen Einheit des performativen Gestus stellten wir ein Instrument vor, das uns ermöglicht, aufführungsspezifische Bestandteile allein sowie im Zusammenhang mit inszenatorischen und musikdramaturgischen Gesten zu ergründen, womit wir die Opernanalyse um ein effizientes Werkzeug zu bereichern suchen. Doch der Erwerb von grundlegenden Kenntnissen der Inszenierungskonzeption, der Inszenierungsknoten und gesten, brachte auch erhebliche Nachteile mit sich. Denn mit dem Erwerb der Konzeption, der Knoten und Gesten der Inszenierung findet eine Übertragung der inszenatorischen Problematik (z.B. Komik und die *Commedia dell'Arte* für Berghaus, die Medien und »realistische Spielweise« für Slater) auf die Aufführung statt, so dass die Aufführung nicht in ihrer performativen Spezifizität erfasst wird, sondern vielmehr im Hinblick auf Übereinstimmung mit der Inszenierung bzw. Diskrepanz zur Inszenierung aufgefasst und bewertet wird. Diese doppelte Problematik suchten wir in der dritten Aufführung zu überwinden.

Dritte Aufführung: 26. Oktober 2007

Sequenz 1: Ouvertüre und Nr. 1

1.1 Der Fries und der Souffleurkasten

Bevor die Sinfonia erklingt, lasse ich den Blick über das Bühnenbild schweifen, auch wenn ich nicht damit rechne, etwas Neues zu erfahren. Jedoch fallen mir tatsächlich wieder Elemente auf, die ich trotz der Untersuchungen im Ruth Berghaus Archiv und dem neu erschienenen Buch über Hartmut Meyer nicht bemerkt hatte. So ist es mit dem oben weiß gemalten Fries, nicht aber mit manchen Details. Abgebildet sind etliche fliegende und nicht fliegende Engel sowie zwei größere Figuren. Mittig steht auf einer Art Muschel der Titel der Oper, »Der Barbier von Sevilla oder Die unnütze Vorsicht«. Dass der Titel nicht auf Italienisch wie die kommende Aufführung, sondern auf Deutsch ist, weist hin auf die Geschichte dieser Produktion, einst auf Deutsch gesungen und als solche konzipiert. Von rechts nach links sind folgende Elemente zu sehen: ein am Fuß festgebundener, gefallener Engel; fliegende und nicht fliegende Engel; ein Mann, vermutlich Almaviva, mit Perücke und Kostüm, die auf Status (nämlich wohlhabend) und Zeit (18. Jh.) schließen lassen. Almaviva richtet sich ganz nach links und streckt die Arme aus nach der Frau, also Rosina, welche sich links der Inschrift befindet. Rosina, in fast liegender Stellung, streckt einen Arm nach ihm aus und hält den anderen am Körper entlang, wobei sie einen Gegenstand festhält. Sie trägt Strümpfe und einen Überrest von Kleid, welches allerdings seine Funktion nicht mehr erfüllt. Bedeckt wird lediglich ein kurzer Abschnitt zwischen Bauchnabel und Brüsten, so dass die Nacktheit alles andere als naiv erscheint. Beide erwachsenen Figuren sind jeweils mit einer Farbe gekennzeichnet: ein rotes Gesicht für den Mann, vermutlich Almaviva, und ein grüner Strumpf für die Frau, Rosina. Dann fallen mir Muster auf dem als flache Wolken inszenierten Souffleurkasten auf; mittig ein Engelkopf, gestützt auf beide Arme, rechts und links Streichinstrumente. Darunter wartet bereit die Souffleuse, ebenfalls kostümiert.

Während der Beobachtung der Abbildungen auf dem obigen Fries kommt es zu Eindrücken und Assoziationen, die die folgende Aufnahme der Aufführung wiederum prägen. Im Gesamteindruck auffällig ist eine irritierende Kombination aus verschiedenen Körperdarstellungen: Während die Engel als idealisierte, entsexualisierte Körperdarstellung aus der griechischen Antike eingeordnet werden können, stellen die zwei Hauptfiguren einen sehr sinnlichen Kontrast dazu dar. Der als Erstes bemerkte gefallene Engel hängt kopfüber außerhalb des Frieses und ragt somit deutlich hervor. Dass er am Fuß gehalten wird, erzeugt die Assoziation, dass er gerade noch rechtzeitig, im Sturz, festgehalten und so gerettet wurde, dass sich das aber jederzeit ändern kann. Er hängt ja einzig an einer Schnur bzw. einem Seil. Selbst wenn, technisch gesehen, das Seil selbstverständlich aus robustem Material besteht, wird jedoch der Eindruck eines unsicheren und instabilen Provisoriums erweckt. Der Engel hinterlässt seinen Abdruck im Fries, so dass die ursprüngliche Stellung vor dem Fall und das Ergebnis nach dem Fall zugleich sichtbar werden; so wird auf den Prozess des Fallens hingewiesen. Der erste Impuls nach dieser Szene ist, zu lachen. Wie auch in den vorigen Analysen interessieren wir uns nun weniger für das »Warum« als vielmehr für das »Wie« – dafür, wie das Lachen zustande kam. Durch den bereits am Anfang empfundenen Kontrast zwischen idealisierter Körperdarstellung einerseits und irdischem Begehren andererseits wird die Situation nicht nur als komisch, sondern als intentionaler Witz aufgenommen. So wird ein interpretatorisches Feld eröffnet, das jedoch erst in der Wiederholung weiter verfolgt werden kann. In dieser Hinsicht wird auf den anfänglichen Eindruck rekurriert: den sinnlichen Kontrast zwischen den Darstellungen Almavivas und Rosinas und der restlichen Darstellung. Almaviva reckt sich mit rotem Kopf im wahrsten und womöglich auch im übertragenen Sinne nach Rosina, welche bis auf ihre Strümpfe und einen Überrest vom Kleid nackt ist. Dadurch erscheint diese Nacktheit eindeutig sexualisiert, in einem Darstellungskontext, der ansonsten an die griechische Antike angelehnt ist. Der Fries erzählt die Inszenierungsgeschichte der Figur und er verstößt gegen die Darstellungsgeschichte Rosinas. Aus der dritten Aufführungsanalyse der *Barbiere* ist uns die Inszenierung des Souffleurkastens als flache Wolken schon bekannt. Figaro wird den zweiten Teil seiner *Cavatina »Largo al factotum«* (Nr. 2) auf dem Kasten singen. Später wird er sich, den Rücken zum Publikum, darauf setzen und Almaviva bei seiner *Canzone »Se il mio nome«* (Nr. 3) mit der Gitarre begleiten. Wir bemerken jedoch drei Motive auf der Frontseite des Kastens: in der Mitte einen Engelkopf, rechts und links Saiteninstrumente. Unten erscheint uns die bereits bekannte inszenierte Souffleuse auf einmal anders. Durch die vorher als intentionaler Witz erfassten gefallenen Engel und das nicht unschuldige Liebespaar wird die Souffleuse nun als ein weiterer Scherz verstanden. Sie wird also im gleichen interpretatorischen Feld eingeordnet wie die beiden zuvor beobachteten Witze. Insofern findet sich die interpretatorische Möglichkeit eingebauter Witze schon vor Beginn der szenischen Aktion bereits dreimal bestätigt.

1.2 Auftritt des Männerchors Nr. 1

Die Musiker treten geräuschvoll auf. Jeder führt seine eigene Choreographie aus, ohne dass ich mich auf jemand Besonderen festlegen kann. Dann stolpert der Musiker mit dem ostentativ falschen Holzbein über den mit der Riesentrommel, was nicht inszeniert ist und ich komisch finde. Unmittelbar nach seinem Zusammenstoß mit dem Kollegen deutet der Holzbeinträger reflexartig eine Entschuldigungsgeste an, worauf der mit der Riesentrommel allerdings nicht reagiert. Möglich ist jedoch, dass er in seiner Rolle auf den Vorfall reagiert, indem er betont ungestört seine Bewegungen weiter vollzieht und sich dann mit grazilen, hüpfenden Schritten entfernt, was umso komischer wirkt. Irgendwann legt der Holzbeinträger sein Bein ganz weg, wobei nicht klar ist, ob dies inszeniert ist oder ob das Requisit nicht hält.

Der Grund unserer Fokussierung auf die Figur bzw. auf den Sänger mit dem Holzbein ist ein rein aufführungsspezifischer Zwischenfall: das zufällige und ungewollte Stolpern eines Sängers über einen anderen, was mit der unmittelbar darauf folgenden »Entschuldigungsgeste« einigermaßen »komisch« wirkt. Hier stellt sich allerdings die Frage, ob diese ungewollte Handlung einem ebenso komisch vorkäme, wäre es dem Sänger nicht gelungen, sein Gleichgewicht rechtzeitig wiederzufinden. Bedeutsam wäre hier zweifelsohne die Art und Weise, wie der Sänger zu Boden stürzen würde: Fiele er schnell und geräuschvoll, träte er in krassen Kontrast zu der restlichen Gruppenpantomime, welche bis auf die Fußgeräusche lautlos und in Zeitlupe verläuft. Ein komischer Effekt träte erst ein, würde die Mehrheit der Bühnenbeteiligten ähnliche Reaktionen – ob überrascht, hilfsbereit oder den Sturz ignorierend – zeigen. Andernfalls würde der Sturz eher besorgniserregend als lustig wirken. Fiele der Sänger jedoch halbwegs kontrolliert, beispielsweise mit nachdrücklichen, langsamen Armbewegungen, würde die Handlung in den restlichen pantomimischen Rahmen passen. Jedoch wäre auch hier der Effekt erst dann gelungene Komik, wenn die anderen auf den Sturz ihres Kollegen reagierten. Von dorther bestünde gar die Möglichkeit, den Zwischenfall als inszenierten zu betrachten. Zum Glück für den Sänger verläuft der Zwischenfall hier allerdings weniger spektakulär. Das durch Zufall hervorgebrachte Stolpern zieht jedoch nicht nur die scharfe Fokussierung auf sich, sondern bestätigt auch die bereits formulierte assoziative bzw. interpretatorische Vermutung: Der Witz bildet eine grundlegende Thematik des Abends – sei sie inszenatorisch eingebaut wie der Fries, der Souffleurkasten oder die Souffleuse selbst, sei sie Ergebnis einer performativen Hervorbringung wie beim Stolpern und den jeweiligen Reaktionen der SängerInnen darauf; festzustellen bleibt, ob und wie darauf reagiert wird. Dabei werden die eigenen Reaktionen und die des wahrnehmbaren Umfeldes beobachtet.

Da das Augenmerk bei den vorigen Aufführungen auf anderen Figuren lag, wurde die Choreographie des Holzbeinträgers nicht scharf fokussiert. Vom Inszenierungsmaterial her wissen wir, dass die Figur mit dem falschen Holzbein auch die Künstlichkeit des Beines demonstriert – zum Beispiel, indem sie sich schräg oder im Profil auf die Bühne stellt und somit zugleich Holz- und geknicktes echtes Bein zeigt. Ob die Figur das falsche Bein auch während des Gehens als solches erkennen lässt, fanden wir jedoch nicht genauer festgelegt. Dass der Sänger sein Bein ablegt, wird daher anhand unseres interpretatorischen Rahmens zur Unterstreichung einer inszenatorischen Intention, einer betonten Künstlichkeit in der Spielweise. Diese bestätigt wiederum eine bereits bei der ersten Aufführung gemachte Beobachtung einer »ostentativen Künstlichkeit« des Bühnenbildes. Im wahrnehmbaren Umfeld löst die Musikergruppe keine wahrnehmbare Reaktion aus. Insofern stellen wir zwei Diskrepanzen fest: Die erste ergibt sich aus der bereits eingeführten Kategorie des gelungenen bzw. misslungenen Witzes und betrifft die Reaktionen bzw. die Nicht-Reaktionen des wahrnehmbaren Umfelds im Bezug auf inszenierte Witze. Die zweite Diskrepanz ist die zwischen unseren und den Reaktionen des Umfeldes – dabei geht es also um das, was von uns als inszenatorischer oder performativer Witz eingeordnet wird, jedoch vom wahrnehmbaren Umfeld nicht als solcher eingestuft wird. Von dorther gilt es festzustellen, wie diese zwei Diskrepanzen auf den aufführungsanalytischen Prozess einwirken.

Sequenz 2: Szene 2, I, Nr. 2 (Figaro)

Figaro steht bereits hinter dem Stoffkasten, als die berühmte instrumentale Eröffnung seiner Arie erklingt. Mit einem großen seitlichen Schritt erscheint er wie gerufen in der mittigen Öffnung des Kastens, so dass er von den Wänden umringt wird. Er verweilt einen kurzen Augenblick, breitbeinig und die Hände auf dem Gürtel. Er grinst breit, scheint mit sich selbst sehr zufrieden zu sein. Das Ganze wirkt äußerst plakativ aber nicht unwitzig. Dann läuft er mit zugleich schlendernden und federnden Schritten geradeaus nach vorne bis zum Souffleurkasten. Dort angelangt, nimmt er seine breitbeinige Stellung wieder auf. Mit Ausnahme der raschen Parlando-Stelle, während der er den linken Fuß hebt und seitlich hin- und her bewegt, verharrt er in dieser Stellung bis zum Ende der Arie.

Figaros »*Largo al factotum*« gilt mit der Ouvertüre geradezu als exemplarisch für Rossinis *Barbiere*. Hör- und visuelle Erwartungen sind dementsprechend sehr hoch. Für die Erforschung der eigenen Rezeption als Ausgangpunkt der Aufführungsanalyse sowie der Rezeption des wahrnehmbaren Umfelds stellt die Berühmtheit der Arie zunächst ein Problem dar. Als Figaro auftritt, besteht unser Erfahrungs- und Erkenntnisrepertoire aus dreierlei: erstens den Audio-

und Video-Aufzeichnungen, zweitens den erarbeiteten Inszenierungskonzeptionen von Slater und Berghaus, welche drittens in ihrer jeweiligen unterschiedlichen Besetzung und performativen Hervorbringung erfasst wurden. Jedoch finden die drei Ebenen ungleiche Beachtung und Verwendung beim Erlebnis sowie bei der analytischen Verarbeitung. Figaros Auftritt wird hier als »plakativ aber nicht unwitzig« empfunden, was sich nach den beschriebenen anfänglichen Erfahrungen und Einstellungen durchaus nachvollziehen lässt. Kombiniert mit der bekannten prachtvollen instrumentalen Einleitung wirkt sein großer seitlicher Schritt geradezu als Karikatur. Es stellt sich allerdings die Frage, was da karikiert wird. In den Hospitations-Notaten werden Figaros Auftritt und seine dramaturgische Rolle wie folgt beschrieben:

»Besonders wichtig scheint mir, daß Figaro in allen Situationen, auch in dieser, in der er als von sozialen Verhältnissen Geschlagener erscheint, immer kraftvoll, in sich ruhend, humorvoll, voller Reserven in Erscheinung tritt. Das weist hin auf ihn als echte Volksgestalt, aber auch auf seine Herkunft theatergeschichtlich von der Straße, der *commedia dell'arte*. Und nicht zu übersehen in diesem Zusammenhang ist das ›satyrische‹ Element, das die geschaffene Figur hat und ausstrahlt. Es kommt bei Figaro besonders zur Wirkung, weil er auf diesem Gebiet für sich selbst nicht aktiv wird. Also voller gespeicherter Kraft!«[1]

Die Diskrepanz zwischen Konzeption und intentionaler Inszenierung einerseits und Rezeption und performativer Aufführung andererseits könnte kaum größer sein. Im Sinne der Inszenierung wurde zwar der Zusammenhang mit der *Commedia dell'Arte* bereits bei der ersten Aufführung festgestellt, erfahren wurde jedoch hier keinesfalls ein »in sich ruhender« Figaro, »voller Reserven«. Im Gegenteil, Figaro wird geradezu als Verkörperung einer selbstbewussten Genugtuung erfasst. Ebenso wenig wird Figaro hier als eine Figur »von der Straße« verstanden. Demzufolge macht es wenig Sinn, von der Inszenierungskonzeption auszugehen, da diese einem ganz anderen Aufführungserlebnis gegenübersteht. Karikiert wird hier zunächst eine bestimmte Aufführungspraxis, nämlich das Singen an der Rampe. Indem Figaro sich schlendernd, aber zielstrebig und demonstrativ nach vorne begibt, wird auf diese Praxis angespielt. Ab dem Moment jedoch, in dem er auf den Souffleurkasten steigt, bricht er mit dieser Praxis. Seine breitbeinige Stellung mit einem leicht nach hinten gelehnten Oberkörper wirkt geradezu als Parodie des Singens an der Rampe. Dies wird noch dadurch betont, dass er die ganze Arie lang auf dem Kasten stehend verharrt. Die einzige Abwechslung dabei bildet die Fußchoreographie, welche tatsächlich die Aufmerksamkeit auf sich zieht. Daher vermutlich auch der Eindruck einer »plakativen« Darstellung.

---

1 | RBA 132, Probe am 19.10.1968, S. 13.

Sequenz 3: Szene 5, I, Nr. 5 (Bildwechsel und Rosina)

Nach dem Duett und Abgang Figaros und Almavivas (Nr. 4) schließt der alte, stets schlechtgelaunte Fiorello rennend und hüpfend den Vorhang des Stoffkastens. Um mich herum wird gemurmelt. Die Witze kommen allmählich an. Requisiten werden von zwei in Schwarz gekleideten Männern, die zwar nicht in Kostümen der Epoche, aber trotzdem inszeniert zu sein scheinen, gebracht: Hier wird nichts vorenthalten, alles wird gezeigt! Ein Tisch wird hinten vor den Fenstern angebracht, davor noch ein Stuhl, wobei die Gegenstände nicht »echt« sind, sondern abgebildet. Darüber hinaus wird die hintere Wand abgerissen, so dass eine neue sichtbar wird, mit anderen Mustern: ein Fenster in der Mitte. Allein die neu angebrachten Requisiten und die neue hintere Wand reichen, um ein hochbürgerliches Interieur darzustellen, was ich immer wieder faszinierend finde. Dies alles ist aber erst, wenn Fiorello den Vorhang wieder aufmacht, zu sehen. Zweites Bild: Rosina sitzt mit Rücken zum Publikum, als die instrumentale Einleitung ihrer Arie erklingt. Ihr blaues Kleid und die Bänder liegen überall verstreut auf dem Boden. Sie grinst neckisch. Die ganze Szene besteht darin, dass sie sich anzieht. Schon beim ersten Anblick dieser Rosina weiß man, dass es sich keineswegs um ein »Opfer«, ein unschuldiges Mädchen handelt. Diese Frau sehnt sich nicht nach der großen Liebe, sondern spielt gerne. Zunächst bleibt sie sitzen. Nachdem sie höchst suggestiv mit ihrer »Jartière« gespielt hat, steckt sie einen Zettel hinein. Das heißt, sie zeigt zuerst den Zettel, indem sie ihn mit der Hand hochhält, ihn dann in einer sehr ambivalenten Handbewegung – kindliche Aufregung und selbstbewusste Verführung – versteckt. Dieser letztere Aspekt wird noch unmissverständlicher, als sie »Lindoro« mit Armbewegungen vor ihrem Oberkörper betont, wobei das Vibrato eine sexuelle Erregung imitiert. Als sie mit dem Anziehen ihres Kleides fertig ist, steht sie auf. Es erklingt das berühmte »ma se mi toccano«. Auf »to« läuft sie wie gerufen auf die Rampe zu, bleibt aber im Kasten. Da sie nur einen Schuh angezogen hat, hinkt sie. Allerdings auf eine sehr komische, übertriebene Weise, das heißt, wie jemand, der ein Humpeln spielt. Einen Augenblick lang hinkt sie sogar im Rhythmus der Taktschläge. Nach und nach hebt sie die auf dem Boden verstreuten Bänder auf und geht an ihren ursprünglichen Platz mit einem neckischen, kindischen Hüpfen zurück. Es wird gelacht und bereits vor dem Ende geklatscht.

Beim Auftritt des hüpfenden alten Fiorellos, Bernd Riedel, ändert sich die Stimmung[2] meines Umfeldes. Bisher der Performanz gegenüber eher zurückhaltend und distanziert, wird hier zum ersten Mal häufiges kommentierendes Murmeln wahrgenommen. Die inszenierten und performativen hervorgebrachten Witze scheinen allmählich erkannt und für gelungen gehalten zu werden. Das Anbringen der Requisiten wird bereits während des Erlebnisses

---

2 | Vgl. die Erläuterungen zu den Begriffen, u.a. *Stimmung* und *Atmosphäre*, S. 76-81.

als zwiespältig empfunden. Einerseits sind die Männer in Schwarz gekleidet und heben sich somit eindeutig sowohl vom beige-cremigen Bühnenbild als auch von den Kostümen der Figuren ab, andererseits scheinen ihre jeweiligen, mäßigen Gangarten und geraden Körperhaltungen inszeniert zu sein. Dieses Phänomen ermöglicht uns wiederum, ein inszenatorisches Prinzip dieser Produktion zu artikulieren: »Hier wird nichts vorenthalten, alles wird gezeigt!« Wären die Männer beispielsweise hektisch und mit kleinen Schritten auf die Bühne getreten, kämen zwangsläufig andere Eindrücke und Assoziationen auf. Ob dies die Regel oder ein Einzelfall ist, wird an den einzelnen Aufführungsanalysen immer wieder zu überprüfen sein. In meinem Umfeld dürfte der Anblick der abgebildeten Requisiten als ein weiteres Zeugnis intentionaler Komik gelten, was wiederum für eine positiv angespannte Stimmung sorgt. Als Rosina erscheint, wird die Atmosphäre sichtlich erregter, gespannter, erwartungsvoll. Bei genauerer Beobachtung der Zuschauer sehen wir Körperhaltungen und Mienen, die auf erhöhte Aufmerksamkeit schließen lassen (z.b. aufgerichtete bis leicht nach vorne gebeugte Oberkörper, streng auf die Bühne fixierte Blicke, erwartungsvolle Mimik). Dennoch wird bei den eindeutig erotisierten, gar sexualisierten Bewegungen von Silvia Tro Santafé nicht erneut gemurmelt oder gelacht, wie es nach einer solch positiven Einstellung zum Bühnengeschehen zu erwarten wäre. Im Gegenteil, solange die Sängerin sitzt, verhält sich das beobachtete wahrnehmbare Umfeld sehr zurückhaltend. Dies ändert sich, als Tro Santafé aufsteht und hinkend nach vorne läuft. Dann wird wieder gemurmelt und diesmal auch leise gelacht. Das Aufstehen markiert den zweiten Teil der Choreographie Rosinas, welche an die Struktur der zweiteiligen Arie angelehnt ist. Es bleibt hier anzumerken, dass die Nachahmung eines falschen Hinkens viel besser aufgenommen wird als die wesentlich komplexere, stimmlich-spielerische und gut gemeisterte erotisierte Darstellung von Tro Santafé.

SEQUENZ 4: SZENE 8, I, NR. 6 (ROSINA, BASILIO UND BARTOLO)

Am Ende ihrer Arie hat Rosina ihren ursprünglichen Platz wieder eingenommen. Da geklatscht wird, verzögert Figaro seinen Auftritt leicht. Als Bartolo angekündigt wird, »versteckt« er sich im rechten Vorhang. Die Aktion kommt gut an, es wird leise gelacht. Im »Versteck« lauscht Figaro den kommenden Unterhaltungen Bartolos: zunächst mit Rosina, dann mit seinen Angestellten und schließlich mit Basilio. Die beobachteten Reaktionen sind hier ebenso positiv wie bei Rosina zuvor. Bartolo mit seinen großen, kniehohen Schritten sorgt schon beim Auftritt für erneut vermehrtes Murmeln im Raum. Während er sich mit Rosina unterhält, überprüft er misstrauisch sämtliche Ecken und Vorhänge des Kastens. Darauf entsteht ein pantomimisches Versteckspiel mit Figaro, der sein Versteck zwangsläufig mehrmals wechseln muss.

Während der Szene wird immer wieder und öfter gelacht. Beim Versteckspiel werden Momente besonders genüsslich wahrgenommen, beispielsweise als Rosina ihre Unschuld mit Armen, Kopfbewegungen und kindischen, hüpfenden Schritten beteuert oder als Bartolo Rosina parodiert, indem er sie nicht nur stimmlich, sondern auch ihre hüpfenden Schritte nachahmt. Bertas Niesen und Ambrogios Gähnen hingegen geben keinen neuen Anstoß. In dieser Konstellation betritt Basilio die Bühne. Von meinem Beobachtungposten aus sind überwiegend aufmerksame, lächelnde Gesichter zu sehen: Es wird mit »etwas Lustigem« gerechtet. Als Basilio seine berühmte Arie »La Calumnia« beginnt, bin ich zunächst vom Bühnengeschehen abgelenkt. Im Orchestergraben hat eine Flötistin alle Mühe, ihren Lachanfall zu kontrollieren. Worüber sie lacht, weiß ich zwar nicht, aber fest steht, dass sie mit dem Motiv der Bratschen systematisch den Kopf senkt und anfängt zu lachen. Da ihre Nachbarin sich darum bemüht, nicht »angesteckt« zu werden, schließe ich auf eine Albernheit zwischen Musikern und freue mich darüber, dies miterlebt zu haben. Darauf spielen allerdings die Hörner erneut nicht im Takt, was mich reizt. Während Basilios Arie achte ich auf mögliche Reaktionen auf drei eingebaute Witze: die Choreographie Bartolos, das Zittern Basilios mit seinem Umhang und die Lichtspiele beim Donner. Besondere positive Reaktionen fallen mir jedoch nicht auf.

Diese Sequenz bildet die erste Sammlung von Momenten, in denen oft gelacht wird. Dabei können wir auch zum ersten Mal beobachten, wie Einstellung und Erwartungshaltung gegenüber dem Bühnengeschehen auf eine räumliche Ebene aufbauen. Da gelungene Witze von den spezifischen Aufführungsbedingungen und konstellationen abhängen, gingen wir von der Annahme aus, sie entstünden nach dem Zufallsprinzip. Dies ist der Fall, wenn auf manche inszenierte Witze reagiert wird und auf andere nicht. Bereits während des Rezitativs zwischen Rosina, Bartolo, dann Ambrogio und Berta wird auf das Bühnengeschehen positiv reagiert: Das Verstecken Figaros im Vorhang, das darauffolgende Versteckspiel mit Bartolo sowie Rosinas betont unschuldige Haltung und Bartolos Parodie dieser lösen zunächst Gemurmel, dann leises Gelächter aus. Hingegen lösen Niesen und Gähnen Bertas und Ambrogios, die nicht nur inszenatorisch, sondern auch dramaturgisch festgelegt sind, keine Reaktionen aus. Ebenso wenig wird auf die Choreographie Bartolos und auf die Lichtspiele beim Donner während Basilios Arie reagiert. Die Verantwortung für den performativen Vollzug der inszenierten Witze tragen dabei Alfredo Daza als Figaro, Silvia Tro Santafé als Rosina, Enrico Marabelli als Bartolo, Alexander Vinogradov als Basilio, Brigitte Eisenfeld als Berta und Jörg Lukas als Ambrogio. Über den Erfolg der jeweiligen Witze entscheidet jedoch die Rezeption auf individueller und kollektiver Ebene. Mit dem vorausgesetzten Zufallsprinzip, nach dem Witzen Erfolg beschert ist oder nicht, scheint allerdings ein weiteres Prinzip zusammenzuhängen, welches diesem widerspricht: das Prinzip der Steigerung. Ausgehend von der gängigen Bedeutung von »Steigerung« als Erhöhung bzw. Zunahme »an Menge, Grad oder Wert«[3] stellt dieses Steigerungsprinzip ein Kausalitätsprinzip dar, das heißt ein aus Ursachen und Implikationen bestehendes, zusammenhängendes Gebilde. Beim Rezitativ vor Basilios Arie finden zwei Witze in Wiederholung statt: das pantomimische Versteckspiel zwischen Bartolo und Figaro einerseits und die Gestik der Unschuld durch Armbewegungen und Kopfneigungen von Rosina andererseits. Währenddessen wird das Gemurmel zu leisem Gelächter und es wird immer öfter gelacht. Es findet also eine Intensivierung in der Lautstärke und in der Häufigkeit statt, das heißt eine Steigerung in doppelter Hinsicht. Jeder Witz ist Element einer Kausalkette. Auf jedes dieser Elemente wird reagiert, und zwar immer öfter und lauter. Kurz, es wird über einen Witz mit Wiederholungscharakter gelacht und somit zugleich auf die nächste Wiederholung gewartet. Kommt der Witz erneut, bestehen zwei Möglichkeiten: Die Erwartung wird erfüllt oder nicht. Im ersten Fall wird weiterhin gesteigert gelacht, im zweiten Fall baut sich das Lachen ab. Beide Vorgänge verlaufen dabei zwar eingerahmt, jedoch in nicht voraussehbarer Kombination. Dass auf Bartolos Suche nach Figaro eindeutig intensiver gelacht wird, lässt sich erneut weniger auf die Inszenierung als vielmehr auf die Performanz Dazas, der sich hektisch im Vorhang versteckt, von Tro Santafé, die meisterhaft eine betont unschuldige Rosina darstellt, und von Marabelli, der bereits beim Auftritt Gemurmel auslöst, zurückführen. Welche aufführungsanalytischen Schlüsse können nun aus den beobachteten Reaktionen gezogen werden?

Während des Rezitativs werden Figaros neue Versteckeinfälle, Rosinas Reaktionen und Bartolos Suche als lustig empfunden; den Höhepunkt bildet allerdings Bartolos Parodie von Rosina. Dabei werden die Figuren allmählich eingeordnet und können in ihren jeweiligen dramaturgischen Funktionen nun interpretiert werden: Figaros Einfälle sind höchst ambivalent. Sich bei der Ankündigung Bartolos zu verstecken, scheint zunächst die beste Lösung zu sein; diese kann er sich sogar zunutze machen, indem er beim Lauschen Informationen aufschnappt, die er für seine Pläne bzw. seinen Auftrag gut gebrauchen kann. Jedoch erweist sich bereits dies nur als halbwegs gelungen: Er muss immer wieder neue Verstecke finden und riskiert dabei jedesmal, entdeckt zu werden, so dass Rosina eingreift bzw. Bartolo ablenkt. Rosina ihrerseits wird spätestens hier als treibende Kraft in der Intrige bestätigt. Vorher hatte sie sich bereits über den jungen Verehrer genüsslich gefreut und so ihre kindliche Art mit einer unmissverständlichen Erotisierung bzw. Sexualisierung kombiniert, was sie als selbstbewusste Frau erscheinen lässt. Spätestens hier wird ersichtlich, dass diese Rosina mit einer naiven kindlichen Erscheinung, wie sie in der Inszenie-

---

3 | Artikel »Steigern«, in: Das Herkunftswörterbuch, Duden Bd. 7, 4. Aufl., Mannheim, Leipzig, Wien, Zürich, S. 805.

rungsgeschichte des Werkes überwiegt, nichts zu tun hat. Wenn das Gelächter auf die Handlungen von Figaro und Rosina auf Zustimmung zu den Figuren schließen lässt, ergeht es Bartolo in dieser Hinsicht anders. Bereits bei seinem Auftritt mit großen Schritten und auf dem Boden suchend löst Bartolo leises Gelächter aus. Allerdings handelt es sich hier keineswegs um ein emphatisches Lachen wie bei Rosina und Figaro zuvor, sondern lediglich um eine Belustigung: Es wird über Bartolo gelacht, nicht *mit* ihm. Hier interessieren wir uns nicht für die Gründe dieser Belustigung, was uns weit in reine Spekulation treiben würde, sondern für deren aufführungsanalytische Implikation. Fest steht, dass die Belustigung anlässlich Bartolos Auftritt ein Erfolg ist. Bis auf die Choreographie während Basilios *Aria*, die vermutlich auch wenig wahrgenommen werden kann beim ersten Aufführungsbesuch, wird auf jeden seiner inszenierten Witze mit Gemurmel oder Gelächter reagiert, was den hohen Grad an performativem Erfolg der Witze zeigt. Für die dramatische Deutung kann hier jedoch alles und sein Gegenteil behauptet werden; entscheidend ist jeweils allein das interpretatorische Interesse an dieser Figur in dieser Konstellation.

Einen weiteren Knoten dieser Sequenz bildet die Ablenkung vom Bühnengeschehen durch eine Flötistin im Orchestergraben, die gerade versucht, einen Lachanfall zu unterdrücken. Dadurch wird unser Fokus verschoben; statt auf Bühnengeschehen und Umfeld geht der scharfe Fokus auf die Flötistin. Da ihr Lachanfall mit dem Bratschenmotiv assoziiert ist,[4] fällt er uns auf. Daraufhin wird dem Motiv aufmerksam zugehört und es wird tatsächlich als »komisch« empfunden. Nach acht Takten Pedal auf der Dominante A wandert das abwärts gehende *mordan* sechs Takte lang auf F, vier auf e und endet auf der Tonika d in einer einmaligen Aufwärtsbewegung. Dabei klingt es stechend, störend, gar unpassend zusammen mit den *ponticelli* der Geigen. Darauf schließen wir, dass dieses Motiv die Verleumdung musikalisch illustriert, und nicht der auf- und abgehende Satz in den Geigen.

Sequenz 5: Szene 9, I, Nr. 7 (Figaro und Rosina)

Figaro tritt aus seinem Versteck und wird sogleich von Rosina über die Identität seines Begleiters verhört. Dabei zeigt sie mit ihren Armen eine gespielte Unschuld sowie ein überspieltes Desinteresse an den Antworten Figaros. Er dehnt seinerseits seine Antworten, um die Spannung steigen zu lassen. Bei jeder Artikulation einer Silbe kommt ihm Rosina etwas näher, bis sie dicht bei ihm steht. Als er endlich den Namen der Geliebten seines »Cousins«, nämlich ihren Namen, ausspricht, fällt sie urplötzlich in Ohnmacht, so dass Figaro sie

---

4 | Vgl. Takte 20-40, S. 129-131.

gerade noch rechtzeitig auffängt. Diese Ohnmacht ist stilisiert: Zunächst fällt sie mit horizontal gestreckten Armen und dem Oberkörper wie eine leblose Puppe nach vorne, dann nimmt sie in den Armen Figaros eine andere Haltung ein. Zunächst allerdings vergewissert sie sich, dass Figaro sich in Reichweite befindet, so dass sie aufgefangen wird. Die Handlung ist sehr lustig und löst offenes Gelächter sogar im Parkett aus. Figaro wartet einen kurzen Augenblick, dann steht sie aus seinen Armen genauso plötzlich auf, wie sie vorhin in Ohnmacht gefallen war. Sehr komisch ist, dass die Ohnmacht so plötzlich kommt, wie sie verschwindet, nämlich ohne Vorwarnung oder Übergang, als sei nichts gewesen. Obwohl Figaro und Rosina stimmlich wie choreographisch ihre Rollen meistern, wird das Duett sehr zurückhaltend aufgenommen. Als Figaro seine Vokalise durch stetes Drehen der vorderen Wand des Stoffkastens betont, vernehme ich zwar vereinzelte Reaktionen auf meiner Ebene, aber insgesamt reagiert das Publikum erstaunlich zurückhaltend. Als Rosina das Gleiche tut, vernehme ich vor allem das offene Lachen meines Nachbarn, der sich köstlich amüsiert.

Den Höhepunkt dieser Sequenz bildet zweifelsohne die Ohnmacht Rosinas. Hier reagiert das Publikum am stärksten seit Beginn der Aufführung; offen gelacht wird in unserem unmittelbar wahrnehmbaren Umfeld (also im mittleren ersten Rang), in mittlerer Reichweite (das heißt an den rechten und linken Seiten des ersten und zweiten Rangs) und zum ersten Mal auch im Parkett. Zur Erläuterung der aufführungsanalytischen Implikationen dieser – wenn nicht gleichen, so doch einheitlichen – Publikumsreaktionen sei an die dramaturgischen und inszenatorischen Dimensionen erinnert. Dramaturgisch besteht der Witz der Szene im Spiel des Erratens eines bereits bekannten Namens, und zwar sowohl seitens des Publikums als auch durch Rosina selbst,[5] die bereits bei ihrer Arie einen Brief an ihren Verehrer geschrieben hatte. Folglich verläuft nicht nur das Erraten des Namens, sondern die ganze Unterhaltung spielerisch. Während Rosina Figaro quasi nebenbei über »den Herrn, der vorhin unter ihrem Fenster gesungen hat«, befragt, glaubt Figaro, über eine exklusive Information zu verfügen.[6] Das Spiel besteht also darin, eine beiden Figuren bereits bekannte Information zu bestätigen bzw. zu vermitteln, ohne dass der Gesprächspartner bzw. die partnerin den Hintergedanken des Gegenübers durchschaut – eine *Buffa*-Szene in ihrer ganzen Größe. Es entsteht also eine Schein-Unterhaltung,

---

5 | Duett Nr. 7: »*Dunque io son ....la fortuna! (Già me l'ero immaginata: Io sapevo pria di te)*«. (»Ich bin es also ... das Glück! ... [Das dachte ich mir schon: das wusste ich schon vor dir!]«).

6 | Duett Nr. 7: »*Di Lindoro il vago oggetto siete voi, bella Rosina. (Oh che volpe sopraffina! Ma l'avrà da far von me)*«. (»Lindoros Liebe sind Sie sicher. [Gescheit wie ein Fuchs! Aber mich täuschst du nicht]«).

während derer Informationen sparsam, strategisch und verschlüsselt übermittelt werden.[7] Berghaus inszeniert die Szene ebenfalls als Spiel – allerdings nicht als eines, bei dem Informationen entlockt werden, kein Spiel gegen-, sondern ein Spiel miteinander: Beide *wissen* bereits, dass der andere ebenfalls über die Information »Lindoro liebt Rosina« verfügt. Es handelt sich also darum, einen beiden Mitspielern bekannten Sachverhalt nachzuspielen. Nur mit der plötzlichen Ohnmacht Rosinas rechnet Figaro nicht. Da diese genauso plötzlich geschieht, wie sie »verschwindet«, ist die Überraschung Figaros gleich eine zweifache. Beim Publikum löst bereits die erste Überraschung, die Ohnmacht, Gelächter aus. Dank ihrer Plötzlichkeit und ihrer Choreographie stellt Rosinas Ohnmacht eindeutige Künstlichkeit dar, welche als Posse angelegt ist. In diesem Sinne ist der erzielte Effekt gelungen, und zwar auf kollektiver Ebene. Allerdings resultiert dieses Gelingen nicht aus inszenatorischen Anweisungen und Choreographie, sondern aus der Performanz Tro Santafés.

Zusammen mit ihrer gesanglichen Leistung werden zu Recht ihre Haltung, ihre Bewegungen und ihre performative Ausführung einer vermuteten Choreographie gelobt. Ihr größter individueller Beitrag zu dieser Szene besteht erstens in der kurzen Umdrehung vor der Ohnmacht, zweitens in der Performanz der Ohnmacht selbst. Wie diese beiden Handlungen ausgeführt werden, erweist sich für die Charakterisierung der Figur als äußerst wichtig. Tro Santafés Umdrehung ist kurz, aber nicht gehetzt. Sie führt diese Bewegung in einer Geschwindigkeit aus, dass die Umdrehung gerade bemerkt wird, wenn sie eben vorbei ist. Auf diese Weise wird die kommende Ohnmacht in ihrer ganzen Künstlichkeit angekündigt. Hätte Tro Santafé die Drehung langsamer oder schneller vollzogen, erfolgten zwangsläufig andere Assoziationen und somit Interpretationen. Bei einer schnellen Drehung besteht die Gefahr, dass die Bewegung nicht oder kaum wahrgenommen wird, so dass die Vorbereitung dieser Ohnmacht übersehen wird. Käme die Umdrehung hingegen langsamer, bräche sie zwar nicht mit den vorigen langsamen Annäherungsschritten, bildete jedoch einen erheblichen rhythmischen Bruch im Zusammenhang mit der Ohnmacht. Die langsame Drehung knüpfte also weniger an die kommende Ohnmacht als vielmehr an den vorigen Vorgang an. Somit bliebe die Vorbereitungsfunktion der Drehung schlicht unerfüllt, würde also sowohl die inszenatorische Intention als auch den performativen Effekt verfehlen. Dagegen ist der abrupte rhythmische Bruch, mit dem Rosina in Ohnmacht fällt, geradezu

---

7 | Vgl. Rezitativ Rosina-Figaro von »*Ma dite, signor Figaro, voi poco fa sotto le mie finestre parlavate a un Signore ...*«. (»Sagen Sie mir, Herr Figaro, vorhin unter meinem Fenster sprachen Sie mit jemandem ...«) bis »*Poverina! Si chiama R...o... Ro...s...i...si... Rosi...n...a...na ... Rosina*« (»Die Arme! Sie heißt R...o... Ro...s...i...si... Rosi...n...a...na... Rosina«).

notwendig. Die inszenierte Ohnmacht verweist hier keineswegs auf die Auswirkung einer überwältigenden Emotion, sondern auf sich selbst als Darstellung. Berghaus bedient sich dabei einer stilistischen Spielweise, welche die Funktion der Ohnmacht am schärfsten zu entlarven vermag. Den Bruch aber leistet Tro Santafé, indem sie übergangslos von einem Vorgang zum anderen wechselt. Dies ermöglicht den ersten Überraschungseffekt, worauf der Zuschauerraum einheitlich reagiert. Während des Falls deuten ihr Oberkörper, Arm- und Beinstellungen auf eine sichtbare Choreographie hin, was die Darstellung der Ohnmacht sehr deutlich macht. Der zweite Überraschungseffekt besteht darin, ebenso plötzlich und übergangslos aus einem bewusstlosen in einen lebendigen, erregten Zustand zu wechseln. Für den Erfolg bzw. Misserfolg dieser Handlung bürgt erneut allein die Sängerin; die Leistung ist umso mehr zu unterstreichen, als sie erfolgreich verläuft. Zusammengefasst: Die Geschwindigkeit der Drehung und Plötzlichkeit der Ohnmacht geben uns also nicht nur Auskunft über die Inszenierung Rosinas, sondern zeigen, wie eine performative Ausführung verschiedenartige analytische Interpretationen auslöst.

SEQUENZ 6: SZENE 13, I, NR. 9 (ALLE)

Der als betrunkener Soldat verkleidete Almaviva tritt von links auf. Da er zu zögern scheint, wird er von Figaro unsanft in den Kasten geschubst. Der darauf folgende Dialog zwischen Almaviva und Bartolo verläuft ohne besondere Reaktion seitens des Publikums, bis Bartolo, gereizt über den Eindringling, vor Entsetzen drei Mal hintereinander hüpft. Die Sprünge sind dabei elastisch und grazil, was zur Figur eigentlich nicht passt. Die Aktion ist sehr komisch, mein Nachbar amüsiert sich ebenfalls, Unruhe im Raum. Als Almaviva Bartolo angreift, schreit Letzterer »Hilfe« auf Deutsch. Er verwendet dabei seine Kopfstimme, genauso wie bei seiner stimmlichen Parodie Rosinas, was ich gut finde, aber keine besondere Reaktion im Publikum auslöst. Rosinas Auftritt kommt hingegen sehr gut an. Als es Almaviva gelingt, ihr einen Brief zu überreichen, und sie sich bedankt, imitiert Bartolo ihr »Grazie, grazie« ebenso mit seiner Kopfstimme, bevor er ihr den inzwischen vertauschten Brief aus den Händen reißt. Als er verblüfft feststellt, dass es sich tatsächlich um eine Liste für die Wäsche handelt, tritt Rosina hervor, wobei sie sich vor Almaviva stellt, und spielt ihre Unschuld und ihre ungerechte Behandlung. Bei den pointierten Motiven dazwischen in den Geigen reibt sie sich an Almaviva, indem sie mit Oberkörper und verlängertem Rücken zittert, was bei Almaviva breites Grinsen hervorruft. Dies wird entweder ablehnend oder mit Gleichgültigkeit aufgenommen, eine einheitliche positive Unruhe ist im Publikum jedenfalls nicht zu vermerken. Basilios Auftritt geschieht wie immer schleichend. Bald ist er da, bemerkt habe ich allerdings nur Bertas Auftritt. Trotz Multiplikation der eingebauten Witze verhält sich das Publikum insgesamt eher zurückhaltend. Als die Soldaten eintreten, verdichtet sich die Szene.

Ein Besucher oder eine Besucherin, der oder die zum ersten Mal da ist, dürfte dabei einiges an den vielen unterschiedlichen Choreographien übersehen, selbst wenn diese nacheinander erfolgen. Bartolo zum Beispiel wird ohnmächtig, sobald er den Überblick verliert oder die Situation ihm zu heikel wird – allerdings anders als Rosina, denn er fällt nicht so plötzlich wie sie und hingegen auf den Boden. Da liegt er auf dem Rücken mit ausgestreckten Gliedern wie eine Leiche. Basilio versucht stets, sich wegzuschleichen, was ihm auch irgendwann gelingt. Dann sitzt er auf einmal auf dem Gestell des linken Stoffkastens, ohne dass der Moment seines Verschwindens bemerkt wurde: Wann und wie ist er nach oben gelangt? Und wie hält er sich oben? Bartolo und Basilio fallen an zwei choreographierten Stellen auf. Zunächst, als sie glauben, den betrunkenen Eindringling festnehmen lassen zu können, umarmen sie sich liebevoll in Zeitlupe. Dann tanzen sie einen Cancan ebenso in Zeitlupe in einem Moment, als jede Figur eine choreographische Aufgabe hat.

Als erster Moment, in dem sich alle Protagonisten gleichzeitig auf der Bühne befinden, bringt das Finale I zunächst eine gewaltige Informationsflut. Es wird weiterhin auf manch inszenierten Witz reagiert, auf viele allerdings nicht, so dass die Reaktionen des Umfeldes zuerst nicht systematisierbar zu sein scheinen. Wenn jedoch die vorigen Reaktionen auf die Figuren in Erinnerung gerufen werden, lassen sich Zusammenhänge herstellen. Die erste Unruhe innerhalb dieser Sequenz wird ausgelöst durch Bartolos Sprünge. Zuvor wurde er bereits bei seinem Auftritt positiv aufgenommen, was sich später bei der erfolglosen Suche nach Figaro bestätigte. Die Sprünge sind inszenatorisch nicht als Bedrohung angelegt, sondern als Darstellung der Aufregung Bartolos. Nachdem der Eindringling seinen Namen mehrmals falsch ausgesprochen hat, regt sich der bereits gereizte Bartolo auf, bevor er seinen Namen mit Nachdruck drei Mal artikuliert. Diese Aufregung wird durch Sprünge dargestellt, die nacheinander erfolgen, ohne Anlauf und nach oben gerichtet. Die Stellung der Beine in der Höhe und auf dem Boden bildet dabei die Grundlage des spezifischen performativen Gestus, anhand dessen die technische und interpretatorische Analyse vollzogen wird. Marabelli in der Rolle des Bartolo stellt einmal die Beine in Karo-Form in die Höhe, was an die Übergangsstellung im klassischen Ballet (*Plié*) angelehnt zu sein scheint. Kombiniert mit seinem leichten, übergangslosen Federn und den klaren Stellungen der Füße auf dem Boden können Marabellis Sprünge sowohl als choreographische Parodie als auch als Harlekin-Sprünge gedeutet werden. Mit choreographischer Parodie ist eine hoch stilisierte Darstellung des Sprunges gemeint, welche eine tatsächlich existierende Stellung aus dem Ballett, nämlich die *Plié*, nicht nur quasi umgekehrt vollzieht, sondern auch in einem völlig anderen Kontext. Somit wird mehr auf den performativen Gestus selbst als auf seine scheinbare Funktion – die Darstellung der Aufregung – hingewiesen. Sprünge Marabelli hingegen beispielsweise von einer breiten Fußstellung aus und bliebe in dieser Stellung in der Höhe, würde die Bewegung auf die Funktionalität des Sprunges zurückweisen, was hinsichtlich der Inszenierung nicht nachvollziehbar wäre. Was einen inszenatorischen von einem performativen Gestus unterscheidet, ist die unentbehrliche Rolle der Rezeption bei Letzterem. Beim Letzterem reicht die Intention nicht aus, um einen szenischen Vorgang, eine Situation, eine Emotion etc. wiederzugeben, sondern allein der Aufführungskontext – also das Bewegungsrepertoire der anderen SängerInnen einerseits und die Publikumskonstellation andererseits – bestimmt darüber, ob der Gestus ge- oder misslingt. Grundlegend beim performativen Gestus ist also seine Wirkung bereits beim Vollzug, während der inszenatorische Gestus auf eine Intentionalität baut und abzielt, nicht auf die Aufführungsbedingungen. Weiterhin ausgehend von Marabellis Performanz ließen sich seine Sprünge in Analogie zum Harlekin-Sprung interpretieren. Diese Möglichkeit ist interessant, denn Bartolo, der inszenatorisch an die Figur des *Pantalone* angelehnt ist, würden in solch einem Fall Charakteristika zugeschrieben, die eigentlich dem *Zani*, also Figaro, gelten. Dies würde wiederum für eine positive Darstellung bzw. Rezeption der Figur sprechen. Da sich diese Sprünge jedoch nicht wiederholen und somit keine weiteren performativen Zusammenhänge bilden, soll auf diese Hypothese verzichtet werden. Bartolos Charakter entfaltet sich in dieser Sequenz darüber hinaus durch drei weitere protokollierte Knoten: seinen Schrei auf Deutsch und in der Kopfstimme, seine Ohnmacht bzw. seine Ohnmachten und seine Pantomime mit Basilio.

Der Aufschrei »Hilfe!« auf Deutsch stellt ein Problem für den analytischen Zugang dar, denn die Trennung zwischen inszenatorischen und performativen Gesten ist hier fließend. Es sei daran erinnert, dass die Produktion Berghaus' zunächst auf Deutsch lief. Dabei waren etliche sprachliche Witze sowohl in die Übersetzung als auch in die Inszenierung eingebaut – z.B. das Thüringische von Olesch als Bartolo während der Probe. Mit der Wiederaufnahme auf Italienisch verschwanden diese Feinheiten. Bei der einzigen Video-Aufnahme, die leider nur noch zur Hälfte vorliegt, wird lediglich »Ah« geschrien, allerdings ebenfalls in der Kopfstimme. Bei den vorigen beiden Aufführungen hatten wir ebenso ein »Ah« protokolliert, so dass wir den »Hilfe«-Schrei von Marabelli zunächst für einen gelungenen performativen Gestus hielten. Ob dies sich bestätigt oder nicht, wird sich erst bei der nächsten und letzten Aufführung zeigen. Seine Ohnmacht hingegen könnte bereits über ihren performativen Vollzug eingeordnet werden, indem sie mit Rosinas voriger Ohnmacht in Verbindung gebracht wird. Bartolos Ohnmacht ist allerdings etwas heikler als die Rosinas, denn sein Weg von einer stehenden Position zur liegenden ist länger und gefährlicher. Dies dürfte Berghaus auch bewusst gewesen sein, denn in den Inszenierungsmaterialien ist weder von einem plötzlichen Fall die Rede noch von einem klaren Bruch der Vorgänge, wie bei Rosinas Ohnmacht verlangt. Marabelli fällt ohne Hektik, jedoch rasch genug, um übersehen werden zu können. Wichtiger als der Fall ist bei dieser Ohnmacht die Endstellung. Bartolo liegt mit ausgestreckten Armen und Beinen wie gerade erschossen. Im Wirbel der weiteren Choreographien fällt diese Reglosigkeit auf. Der inszenatorische Gestus dabei lässt sich leicht erkennen: Bartolo stellt sich tot. Ein tierisches Verhalten, um einer akuten Gefahr entgehen zu können, wenn die Zeit zur Flucht nicht mehr reicht. Mit dem Schrei nach »Hilfe« wird Bartolo durch diesen Gestus in kürzester Zeit zu einer nicht gerade mutigen Figur. Dieser Aspekt wird durch die Paarchoreographie mit Basilio noch verstärkt. Denn sobald Bartolo den Vorteil einer Situation zu erkennen glaubt, freut er sich herzlich, gar kindlich darüber. Dies wird inszenatorisch durch die Umarmung in Zeitlupe und die *Cancan*-Schritte mit Basilio dargestellt. Allerdings lassen sich im Umfeld keine besonderen Reaktionen auf diese Choreographie vernehmen. Eine Möglichkeit ist, dass diese Choreographie in der Fülle der weiteren, parallel laufenden Choreographien nicht wahrgenommen wurde, das heißt, nicht scharf fokussiert wurde. Anders verhält es sich mit der Reibung Rosinas an Almaviva.

Rosina steht im Mittelpunkt und singt »*ma quel foglio che chiedete/per azzardo m'è cascato/È la lista de bucato*«.[8] Dabei steht sie im Mittelpunkt. Zwischen den Strophen, also zwei Mal, wird in Geigen und Klarinette ein pointiertes Motiv gespielt, worauf Rosina sich an Almaviva reibt. Als einziges Bühnenereignis an dieser Stelle können die Reibungen kaum übersehen werden. Wie lässt sich erklären, dass auf eine so überdeutliche Handlung keine Reaktionen erfolgen? Ein Rückblick auf ihren Auftritt hilft uns hier weiter. Schon dort wurde weniger auf ihre sexualisierte Choreographie als vielmehr auf ihr kindliches Hüpfen und ihr künstliches Hinken reagiert. Diese erste Reaktion gegenüber Rosinas Erscheinung bildet wiederum einen redaktionellen Rahmen, innerhalb dessen die Figur in ihren weiteren Erscheinungen wahrgenommen wird. Innerhalb dieses Rahmens werden wiederholte Gesten bei ihrem performativen Vollzug, wie etwa sexuelle Andeutungen, als gelungen bzw. misslungen eingeordnet. Dabei spielt die erste Aufführung eines Gestus, also die Performanz und seine Wahrnehmung, eine entscheidende Rolle für die Aufnahme seiner Wiederholung. Es handelt sich also um ein weiteres Beispiel der performativen Prägnanz während der Aufführung. Einem Gestus, welcher von Anbeginn nicht oder mit Gleichgültigkeit aufgenommen wurde, scheint bei seiner Wiederholung eine ähnliche Erwartungshaltung beschert zu sein. Ob und wie eine Änderung in der beobachteten Rezeption stattfinden kann, wollen wir an der nächsten Ensembleszene untersuchen.

---

8 | (Der Zettel, den Sie verlangen/ist völlig zufällig hierhin gelangt/Er ist nichts anderes als die Liste der Wäsche).

SEQUENZ 7: DIE PAUSE

Die Pause bildet einen grundlegenden Moment in der Ergründung der Einstellung und Erwartungshaltung eines Publikums. Den unterschiedlichen Diskussionen nach zu urteilen, waren bei dieser Publikumskonstellation das erste Konversationsthema die SängerInnen. Es ging es erstaunlich wenig um das durchaus bemerkenswerte Bühnenbild, die Choreographie oder Inszenierung, sondern um die stimmlichen Leistungen der SängerInnen. Ähnliche Gespräche hätte es bei einem Konzert geben können, was sehr irritiert angesichts der Qualität der Inszenierung und der performativen Leistungen der SängerInnen, besonders Figaro alias Daza und Rosina alias Tro Santafé. Daraus schließen wir, dass dieses Publikum die Performanz der SängerInnen mit ihren stimmlichen Leistungen gleichsetzt bzw. sie darauf reduziert. Die zweite häufig gehörte Wendung war: »das Stück«. Dabei wurde jedoch je nach Kontext von höchst Unterschiedlichem gesprochen. Im Zusammenhang mit den SängerInnen handelte es sich um das musikdramatische Werk Rossinis und Sterbinis, genauer gesagt um die Musik Rossinis. Unser Nachbar, der sich darum bemühte, das Bühnengeschehen zu beschreiben, das ihm so gut gefiel, meinte hingegen die Inszenierung. Eine Unterscheidung zwischen der Inszenierung Berghaus' und der jeweiligen Performanz der SängerInnen wurde nicht getroffen. Zusammenfassend wurden folgende Handlungen besonders genüsslich aufgenommen: das Kindliche bzw. die gespielte Unschuld Rosinas, das Groteske, das Lächerliche und die Feigheit Bartolos, der schleichende Gang Basilios, das Obsessive Bertas und Ambrogios Choreographien.

SEQUENZ 8: SZENE 2-3, II, NR. 10-12
(BARTOLO, ALMAVIVA, ROSINA)

Nach der Pause ist eine erhöhte Aufmerksamkeit und vor allem die Erwartung von »etwas Lustigem« sehr präsent. Das dritte Bild besteht aus den gleichen gemalten Wänden im Stoffkasten, jedoch sind weitere Requisiten hinzugekommen. Wie der Sekretär und der Stuhl Rosinas zuvor sind auch diese Gegenstände mit weißem Stoff umhängt und zweidimensional bemalt. Hinten links stehen ein Klavier und sein Hocker, rechts ein sehr niedriger Stuhl mit einer überlangen Stuhllehne. Almaviva tritt ebenfalls von links auf. Diesmal gekleidet als Don Alfonso, Basilios Schüler, hält er die Hände in christlicher Gebetshaltung vor der Brust. Dabei beugt er den Oberkörper nach vorne und trippelt ständig. Ein besonderes Merkmal seiner Schüler-Verkleidung ist eine runde Brille mit dicken schwarzen Rändern und sehr starken Gläsern. »Pace e gioia« singt er mit gepresster und nasaler Stimme. Der Sänger gibt eine hervorragende, nervenaufreibende Vorstellung. Sie löst mehrmals offenes Lachen um mich herum und weiter im Raum aus. Insbesondere auch sein ›Pace e

Gioia‹ löst immer wieder und immer öfter Lachen im Raum aus. Es entsteht eine beschwingte Stimmung, die bei Rosinas Auftritt bleibt. Der bisher größte Erfolg der Aufführung ist aber zweifelsohne der folgende Musikunterricht. Besser gesagt, die Pantomime der Liebenden während Rosinas Arie. Rosina beginnt ihre Arie betont brav, in der Mitte des Kastens stehend. Währenddessen begleitet Almaviva sie am Klavier mit emphatischen Gesten einerseits, andererseits wird Bartolo, der auf dem niedrigen Suhl sitzend einen durchaus komischen Anblick bietet, immer schläfriger. Zu Beginn sitzt er kerzengerade da, die Arme straff, die Hände auf den Knien ruhend, die Beine im rechten Winkel geknickt und den Kopf leicht nach hinten. Das Ganze ergibt den Eindruck einer aufwendigen und übertriebenen Aufmerksamkeit, die sich kaum lange halten kann, was sich auch alsbald zeigt: Zunächst fällt der Kopf langsam nach unten, der Oberkörper verliert seine Spannung, die Arme baumeln dann an der Seite und die Knie drohen seitlich zu Boden zu sinken. Nachdem Rosina sich vergewissert hat, dass Bartolo schläft, rennt sie zu Almaviva ans Klavier, wo die beiden sich gegenseitig ihre Liebe beteuern. Rosina, dem Publikum zugewandt, wird dabei von Almaviva allmählich von ihrem blauen Kleid erlöst. Als Bartolo, weiterhin schlafend, zuckt, erschrickt sie und knöpft das Kleid hastig zu. Für weiteren Austausch bleibt keine Zeit, denn Bartolo fällt zu Boden und erwacht. Rosina hat gerade noch Zeit, zu ihrer ursprünglichen Position zu gelangen und ihn lächelnd anzuschauen, als hätte sie sich nicht vom Fleck gerührt. Gelächter. Bartolo, selbst überrascht und etwas beschämt über sein offensichtliches Einschlafen, stellt den Stuhl zurecht und nimmt seinen Platz und seine straffe Haltung wieder ein. Sehr bald fällt er aber erneut in einen tiefen Schlaf. Das gleiche Spiel, bis er wieder auf den Boden fällt. Da sich die Liebenden gerade in einer kompromittierenden Stellung befinden, täuscht Almaviva eine singspezifische Übung vor, welche körperlicher Nähe bedarf. Wieder Gelächter. Darauf steht Bartolo auf und singt seine Arietta. Sobald er sich dem Publikum stellt, küssen die am Klavier sitzenden Liebenden sich. Dabei sieht man vor allem die in der Luft trappelnden Füße Rosinas. Als er sich plötzlich umdreht, hat sich das Paar vorsichtshalber bereits »zurückpositioniert«. Das Timing ist perfekt, der komische Effekt gelungen.

Diese lange Sequenz umfasst drei musikalische Nummern: das Duett (Nr. 10) Almaviva-Bartolo »*Pace e gioia sia con voi*« zu Beginn des zweiten Aktes und die zwei darauf folgenden Rezitative mit Rosina, die Arie Rosinas (Nr. 11) »*Contro un cor che accende amore*« und deren folgendes Rezitativ und schließlich die Arietta Bartolos (Nr. 12) »*Quandi mi sei vivina*«. Eingegrenzt ist die Sequenz also vom Beginn des zweiten Aufzugs und dem Auftritt Basilios. Innerhalb dieser breiten Einrahmung werden szenische Geschehnisse zusammenhängend erfasst und verarbeitet. Den roten Faden bilden dabei die performativ hervorgebrachten Witze und ihre Wirkungen im wahrnehmbaren Umfeld. Von der Pause und der Raumstimmung zu Beginn des zweiten Aufzugs aus ist es uns möglich, insgesamt eine Erwartungshaltung festzustellen: Es wird

»mit etwas Lustigem« gerechnet. Gingen wir davon aus, dass die überwiegende Mehrheit des Publikums den *melodramma buffo* von Rossini und Sterbini oder das Theaterstück Beaumarchais' kennt, ließe sich diese positive Erwartung durchaus auf ein bestehendes Erkenntnisrepertoire zurückführen. Eine solche Hypothese wäre allerdings in zweierlei Hinsicht problematisch: Erstens ist sie nicht (mehr) verifizierbar, zweitens, und das ist das Entscheidende, geht sie von einer hierarchischen Einteilung des Publikums in »Wissende« und »Nicht-Wissende« aus. Für unsere aufführungsanalytische Fragestellung gehen wir lediglich vom Aufführungserlebnis und dessen Verarbeitung im individuellen und wahrnehmbaren Umfeld aus, nicht von der sozialen Schichtung oder dem kulturellen Hintergrund der ZuschauerInnen. Der große Erfolg des Musikunterrichts ist auf die parallel laufenden Pantomimen zurückzuführen. Dadurch besteht die Möglichkeit, eine Handlung, das Liebespaar oder Bartolo beim Einschlafen jederzeit abwechselnd scharf bzw. unscharf zu fokussieren. Bei einer ersten Aufführung ist die Wahrscheinlichkeit, dass die erste scharfe Fokussierung den singenden Figuren – Rosina und Almaviva – gewidmet ist, sehr hoch. Gehen wir von dieser ersten Fokussierung auf das Liebespaar aus, geht die Aufmerksamkeit spätestens weg von den Liebenden, als Bartolo zu Boden fällt. Diese durchdachte Lenkung des Augenmerks von einer Handlung zur anderen spricht für die Qualität der Inszenierung. Just in diesem Augenblick wird auch gelacht, also wurde ein eingebauter Witz erfolgreich rezipiert. Das Gelächter nach dem Hinfallen Bartolos lässt sich sowohl als erfolgreiche Endstation eines Prozesses, der sich seit Beginn des zweiten Aufzugs entwickelte, auffassen, als auch als erste Phase eines Ereignisses, dessen Inszenierung sich von nun an wiederholen wird.

Im ersten Fall werden die beobachteten positiven Erwartungshaltungen des Umfeldes bereits beim Auftritt Almavivas erfüllt, allerdings nur teilweise. Als Almaviva die Bühne betritt, geben Requisiten und Performanz den Ton an. Zusätzlich zu seiner Schüler-Verkleidung trägt er eine runde Brille mit dicken schwarzen Kanten und starken Gläsern. Die Brille stellt einen inszenatorischen Gestus dar. Sie ist eine anachronistische Maske, mit der auf komische Wirkung abgezielt wird. Diese Darstellung lehnt sich an ein tief verankertes kollektives Vorurteil an, welches starke Brillengläser mit negativen Eigenschaften ihrer TrägerInnen in Verbindung bringt bzw. diese als »Randgruppe« stigmatisiert. Performativ fällt uns die gepresste, nasale Stimme von Almaviva alias Dimitri Korchak auf, denn sie unterscheidet sich vom Lispeln seines Kollegen Ismael Jordi. Nicht die genaue Weise, *wie* die Stimme zu klingen hat, ist an dieser Stelle festgelegt, sondern lediglich eine Intention: Die Stimme muss *verstellt* werden, um das Verkleidungsspiel zu unterstreichen und eine komische Wirkung zu erzielen. Das ist hier erfolgreich gelungen. Dass Korchak einen anderen Effekt als sein Kollege bevorzugt, ist nachvollziehbar in dem Maße, in dem

Besetzungen unterschiedlich sind. Sein Trampeln fällt weniger im Vergleich zur Performanz Jordis als vielmehr für sich auf, denn die Wirkung lässt sich auf einer breiten, kollektiven Ebene messen. Brille und verstellte nasale Stimme tragen gemeinsam dazu bei, eine Erwartungshaltung aufzubauen: Weitere Witze und Späße werden erwartet. Als der Musikunterricht beginnt, hat diese Erwartung einen Höhepunkt erreicht: Die volle Aufmerksamkeit richtet sich auf die singenden Figuren, während Bartolo unscharf fokussiert bleibt. Als Rosina sich neben Almaviva ans Klavier gestellt hat, entkleidet er sie unauffällig, wobei sie sich genüsslich an ihn lehnt.[9] Beim ersten Besuch dieser Produktion beansprucht diese Handlung die volle, ungeteilte Aufmerksamkeit. Das Gelächter nach dem Fall Bartolos lässt sich in dieser Konstellation als die erste Entladung einer Spannung begreifen, die seit dem Beginn der Arie zunehmend stärker wurde. Von dorther richtet sich die scharfe Fokussierung auf Bartolo, wobei die Frage nach der Zeit und der Art und Weise des Falls für erhöhte Aufmerksamkeit sorgt. Bald wird festgestellt, dass sein Fall aus einem langsamen Vorgang resultiert: des allmählichen Verlustes jeder körperlichen Spannung. Dabei teilen wir den Verarbeitungsvorgang in zwei separate, jedoch nicht voneinander unabhängige Phänomene auf: Erstens wird das neuerliche Einschlafen Bartolos mit dem vorigen, unscharf wahrgenommenen Fall in Verbindung gesetzt, also rückblickend erfasst; zweitens hinterlässt die Performanz von Marabelli Spuren, welche das Erfassen der kommenden Geschehnisse wiederum beeinflussen. Der Fall gilt daher als neuer performativer bzw. analytischer Ausgangspunkt. Er ist eine Schnittstelle zwischen zwei zeitlichen Vorgängen, die sowohl zurück- als auch voranschreiten. Ein Aufführungsknoten, der den Status einer Aufführungsklimax erreicht.

Während der *Arietta* Bartolos kommt das zweite Mal Gelächter im Zuschauerraum auf. Als er aufsteht, um ebenfalls vorzusingen, nutzen Rosina und Almaviva die Gelegenheit zur physischen Annäherung. Diese ist, wie quasi jeder inszenatorische Gestus dieser Produktion, ebenfalls stilisiert: Während Almaviva leidenschaftliche Küsse durch Stoßbewegungen mit dem Kopf andeutet, deutet Rosina Erregung und kindliche Freude mit ihren Beinen an, indem sie sie in der Luft paddeln lässt. Dabei müssen allerdings zwei Bedingungen erfüllt sein: Erstens darf Bartolo sich nicht zu früh umdrehen, zweitens müssen Almaviva und Rosina rechtzeitig, das heißt kurz vorm Umdrehen Bartolos, ihre jeweilige aufmerksame Pose wieder eingenommen haben. Beide Vorgänge müssen übergangslos und zum richtigen Zeitpunkt vollzogen werden. Diese performativen Bedingungen bürgen für die erfolgreiche Wirkung, nicht die Inszenierung. Analytisch gesehen entfalten sich Almaviva, Rosina und Bartolo

---

9 | »*Caro, a te mi raccomando, tu mi salva, per pietà*« (»Liebster, ich vertraue dir, um Gottes willen, rette mich«).

zwar nicht neu, jedoch weiter. Die Funktion des Lachens ist dabei nicht nur die Entladung einer Spannung oder eine Reaktion auf einen vermeintlich harmlosen Witz, sondern die Bestätigung, die jeweiligen Figuren in einer bereits vorhandenen Rolle zu beachten und zu erfassen.

Sequenz 9: Nr. 15, *Temporale*

Bertas Arie genoss großen Erfolg. Als der Beifall nachlässt, werden die Lichter allmählich gedämpft. Mein Augenmerk gilt ausschließlich dem Publikum. Beim ersten Zucken der Wände beobachte ich gespannte Aufmerksamkeit, dann allmählich wachsende Neugier. Als die Choreographie der Wände so weit fortgeschritten ist, dass keine Zweifel an den Mitteln zur Darstellung des Sturms mehr vorhanden sein können, vernehme ich ambivalente Reaktionen: teilweise Belustigung, teilweise Bewunderung. Auf die Pantomime des Verrats kann ich keine Reaktionen beobachten.

Dass sich bei dieser Aufführung eine Thematik aus den Aufführungsknoten herausbilden konnte, liegt an der bewussten Fokussierung der Aufmerksamkeit auf bestimmte beobachtete Phänomene. Dabei wurde gleich zu Beginn von der Hypothese ausgegangen, dass ein Element des Bühnengeschehens, der Witz und seine hervorgerufenen fassbaren Reaktionen im Zuschauerraum, sich wiederholen wird. Demzufolge wurden die Sequenzen nicht nur nach ihrem herausragenden Charakter (vgl. Auffälligkeit) selektiert wie bei den vorigen Aufführungen, sondern auch nach ihrem vermuteten Wiederholungs- und Variationscharakter. Dass das Experiment hier erfolgreich durchgeführt werden konnte, hing von einer Annahme ab, welche sich im Laufe der Aufführung bestätigte. Hätte sich die Ausgangshypothese nicht bestätigen lassen, wäre das Experiment jedoch nicht zwangsläufig misslungen, sofern weitere aufführungsspezifische Thematiken und Leitfäden hätten herausgearbeitet werden können. Diese Aufführungsanalyse ließ sich also als experimentelles Feld erfassen, in dem eine Hypothese bestätigt bzw. widerlegt wurde. Methodologisch lassen sich die Erkenntnisse dieser Analyse auf zwei Ebenen zusammenfassen. Erstens wird die individuelle Perspektive gleichsam in ein Netz von anderen möglichen Reaktionen gestellt und damit auch dezentriert. Damit erfolgt zweitens die Reflexion über den analytischen Vorgang in seiner ganzen Subjektivität bereits während der Analyse. Drittens werden die Interpretationsfelder der Analyse beträchtlich erweitert. Kraft dieser aus der dritten Aufführung gewonnenen Erkenntnis begeben wir uns in die vierte und letzte analysierte Aufführung der *Barbiere*.

6. Vierte Aufführung: 4. November 2007

1. Ouvertüre und Nr. 1: Figurenanalyse

Diese Aufführung folgt nur wenige Tage nach der vorigen. Bei der saß ich im ersten Rang Mitte links, so dass mir der Blick auf die Mitte und die rechte Seite des ersten und zweiten Rangs sowie auf das Parkett gewährt war. Diesmal sitze ich ebenfalls im ersten Rang, aber Mitte rechts, was mir nicht nur eine andere Perspektive auf den Zuschauerraum, sondern auch auf die Bühne gibt. Ob die Auftritte Almavivas, die sämtlich von links kommen, dadurch anders erscheinen oder erfasst werden? Durch die hohe Anzahl an Kindern und Jugendlichen ist die Stimmung sichtlich anders als beim letzten Mal, gar als bei allen anderen besuchten Aufführungen. Noch bevor die Musik erklingt, vernehme ich etliche Fragen über das kommende Geschehen sowie Kommentare zum Bühnenbild. Darauf reagieren die jeweiligen begleitenden Erwachsenen unterschiedlich: Während manche leise »Erklärungen« abzuliefern versuchen, fordern andere – ungeduldig, gereizt oder verlegen – die Kinder zur Ruhe auf. Die Einstellung gegenüber dem kommenden Geschehen ist sehr positiv. Nach der Ouvertüre, während derer ich keine besondere Reaktion von Kindern oder Jugendlichen vernehme, ergeben sich gleich beim springenden Auftritt Fiorellos ganz andere Reaktionen als bei allen vorigen miterlebten Aufführungen. Bereits Fiorellos springender Auftritt bzw. die Öffnung des Stoffkastens löst Kichern aus.

Mit diesem letzten Aufführungsbesuch, welcher eine Woche nach dem vorigen erfolgte, bezweckten wir einen direkten Vergleich zwischen zwei gleich besetzten Aufführungen. Mit der geänderten Platzierung – vom ersten Rang Mitte links am 26. Oktober zum ersten Rang Mitte rechts an diesem Abend – bezweckten wir beispielsweise, die Auftritte von links aus, insbesondere die Almavivas, sowie den Aufstieg Basilios auf den Stoffkasten im *Finale I* zu beobachten. Dabei gingen wir von der oben beschriebenen Beobachtung aus, dass beim ersten Besuch zwar entscheidende erste Eindrücke und Assoziationen entstehen, dass jedoch jede einzelne Aufführung die Wahrnehmung und Erfassung der nächsten maßgeblich prägt. Allerdings ergab sich bereits beim Betreten des Opernhauses eine andere Problematik als die eines Aufführungsvergleichs. Denn es handelte sich um eine Familienvorstellung, das heißt eine

Sonntagsvorstellung, die um eine Stunde vorverlegt wurde, um die Anwesenheit von Kindern und Jugendlichen zu fördern. Dass die große Anzahl an Kindern und Jugendlichen die Atmosphäre in entscheidender Weise prägte, zeigt sich gleich zu Beginn. Indem einige Kinder offen und hemmungslos ihre Kommentare, Fragen, Hoffnungen oder Erwartungen artikulierten, ermöglichten sie uns, bestimmte Einstellungen und Erwartungshaltungen festzuhalten und somit untersuchbar zu machen. Festzustellen war, dass die inszenierten Witze nie zuvor so wirkungsvoll waren. Ob es sich um die Sprünge Fiorellos, den *Pantalone*-Gang Bartolos, den Fluchtversuch Figaros, als er seinen ehemaligen Herrn erkennt, oder Rosinas erstes Erscheinen am gemalten »Fenster« an der hinteren Wand des Stoffkastens handelt, die Späße werden nicht nur sofort als solche erkannt, sondern finden stets Zustimmung beim jungen Publikum. In unterschiedlichen Lautstärken, vom lautlosen, sichtlich genüsslichen Lächeln über Kichern bis zum quietschenden Lachen, über Murmeln und Kommentare werden die inszenierten Witze bzw. ihre Performanz jedesmal als erfolgreich bzw. gelungen bestätigt. In der Folge bestimmten wir entsprechend die Problematik einer vergleichenden Aufführungsanalyse hinsichtlich der Beschreibung von Auswirkungen gelungener Witze für den Aufführungsverlauf genauer. Solche Momente nennen wir schlicht *Aufführungserfolge*. In diesem Kontext macht eine Einteilung des Aufführungsverlaufs nach Zeitabschnitten weniger Sinn als die Verfolgung der jeweiligen Figuren in ihrer performativen Entfaltung und rezeptiven Auswirkung.

2. Bernd Riedel (Fiorello)

Trotz der Kürze seiner Anwesenheit auf der Bühne bietet Fiorello den ersten und somit auch entscheidenden performativen Ausgangspunkt für eine Ergründung des Erfolgs der Witze. Nicht nur werden seine springenden Schritte beim Auftritt, seine völlig überflüssigen Fußtritte in die Luft, um die Musiker zu verjagen, oder sein gebeugter Gang belächelt bis belacht, seinen größten Erfolg genießt Fiorello, als er, an der vorderen rechten Kante des Stoffkastens lehnend, Almavivas und Figaros fröhliches Duett »All'idea di quel metallo« pantomimisch kommentiert. Seine Miene, seine vor der Brust eng gekreuzten Arme, sein Schulterzucken, als Almaviva und Figaro sich bei »*bravo in verità*«[1] provokant nach ihm drehen, all dies sind Elemente einer inszenierten Missbilligung. Und genau *das* bringt das junge Publikum zum Lachen. Riedel präsentiert dabei standhaft einen eindeutigen, weil übertriebenen, missbilligenden Gesichtsausdruck; gemeint sind damit die – ohne Opernglas feststellbaren – stets zusammengezogenen Brauen, die nach unten gezogenen Mundwinkel sowie der

---

1 | Vgl. Nr. 4: »*bravo in verità, sì, sì*«, Takte 82 und 124, S. 91 und 94.

gesenkte Kopf. Gleichwohl beobachtet er permanent das Geschehen zwischen Almaviva und Figaro, ohne den Blick abzuwenden. Dieser Fiorello weiß ganz genau, dass er dabei ist, seine Stelle zu verlieren. Seinen letzten Auftrag hat er eben erledigt, als er die Musiker engagierte und verjagte. Sein Groll scheint allerdings weder gegen Figaro noch gegen Almaviva gerichtet zu sein. Vielmehr ist dies eine Grundhaltung, die unverändert bleibt: Alt und bitter tritt er auf, vollzieht seine letzte schwungvolle Leistung mit dem Öffnen und Schließen der vorderen Stoffwände des Kastens und tritt im gleichen Zustand ab.

3. Alfredo Daza (Figaro)

Figaro wird bereits bei seinem ersten Auftritt »Largo al factotum« (Nr. 2) applaudiert. Dabei lässt sich nicht feststellen, auf welche Faktoren – performativer oder inszenatorischer Gestus, Musikdramaturgie, Ausstattung etc. – dieser Erfolg zurückzuführen ist. Einzig der Schlussbeifall bei den jeweiligen SängerInnen scheint eindeutig ihren stimmlichen und physischen performativen Erfolg beim Publikum abzubilden. Wie steht es dann mit dem Beifall am Ende einer musikalischen Nummer? Mit dieser Frage sind weniger die möglichen Ursachen eines Erfolges angesprochen als vielmehr seine unterschiedlichen Erscheinungsformen im Laufe der Aufführung und ihre aufführungsanalytischen Implikationen. Nach seiner Auftrittsarie bildet das Duett mit Rosina »Dunque io son ... tu non m'inganni?« (Nr. 7) den nächsten Aufführungserfolg Figaros. Auf das Erraten von Rosinas Namen, ihre plötzliche Ohnmacht und ihr genauso plötzliches Erwachen wird stets mit Kichern und leisen Kommentaren reagiert. Den Höhepunkt der beobachteten Reaktionen bildet der Moment, an dem Figaro Rosinas Hand-Choreographie nachahmt. Diese besteht darin, einen seitlichen Teil der Stoffwand, den sie noch kurz zuvor knotete, bei der Stelle »Già me l'ero immaginata: lo sapevo pria di te« (Das wusste ich doch: und zwar vor dir!) in der Luft kreisen zu lassen. Dabei werden die akzentuierten Sechzehntel auf jeder Silbe mit einem Kreis unterstrichen. Figaro antwortet auf diese Choreographie mit genau der gleichen, und zwar an der anderen vorderen Ecke des Kastens, bei »Oh che volupte sopraffina! M l'avrà da far con me« (Welch ein Fuchs! Aber mich täuscht sie nicht!). Diese Stelle ist in mehrfacher Hinsicht interessant. Dramaturgisch glauben beide Figuren, sich gegenseitig mit List und Gescheitheit zu übertrumpfen, was musikalisch durch virtuose abwärts gehende Sechzehntel illustriert wird. Wenn Berghaus hier ihre SängerInnen mit einem vorher geknoteten Teil der Stoffwand Kreise in der Luft drehen lässt, erscheint die Virtuosität weniger als Ergebnis eines stimmlich umgesetzten Wettbewerbs zwischen Rosina und Figaro. Vielmehr verweist die Virtuosität auf die Komik der Situation sowie auf die Ähnlichkeit beider *Buffo*-Charaktere. Paradoxerweise führt also eine inszenatorische Verengung mit einerseits der szenischen Illustration eines musikalischen Gestus und andererseits der Rückführung der Virtuosität auf eine gestische Funktion zu einer wirkungsvollen Entfaltung. Im Laufe der Aufführung rückt Daza jedoch immer mehr in den Schatten der anderen SängerInnen, bis er im zweiten Akt nur noch beim Trio mit Almaviva und Rosina Nr. 16 »*Ah! Qual colpo*« (Ach, welche Nachricht!)[2] eindeutig auf ihn zurückzuführende positive Reaktionen hervorruft.

4. DIMITRI KORCHAK (ALMAVIVA)

Als Almaviva sich zwischen Ouvertüre und erster Nummer pantomimisch vorstellt, indem er sich vorm Publikum mit einer Reverenz verbeugt, löst er bei den beobachteten Kindern und Jugendlichen noch keine sich zwischen Belächeln und offenem Gelächter abspielende Reaktion aus, wie sie später kommt. Vielmehr erweckt er Neugier und Aufmerksamkeit, was für einen Anfang durchaus als gelungene Wirkung gelten kann. Seinen ersten Aufführungserfolg genießt Almaviva bei seiner Choreographie am Fenster Rosinas. Das Fenster, dessen untere Rahmenleiste auf etwa ein Meter sechzig steht, ist rechts an die hintere Wand des Kastens gezeichnet, so dass, als Almaviva »unter dem Balkon Rosinas steht«, er kniet, um sich an den Rand des Fensters zu klammern. Der Effekt ist höchst komisch und wird als solcher bewertet, indem er belacht wird. Möglich ist allerdings auch, dass das gezeichnete und somit nur zweidimensionale Fenster zur erfolgreichen Erzeugung dieser Wirkung beiträgt. Nun, was bedeutet diese aufführungsspezifische Wirkung für das Verständnis des Werkes? Als Almaviva sich an eine für ihn zu tiefe Fensterkante »hängt«, wird auf zweierlei angespielt: erstens auf jene operndramatischen Situationen, in denen der Held unter dem Balkon der Angebeteten steht; zweitens auf die darstellerischen Konventionen solcher Szenen in der Oper im Allgemeinen und im *Barbier* in Besonderen, also auf die Inszenierungskonventionen. Allerdings erscheinen beide Aspekte nicht in gleicher Gewichtung. Denn während der erste Aspekt, die Ausgangssituation des Liebhabers Almaviva, bereits beim Zeigen des Fensters dargestellt wird, entfaltet sich der zweite Aspekt, die Darstellung einer Inszenierungskonvention, erst allmählich. Somit rückt der letztere Aspekt auch in den Vordergrund des Aufführungsprozesses und des analytischen Betrachtens. Inszeniert ist eine Parodie einer Liebesszene am Balkon, wie wir sie beispielsweise in Maeterlincks und Debussys *Pelléas et Mélisande* vorfinden werden. Durch Almavivas Liebeserklärung an einem gezeichneten Fenster wird die im Erfahrungs- und Erkenntnisrepertoire vor-

---

2 | Vgl. Nr. 16, Terzett: Takte 36-43, S. 386-387, wobei die Reaktionen hier vermutlich wegen der musikdramaturgisch aufgebauten Witze erfolgen.

handene »Balkon-Szene« mit ihren künstlichen, gar lächerlichen Merkmalen vergegenwärtigt. Die Parodie entsteht durch die Übertreibung bzw. den Vollzug jenes Aspekts *ad absurdum*. Einen weiteren Aufführungserfolg Almavivas bildet das Duett mit Bartolo »*pace e gioia*« zur Eröffnung des zweiten Aktes. Dieser Aufführungserfolg ist allerdings weniger auf ihn allein als vielmehr auf das Duett mit Bartolo zurückzuführen.

5. SILVIA TRO SANTAFÉ (ROSINA)

Das erste Erscheinen Rosinas am gezeichneten Fenster der hinteren Stoffwand bildet in dramaturgischer, inszenatorischer und performativer Hinsicht einen Schlüsselmoment oder Knoten. Dramaturgisch werden die jeweiligen Situationen von Rosina und Bartolo in kurzem, rezitativischem Dialog erstmalig dargestellt. Berghaus machte aus diesem dramaturgischen Knoten einen inszenatorischen, indem sie die Grundsätze ihrer Inszenierung in dieser Szene präsentierte: erstens einen stets gegenwärtigen Humor, welcher eine Distanzierung von den dargestellten Situationen schafft; dadurch wird zweitens die Funktion der gesamten Ausstattung als Offenlegung szenischer Operntypen (z.B. Balkonszene, Sturm etc.) und Konventionen ersichtlich. Wie wir bei den Probenarbeiten bereits feststellten, sind die jeweiligen Rollen zwar genau verteilt, ihre Darstellung ist jedoch strikt von den jeweiligen SängerInnen abhängig. Wenn Rosina und Bartolo im engen Fensterrahmen erscheinen, spielen die performativen Komponenten Artikulation und Spielweise eine entscheidende Rolle. Letztere bilden insofern die Schnittstelle zwischen dramaturgisch-inszenatorischen Knoten einerseits und performativen Aufführungsknoten andererseits. Inszeniert ist eine Rosina als *Angelica, Flaminia* oder *Isabella*, kurz als weiblicher Teil der *Innamorati* (der Verliebten oder des Liebespaars). Mit Almaviva vertritt sie den sogenannten ernsten Teil der Dramaturgie. Durch ihren Wortschatz, ihre Artikulation, ihr Bewegungs- und Haltungsrepertoire unterscheidet sie sich stilistisch und ästhetisch von den anderen weiblichen komischen Figuren wie *Franceschina* oder *Columbina* (Kammerzofen-Rollen) oder der *Ruffina* (Intrigantin und Kupplerin). Tro Santafé gibt hier eine zunächst unentwegt grinsende Rosina, die sich in eine spielerische junge Frau mit leicht ironischer Artikulation verwandelt, sobald Bartolo auftritt. Ihre emphatischen Armgesten, ihre geneigte Kopf- und Handstellung verweisen auf die bekannte klischeehafte Gestik des Opernpathos. Sie spielt Bartolo sicherlich etwas vor. Aber nur Bartolo? Hier tut sich die interpretatorische Möglichkeit auf, dass diese Rosina in eine Opferrolle schlüpft, um aus ihrer Situation herauszukommen. Einen Aufführungserfolg genießt sie etwas später bei der *Cavatine* Almavivas »*Se il mio nome saper voi bramete*« (Nr. 3). Almaviva am Souffleurkasten, Figaro zu seinen Füßen, trägt seine Arie dem Publikum vor.

Rosina erscheint nach kurzer Zeit am Fenster und streckt die Arme mit flatternden Fingern nach ihm. Hier wird zum ersten Mal offen und vermehrt im Raum gelacht, so dass dieser Moment einen Aufführungsknoten und den ersten Aufführungserfolg des Abends bildet. Performiert wird der inszenatorische Gestus der Liebe zwischen Almaviva und Rosina allerdings mit mäßiger Geschwindigkeit. Dies ermöglicht wiederum die Bestätigung der bereits aufgestellten Hypothese, dass Rosina nicht nur Bartolo, sondern auch Almaviva etwas vorspielt bzw. sie ihn benutzt, um aus ihrer Situation zu entkommen. Ihre Arie »*una voce poco fa*« (Nr. 5) ruft, im Vergleich zur vorigen Aufführung, geradezu umgekehrte Reaktionen hervor. Jetzt wird vorwiegend beim ersten Teil der Arie immer wieder gekichert, mit einem Höhepunkt, als sie aufsteht und hinkend nach vorne geht. Von der bei der vorigen Aufführung festgestellten Erotisierung, gar Sexualisierung Rosinas bleibt hier wenig übrig. Vielmehr weist die lachende Bestätigung der Kinder und Jugendlichen auf einen spielerischen, fast albernen Aspekt der Darstellung Rosinas hin. Dies lässt sich wiederum schwer mit den beiden vorhin aufgestellten Hypothesen in Einklang bringen. Insofern können wir erst im Laufe der nächsten Aufführungserfolge dieser Figur diese dritte Hypothese bestätigen bzw. widerlegen. Im ersten Fall finden wir wieder eine höchst ambivalente Rosina, diesmal jedoch besteht die Ambivalenz aus feinem Kalkül und kindlicher Albernheit. Im zweiten Fall sind wir konfrontiert mit einer weniger differenzierten, aber konsequenteren Gestalt, die der sie umgebenden Männergesellschaft Naivität, Puerilität oder Ohnmacht vorspielt, um aus ihrer verhängnisvollen Lage zu entkommen. Um dies zu ergründen, verharren wir nun bei den vier nächsten Aufführungserfolgen von Tro Santafé: dem Duett mit Figaro »*Dunque io sono* ...« (Nr. 7), dem darauffolgenden Rezitativ mit Bartolo, der Arie »*Contro un cor che accende amor*« (Nr. 11) und dem Terzett mit Almaviva und Figaro »*Ah! Qual colpo*« (Nr. 16).

Das Duett mit Figaro »*Dunque io sono* ...« (Nr. 7) ist, konnten wir feststellen, ein eindeutiger Aufführungserfolg. Vom ersten Drehen der Wand durch Rosina bis zum Ende steigern sich die Reaktionen. Dabei freut sich *diese* Rosina herzlich, ohne Ambivalenz und nicht gestellt, so dass der Erfolg sich weder im Sinne der ersten Hypothese einer ambivalenten, zugleich planvollen und »albernen« Rosina, noch im Sinne der zweiten Hypothese einer konsequent planvollen Rosina, die Naivität und Puerilität vortäuscht, deuten lässt. Das heißt, im Hinblick auf unsere zwei Hypothesen geben uns die stimmlichen Leistungen, das Bewegungs- und Haltungsrepertoire Tro Santafés keinen Aufschluss. Es stellt sich also zwangsläufig die Frage nach weiteren Hypothesen, die diese Freude Rosinas analytisch nachvollziehbar machen. Unsere dritte interpretatorische Hypothese geht nun von der Annahme aus, die grinsende, hüpfende und emphatisch ihre Arme bewegende Rosina sei weder ambivalent noch konsequent planvoll, sondern spiele *sich* etwas vor, um eine unerträgliche

Situation erträglich zu machen. Bestätigt bzw. widerlegt wird diese sowie die beiden vorigen Hypothesen jedoch erst durch die nächsten Beispiele. Rosinas Arie »*Contro un cor che accende amor*« (Nr. 11) zu Beginn des zweiten Aktes bildet zweifelsohne die Aufführungsklimax des Abends. Hier wird am häufigsten positiv reagiert, ob gemurmelt, leise gekichert oder aus vollem Halse gelacht. Tro Santafés Spiel weist hier keine gravierenden Unterschiede zu der eine Woche zuvor besuchten Aufführung auf. Allerdings fallen die Reaktionen auf die Späße wesentlich anders aus: positiver, offener und unmittelbarer als vor einer Woche. Zu bemerken war dabei, dass die Lach-Reaktionen, welche am Anfang noch klar bei den Kindern und Jugendlichen zu verorten waren, sich allmählich auf alle anderen ausbreiteten, und zwar von den begleitenden Erwachsenen im unmittelbaren Umfeld bis zur Beeinflussung bzw. Prägung der generellen Stimmung im Publikum. Ein Grundmoment dieser Entwicklung ist die Arie »*La calumnia*« (Nr. 6) von Basilio; darauf kommen wir jedoch an anderer Stelle zu sprechen. Über folgende Handlungen wurde besonders gelacht: 1) Rosinas braver Anfang; 2) Rosinas aufgeregtes Vibrato, während Almaviva sie entkleidet; 3) Bartolos plumper Fall vom Stuhl und der darauffolgende erneute brave Anfang Rosinas; 4) Almavivas spitze Fußsohle, die aus dem Kleid Rosinas herausragend fröhlich den Takt schlägt; 5) die Liebenden küssen sich eifrig, während Bartolo seine Arie singt, und hören rechtzeitig auf, als er sich umdreht. Den letzten Aufführungserfolg Rosinas bildet das Terzett mit Almaviva und Figaro »*Ah! Qual colpo*« (Nr. 16). Mit vor der Brust zusammengehaltenen Händen macht Rosina mehrere kleine Hüpfer, als sie die wahre Identität Almavivas erfährt. Damit löst sie Gelächter aus. Ebenso wie beim Drehen der Wände zuvor freut sie sich herzlich. Ob dies an der Publikumsstimmung oder am vorher vernommenen Kommentar über Bartolos kahlen Kopf liegt, die hüpfende Rosina erinnert uns an Olive, als sie erfährt, dass sie am Schönheitswettbewerb teilnehmen darf.[3] Mit diesem Moment hüpfender Aufregung ist die hüpfende Tro Santafé in gewisser Hinsicht vergleichbar; insofern kann jegliche Möglichkeit einer gestellten Darstellung ihrer Gefühle schlicht verworfen werden. Somit fallen zweite und dritte Hypothese fort, da diese jeweils von einer Vortäuschung der Freude ausgehen. Möglich bleibt nun die Hypothese einer ambivalenten Rosina, die planmäßig ihre Ziele verfolgt und zugleich die Komik mancher Situationen genießt. Diese interpretatorische Möglichkeit wird außerdem durch eine gänzlich unerwartete Assoziation bestätigt.

---

3 | Vgl. *Little Miss Sunshine*. Während das Mädchen gespannt auf den Bescheid wartet, ob sie beim Schönheitswettbewerb mitmachen darf, hört sie eine Nachricht auf dem Anrufbeantworter ab. Als sie allmählich versteht, dass es sich dabei um die Zusage handelt, beginnt sie vor Aufregung zu hüpfen, bevor sie schreiend durchs Haus läuft.

6. Enrico Marabelli (Bartolo)

Auf Bartolos Auftritt mit kniehohen Schritten wird positiv reagiert. Seinen ersten Erfolg genießt er beim Rezitativ »*Ah! Disgraziato Figaro*« (Nr. 5), als er sich des Mantels, des Stocks und der Perücke entledigt. Berta hat sich in Erwartung dieser Utensilien mit dem Arm im rechten Winkel nach oben gestreckt hingestellt. Bartolo ignoriert diese Stellung jedoch und wirft ihr Mantel und Perücke auf den Kopf. Beim Ablegen der Perücke, unter der ein kahler Kopf erscheint, wird gelacht. In diesem Moment gibt ein etwa vierzehnjähriger Junge unseres Umfelds einen Kommentar über Bartolos Aussehen ab, welcher seine Nachbarin zum Kichern bringt. Vom ganzen Satz vernehmen wir lediglich »Fetid Addams«, was uns ebenfalls zum Lachen bringt. Rückwirkend gehen wir davon aus, dass der Junge Bartolo mit dieser Figur aus der Addams Family bzw. deren neuesten Verfilmungen verglich.[4] Die Analogie ist so unerwartet wie aufschlussreich. Freilich hat Berghaus' Inszenierung herzlich wenig mit dieser US-amerikanischen Figur zu tun. Nichtsdestotrotz vermag die Assoziation des Jungen grundlegende Züge der Figur analogisch offenzulegen. Fetid Addams, der Bruder von Gomez Addams, lässt sich als komplementär zu seinem grazilen und geschickten Bruder begreifen. Durch streng senkrecht gehaltenen Oberkörper und Kopf sowie stets am Oberkörper entlang gehaltene Arme wirkt er extrem steif und starr. Er schreitet ungleichmäßig, nach vorne gebeugt, und macht dabei stets den Eindruck, auf der Flucht zu sein. Fetid Addams ist Bartolo also weder im Haltungs- noch im Bewegungsrepertoire ansatzweise ähnlich. Einzig der kahle Kopf erlaubt einen Vergleich. Es ist die Vorstellung dieser plumpen Figur in einem völlig anderen Kontext, nämlich der Inszenierung Berghaus', die hier zum Lachen bringt. Statt beide Figuren zu vergleichen – was uns zu weit vom aufführungsanalytischen Anliegen entfernen würde –, sei hier lediglich an die Funktion bzw. die Auswirkung dieser Assoziation erinnert. Durch sein kindisches Grinsen, seine Ungeschicktheit, seine Unschlüssigkeit und seine Schreckhaftigkeit wird Fetid zwar nicht direkt positiv gezeigt – ebenso wenig wie die anderen Mitglieder der Familie Addams –, jedoch ruft er empathische Sympathie hervor, ein Effekt, der wiederum auf Bartolo übertragbar ist, besonders bei seiner Pantomime, während Basilios Arie *La calumnia* und des ersten Finales. Seinen nächsten Erfolg genießt Bartolo beim Auftritt Basilios, als er bei der bloßen Erwägung des Namens »Almaviva« in Ohnmacht fällt. Die Ohnmacht Bartolos demonstriert hier erfolgreich sowohl seine Unfähigkeit, schwierige Situationen zu meistern, als auch seinen schreckhaften Charakter. Seine durch seinen Gang nachdrücklich demonstrierte Größe entpuppt sich hier nun endgültig als hohl. Bartolo nimmt allmählich seine *Pantalone*-Ge-

---

4 | Vgl. *The Addams Family*.

stalt an, deren Komik positiv bzw. erfolgreich rezipiert wird. Dritter und ansehnlichster Erfolg Bartolos ist seine stimmliche und hüpfende Nachahmung von Rosina im Rezitativ »*Ora mi sento meglio*«. Es wird gelacht und teilweise applaudiert. Vor allem wirkt dieser Erfolg nachhaltig auf die Rezeption dieser Figur im weiteren Verlauf der Aufführung: Marabellis Erscheinen wird gleichsam zum Synonym für Späße und Witze. Das wird gleich beim Duett mit Almaviva »*Pace e gioia*« im zweiten Aufzug ersichtlich. Bereits bei seinem Auftritt sind unruhige positive Reaktionen im Zuschauerraum vernehmbar, ohne dass Marabelli auch nur ein Wort gesprochen hat. Marabelli reagiert darauf wiederum, indem er die Strecke noch einmal hektisch abschreitet. Darauf reagiert das bereits murmelnde Umfeld nun wiederum mit Kichern und leisem Lachen. Erst jetzt – die vernehmbare Spannung hat hier einen zweiten Höhepunkt erreicht – beginnt Marabelli sein Rezitativ »*Vedi il mio destino*«. Diese Sequenz ermöglicht uns, auf ein wesentliches Phänomen der Aufführung einzugehen, das wir bislang wegen mangelnder Eindeutigkeit des Wahrgenommenen nicht thematisiert haben: die performative Antwort eines Sängers auf eine Publikumsreaktion und dessen Implikationen für die Aufführung und ihre Analyse. Kurz, was bewirkt Marabellis Verzögerung bzw. Wiederholung eines Vorgangs hinsichtlich der Aufführung und ihrer Analyse? Maraballis Gang-Wiederholung zielt darauf ab, eine komische Wirkung zu verlängern, das heißt, einen bereits hervorgebrachten Effekt nachträglich zu steigern bzw. zu erhalten. Dabei knüpft er an einen ungeplanten und unerwarteten Moment an, und zwar an vermehrtes Gelächter im Publikum. Da auf die Wiederholung des Ganges reagiert wird, kann diese Initiative ebenso als Erfolg gewertet werden. Die performative Antwort ermöglicht hier also weniger die Formulierung einer neuen These über die Figur als vielmehr die Thematisierung einer Wirkung vom Bühnengeschehen ausgehend und der Art und Weise, wie diese wiederum die Aufführung gestaltet.

Aufführungserfolge sind also Momente, in denen das Publikum positiv auf das szenische Geschehen reagiert. Ein Aufführungserfolg ist weder mit einer Aufführungsklimax, einem Aufführungshöhepunkt, noch mit einem Aufführungsknoten, einem prägenden Spannungsmoment identisch. Vielmehr bilden Aufführungserfolge eine Unterkategorie von Aufführungsknoten; hier wird eine performativ vermittelte Intention – z.B. inszenierte oder performativ sich ergebende Witze – als solche erkannt und positiv bewertet, wobei Letzteres zugleich sinnlich vernommen wird. Der Begriff *Aufführungserfolg* bezieht sich somit sowohl auf ein erreichtes Ziel als auch auf eine gelungene Wirkung, also sowohl vom szenischen Geschehen als auch von der Rezeption ausgehend. Folgerichtig wären weitere Unterkategorien mitzudenken, die Aufführungsknoten in ihrer jeweiligen Spezifizität zu beschreiben vermögen. Eine Möglichkeit wäre, Aufführungsmisserfolge in Analogie zu den

Aufführungserfolgen als analytische Kategorie einzuführen. Darüber hinaus gilt es, die eingeführten analytischen Kategorien in ihrer Nachhaltigkeit und Tragweite zu erproben.

Zusammenfassung

Gegenstand des zweiten Teils war die Erprobung unserer aufführungsanalytischen Begriffe. In der Fülle der performativen Vorgänge erarbeiteten wir zwei Aspekte des Wahrnehmungsprozesses, die den Gang der Bedeutungserzeugung im analytischen Prozess entscheidend mit bestimmen: zum einen die vom Erfahrungs- und Erkenntnisrepertoire ausgehende Aufmerksamkeitsökonomie und emotionale Lenkungen – dazu: »Eindrücke«, »Auffälliges«, »scharfe Fokussierung«, »performative Geste«, »Aufführungsknoten«, »Aufführungsklimax«; zum anderen die assoziativen Verarbeitungen innerhalb eines individuellen Erfahrungs- und Erkenntnisrepertoires, welches während der Aufführung verändert bzw. erweitert wird – dazu: »Einstimmung«, »Referenz«, »Erwartungshaltung«. Als *Eindrücke* bezeichneten wir die unmittelbaren Auswirkungen eines sinnlich erfassten Geschehens, wobei diese sich prozessual entfalten. Wir behandelten hier Eindrücke, die durch inszenatorische Ausrichtungen (z.B. gestreiftes Bühnenbild, Ausstattung des Männerchors, Requisiten), visuelle (z.B. die spezifische Präsenz von Alfredo Daza als Figaro oder Silvia Tro Santafé als Rosina) und akustische Stimuli (z.B. die falschen Akkorde der Holzbläser bei der zweiten Aufführung) hervorgerufen wurden. Eindrücke sind von Umgebung oder Personen hervorgerufene Zustände. Sie sind daher diffus, unwillkürlich und instabil. Doch prägen Eindrücke das Erfassen einer Aufführung insofern entscheidend, als sie durch Pre-Selektierung auf die kommende Einstimmung und Aufmerksamkeitsökonomie vorbereiten. Im Laufe der Aufführung werden auffällige Elemente des Bühnengeschehens isoliert, verfolgt und im umfassenden Zusammenhang gedeutet. Als *Auffälliges* nannten wir die szenischen Elemente, welche die Aufmerksamkeit auf sich ziehen – z.B. drei Figuren im Männerchor, auf die eine *scharfe Fokussierung* erfolgt. Bei der scharfen Fokussierung richtet sich die Aufmerksamkeit auf bestimmte sinnliche (visuelle, auditive, haptische) Komponenten – vgl. der Paukenspieler, der Beckenschläger und der Flötenspieler –, während die übrigen Komponenten in den Hintergrund treten – vgl. die übrigen Figuren des Männerchors. Diese in den Hintergrund gedrängten Komponenten werden dann nur vage, also unscharf, erfahren. Ein Exkurs in die Inszenierungskonzeptionen von Berghaus und Slater ermöglichte es, den Unterschied zwischen inszenatorischen und performativen Gesten bzw. Inszenierungs- und Aufführungsknoten zu erläutern. Während *inszenatorische Gesten* einen Typus darstellen, welcher zur Ausführung auffordert – z.B. Flatterfinger zwischen Rosina und Almaviva als Zeichen aufgeregter Zuneigung –, sind *performative Gesten* spezifische Bewegungen der SängerInnen – z.b. bietet Katharina Kammerloher ein anderes Flattern als Silvia Tro Santafé, und beide Sängerinnen führen diesen Gestus wiederum bei jeder Aufführung anders aus. Als *Knoten* bezeichneten wir Spannungsmomente, die in der opernspezifischen Form musikalisch-dramaturgisch, inszenatorisch und performativ-atmosphärisch erzeugt werden. Doch während musikalisch-dramaturgische und inszenatorische Knoten sich aus der Untersuchung von Schriftmaterialien feststellen lassen – Libretto, Partitur und Regiebücher –, ergeben sich *Aufführungsknoten* aus der ästhetischen Erfahrung des analysierenden Subjekts und hängen somit auch vom individuellen Erkenntnis- und Erfahrungsrepertoire ab. Den markantesten Knoten einer Aufführung nannten wir in Analogie zum musikdramaturgischen und inszenatorischen Höhepunkt *Aufführungsklimax*; wir betrachten die Klimax also lediglich als eine Unterkategorie der Knoten. Diese setzt eine *Erwartungshaltung* voraus, welche zwei Arten von Parametern konstituieren: die Elemente im Vorfeld der Aufführung einerseits – gesellschaftlicher Status, Positionierung, persönliche Interessen –, und andererseits die Parameter, die sich während der Aufführung formieren – z.B. Einstimmung, aufführungsspezifische Assoziationen. Da langfristige und aufführungsspezifische Faktoren eng miteinander verwoben sind bzw. sich teils gegenseitig bedingen, dient solch eine Trennung lediglich als methodologisches Provisorium zur Etablierung aufführungsspezifischer Anhaltspunkte – die Untersuchung der Verbindungen zwischen langfristigen und aufführungsspezifischen Parametern der Bedeutungserzeugung würde uns zu weit vom Gegenstand dieser Untersuchung entfernen. Was sich anbietet, ist die Etablierung einer bindenden Kategorie, welche die Interaktion zwischen dem produzierenden Pol der Gesten und dem rezipierenden Pol der Knoten zu erfassen vermag. Dazu soll die analytische Kategorie der *Korrespondenz* dienen, welche im Folgenden auf ihre Tragfähigkeit überprüft wird.

1. Tabellarische Zusammenfassung: Performative Gesten in *Il Barbiere di Siviglia*

Aufführung 1 (9. März 2002)	Aufführung 2 (9. Februar 2006)	Aufführung 3 (26. Oktober 2007)
Sequenz 1: Szene 1, I, Nr. 1 (Bernd Riedel und John Osborn)	**Sequenz 1:** *Sinfonia* (ML: Julien Salemkour)	**Sequenz 1:** *Sinfonia* und Nr. 1 (Bühnenbild, Männerchor)
• Erfassen der offenen Bühne • Gebeugte Haltung, kleine Schritte, grimmiger Ausdruck Riedels versus offene Armhaltung, gemäßigte Schritte und Reverenz gegenüber dem Publikum von Osborn	Falsche Intonation des ersten Akkords, Flöten zu tief, Streicher nicht zusammen, Horn verpasst seinen Einsatz	1. Geräuschvoller Auftritt des Männerchors, 2. Stolpern eines Musikers über seinen Kollegen und reflexartige Entschuldigungsgeste, 3. der überrumpelte Kollege hüpft weiter in der Rolle
Sequenz 2: I, Nr. 1 (Bernd Riedel, Osborn und Männerchor) »Schlägt« Kreise in die Luft, hüpft, tänzelt und dreht sich dabei um die eigene Achse • Schreitet hinkend, mal mit seinem Holzbein, mal ohne, dabei schlägt er sein Becken in die Luft • Schreitet mit Pan-Schritten	**Sequenz 2: Figaros Rückenschmerzen** (Alfredo Daza)	**Sequenz 2: Szene 2, I, Nr. 2** (Alfredo Daza) 1. Minimale Bewegungen, aber intensive Präsenz von Daza, 2. rasche, präzise Parlando-Stelle, mit langsamen Fußbewegungen betont
	Sequenz 3: Szene 6, II, Nr. 14 (Brigitte Eisenfeld und ein Tänzer)	**Sequenz 3: Szene 5, I, Nr. 5** (Silvia Tro Santafé)
Sequenz 3: Szene 4, II, Nr. 13 (John Osborn, Gerd Wolf, Roman Trekel, Alexander Vinogradov)	Berta, zunächst eifrig die Wände putzend, dann breitbeinig auf dem Souffleurkasten sitzend, singt ihr Lied, während der Tänzer im Hintergrund die Seile an den Wänden anbringt und eine Arabesque tanzt	1. Sitzend, laszive Bewegungen, 2. stehend, entschiedene, jedoch hinkende und kindlich wirkende Schritte nach vorne

Zusammenfassung 165

Aufführung 1 (9. März 2002)	Aufführung 2 (9. Februar 2006)	Aufführung 3 (26. Oktober 2007)
• Vinogradov »schwebt« im Stoffkasten herein und erstarrt in der Mitte, alle starren ihn entsetzt an • Nachdem er einen Geldbeutel von Obsborn erhalten hat, zieht Vinogradov den emphatischen Abschied in die Länge, ohne sich jedoch von der Stelle zu rühren; nachdem er die Bühne verlassen hat, kommt er schleichend und lautlos zurück, setzt sich in die Mitte und erschreckt alle, indem er sich ein letztes Mal verabschiedet **Sequenz 4: Szene 8, II, Nr. 15** *Temporale* Tanzende Wände des Stoffkastens bis zu den Blitzeffekten mit den hängenden Kerzen	**Sequenz 4: Szene 8, II, Nr. 15** (Stoffkasten, Katharina Kammerloher) 1. Bartolo und Rosina kämpfen im Regen, 2. Bartolo zeigt Rosina den Brief Almavivas, 3. Rosina ist niedergeschlagen (Kopf- und Schulterhaltung) und nickt resigniert	**Sequenz 4: Szene 8, I, Nr. 6** (Silvia Tro Santafé, Alexander Vinogradov, Enrico Marabelli) • Fröhlich hüpfende Rosina beim Ausgang • Lachanfall der Flötistin • Zackige Bewegungen, übergangsloses In-Ohnmacht-Fallen und ebenso plötzliches Wiederaufwachen **Sequenz 5: Szene 9, I, Nr. 7** (Alfredo Daza und Silvia Tro Santafé) Urplötzliche, übergangslose Bewusstlosigkeit und ebenso plötzliches Erwachen **Sequenz 6: Szene 13, I, Nr. 9 (alle)** 1. Marabelli ruft »Hilfe«, 2. ahmt Rosinas gespielte Unschuld nach, 3. fällt gelegentlich in Ohnmacht, wenn die Lage heikel wird, 4. tanzt einen Cancan mit Basilio in Zeitlupe Tro Santafé stellt sich vor Dimitri Korchak, zittert am Oberkörper und reibt sich an ihm von oben nach unten, wobei er sich amüsiert

Aufführung 1 (9. März 2002)	Aufführung 2 (9. Februar 2006)	Aufführung 3 (26. Oktober 2007)
		Sequenz 7: Pause **Sequenz 8: 2 und 3, II, Nr. 10, Nr. 11 und Nr. 12** (Marabelli, Korchak, Tro Santafé) • Nasale Stimme (z.B. bevorzugte Ismael Jordi das Lispeln) und stets angestrengt wirkendes Trampeln • Korchak deutet leidenschaftliche Küsse an, indem er Tro Santafé auf seinen Schoß zieht, Tro Santafé stellt zugleich Erregung und kindliche Freude dar, indem sie frenetisch mit den Beinen in die Luft schlägt

2. Tabellarische Zusammenfassung: Aufführungsknoten in *Il Barbiere di Siviglia*

Aufführung 1 (9. März 2002)	Aufführung 2 (9. Februar 2006)	Aufführung 3 (26. Oktober 2007)
Sequenz 1: Szene 1, I, Nr. 1 (Bernd Riedel und John Osborn)	**Sequenz 1: Sinfonia** (ML: Julien Salemkour)	**Sequenz 1: *Sinfonia* und Nr. 1** (Bühnenbild und Stoffkasten)
•Erste Eindrücke und Assoziationen über die Gestaltung der Bühne •Visuelle Fokussierung •Gegenseitige Konstruktion von Fiorello und Almaviva	•Auditive Fokussierung •Kritik an der musikalischen Darbietung	•Komik des Bühnenbildes von Hartmut Meyer •Inszenierte Lächerlichkeit und ungewollte Witze
Sequenz 2: Szene 1, I, Nr. 1 (Riedel, Osborn und Männerchor)	**Sequenz 2: Figaros Rückenschmerzen** (Alfredo Daza)	**Sequenz 2: Szene 2, I, Nr. 2** (Alfredo Daza)
•Der Paukenschläger •Der Beckenschläger •Der Flötenspieler	Empathische Einstellung gegenüber dem Sänger: besondere Aufmerksamkeit bzw. Nachsicht für seine physischen, aber auch gesanglichen Leistungen	Positive Aufnahme von Dazas Leistungen (gesanglich und darstellerisch)
Sequenz 3: Szene 4, II, Nr. 13 (Osborn, Wolf, Trekel, Vinogradov)	**Sequenz 3: Szene 6, II, Nr. 14** (Brigitte Eisenfeld und Tänzer)	**Sequenz 3: Szene 5, I, Nr. 5** (Bildwechsel, Silvia Tro Santafé)
•Komik von Basilios Eintritt •Komik von Basilios Austritt	Parallel laufende Handlungen: Aufbau des Sturmes durch Ambrosio, während Berta sitzt	Äußerst ambivalente Figur: zugleich erotisiert und kindlich dargestellt
	Sequenz 4: Szene 8, II, Nr. 15 (Stoffkasten, Katharina Kammerloher, Bartolo)	**Sequenz 4: Szene 8, I, Nr. 6** (Silvia Tro Santafé, Alexander Vinogradov, Enrico Marabelli)

Zusammenfassung

Aufführung 1 (9. März 2002)	Aufführung 2 (9. Februar 2006)	Aufführung 3 (26. Oktober 2007)
Sequenz 4: Szene 8, II, Nr. 15, *Temporale*	Entdeckung einer Handlung in der bereits bekannten Inszenierung: Rosinas Jawort zu Bartolos Heiratsantrag	•Gespielte Unschuld Rosinas und •Nachahmung Bartolos •Komisch wirkendes Bratschenmotiv •Choreographie und Ohnmacht Bartolos
Faszination für den Einsatz einfacher, jedoch wirkungsvoller theatraler Mittel	**Sequenz 4: Szene 8, II, Nr. 15** (Stoffkasten, Katharina Kammerloher, Bartolo)	**Sequenz 5: Szene 9, I, Nr. 7** (Alfredo Daza, Silvia Tro Santafé)
	Entdeckung einer Handlung in der bereits bekannten Inszenierung: Rosinas Jawort zu Bartolos Heiratsantrag	Rosinas Ohnmacht
		Sequenz 6: Szene 13, I, Nr. 9 (alle)
		•Bartolos beachtliche Leistungen in der Gruppe •Komik von Rosinas Reibung an Almaviva

Aufführung 1 (9. März 2002)	Aufführung 2 (9. Februar 2006)	Aufführung 3 (26. Oktober 2007)
		Sequenz 7: Pause (Foyer)
		Lob für die gesanglichen Leistungen von Daza und Tro Santafé
		Sequenz 8: 2 und 3, II, Nr. 10, Nr. 11 und Nr. 12 (Enrico Marabelli, Dimitri Korchak, Silvia Tro Santafé)
		•Die Verstellung von Almaviva
		•Choreographie der Liebenden, während Bartolo schläft oder nicht hinschaut
		Sequenz 9: Nr. 15, *Temporale*
		Ob aus Bewunderung oder Belustigung, sichtlich erhöhte Aufmerksamkeit der Zuschauer

III. Pelleas et Mélisande 2003-2008

»Wichtig ist mir, daß die Sprache des Orchesters nicht nur die Figuren zeichnet, sondern auch den gesamten Bühnenraum und die Geschehnisse erfüllt.«
RUTH BERGHAUS

7. Erste Aufführung: 31. Oktober 2003

Sequenz 1: Vorspiel und Szene 1, I
(Golaud und Mélisande)

Der Vorhang hebt sich lautlos, dann erklingt das musikalische Vorspiel. Das Orchester setzt leise und präzis ein. Da die Beleuchtung sehr gedämpft ist, werden die Bühnenelemente erst allmählich erkennbar. Zunächst sind die Umrisse eines gigantischen Bühnenbildes zu sehen, das aus senkrechten und leicht geneigten, deckenhohen Wänden besteht. Etwa in der Mitte der rechten Wand ist eine große, unregelmäßige, runde, lilafarbene Fläche heller beleuchtet. Das Zusammenspiel zwischen schwach beleuchtetem Bühnenbild und sehr leise gespieltem musikalischem Vorspiel wirkt betörend. Schön. Auf der Vorderbühne liegt eine ovale Halbkugel, die etwa bis in die Mitte der Bühne reicht. In der Mitte der Kugel ist ein kompassgenaues rundes Loch. Links davon ist ein Spalt in der Kugel, der bis zur linken Wand reicht. Auf der linken Seite der Kugel erhebt sich langsam eine Gestalt. Zunächst halb liegend bewegt sie sich dann zögernd und wackelig auf die rechte Wand zu. Mélisande. Sie trägt ein hellblaues Kleid, das bis zu den Knien reicht. Unter dem Kleid ist eine Art Gestell zu erahnen, das Mélisande eine kugelige Form verleiht. Sie erscheint sehr klein in diesem viel zu großen Kleid. Auffällig ist ihre Perücke: schulterlanges steifes Haar, seitlich und nach hinten vom Kopf abstehend. Endlich an der Wand unter dem großen lilafarbenen Fleck angelangt, lehnt sie ihren Oberkörper vorsichtig an, beide Arme nach unten gerichtet. Sie dreht dabei ihren Kopf nach links, nicht zum Publikum hin. Dann wird die linke Seite der Kugel beleuchtet. An der Wand wird ein schmaler, hoher Spalt sichtbar, in den Boden und bis in die Kugel hinein verlängert. So wird die Vorderbühne durch einen langen Graben zwischen linker Wand und Kugel gespalten. Der Graben wird allmählich heller beleuchtet, so dass eine zweite Gestalt am linken Ansatz der Kugel sichtbar wird. Golaud. Er trägt einen Helm, dessen Form eine Miniaturnachbildung der großen Halbkugel ist. Er steht auf und läuft sehr langsam nach links, eingehüllt in einen fußlangen, hellgrünen, steifen Mantel. Sein Gang, seine Bewegungen vollziehen sich in Zeitlupe. So nach vorne gebeugt und in seinen sehr steifen Mantel gehüllt, bietet er ein sehr ambivalentes Bild: schutzlos und verletzbar einerseits, und militärisch und bedrohlich andererseits. Als Golaud zu singen beginnt, bleibt Mélisande unbewegt an die Wand gelehnt, bis zu dem Moment, an dem das wiederholte, abwärts gehende Motiv des Weinens erklingt. Dann beugt sich Mélisande abrupt zweimal hintereinander nach rechts, wie in der Mitte abgeknickt. Wie eine Puppe. Bei »une petite fille qui pleure au bord de l'eau«[1] klopft Golaud zweimal auf den Boden. Bei dem aufwärtsgehenden Motiv der Bässe (Streicher und Fagott) nähert er sich Mélisande mit kleinen schnellen Schritten, wie ein Raubvogel. Dabei nimmt er beide Seiten des Mantels in die Hände und streckt sie wie Flügel aus, ohne sie jedoch zu bewegen. Er läuft dann in immer wieder wechselnde Richtungen, wie ein Raubvogel, der eine Beute verfolgt. Bei »n'ayez pas peur, je ne vous ferais pas ... oh vous êtes belle!«[2] dreht sich Mélisande zum ersten Mal um. Er fragt sie, ob und wenn ja, wer ihr weh getan habe, wobei er sich ihr stetig nähert. Mélisande hat währenddessen ihre Arme in einer Schreckensgeste rechtwinklig nach oben gerichtet. Ihre angespannte Körperhaltung – sie lehnt sich an die Wand hinter ihr, scheint »in« die Wand fliehen zu wollen – verrät große Angst. Einmal bei ihr angelangt, umhüllt Golaud sie mit seinem langen Mantel, wobei sie sich zur Flucht wieder zur Wand gedreht hat. Die Umhüllung ist alsbald als verhängnisvolle Handlung zu erkennen. Sie versucht zu fliehen, erfolglos, er vergewaltigt sie.

Der unerwartete Gestus der Vergewaltigung Mélisandes bedeutet einen Schock. Im besonderen Modus der ästhetischen Erfahrung wird damit eine prägende Erschütterung – ob rührend oder wie hier negativ – während der Aufführung bezeichnet. Damit wird einerseits auf die Intensität, mit der ein Ereignis erfahren wird, hingewiesen und andererseits auf die Konsequenzen dieser Erschütterung im Prozess der Aufführungsanalyse. Im Aufführungskontext bildet der Schock stets einen Bruch. Doch anders als beim bereits beschriebenen Überraschungseffekt ist beim Schockerlebnis weniger die Erwartungshaltung entscheidend als vielmehr die Intensität, mit der das Ereignis erfahren wird. Als Unterkategorie des Bruchs markiert der Schock einen neuartigen Impuls, anhand dessen Veränderungen im Erfahren und Auffassen des szenischen Geschehens geradezu paradigmatisch verfolgt werden können. Zunächst ist zu unterscheiden zwischen dem Schockerlebnis und jenen scharfen Fokussierungen, bei denen sich die Aufmerksamkeit gezielt auf ein szenisches Objekt richtet. Beim Schockerlebnis rücken sämtliche Sensoren einen Augenblick lang in den Hintergrund, während allein der Effekt des erfahrenen Ereignisses sich im individuellen Erfahrungsfeld ausbreitet. Kernstück des Schockerlebnisses sind also die psychischen, physischen, emotionalen Auswirkungen. Die scharfe Fokussierung hingegen ist der Prozess, in dem die Aufmerksamkeit sich auf einen sinnlichen (visuellen, auditiven, haptischen) Stimulus richtet. Hier werden Gegenstände, Geschehnisse usw.

---

1 | »Ein weinendes Mädchen am Ufer«; Übersetzungen, wenn nichts anderes vermerkt, von Danièle Daude.

2 | »Keine Angst, ich tue Ihnen doch ... oh, Sie sind aber schön!«

gesucht und selektiert, beim Schockerlebnis wird auf sie reagiert. Gemeinsamer Nenner des Schocks und der scharfen Fokussierung ist, dass beide den Ausgangspunkt einer Reihe von Veränderungen im jeweiligen individuellen Erfahrungs- und Erkenntnisrepertoire bilden.

Die erste Veränderung lässt sich bereits während des Schocks feststellen. Das Bühnenbild und die gedämpfte Beleuchtung, anfangs noch als entspannt und einnehmend, als »betörend« wahrgenommen, bekommen zum Ende der beschriebenen Sequenz eine ganz andere Dimension. Nun werden die Bühnenbildelemente und die Beleuchtung als düsterer und bedrohlicher Hintergrund einer verhängnisvollen Gewalttat wahrgenommen. Spätestens hier bekommt das Bühnenbild in der Wahrnehmung auch einen negativen Faktor, wenn auch noch nicht eindeutig als solcher verarbeitet. Auch die akustischen Empfindungen ändern sich bzw. werden verändert verarbeitet und eingeordnet. Die sehr leise gespielte Musik, die entscheidend zur Erzeugung der ruhigen und »betörenden« Atmosphäre des Anfangs beitrug, wirkt nun angespannt und verhängnisvoll. Die zweite Veränderung betrifft das Erfassen der Figuren. Die Vergewaltigung stellt die erste inszenierte Handlung zwischen Mélisande und Golaud dar. Als solche ist sie für das darauf folgende Erfassen der Figuren – einzeln und im Kontext – entscheidend. In jeder Hinsicht scheinen die Figuren hier klare Funktionen zu erfüllen: Golaud, der Täter, einerseits und Mélisande, das Gewaltopfer, andererseits. Für das Erfassen dieser Rollen spielt die Performanz der SängerInnen an dieser Stelle eine besonders wichtige Rolle. Die Pantomime Mélisandes während des musikalischen Vorspiels, hier von Rinat Shaham gespielt, gibt uns den ersten Hinweis auf ihren Gemütszustand und ihre Situierung im Drama. Ihre Handlung besteht hier darin, erstens »langsam« aufzustehen, zweitens »zögernd« zur rechten Wand zu schreiten und sich drittens »vorsichtig« daran anzulehnen. Dass ein Mensch »zögernde«, »vorsichtige« und »langsame« Bewegungen auf unzählige Weisen ausführen kann, ist eine Binsenwahrheit. Rinat Shaham läuft mit steifen, ausgebreiteten Beinen, den Oberkörper etwas nach vorne gebeugt und mit seitlich gestreckten Armen, wie um ihr Gleichgewicht zu halten. Sie schreitet langsam, gelegentlich anhaltend und schwankend und um ihr Gleichgewicht ringend. Ihr Gang wirkt zugleich ungeschickt und fragil. Möglich scheint auch, dass der steife Teil ihres Kleids sie in ihrer Bewegungsfreiheit beeinträchtigt. Einmal mit beiden Armen an die Wand gelehnt und in dieser Position unbeweglich verharrend, sieht sie sehr verletzlich aus, wie ein krankes Tier, das sich gerade ausruht. Beim Motiv des Weinens in den Geigen beugt sie sich bzw. fällt ihr Oberkörper zweimal nach rechts, wobei sie mit ihren Händen kleine Kreise beschreibt.[3] Erfasst wird der Fall ihres Oberkör-

---

3 | Alle musikalischen Beispiele aus der Partitur: Pelleas et Melisande. Théâtre National der l'Opéra-Comique (TNOC), Paris 1902.

pers während der Aufführung »wie in der Mitte abgeknickt. Wie eine Puppe«. Allerdings lässt sich die Assoziation mit einer Puppe weniger auf die Inszenierung Berghaus' als vielmehr auf die Performanz Rinat Shahams zurückführen. Weil die Sängerin ihren Oberkörper so überraschend, übergangslos und rasch fallen lässt, wird sie mit einem abknickenden Gegenstand assoziiert. Das Bild der Puppe ist hier insofern wichtig, als es die sich entwickelnde Einstimmung gegenüber der Figur prägt, was wiederum für ihre analytische Erfassung grundlegend ist: Wird Mélisande »geknickt« und wenn ja, von wem? Oder knickt sie selbst ein, warum, vor wem? Während erstere Hypothese die überwiegende Mehrheit literarischer und opernanalytischer Interpretationen bestätigen würde, schließt sich der zweite Ansatz der neueren, von feministischen Studien beeinflussten Auffassung an, dass Mélisande möglicherweise selbst über ihr Leben zu entscheiden vermag. Eine geringere Geschwindigkeit oder ein allmählicher Fall des Oberkörpers riefe wiederum ganz andere Assoziationen hervor, die ihrerseits zu anderen interpretativen Möglichkeiten der Figur führen würden. Auch das Tempo ihrer Umdrehung und die daraus entstandene Stellung, mit dem Rücken zur Wand, bilden einen bedeutenden performativen Moment beim Erfassen der Figur. Nachdem sie sich mit der gleichen Plötzlichkeit wieder aufgerichtet hat, dreht sich Shaham sehr vorsichtig, wie in Zeitlupe, um. Bei der Drehung hält sie die Hände konstant in Kontakt mit der Wand, bis die Drehung dies nicht mehr erlaubt. Dann hebt sie beide Arme in eine der vorigen genau entgegengesetzte Position: Aus einer frontalen Stellung zur Wand mit nach unten gerichteten Armen wird sie zu einer Gestalt mit erhobenen Armen. Dann drückt sich Shaham an die Wand, womit sie den Eindruck erweckt, nach hinten, also »in« die Wand, oder nach oben fliehen zu wollen. Dabei verändert sich ihre Mimik so stark, dass dies sogar aus der Ferne wahrnehmbar ist. Inszeniert ist eine Mélisande, die zunächst vor Schreck gelähmt ist, dann erfolglos zu fliehen sucht. Deutlich wird hier die ausweglose Situation der Figur zu Beginn der Oper: Mélisande steht zwischen einer Wand und Golaud. Fliehen kann sie nicht mehr, auf den ersten Blick kann sie sich also nur zwischen Skylla und Charybdis entscheiden, auf den zweiten Blick zeigen sich allerdings weitere räumliche Möglichkeiten, dieser Lage zu entgehen (z.B. nach hinten, nach vorne oder seitlich). In Gegensatz zu uns *weiß* diese Mélisande schon, was auf sie zukommt, wenn Golaud sich ihr nähert, was ihre lähmende Angst erklärt. Somit wird erstens eine Parallele zu ihrer Vorgeschichte gezogen, indem die Möglichkeit einer Wiederholung eines verhängnisvollen Geschehens angedeutet wird. Zweitens wird diese Mélisande nicht als naiv dargestellt, sondern als *Wissende*, mit einer schmerzhaften Geschichte hinter sich und einer wohl wenig aussichtsreichen vor sich. Stellen wir uns eine Performanz vor, in der Mélisandes Armstellung eher an die eines polizeilichen »Hände hoch« erinnern würde, wie ließe sich dies deuten? Angst und Schrecken wären zwar in diesem Gestus enthalten, nicht aber die wesentliche Komponente einer wissenden Mélisande. Der interpretative Unterschied zwischen zwei performativen Gesten anhand eines gleich inszenierten Gestus könnte kaum größer sein.

Golaud wird zunächst ambivalent erfahren: »schutzlos und verletzbar einerseits und militärisch und bedrohlich andererseits«. Auch bei Golauds Gestalt, die sich langsam aus dem Schatten abzeichnet, liefert uns seine Pantomime bereits Indizien hinsichtlich seines Gemütszustands und seiner Ausgangslage. Seine ungeschickten, zaghaften und diskontinuierlichen Bewegungen legen gar Parallelen zu Mélisandes Bewegungen nahe. Kurz vorm Aufstehen hüllt sich Golaud in seinen Mantel. Die hellgrüne Farbe des Mantels, seine steife Form, die betont rechtwinklige Schulter, der hohe Kragen und die Länge bis zum Fuß, so dass der Körper gänzlich darin verschwindet, all diese Elemente forcieren die Assoziation mit etwas Militärischem. Hanno Müller-Brachmann in der Rolle des Golaud umhüllt sich, indem er versucht, auch die nicht verschließbaren Seiten des Mantels verschlossen zu halten. Er zieht die Mantelseiten an sich und hält die Arme vor der Brust. Dabei verkriecht er sich schutzsuchend, genauer gesagt, er vergräbt sich so tief in seinen Mantel, dass einzig der längliche, ovale Helm herausragt. Er bildet somit insgesamt ein längliches Dreieck, dessen Spitze nach unten gerichtet ist, und seine Schultern bilden die beiden weiteren Ecken. Als erste Handlung stellt diese Einhüllung eine Basis des Erfassens der Figur dar. Die beschriebene Pantomime wird in unregelmäßigen Abständen wiederholt. Müller-Brachmann erzeugt dabei den Eindruck, den Mantel als Schutz zu gebrauchen, und zwar nicht als Schutz vor der Kälte. *Warum* und *wovor* will sich Golaud schützen? So lauten die berechtigten Fragen, auf die wir jedoch jetzt noch keine Antwort finden. Eines steht fest: Golaud will sich schützen, bleibt jedoch dabei erfolglos. Dadurch wird erneut gezeigt, wie opernanalytische Interpretation und ästhetische/performative Erfahrung zusammenhängen bzw. wie Letztere stets in den analytischen Prozess mit einfließen. Die performativen Leistungen von Müller-Brachmann und Shaham ermöglichen es, Golaud und Mélisande als zwei gebrochene Figuren zu erfassen. Beide zeigen zu Beginn Verletzlichkeit und Angst, gehen jedoch jeweils anders damit um. Während Mélisande an der Wand ruht, versucht Golaud, sich mit einem Gegenstand zu schützen, der ihn nicht schützen kann. Hier hören aber die Ähnlichkeiten zwischen beiden Figuren auch schon wieder auf. Golaud nähert sich Mélisande zum ersten Mal an der dafür musikalisch gestalteten Stelle zwischen »*Elle ne m'entend pas. Je ne vois pas son visage*« und »*Pourquoi pleures tu?*«.[4] Beim aufwärtsgehenden Unisono an den

---

4 | »Sie kann mich gerade nicht hören. Ich sehe ihr Gesicht nicht« und »Warum weinst du?«), vgl. aufwärtsgehendes Motiv in Achteln an den Celli, Bratschen und Fagott, (1, l.) TNOC Takte 55-56, S. 8.

Celli, Bratschen und Fagott beginnt er, sich im Kreis zu drehen, wobei er den Mantel wie Flügel hält. Insofern wird er auch mit einem Raubtier assoziiert. Zunächst berührt er Mélisande mit der Hand am Rücken und flieht gleich darauf rasch nach vorne, die linke Wand entlang. Dort krümmt er sich, wie von kaum ertragbaren Schmerzen heimgesucht, und kriecht wieder in seinen Mantel hinein. Allerdings verläuft diese zweite Umhüllung schneller und hektischer. Hier eröffnet sich die interpretatorische Möglichkeit, dass Golaud sich weniger vor der Außenwelt als vielmehr vorm Inneren des Mantels, also vor sich selbst, fürchtet. Die Umhüllung gilt dann als hoffnungsloser Versuch, dieses verhängnisvolle Innere zu bändigen; der Mantel erfüllt dabei eine Doppelfunktion: Als letzte Schicht zwischen Golaud und seiner Umwelt schirmt er ihn sowohl vor der Außenwelt ab als auch vor der Welt innerhalb des Mantels, also vor sich selbst. Auf diese Weise würde Golauds Mantel ihn nicht nur schützen, sondern ihn auch daran hindern, nach außen zu drängen. Bestätigen oder widerlegen wird sich diese These erst im Laufe der Aufführung lassen. Sicher ist zu diesem Zeitpunkt, dass Golauds Vergehen an Mélisande ihn von einer relativ neutralen Stelle im Erfahrungsmodus in ein Feld jenseits des Sympathischen und Empathischen rücken lässt. Durch den Schock entsteht also ein doppelter Bruch: zum einen im Erfahrungsmodus und zum anderen im Erfassen der Figur. Davon ausgehend, konstituiert sich ein erster interpretatorischer Rahmen zum Auf- und Erfassen von Golaud und Mélisande. Und unweigerlich drängt sich die Frage auf: Wird Pelléas ebenso einen Mantel tragen, und wenn ja, welche Funktion wird dieser bei ihm erfüllen?

Inszenatorisch findet die Vergewaltigung von Mélisande statt, als Golaud sich erkundigt, wer ihr weh getan habe, also zwischen »*Quelqu'un vous a-t-il fait du mal?*« und »*Voyons, ne pleurez pas ainsi*«. Der Dialog verläuft wie folgt:

Golaud: *Quelqu'un vous a-t-il fait du mal?*
Mélisande: *Oui! oui! oui! oui! ...*
Golaud: *Qui est-ce qui vous a fait du mal?*
Mélisande: *Tous! Tous!*
Golaud: *Quel mal vous a-t-on fait?*
Mélisande: *Je ne veux pas le dire! Je ne peux pas le dire! ...*
Golaud: *Voyons, ne pleurez pas ainsi.*[5]

Mit Mélisandes Behauptung, dass ihr »etwas« von »allen« angetan wurde, was sie weder sagen will noch kann, ist die Möglichkeit, dass ihr Gewalt angetan

---

5 | »Hat man Ihnen etwas angetan?/Ja! Ja! Ja! Ja!/Wer hat Ihnen wehgetan?/Alle! Alle!/Was hat man Ihnen angetan?/Ich will es nicht sagen! Ich kann es nicht sagen!.../ Hören Sie doch auf, so zu weinen!«, (1, I.) TNOC Takte 75-85, S. 10-11.

wurde – ob physisch, psychisch oder beides – dramaturgisch bereits vorhanden. Indem Berghaus diesen Dialog als Vergewaltigung inszeniert, rehabilitiert sie diese Gewaltdimension der anfänglichen Begegnung zwischen Mélisande und Golaud. Es gilt hier daran zu erinnern, dass zum Zeitpunkt der Inszenierungskonzeption, 1991-1992, der Anfang dieser Oper noch im Zeichen einer naturalistischen bzw. abstrahierenden Inszenierungskonvention steht, in der die Gewalt verharmlost, wenn nicht gar ausgeblendet wird. Darüber hinaus zwingt Berghaus zu einer Reflexion über die Verwendung der Sprache bzw. thematisiert sie im Zusammenhang mit Gewalttaten. Während Golaud sich verbal nach den Gründen eines offensichtlich traurigen Gemütszustands erkundigt, agiert er nonverbal in krasser Diskrepanz dazu. Auf diese Weise wird Golauds Sprache von jeder praktischen kommunikativen Funktion befreit, sie wird doppel- bis mehrdeutig, nie jedoch abstrakt. Hier stellt sich die Frage, welche Funktion die Sprache bei den anderen Figuren erfüllen wird – eine musikdramaturgische Frage also, die aus der Performanz Müller-Brachmanns heraus formuliert werden konnte.

Sequenz 2: Szene 2, I (Geneviève, Arkel, Pelléas)

Geneviève und Arkel sind aufgetreten. Ebenso wie Golaud und Mélisande zuvor erinnern ihre Kostüme an geometrische Formen. Geneviève, in Lila, trägt einen dreieckigen Umhang mit der Spitze nach unten. Arkel, in Schwarz, trägt einen Zylinder und einen fußlangen, eckigen, steifen Mantel, wie der Golauds. Während Geneviève, in der Spalte vorne stehend, den Brief Golauds vorliest, läuft Arkel langsam im Hintergrund, den Oberkörper leicht nach vorne gebeugt. Er schreitet hin und her, vor sich hin schauend. Er scheint dabei mehr nachdenklich als aufmerksam oder bekümmert zu sein. Genevièves Vorlesen ist ebenso choreographiert. Als Brief dienen großformatige, durchsichtige und geschmeidige Blätter. Ob aus Papier oder aus Stoff gemacht, sind die Blätter so leicht, dass sie sich bei der kleinsten Bewegung in die Luft heben. Viele dieser riesigen Briefe liegen auf dem Boden verteilt. Geneviève hebt immer wieder welche auf und lässt sie in der Luft schweben. Alles geschieht langsam, ein Eindruck, den die fliegenden Riesenbriefe noch verstärken. Die Szene bildet einen sehr poetischen, rührenden und schönen Moment, und zwar in musikalischer, szenographischer und inszenatorischer Hinsicht. In diesem Kontext bemerke ich den Auftritt von Pelléas gar nicht. Irgendwann ist er da, hebt herumliegende Briefe auf und hängt zwei davon an die linke Wand. Er hebt die Briefe mit der gleichen Langsamkeit auf, wie seine Mutter sie schweben lässt, was sehr schön wirkt. Nur seine Kopfhaltung und sein Gang unterscheiden ihn von den anderen. Er schaut unentwegt um sich und schreitet leicht und federnd, vorsichtig, aber nicht zögernd. Er ist stets in Bewegung. Sein Kostüm ist das gleiche wie Golauds unter seinem Mantel: eine dreiviertellange Hose und ein langärmeliges Oberteil. Das Kostüm scheint dem

Körper ostentativ nicht angepasst worden sein – zu groß und steif, dazu noch der längliche, ovale Helm. Pelléas trägt keinen Mantel, was daran liegen kann, dass dies eine Interieurszene ist. In diesem steifen, runden und zu großen Kostüm scheint sein Körper zu verschwinden. Wie die bisher aufgetretenen Figuren wird Pelléas durch eine eindeutige Farbe gekennzeichnet, die gleiche wie bei seiner Mutter: Lila.

Auffällig ist bei dieser Szene weniger die bereits beobachtete Langsamkeit der Bewegungen als vielmehr die Einheitlichkeit ihrer Ausführung bei Pelléas und Geneviève. Als Geneviève, gespielt von Barbara Bornemann, einen Brief zum ersten Mal aufhebt und damit Kurven in die Luft zeichnet, gibt sie das erste und damit referenzielle Tempo vor. Das heißt, an ihr werden alle anderen vergleichbaren Briefpantomimen gemessen. Als Pelléas, gespielt von Roman Trekel, den gleichen inszenatorischen Gestus aufführt, wird seine Langsamkeit unmittelbar mit der Genevièves in Verbindung gebracht bzw. als »gleiche« erfahren (vgl. Bericht). Diese »gleiche Langsamkeit« von Pelléas und Geneviève bezeichnen wir als Korrespondenz. Unter Korrespondenz wird die assoziative Zusammenführung zweier Phänomene verstanden, welche durch die erfahrene Performanz erst in Gang gesetzt wird. Bei Trekels und Bornemanns Langsamkeit handelt es sich insofern um eine performative Korrespondenz, im gleichen Raum- und Zeitrahmen vollzogen. Von dorther lassen sich drei Thesen hinsichtlich der Tragfähigkeit des analytischen Instruments »Gestus« bzw. der Auffassung der dramaturgischen Figuren ausgehend von der Performanz aufstellen. Erstens gelten inszenatorische und performative Gesten hier als gelungen. Denn während der inszenatorische Gestus in seiner Intentionalität, also als Vollzug zweier parallel laufender Bewegungen, erkannt wird, wird der performative Gestus hinsichtlich seiner Ausführung als »schön« und somit wirkungsvoll verstanden. Zweitens wird mit der korrespondierenden Langsamkeit die Verwandtschaft von Geneviève und Pelléas – im wörtlichen und übertragenen Sinne – unterstrichen. Solch eine Hervorhebung ist insofern zu begrüßen, als sie in inszenatorischen wie in den musikwissenschaftlichen Analysen so gut wie keine Beachtung findet.[6] Denn wenn Geneviève überhaupt beachtet wird, dann vor allem in Bezug auf Mélisande, was sich musikdramaturgisch teilweise begründen lässt.[7] Die hiesige Verknüpfung von Geneviève und Pelléas hingegen wird inszenatorisch, durch die gemeinsame Farbe Lila, und performativ, durch die korrespondierende Langsamkeit, vorgenommen. Indem Geneviève und Pelléas als korrespondierende Einheiten er-

---

6 | Vgl. Literatur zu Pelléas et Mélisande, u.a. Anita Kolbus, Pierre Boulez, Catherine Clément.

7 | Genevièves Erzählung wird z.B. von Mélisandes Ankunft in Allemonde (I, 2) mit Mélisandes Motiv begleitet. Dadurch gestaltet Debussy eine Art Schicksalsverwandtschaft zwischen beiden Frauen. Vgl. Klarinettensolo (2, I.) TNOC Takte 324-327, S. 40.

fasst werden, werden auch neue Interpretationsfelder eröffnet. Beide Figuren werden in ihrer dramaturgischen Ähnlichkeit erfasst: machtlose Positionen im Reich Allemonde. Geneviève, Schwiegertochter des Königs und Mutter von zwei Prinzen, ist dennoch keine Königin. Pelléas, Zweitgeborener aus zweiter Ehe, gehört nicht zum regierenden Teil der Familie, welchen Arkel, Golaud und Yniold darstellen. Außerdem liegt in der korrespondierenden Langsamkeit beider Figuren der Ansatzpunkt zur inszenatorischen Problematik der Farbendarstellung. Zunächst ist eine scharfe Abgrenzung zum herkömmlichen Bereich der Farbensymbolik vorzunehmen, der von sehr unterschiedlichen Faktoren – u.a. der Bibelexegese, hermeneutischen Praktiken in der Malerei und seit Kurzem auch von Ansätzen aus der Physik – geprägt ist.[8] Wir hingegen betrachten das szenische Element »Farbe« als inszenatorischen Gestus, welcher auf weitere inszenatorische wie auch musikdramaturgische und performative Gesten hinzuweisen vermag. Als Beispiel einer Korrespondenz führen wir hier das Verhältnis zwischen Mélisande, Geneviève und Pelléas an. Bindeglied ist in diesem Fall die Farbe Lila; sie kennzeichnet die Kostüme Genevièves und Pelléas' einerseits und die breite, kreisförmige Stelle an der rechten Wand, unter der sich Mélisande zu Beginn anlehnte, andererseits. Ein interessantes Interpretationsfeld wird auch dadurch eröffnet, dass Pelléas als einzige Hauptfigur nicht über eine eigene Farbe verfügt. Er übernimmt die Genevièves, und nicht umgekehrt. Denn erstens tritt Pelléas erst auf, nachdem Geneviève vorgestellt wurde, so dass sie und nicht er die Referenz bildet. Zweitens ist das musikalische Motiv, mit dem Pelléas gekennzeichnet wird, im Vergleich zu den Motiven für Golaud oder Mélisande sehr schwach.[9]

Mit dem Schweben der Briefe bildet Pelléas' Gang einen weiteren performativen aufführungsanalytischen Ausgangspunkt. Im Protokoll zur Bauprobe ist lediglich von langsamen Bewegungen von Geneviève, Arkel und Pelléas die Rede.[10] Ob und wenn ja, *wie* der Gang Arkels sich von dem Pelléas' unterscheidet, ist schriftlich nicht fixiert. Bei dieser Aufführung hebt sich Roman Trekel (Pelléas) von den zuvor bzw. parallel verlaufenden Bewegungen Hanno Müller-

---

8 | Sicherlich wären Studien zur Anwendung von Farben in der Inszenierungsgeschichte von Opernwerken sehr hilfreich zur Vertiefung dieser nicht unwichtigen Problematik der Opernanalyse. Leider fehlt es bis heute noch an solchen übergreifenden Abhandlungen. Es sei daher lediglich auf zwei grundlegende Werke hingewiesen: Goethe, Johann Wolfgang von: Farbenlehre in 5 Bänden, ungekürzte Ausgabe, 5 Bände, Ott, Gerhard, Proskauer, Heinrich Oskar (Hg.), Stuttgart 2009; und Küppers, Harald: Das Grundgesetz der Farbenlehre, 10. Aufl., Köln 2002.
9 | Vgl. Kolbus, Anita: »Figurenmotive«, in: Maeterlinck, Debussy, Schönberg u.a.: Pelléas et Mélisande, Marburg 2001.
10 | Vgl. Bauprobe Pelléas et Mélisande, 15. Oktober 1990, I. Bild, Szene 2, S. 1.

Brachmanns (Golaud) und Kwangchul Youns (Arkel) eindeutig ab. Während Letztere mit gebeugtem Oberkörper und im Stil eines Langstreckenläufers den Eindruck erwecken, am Boden verwurzelt zu sein, reagiert Pelléas auf sein Umfeld, wobei seine Bewegungen nach oben streben. Sein Gang ist »leicht und federnd«, seine Körperhaltung aufrecht, sein Kopf stets dem Umfeld zugewandt. Von dieser Aufführungssituation ausgehend, eröffnen sich auch hier neue Interpretationsfelder. Im Unterschied zu den Herrschern Arkel und Golaud demonstriert Pelléas eine offene Körperhaltung. Er ist »stets in Bewegung« und seinem Umfeld zugewandt, doch er hat keine eigene Stellung im Raum. Die von ihm zurückgelegten Strecken sind nicht gradlinig wie Arkels im Hintergrund oder Golauds am Anfang, sondern er schreitet in halben und ganzen Kreisen. Pelléas hat gelernt, sich nach allen zu richten, er hat keine eigene Dynamik. Er bewegt sich zwischen den Linien Arkels und Golauds, ohne heraus zu können. In diesem Sinne dürften die durch den Gang gezeichneten Kreise auch deutbar sein als permanenter Versuch, einen Ausweg aus dem Raum zu finden. Den diametral entgegengesetzten Eindruck vermittelt Arkel, der unablässig schreitet. Durch seine Körperhaltung, seinen Gang und seinen abwechselnd auf den Boden und starr nach vorne gerichteten Kopf wirkt er verschlossen. Der König erfährt gerade, dass Golaud sich statt der ihm versprochenen Prinzessin Ursule – eine Verbindung, die »uralten Zwiespalt und blutige Kriege beendet hätte« – für eine im Wald getroffene Unbekannte entschieden hat, die außerdem auch nach der Hochzeit weiterhin ein Rätsel bleibt. Dies bereitet dem Herrscher zwar große Sorgen, doch wirkt dieser Arkel weder bekümmert noch beunruhigt, sondern »nachdenklich und sehr distanziert«, was auf die Performanz Kwangchul Youns zurückzuführen ist. Allerdings werden die Figuren Golaud, Arkel und Pelléas im umfassenden Zusammenhang erfasst: Als die erste auf der Bühne erschienene männliche Figur setzt Golaud die performativen Maßstäbe. Hanno Müller-Brachmann gilt also als der Referent, mit ihm werden dann Trekel und Youn in Verbindung gebracht. Insofern erinnert Arkels Gang und Körperhaltung an Golaud, während Pelléas gesondert wahrgenommen wird bzw. ihm eine gesonderte Stellung in Allemonde zugeschrieben wird.

SEQUENZ 3: SZENE 1, II (PELLÉAS UND MÉLISANDE): SZENENBEZOGENE ANALYSE

Ein neues Bild ist entstanden. Die Halbkugel und der Spalt vorne sind weiterhin vorhanden, aber der Hintergrund bietet jetzt eine hohe, rechteckige, schwach beleuchtete Hülle. Darin erscheint Mélisande. Bei diesen überdimensionalen Wänden sieht sie sehr klein aus. Beim abwärtsgehenden Motiv der Streicher streckt sie die Arme zur Seite aus und dreht sich um die eigene Achse. Ihr breites Grinsen ist unüberseh-

bar, sie ist glücklich. Pelléas tritt auf, vermutlich von rechts. Diesmal trägt er seinen Mantel, der bis auf die lilane Farbe dem Golauds gleicht: fußlang, steif und rechteckig an den Schultern. Auch sein Mantel erinnert an eine Rüstung. Beide schreiten Hand in Hand vorsichtig nach vorne, die Augen mit einem schwarzen Tuch verbunden. Einmal auf der großen Kugel angelangt, setzen sie sich rechts (Pelléas) und links (Mélisande) vom Loch. Bald nimmt Pelléas das Tuch ab, schaut abwechselnd zu Mélisande und zum Loch bzw. Brunnen. Das Haar Mélisandes schaut er immer öfter und mit sichtlich wachsender Faszination an: Er richtet sich auf und streckt ansatzweise die Hand aus. Mélisande hingegen widmet sich ganz dem Brunnen. Doch dennoch spielen beide miteinander. Wenn Pelléas in eine Richtung zeigt, richtet sich Mélisande augenblicklich dorthin. Auch die Augenbinde ist Teil des Spiels. Bei »prenez garde, Mélisande ... oh! votre chevelure! ...« taucht Mélisande zur Hälfte in den Brunnen ein, während Pelléas sie an den Beinen hält. Dann reckt sie sich bei »Ils sont plus longs que moi ...« plötzlich wieder auf und tut etwas zugleich Befremdliches und sehr Komisches: Sie gibt Pelléas ihr Haar und entblößt so ihren kahlen Kopf. Pelléas, der die ganze Zeit gierig auf das Haar geschielt hatte, nimmt es nun dankbar an und drückt es an den Körper. Mélisande ihrerseits fängt (vor Kälte?) an zu zittern. Die ganze Aktion findet ohne Musik statt. Dann aber beginnt Pelléas sie auszufragen, wie Golaud zu Beginn. Als sie nicht mehr antworten mag, stürzt sie sich erneut mit dem ganzen Oberkörper in den Brunnen. Pelléas hält sie erneut an den Beinen fest, wobei nicht klar ist, ob sie noch immer spielen. Dann richtet sie sich urplötzlich wieder auf und beginnt ihren Ring in die Höhe zu werfen, wobei sie unmittelbar über dem Brunnen spielt. Der Verlust des Rings ist eine außerordentlich komische Handlung: Mélisande wirft den Ring immer wieder in die Höhe, hält beide Hände im Rücken, lässt ihn offensichtlich absichtlich in den Brunnen fallen und gibt ein leises, entschuldigend klingendes »Oh! ...« von sich. Dabei nimmt sie eine betont gespielte, kindlich-unschuldige Haltung ein. Dieses »Kindlich-Unschuldige« wird noch dadurch unterstrichen, dass beide keinen Versuch machen, den Ring zu suchen, sondern die Handflächen nach oben richten und pantomimisch »ich weiß es nicht« bzw. »ich war es nicht« spielen. Als Mélisande fragt, was sie wohl Golaud sagen werden, werden sie wieder ernst: »La vérité, la vérité ...«, antwortet Pelléas traurig und resigniert.

1. Musikdramaturgische Analyse

Dramaturgisch gesehen unterteilt sich diese Szene in drei Phasen. Zunächst führt Pelléas Mélisande an den »Brunnen der Blinden«, bis sie ihr Haar ablegt. Dann beginnt Pelléas sie zu befragen, wie es Golaud zu Beginn tat, bis sie sich ganz dem Wasser widmet. Letztlich beginnt sie, über dem Brunnen mit ihrem Ehering zu spielen, und »verliert« ihn.

Musikalisch lassen sich ebenfalls drei Phasen unterscheiden:[11] Die erste Phase von Takt 1 bis 61 stellt Pelléas und Mélisande motivisch vor. Nach einer kurzen Einführung in cis-Moll, mit einem zweitaktigen, abwärts gehenden Motiv in den Flöten, wird ein ebenfalls abwärts gehendes Sechzehntelmotiv in den Streichern eingeführt und mit ihm auch die Haupttonart E-Dur.[12] Auf die Verwendung und Funktion der Motivik in Debussys Oper kommen wir an anderer Stelle ausführlich zu sprechen. Es sei hier lediglich darauf hingewiesen, dass sich dieses Motiv nicht plakativ als Darstellung Mélisandes, des Brunnens oder des Wassers verstehen lässt.[13] Wie bei allen analysierten Opernelementen hängt die Interpretation dieses ausgeprägten Motives einzig von unserem aufführungsanalytischen Anliegen ab. In dieser Hinsicht stellt das Motiv zunächst einen neuen Kontext dar. Seine Funktion besteht darin, den vorigen musikalischen Kontext abzuschließen und den neuen mit einem gut erkennbaren Kennzeichnen zu eröffnen. Das rhythmische und bewegliche Motiv kontrastiert mit einer ruhigen, aus Achteln bestehenden Einleitung (Takte 1-12) und kündigt eine beweglichere, gar heitere Sequenz an. Doch erzeugt das Motiv nicht den Eindruck von Voranschreiten. Seine kreisende Linie im abwärtsgehenden Bogen lässt es vielmehr statisch und in sich gekehrt erscheinen. Verteilt auf Streicher- und Holzbläsergruppe lässt sich das Sechzehntelmotiv als das beiden Hauptfiguren gemeinsame Element erfassen. Es erscheint wiederholt bei gemeinsamen Aussagen, Gemütszuständen etc., im Sinne eines unausgesprochenen, jedoch längst vertrauten Spiels zwischen Pelléas und Mélisande.[14]

---

11 | Vgl. (2, II.) TNOC S. 70-96.
12 | Vgl. (2, I.) TNOC Takte 13-20, S. 71-73.
13 | Zur Ästhetik und kompositorischen Absichten Debussys vgl.: Debussy, Claude: Briefe an Henri Lerolle; ders.: Pourquoi j'ai écrit Pelléas, in: Monsieur Croche et autres écrits, Paris 1987.
14 | Pelléas: »*vous ne savez pas où je vous ais menée? Je viens souvent m'asseoir ici, vers midi, lorsqu'il fait trop chaud dans les jardins. On étouffe aujourd'hui, même à l'ombre des arbres*« (Wissen Sie nicht, wohin ich Sie geführt habe? Ich komme oft mittags hierher, wenn es auch in den Gärten zu heiß wird. Selbst im Schatten der Bäume erstickt man heute), TNOC Takte 13-20, S. 71-72.
Mélisande: »*je vais me coucher sur le marbre. Je voudrais voir le fond de l'eau ...*« – Pelléas: »*On ne l'a jamais vu. Elle es peut-être plus profonde que la mer*« (ich lege mich auf dem Marmor hin. Ich möchte den Grund sehen ... – Den hat noch keiner gesehen. Das Wasser ist vielleicht tiefer als die See), TNOC Takte 40-43, S. 77.
Mélisande: »*j'avais déjà fermé les mains, et elle est tombée malgré tout ... je l'ai jetée trop haut, du côté du soleil ...*« – Pelléas: »*Venez, nous reviendrons un autre jour ... Venez, il est temps*« (ich hatte bereits die Hände geschlossen, und er [der Ring] ist trotzdem heruntergefallen ... ich hatte ihn wohl zu hoch geworfen, zu nah an der Sonne

Die zweite musikalische Phase, von Takt 58 bis 75, beginnt mit einer Modulation nach C-Dur. Nachdem Pelléas Mélisandes Haar mit »*vos cheveux ont plongés dans l'eau* ...« bewundert hat, beginnt er sie zu befragen. Zunächst zögerlich, dann immer eindringlicher. Die Befragung nimmt einen raschen Rhythmus an, der mit einem Motiv unterstrichen wird, das bislang bei Golauds Erscheinen auftrat.[15] Debussy gestaltet die folgende Dialogstelle dramaturgisch und musikalisch als Parallele zur Befragung Mélisandes durch Golaud:

Pelléas: *C'est au bord d'une fontaine aussi qu'il vous à trouvée?*
Mélisande: *Oui ...*
Pelléas: *Que vous-a t-il dit?*
Mélisande: *Rien, je ne me rappelle plus ...*
Pelléas: *Etait-il tout près de vous?*
Mélisande: *Oui, il voulait m'embrasser*
Pelléas: *Et vous ne vouliez pas?*
Mélisande: *Non.*
Pelléas: *Pourquoi ne vouliez-vous pas?*
Mélisande: *Oh! oh! J'ai vu passer quelque chose au fond de l'eau.*[16]

Die dritte und letze musikalische Phase, von Takt 75 bis 118, beginnt mit Pelléas' Frage: »*avec quoi jouez-vous?*« (womit spielen Sie denn?) und endet mit seiner nüchternen Antwort auf Mélisandes Bedenken: »*la vérité, la vérité* ...« (die Wahrheit). Nachdem sich Mélisande zunächst ganz dem Wasser widmete und sich somit Pelléas' Frage entzog, richtet sie sich auf und fängt an, mit ihrem Ehering zu spielen.[17] Das erste korrespondierende Motiv paraphrasiert den gleichzeitig stattfindenden Wurf in die Luft. Es besteht aus einem aufwärtsgehenden, raschen Chromatismus in Gruppen von zehn, neun und acht Zweiunddreißigsteln. Die Interpretation dieser Chromatismen als Würfe des Rings in die Luft spielt da-

---

... – Kommen Sie, wir werden ein anderes Mal zurückkehren ... Kommen Sie, es ist Zeit ...) Hier wird das Motiv alteriert; statt der abwärtsgehenden Linie dreht es sich um einzelne Pole (Es-Gis) in Trillern. (2, I.) TNOC Takte 110-114, S. 90.
Der Takt 115 wird a cappella gesungen. Inhaltlich ist diese Stelle an die nächste Aussage in Takt 116 gebunden, Pelléas: »on irait à notre rencontre ... Midi sonnait au moment ou l'anneau est tombé ...« (man würde uns suchen ... Als der Ring hinunterfiel, schlug es gerade Mittag ...), S. 91.
15 | Vgl. (2, I.) TNOC Takte 66-69, S. 83.
16 | Er hat sie ebenfalls an einem Brunnen gefunden?/ja .../Was hat er Ihnen gesagt?/ nichts, ich kann mich nicht mehr erinnern .../stand er nah bei Ihnen?/ja, er wollte mich küssen .../Und Sie? Wollten Sie nicht?/nein/warum nicht?/Oh! Oh! ich habe gerade etwas im Wasser gesehen!
17 | Vgl. (2, I.) TNOC Takte 73-82, S. 84-86.

bei sicherlich auch eine Rolle, jedoch keine vorherrschende. Denn das würde Debussys Musik auf die bloße Gestaltung bzw. Musikalisierung von Bewegungen reduzieren. Vielmehr handelt es sich hier um die Erzeugung abwechselnder Stimmungen und Atmosphären in Abgrenzung bzw. Anknüpfung an die vorigen Geschehnisse. Vom Moment des Verlusts des Rings an (Takte 81-82) fügt Debussy ein weiteres, aus abwärtsgehenden Triolen und vier Achteln bestehendes Motiv ein. Es erzeugt mit seiner kreisenden Gestaltung eine Spannung, die nach Auflösung verlangt (gis nach a, cis nach D), jedoch durch eine weitere Spannung »aufgelöst« wird: mit einem »*Oh*« auf gis. Die »Auflösung« kommt auf eine genauso unerwartete Weise mit einem Pedalton auf e in den zweiten Geigen (Takte 83-87). Von diesem Moment an kommentieren nur noch Pelléas und Mélisande den Verlust des Ringes. Die Musik übernimmt währenddessen wieder ihre Funktion eines Klangteppichs. Der harmonische Rhythmus wird zu einem regelmäßigen zweitaktigen Achtelrhythmus (Takte 91-92 und 95-96) gedehnt. In diesen ruhig werdenden musikalischen Kontext bohrt sich das bereits beschriebene Sechzehntelmotiv in den Bratschen, Geigen und Flöten, wenn auch nur noch als eindringlicher Triller (Takte 110-114). Daraufhin wird Golauds Präsenz in den Celli (Takt 117) angekündigt. Die musikdramaturgische Gestaltung vor Augen geführt, können wir uns nun der szenischen Komponente widmen.

2. Inszenierungs- und Aufführungsanalyse

Als Ausgangspunkte für die inszenatorische bzw. performative Analyse dienen drei Aufführungsknoten bzw. Inszenierungsgesten: 1) die schwarze Augenbinde von Pelléas und Mélisande, 2) der Fall von Mélisandes Haar und 3) der Verlust von Mélisandes Ehering. Der erste Knoten wird durch einen inszenatorischen Gestus ausgelöst, nämlich die schwarze Augenbinde von Pelléas und Mélisande. Hinsichtlich der Dramaturgie lassen sich ihre verbundenen Augen als Illustrierung des Ortes, des »Brunnens der Blinden«, einordnen. Dieser Aspekt wird hier auch performativ hervorgebracht, indem beide sich langsam an die Wände vortasten, die Arme permanent seitlich oder nach vorn ausgestreckt. Allerdings reicht diese literarische Interpretation hinsichtlich der weiteren Verwendungen des Tuchs nicht aus. Einmal am Brunnen angelangt, schiebt Pelléas sein Tuch auf die Stirn, während Mélisandes Tuch weiterhin ihre Augen bedeckt, was am gemeinsamen Spiel nichts ändert. Im Gegenteil, ihre enge Vertrautheit wird dadurch ersichtlich, dass trotz unterschiedlicher äußerer Gegebenheiten – Pelléas »sehend«, Mélisande »blind« – sich beide weiterhin auf der gleichen Spiel- bzw. Verständnisebene bewegen. Beide reagieren prompt aufeinander, wobei Shaham und Trekel eine irritierende Darstellung bieten. Die Handlungen werden übergangslos und ungestüm ausgeführt, so dass jede Handlung als Vorgang isoliert und als minimale Sequenz analysiert werden könnte – z.B. das Hinsetzen, das Zeigen auf einen Punkt in der Ferne, das Sich-in-den-Brunnen-Stürzen usw. Von dorther gilt das Tuch weniger als Illustration des Ortes als vielmehr als Zeichen der Gemeinsamkeit zwischen Pelléas und Mélisande, es fungiert als Symbol ihrer unausgesprochenen Komplizenschaft. Diese These wird in der letzten Szene des dritten Akts, als Yniold verzweifelt versucht, »das Spiel mit dem schwarzen Tuch« mit seinem Vater nachzuspielen, bestätigt; doch greifen wir nicht vor.

Der zweite Knoten ist die berühmte »Haarszene«: Mélisande lässt ihr Haar bis zu Pelléas fallen. Mit der Eröffnungsszene des dritten Aktes bildet diese Szene das Kennzeichen der Oper und eine inszenatorische Herausforderung. Der Fall des Haares wird dramaturgisch mit »*Oh! votre chevelure!* ...« von Pelléas angekündigt und musikalisch mit zwei abwärts gehenden Triolen in den Flöten und Oboe, dann zweimal in der Harfe (Takte 54-55 und 60) gezeichnet. Debussy übernahm dabei den Dialog von Maeterlincks Theaterstück bis auf wenige Streichungen quasi unverändert. Dabei liegt die Regieanweisung im Dialog selbst:

Pelléas: *Vos cheveux ont plongés dans l'eau*
Mélisande: *Oui ... ils sont plus longs que mes bras, ils sont plus longs que moi.*[18]

Die Szene ist so grundlegend wie ihre Inszenierung empfindlich. Der Fall des Haares, das »*Oh*« von Pelléas, während Mélisande vermeintlich nichts davon merkt – hier gibt es so viele Elemente, die leicht ins Aufgesetzte oder Lächerliche kippen können. In diesem schwierigen Rahmen erweist sich die inszenatorische Lösung von Berghaus in zweierlei Hinsicht als meisterhaft. Zum einen spielt Berghaus die latente inszenatorische Lächerlichkeit vollends, statt zu versuchen, ihr zu entgehen. Zum anderen entstaubt und entmystifiziert die Regisseurin eine durch Konvention museal gewordene Schlüsselszene der Oper bzw. der Opernpraxis. Als inszenatorischen Gestus zur Darstellung des Haares wählt Berghaus eine abnehmbare Perücke mit steif abstehenden Haaren, welche während der Aufführung zugleich »befremdlich« und »komisch« wirken. Das ausgelöste »Befremden« lässt sich auf eine Erwartungshaltung zurückführen, in der diese Darstellung einerseits nicht vorkommt, wobei sie andererseits gegen alle vorkommenden Darstellungen verstößt. Anders ergeht es dem hervorgerufenen komischen Effekt. Wie wir bereits mehrfach bei unserer Analyse der Barbiere feststellten, hängt eine gelungene Komik weniger von den individuellen Erfahrungen und Erkenntnissen als vielmehr von der jeweiligen spezifischen Aufführungskonstellation ab.

---

18 | Pelléas: »Ihr Haar ist ins Wasser gefallen«
Mélisande: »Ja ... sie sind länger als meine Arme, länger als ich selbst ...«

Das Abnehmen des Haares kann zunächst mit keinem Element des vorhandenen Erfahrungs- und Erkenntnisrepertoires in Verbindung gebracht werden, so dass diese Handlung erst einmal eine Irritation (hier »Befremden«) bewirkt. Erst nach dieser Irritation tritt der komische Effekt ein. Hier wird das Abnehmen des Haares nicht unmittelbar an Mélisandes Figur gebunden, sondern als selbstreferenzielle Handlung aufgefasst: Jemand, hier Rinat Shaham, gibt seine Perücke ab und präsentiert so den kahlen Kopf darunter. Auf einer inszenatorischen Ebene erinnert dieser Gestus an Bartolos Auftritt, als er sich des Mantels, des Stocks und der Perücke entledigt, wobei erst mit Letzterem komische Effekte gelingen. Hier hingegen wird das Haar-Abnehmen nicht sofort als inszenierter Witz erkannt, sondern erst als einzelne Erscheinung, als ein »An-sich«, wahrgenommen. Die Haar-Abnehmen findet nach der verlängerten Generalpause »*Ils sont plus longs que moi*« statt; darauf beginnt Mélisande zu zittern, während Pelléas mit dem Haar sich selbst zu befriedigen beginnt. Berghaus rehabilitiert hier einen bereits dramaturgisch als ambivalent fixierten Schlüsselmoment. Durch die Inszenierung einer abnehmbaren, kecken, jedoch sehr begehrten Perücke kann die bisherige Faszination Pelléas' für Mélisandes Haar als pure Gier bzw. sexuelle Lust dargestellt werden. Jenseits romantisierender Inszenierungskonventionen, innerhalb derer diese Szene als gegenseitiges Liebesgeständnis interpretiert und dargestellt wird, entsteht hier ein distanzierter Darstellungsmodus, anhand dessen die Figuren mit nüchternem Blick betrachtet werden. Die Abgabe der Perücke markiert das Ende des gemeinsamen Spiels und den Beginn des Verhörs Mélisandes durch Pelléas, wobei seine geradezu irrationale Besessenheit von ihrem Haar hervorgehoben wird. Die Szene wird übergangslos verhängnisvoll. Berghaus wählt hier starke inszenatorische Gesten: die schwarzen Tücher als Augenbinde, das Onanieren von Pelléas mit dem Haar Mélisandes und das Zittern Mélisandes. Diese Gesten vermögen die Spannung zwischen Pelléas und Mélisande aufzubauen und offenzulegen.

Nachdem sie zum zweiten Mal zur Hälfte in den Brunnen getaucht ist, um Pelléas' Verhör zu entgehen, richtet sich Mélisande wieder auf. Hier verorten wir den dritten Aufführungsknoten. Mélisande beginnt, ihren Ehering in die Höhe zu werfen, wobei sie darauf achtet, genau über dem engen Durchmesser des Brunnens zu bleiben. Der Verlust geschieht, indem Mélisande, die Hände im Rücken, den Ring offensichtlich absichtlich ins Brunnenloch fallen lässt. Auf das darauf gesungene »*Oh!* ...« ertönt leises Gelächter, irgendwo, verteilt, im Zuschauerraum. Auf diese Weise wird ein Laut, der musikdramaturgisch als überraschte Reaktion angelegt ist, als Ironie inszeniert und als Komik aufgeführt. Mélisande wird hier als genaue Planerin des Verlusts ihres Ringes inszeniert. Der Verlust des Rings funktioniert an dieser Stelle als gelungene Komik. Da er in diesem Moment in eine andere Richtung schaut, sieht Pelléas den Verlust nicht. Er wird also durch das »Oh« alarmiert. Mit diesem Laut beginnt das gemeinsame Spiel wieder. Mélisandes »Oh« fungiert als neuer

Impuls, auf den Pelléas reagiert. Es folgt eine gemeinsame Reaktion: »beide [machen] keinen Versuch, den Ring zu suchen, sondern [richten] die Handeflächen nach oben und [spielen] pantomimisch ›ich weiß es nicht‹ bzw. ›ich war es nicht‹«. So wird zugleich sowohl die Komplizenschaft von Pelléas und Mélisande im Spiel als auch ihre gemeinsame Leugnung des absichtlichen Verlusts dargestellt.

SEQUENZ 4: SZENE 1, III (PELLÉAS UND MÉLISANDE): AUFFÜHRUNGSKLIMAX

Schon die Entstehung des Bildes ist faszinierend: langsam und lautlos erhebt sich ein schwarzer Zusatzvorhang, so dass das Bild erst allmählich entsteht. Währenddessen wird das musikalische Vorspiel leise jedoch sehr klar vorgetragen. In der Mitte steht eine monumentale, gelbe Treppe, die in krassen Kontrast zu dem ansonsten schwach beleuchteten Bühnenbild tritt. Beim Hochgehen des Vorhangs scheint die Treppe unendlich. Sie streckt sich bis über die Decke hinaus, so steil, dass sie quasi zweidimensional erscheint. Ihre genaue Breite vermag ich nicht einzuschätzen. Fest steht, dass eine einzelne Person auf dieser Treppe sehr klein scheint. Mélisande erscheint in der vertikalen und horizontalen Mitte der Treppe. Die ungewöhnlich hohen Stufen der Treppe und ihre Überbeleuchtung machen es zunächst schwer, die genaue Pose von Mélisande – ob sie sich anlehnt oder sitzt – zu erkennen. Nach kurzer Gewöhnungszeit stellt sich heraus, dass sie sitzt. Als sie anfängt, ihr Lied a cappella zu singen, überfällt mich ein Schauder. Ihre Intonation ist beeindruckend tadellos, ihre Artikulation sehr klar, ihr Ausdruck schlicht und präzis. Das ist sehr poetisch und kraftvoll. Bei »je suis née un dimanche, un dimanche à midi« bewegt sie den rechten Finger zum Publikum hin, doch die Bedeutung erschließt sich nicht. Es könnte sich sowohl um eine Mahnung als auch um eine verführerische Geste handeln. Darauf erklingt die Musik. Ein gut gemachter dramatischer Effekt. Die Einsätze sind leicht, weich, aber stets präzis. Man merkt, wie sehr auf genaue Artikulation, Dynamik, auf einen homogenen Streicherklang und vor allem auf saubere Übergänge zwischen den unterschiedlichen instrumentalen Gruppen geachtet wurde. Die Motive gehen ohne Bruch von einer Holzbläsergruppe zu den Streichern über, so dass die musikalischen Linien fließend übereinander verlaufen bzw. ineinander übergehen. Es ist ein Vergnügen, die Musik Debussys so präzise und ausdifferenziert vorgetragen zu hören. Pelléas erscheint unten an der Kugel. Erneut habe ich seinen Auftritt verpasst. Irgendwann sitzt er mit offenen Armen da, die Handflächen nach oben gerichtet, und rutscht spielerisch die Kugel hinab. Diese Bewegung gibt ihm zugleich eine muntere und lässige Haltung: Er ist bester Laune. Im Folgenden schauen sich Pelléas und Mélisande gar nicht an, sondern singen beide zum Publikum hin. Dies erinnert sehr an Kupfers Holländer mit Simon Estes und Lisbeth Balslev. Weil Mélisande hinter Pelléas und räumlich höher steht, entsteht der Eindruck, dass sie auf ihn hinunterschaut. Nach »donne, donne, donne ...« steht Pelléas auf und läuft zur Treppe. Am Fuße der Treppe angelangt, steigt er die hohen Stufen hinauf, wobei dies im Verhältnis zu seinen bisherigen Bewegungen rasch und zielstrebig erscheint. Dabei fällt seine Choreographie besonders auf. Er bewegt sich genauso wie Golaud zu Beginn der Oper, als dieser sich zum ersten Mal in die Nähe von Mélisande wagt: Pelléas breitet seinen Mantel wie Flügel aus und geht nicht direkt auf Mélisande zu, sondern in kleinen Kreisen, macht einen Bogen um sie herum und setzt sich dann hinter sie. Bald zieht er seinen Mantel aus und legt ihn auf einer unteren Stufe neben Mélisande ab. Diese steife liegende Form sieht wie eine Leiche aus. Als Mélisandes Haar zum zweiten Mal in der Oper fallen sollte, gibt sie ihm erneut ihre Perücke, die er wieder gierig in Empfang nimmt. Wie beim ersten Mal am Brunnen hält Pelléas das Haar am Körper, doch masturbiert er diesmal nicht. Mélisande zittert diesmal auch nicht mehr. Sie ist jetzt ruhig, zurückhaltend, wartend. Ihr »Pelléas! Pelléas!« hört sich wie eine schmerzvolle Klage an. Als die Bässe die Ankunft Golauds ankündigen, wird die linke Seite der Treppe allmählich beleuchtet. Golaud steht in starrer Haltung, an die Treppe gelehnt. Seine Arme hängen am Körper herab. Seit wann Golaud an diesem Ort unbewegt verharrt, ist mir entgangen. Als er »que faites-vous ici?« singt, läuft er zum mittleren Bereich der Bühne, vor der Treppe und hinter der Kugel langsam hin und her. Seine Haltung hat sich geändert. Er läuft gebeugt, den Blick streng nach vorne gerichtet, und er schwenkt seine Unterarme wie ein Pendel langsam hin und her. Währenddessen verschwinden Pelléas und Mélisande Hand in Hand nach oben. Übrig bleibt das Haar Mélisandes auf den Stufen, ein etwas befremdlicher Anblick.

Diese Sequenz enthält eine Fülle prägender Eindrücke und Assoziationen, und zwar in aufführungsanalytischer, inszenatorischer und musikdramaturgischer Hinsicht. Aufführungsanalytisch gesehen lässt sich diese Sequenz in zwei Teile gliedern, welche jeweils drei Unterabschnitte umfassen. Während der erste kurze Teil eine zeitliche Untergliederung innerhalb der Hauptsequenz bildet – also die allmähliche Enthüllung der Treppe, das kurze A-cappella-Lied von Mélisande und der darauffolgende musikalische Einsatz –, wird im zweiten Teil eine dreifache Figurenanalyse von Mélisande, Pelléas und Golaud auf musikdramaturgischer, inszenatorischer und aufführungsanalytischer Ebene unternommen.

Die gelbe, grell beleuchtete Treppe stellt in räumlicher Hinsicht einen starken Kontrast zu den übrigen, dunkleren und schwach beleuchteten Bühnenelementen dar. Mit ihren hohen Stufen, ihrer quasi vertikalen Neigung, ihrer unendlichen Höhe, ihrer Breite und ihrer mittigen Stellung ist die Treppe als monumentaler Mittelpunkt inszeniert. Relevant für unser aufführungsanalytisches Anliegen ist allerdings weniger die inszenatorisch gelenkte Fokussierung als vielmehr ihre gelungene Wirkung: die hervorgerufene Bewunderung für einen erkannten inszenatorischen Effekt. Der Protokollstelle zufolge wird die Treppe wie eine Art Ekstase erfahren, womit weniger ein transzendentaler Zustand als vielmehr der Moment eines kontemplativen Kontrollverlusts gemeint ist. Die *A-cappella*-Stelle Mélisandes ruft in kürzester Zeit verschiedenste intensiv erlebte Rührungen hervor. Die zwei herausragendsten sind der »Schauder« und die Rührungstränen. Somit erweist sich die *A-cappella*-Stelle als eine besondere Sorte von Aufführungsknoten, als Aufführungsklimax. Die Beschreibung der Musik nach der *A-capella*-Stelle bildet eine der wenigen sehr präzise protokollierenden Passagen, was uns zum Aufstellen der These veranlasst, dass ein ekstatischer kontemplativer Zustand nicht identisch ist mit einem betäubten. Im Gegenteil, dieser besondere Zustand scheint den optimalen Rahmen zu bilden für ein scharfes Urteil. Ein berechtigter Einwand gegen diese These wäre, dass das scharfe, kritische Hören weniger aus dem benannten ekstatischen Zustand bzw. aus dem hervorgerufenen »Schauder« und den Rührungstränen resultiert, als vielmehr Ergebnis eines wirksam vollzogenen Bruchs zwischen der *A-cappella*-Stelle und dem Einsatz der Musik ist. Freilich ist auch dies sicherlich teilweise der Fall. Doch schließt sich beides gegenseitig nicht aus, sondern bildet vielmehr zusammen den vielfältigen emotionalen Rahmen, mittels dessen die jeweiligen auditiven, visuellen und haptischen Aufführungselemente eingeordnet werden.

VIER-SCHRITT- UND FIGURENANALYSE

1. Mélisande

Als Mélisande bei »*je suis née un dimanche, un dimanche à midi*« ihre Finger zum Publikum hin bewegt, ist nicht klar, was damit artikuliert wird bzw. werden soll. Erst mit der Entfaltung ihres Gemütszustands im Laufe der Szene wird diese Bewegung rückblickend gedeutet; dabei gliedert sich diese Entfaltung in drei bedeutsame Phasen.

Die erste Phase beginnt, als Pelléas Mélisandes Schönheit bewundert, die zweite geht von der Übergabe des Haares aus und die letzte fängt an, als Mélisande Golaud erblickt. Bei Pelléas' Ausruf und Aufforderung: »*Oh! Mélisande tu es belle ... Tu es belle ainsi ... penche toi, penche toi ...*«,[19] führt Shaham zwei feine, leicht übersehbare und dennoch aufführungsanalytisch grundlegende Gesten aus: Erstens hört sie augenblicklich auf zu lächeln und zweitens senkt sie den Kopf. Zur Interpretation dieser performativen Gesten fällt unausweich-

---

19 | Pelléas: »Oh! Mélisande, du bist so schön ... du bist schön so ... neige dich doch nieder ...« TNOC (1, III.) S. 158-159.

lich der Vergleich mit der Eröffnungsszene zwischen Mélisande und Golaud ein, an deren Dialog zunächst erinnert sei:

Golaud: N'ayez pas peur, Vous n'avez rien à craindre. Pourquoi pleurez-vous ici toute seule?
Mélisande: Ne me touchez pas! Ne me touchez pas!
Golaud: N'ayez pas peur ... Je ne vous ferai pas...Oh! vous êtes belle!
Mélisande: Ne me touchez pas! Ne me touchez pas ... ou je me jette à l'eau! ...[20]

Dramaturgisch verläuft dieser allererste Austausch zwischen Mélisande und Golaud konstant doppeldeutig. Golaud hat gerade die weinende Mélisande entdeckt und ihr geringes Alter festgestellt.[21] Deshalb duzt er sie, als er sie über die Gründe ihres Weinens befragt. Da Mélisande zurückschreckt, spricht er sie mit der höflichen Redewendung an. Doch kommt er nicht dazu, seine Worte vollständig zu äußern. Statt »*je ne vous ferai pas de mal*« (ich werde Ihnen nichts Böses antun) bricht er unmittelbar vor dem »*mal*« (weh, böse) ab, um die Schönheit Mélisandes zu bewundern. Dieser Moment wird musikalisch von den Streichern unterstützt[22] und somit vom übrigen *a cappella* des gesungenen Satzes eindeutig abgehoben. Inszenatorisch erfolgt allerdings Mélisandes Vergewaltigung. Bei dieser Sequenz wird die Parallelisierung der beiden Szenen geradezu gefördert: Die Bewunderung von Mélisandes Schönheit gibt gleichsam das Stichwort für die Gewalttat. Indem Shaham diese zwei performativen Gesten – also das verschwenderische Lächeln und das Kopfsenken – unmittelbar nach der Aussage von Pelléas durchführt, eröffnet sie zwei analytische Wege. Erstens wird eine frühere Szene der Aufführung aufgerufen und mit einer gerade erlebten in Verbindung gebracht; somit entsteht eine zeitliche Korrespondenz zwischen zwei unterschiedlichen Momenten derselben Aufführung. Dieser Zusammenhang wirft wiederum Probleme auf, die zweitens als analytischer Ausgangspunkt dienen. Vom Moment an, in dem das Wort »*belle*« (schön) als Stichwort für eine gewalttätige Handlung erkannt wird, gilt es, Sprache – ihre Funktion und ihre Verwendung bei den jeweiligen Figuren – zu problematisieren. Gefragt wird danach, *wie* die Figuren Sprache anwenden und welche Folgen dies hat im Hinblick auf eine vergleichende musikdramaturgische, inszenatorische und performative Opernanalyse.

---

20 | Haben Sie keine Angst. Sie brauchen sich vor nichts zu fürchten. Warum weinen Sie hier alleine?/Fassen Sie mich nicht an! Fassen Sie mich nicht an!/Haben Sie keine Angst ... Ich werde Ihnen nichts ... Oh! Sie sind aber schön!
21 | *»Une petite fille qui pleure au bord de l'eau?«*
22 | Vgl. (1, I.) TNOC Takte 64-66, S. 9.

Die zweite Phase der Entfaltung des Gemütszustands Mélisandes beginnt mit der Übergabe ihres Haares an Pelléas. Mélisande, in der geometrischen Mitte der monumentalen Treppe sitzend, sieht nicht nur sehr klein aus, sondern stellt auch eine plastische Störung dieses monumentalen Gleichmaßes dar. Als Pelléas in bester Laune auftritt, reagiert sie, wenn auch minimal, indem sie grinst. Dies bleibt dann auch ihre einzige direkte Reaktion auf Pelléas' Anwesenheit. Von nun an besteht ihre Grundhaltung darin, starr geradeaus zu schauen, wobei an einer Stelle unklar ist, ob sie nicht doch zu Pelléas hinunterschaut. Selbst als Pelléas die Treppe hinaufsteigt, schaut sie nicht zu ihm hinunter, sondern weiterhin geradeaus zum Publikum hin. Eine Haltung, die sie mit Pelléas teilt: Beide singen strikt nach vorne gewandt. Assoziiert wird dieses Verfahren mit Harry Kupfers Inszenierung von Wagners *Fliegendem Holländer* (1985),[23] in dem der Holländer (Simon Estes) und Senta (Lisbeth Balslev) sich in zwei deutlich getrennten Räumen bewegen, ohne einander anzuschauen. Während Estes von hinten auftritt und den mittleren Bereich der Bühne nie überschreitet, bleibt Balslev links der Treppe sowie im vorderen und mittleren Bereich der Bühne. Ihr Duett »*Wie aus der Ferne längst vergangener Zeiten*« im *Finale* des zweiten Aktes – beide schauen beim Singen konsequent nach vorne – stellt den Höhepunkt dieses Verfahrens dar. Kupfer versinnbildlicht mit dieser Darstellung die Sehnsucht Sentas nach einem nichtexistenten Holländer. Wie bei allen Erscheinungen des Holländers findet das Duett allein in ihrer Imagination statt. Doch wo Kupfer den Traum Sentas darstellt, die sich ihrer unerträglichen Umgebung zu entziehen sucht, inszeniert Berghaus zwei existierende Figuren. Die Schnittstelle beider Inszenierungen – welche ansonsten hinsichtlich Gegenstand, Konzeption und Ästhetik nur begrenzt vergleichbar sind – besteht in der Darstellung eines vermeintlichen Liebespaares. Denn die Protagonisten existieren nebeneinander, kommunizieren jedoch niemals miteinander: Der Holländer richtet sich ebenso wenig an Senta wie Pelléas an Mélisande und umgekehrt. Vielmehr singen Pelléas und Mélisande für sich und somit auch aneinander vorbei. Die Figuren sind einzig durch ihre gemeinsame Einsamkeit »verbunden«. Dieser Moment unterscheidet sich also stark von der Gemeinsamkeit am Brunnen zuvor. Dort zeigten Pelléas und Mélisande eine enge Komplizenschaft im gemeinsamen Spiel, hier besteht ihre »Verbundenheit« in ihrer jeweiligen Selbstbezogenheit. Die Reaktion von Mélisande nach Übergabe ihres Haares fällt dementsprechend hier anders aus. Shaham zittert diesmal nicht, sie senkt den Kopf und wartet ab. Ihre gerade Haltung im Sitzen, die Sparsamkeit ihrer

---

23 | *Der Fiegende Holländer,* Bayreuther Festpiele 1985, mit Simon Estes (Holländer), Lisbeth Balslev (Senta), Matti Salminen (Daland), Robert Schunk (Erik), Anny Schlemm (Mary) und Graham Clark (der Steuermann Dalands). Musikalische Leitung: Woldemar Nelsson, Inszenierung: Harry Kupfer, Bühnenbild: Peter Sykora, Kostüme: Reinhard Heinrich. Deutsche Grammophon 1985-2005, Finale, Nr. 6.

Bewegungen, ihr gesenkter Kopf weisen auf einen allmählichen emotionalen Rückzug hin. Sie lässt die Geschehnisse über sich ergehen. Dabei handelt es sich weniger um eine in der Rezeptionsgeschichte dieser Oper viel behauptete vermeintliche Passivität und Naivität Mélisandes als vielmehr um enttäuschte Hoffnungen und Resignation – eine Erkenntnis, die für die Interpretation des dritten Moments der Entfaltung von Mélisandes Gemütsverfassung von Bedeutung ist.

Der dritte Moment ist der Ausruf Mélisandes – ihr Ruf nach Pelléas –, welcher die stete Polyvalenz der Sprache Maeterlincks, hier unverändert von Debussy übernommen, geradezu exemplarisch zu illustrieren vermag. Es sei an den Dialog zuvor erinnert:

Mélisande: *Laisse-moi, laisse-moi ... quelqu'un pourrait venir ...*
Pelléas: *Non, non, non; je ne te délivre pas cette nuit ... Tu es ma prisonnière cette nuit, toute la nuit, toute la nuit ...*
Mélisande: *Pelléas! Pelléas!*[24]

Ob in performativer, inszenatorischer oder musikdramaturgischer Hinsicht, der Ruf Mélisandes nach Pelléas lässt sich erst im umfassenden Zusammenhang erfassen. Dramaturgisch lässt sich diese ganze Szene in drei Teile und einen Prolog unterteilen. Den Prolog bildet ein »altfranzösisches« *A-cappella*-Lied – von Debussy komponiert. Der erste Teil erstrickt sich vom Auftritt Pelléas' bis zum Fall von Mélisandes Haar. Ein grundlegender Moment dieser nächtlichen Begegnung ist der Moment, als Mélisande Pelléas erfolgreich von seinem Ausbruchplan am nächsten Tag abbringt:

Mélisande: *Tu ne partiras pas?*
Pelléas: *J'attendrai, j'attendrai ...*
Mélisande: *Je vois une rose dans les ténèbres ...*[25]

Wir zeigen hier zwei diametral entgegengesetzte Ansätze, die das breite Interpretationsfeld der Sprache Maeterlincks zu illustrieren vermögen: den buchstäblichen und den metaphorischen. Wo der erste *per definitionem* keiner weiteren Ausführung bedarf, bedarf der zweite als Erstes der genaueren Bestimmung. Pelléas, Mélisande und Golaud sind durch ihren jeweiligen

---

24 | Vgl. (Lass mich, lass mich ... jemanden könnte kommen .../Nein, nein, nein; diese Nacht nicht ... du bist meine Gefangene diese Nacht, die ganze Nacht, die ganze Nacht .../Pelléas! Pelléas! ...), (1, III.) TNOC Takte 151-162, S. 173-174.
25 | (Du wirst nicht gehen .../ich werde warten, ich werde warten .../Ich sehe eine Rose in der Finsternis ...).

Wortschatz, ihre Syntax und die von ihnen verwendeten rhetorischen Figuren bereits dramaturgisch gekennzeichnet. Debussy unterstreicht manche entsprechende Aspekte der Sprache Maeterlincks, indem er Passagen hervorhebt bzw. streicht. Wenn wir hier an die Binsenweisheit hinsichtlich des Entstehungsprozesses einer sogenannten Literaturoper erinnern, so deshalb, um auf die spezifische Schwierigkeit der textlichen Vorlage hinzuweisen: Maeterlincks Sprache, die mit der Reduzierung auf eine »symbolische« Sprache längst nicht erfasst wird. Eine ausführliche Untersuchung der Sprache Maeterlincks ist allerdings nicht der Gegenstand dieser Arbeit; für unser aufführungsanalytisches Anliegen sei in erster Linie an zwei besonders wichtige Merkmale erinnert: die stete polyvalente Verwendung einzelner Wörter und die elliptische Syntax.[26] Zu diesem Zeitpunkt der Analyse gilt es zunächst, eine Hypothese zur Funktion der Sprache zu formulieren, die jedoch erst allmählich bestätigt bzw. widerlegt werden kann. Die Hypothese lautet: Pelléas, Mélisande und Golaud sind zwar sprachlich und teilweise musikalisch charakterisiert, scheinen jedoch allesamt die Sprache als subversives Mittel einzusetzen: Mélisande durch ausweichende Antworten, abrupte Themenwechsel oder offensichtliche Lügen, Pelléas durch die stete Abwechslung zwischen doppeldeutigem Wortschatz und eindeutigen Aufforderungen, die ihn alles andere als naiv erscheinen lassen. Golauds Sprache ist am wenigsten subversiv, denn er kündigt noch am deutlichsten seine Handlungen an – wie wir in seinen Wutausbrüchen in den Akten II, 2, III, 4, IV, 2 und V sehen werden –, doch kehren wir zunächst zum Rosenbeispiel zurück.

Bei der »Rose« handelt es sich, in Anlehnung an Olivier Rebouls Terminologie, um eine Metapher *in absentia*.[27] Assoziiert wird hier das Schloss Allemonde mit seiner »Finsternis«. Die Metapher der Finsternis versinnbildlicht die bedrückende und feindselige Atmosphäre des Schlosses. In diesem Kontext ist die »Rose« weder als Blume noch als Liebeszeichen zu deuten. Vielmehr geht es

---

26 | Ellipse: rhetorische Figur, in der signifikante Elemente fehlen, was beispielsweise dem Nachahmen von Gesprächen dienen kann.

27 | In der Metapher wird eine Tatsache nicht direkt benannt, sondern über einen anderen Terminus bezeichnet. Dabei erfolgt die Wahl des Terminus durch seine bildliche Ausdruckskraft, welche eine Situation, einen Gemütszustand etc. unmittelbar zu vermitteln vermag. In seiner *Rhetorik* unterscheidet Olivier Reboul vier Formen der Metapher: 1) der echte oder wahre Vergleich (*la comparaison vraie*), indem Vergleichsworte – »wie«, »als ob« etc. – benannt werden; 2) der verkürzte Vergleich (*la comparaison similée oder comparaison abrégée*); 3) die Metapher *in praesentia*, in der das verglichene Element durch Verschwinden des Vergleichsworts eine eigene Identität übernimmt; 4) die Metapher *in absentia*, in der das verglichene Element selbst verschwindet; in: Reboul, Olivier: La rhétorique, 6. Aufl., 1998, S. 46.

hier um die Benennung einer fragilen und ephemeren Hoffnung, an die Mélisande sich zu klammern sucht: Pelléas. Debussy vertont diesen Augenblick als Hemiole,[28] wodurch Instabilität und Unregelmäßigkeit zum Ausdruck gebracht werden. Dem mit Dämpfer gespielten Hornmotiv in Sekundabstand wird ein wiederholtes, abwärtsgehendes Achtelmotiv entgegengesetzt. Während das erste Hornmotiv ein bohrendes In-sich-Drehen bildet, bietet das zweite Geigenmotiv einen leichten Kontrast, der eine harmonische Reibung zu einer rhythmisch bereits instabilen Struktur hinzufügt. Dabei treten beide Motive weder zum ersten Mal noch zufälligerweise auf. Denn während das Triolenmotiv bereits zuvor für die musikalische Schilderung der Grotte eingesetzt wurde, finden wir das abwärtsgehende Achtelmotiv in alterierter Form und meist in den Holzbläsern ebenso wie zuvor mit Pelléas assoziiert.[29] Somit ist die metaphorische Interpretation dieser Stelle auch musikalisch vorhanden. Dass Pelléas die Rosen-Metapher nicht versteht, schafft den dramaturgischen Ausgangspunkt eines zunehmenden Auseinandertreibens von Pelléas und Mélisande.

Nun lassen sich diese dramaturgischen und musikalischen Erkenntnisse erst aus der Performanz Shahams ableiten: ihr erlöschendes Lächeln, ihr Kopfsenken, die gerade und steife Haltung ihres Oberkörpers, all diese Elemente lassen auf den emotionalen Rückzug Mélisandes schließen, was es wiederum ermöglicht, neue Hypothesen zu ihrem Verhältnis zu den weiteren Figuren aufzustellen. Shahams präzise Intonation und deutliche Artikulation bieten zweifelsohne nützliches analytisches Material, das eine Fokussierung auf die musikalische Führung wesentlich erleichtert. Shaham singt ihr »*Pelléas*«[30] ohne Eile, ohne schleppende Emphase. Sie führt das aus sechs Noten bestehende Abwärtsmotiv schlicht und ohne überflüssig gedehntes *Smorzando* voran. Allein eine leichte Unterstreichung des aufgezeichneten *Tenuto* vermag die Klage Mélisandes erklingen zu lassen und somit ihr »*Pelléas*« als Seufzen zu erfassen. Vom Moment ihrer missverstandenen Metapher der »Rose« an verliert Mélisande ihren engsten Verbündeten und Spielkameraden. Ihr »*Pelléas*« artikuliert somit einerseits die Resignation über eine wiederholte verhängnisvolle Lage, andererseits den Verlust und die Trauer über die Veränderung von bzw. die enttäuschende Erkenntnis über Pelléas: dass er im Laufe der Zeit Golaud immer ähnlicher wird.[31]

---

28 | Hemiole: Spiel zwischen binären und ternären Rhythmen. Es entsteht dadurch der Eindruck einer Verlangsamung bzw. Beschleunigung des rhythmischen Flusses. Vgl. (1, III.) TNOC Takte 78-79, S. 162.
29 | Vgl. (2, II.) TNOC S. 130-133.
30 | Vgl. (1, III.) TNOC S. 174.
31 | Debussy strich sämtliche Stellen mit zeitlichen Angaben, hielt sich aber an den zeitlichen Ablauf Maeterlincks. Zwischen dieser Szene und der vorigen sind »einige Wo-

2. Pelléas

Schon in seinem munteren und selbstbewussten Auftritt unterscheidet sich Pelléas von seinen vorigen Darstellungen. Als Erstes duzt er Mélisande, was nicht nur ihre Annäherung illustriert, sondern auch die zwischen dieser Szene und der vorigen Szene (II, 3) verstrichene Zeit. Inszenatorisch lässt sich die Entfaltung von Pelléas' Gemütszustand in drei Abschnitte unterteilen: erstens von seinem Auftritt bis zum Besteigen der Treppe, zweitens von dort bis zur Übernahme des Haares Mélisandes und drittens von jenem Moment bis zum Ende. Die erste Phase zeichnet sich durch die räumliche Entfernung beider aus: Pelléas auf der Halbkugel sitzend und Mélisande in der Mitte der Treppe, ebenfalls sitzend. Wie bereits dargelegt, wenden sie sich dabei nicht einander zu, sondern zum Publikum. Auch als Pelléas sich umdreht, geschieht dies nicht, um mit Mélisande zu kommunizieren. Hier beginnt die zweite Phase: Pelléas' Aufstieg. Er beginnt damit, seinen langen Mantel wie Flügel seitlich auszubreiten, und zwar »genauso wie Golaud zu Beginn der Oper, als dieser sich zum ersten Mal in die Nähe von Mélisande wagt«. Bislang ließen sich Parallelen zwischen Golaud und Pelléas lediglich durch ihre ähnliche Ausstattung erschließen, welche bis auf die Farben identisch ist: Beide tragen ein rechteckiges langärmeliges Hemd und eine Dreiviertelhose unter einem fußlangen, steifen Mantel und einen länglichen, ovalen Helm als Kopfbedeckung. Dieser Ähnlichkeit wird hier eine inszenatorische bzw. choreographische Dimension hinzugefügt. Bemerkenswert ist die Wahl des inszenatorischen Gestus, um diese brüderliche Gemeinsamkeit zu unterstreichen, nämlich der »Raubtier«-Gestus – der Gestus Golauds vor der Vergewaltigung Mélisandes. Da dieser inszenatorische Gestus bereits während der Aufführung als solcher erkannt wird, stellt sich die Frage nach seinen aufführungsanalytischen Implikationen. Zunächst wird die aufführungsbedingte Spannung beträchtlich erhöht, denn es wird mit einer erneuten Gewalttat an Mélisande gerechnet. Daraus lässt sich schließen, dass allein die wiederholte Durchführung dieses inszenierten Gestus genügt, um seinen ersten Kontext (die Eröffnungsszene), seine Erfahrung (das Schockerlebnis und die damit einhergehende angespannte Erwartungshaltung) und seine Interpretation (die Thematisierung von Gewalt und Sprache) zu vergegenwärtigen. Dies definierten wir bereits als Korrespondenz.

Als Pelléas erneut das Haar von Mélisande erhält, kommt es zur erwähnten Korrespondenz mit der Brunnenszene. Erneut stürzt sich Pelléas auf das Haar und reibt sich damit am Körper. Allmählich entfaltet sich die Begierde Pelléas' als weitere grundlegende Thematik; daran sei die stete Ambivalenz von

---

chen, vielleicht nur einige Tage ...« (»quelques semaines, peut-être queleques jours ...«, Arkel zu Pelléas), gestrichen II, 4.

inszeniertem Dargestelltem bzw. aufgeführter Performanz exemplarisch dargelegt: Einerseits schaffen das gedämpfte Licht auf ein schlichtes, monumentales Bühnenbild, das alle Figuren klein und zerbrechlich erscheinen lässt, die langsamen Bewegungen und die präzise und leise gespielte Musik eine ruhige und entspannende Atmosphäre; andererseits entsteht in diesem »betörenden« Kontext immer wieder pure Gewalt, wodurch die Sprache entweder außer Kraft gesetzt wird oder in ihrer äußerst dunklen und zynischen Dimension erscheint. In diesem Rahmen können die wiederholten Aufforderungen von Pelléas weder als »naive« Erregung des Opernliebhabers noch als »kindliche« Aufregung einer ersten Liebe gedeutet werden. Pelléas unterscheidet sich von Golaud einzig in der Fokussierung seiner Begierde: Während Golaud den Körper Mélisandes begehrt und missbraucht, fokussiert sich Pelléas mit ähnlicher Heftigkeit auf ihr Haar. Mélisandes Ausruf »*Pelléas*« dürfte also erneut statt als Liebesbekenntnis als eine schmerzhafte und resignierte Klage gedeutet werden.

Sodann beginnt die dritte und letzte Phase. Pelléas und Mélisande stehen gemeinsam auf, den Blick weiterhin nach vorn gerichtet. Pelléas, auf einer unteren Stufe stehend, hüllt sich in Mélisandes Mantel, als Golaud musikalisch eingeführt wird. Diese Umhüllung als Liebesgeste zu deuten, stünde im starken Widerspruch zu den vorigen Erkenntnissen. Vielmehr wäre eine gegenseitige Schutz- bzw. Fluchtsuche denkbar, bei der beide Figuren eine neuartige Gemeinsamkeit schaffen würden – ob beabsichtigt oder nicht. Diese Hypothese kann allerdings erst nach weiteren Erkenntnissen über die Aufführung bestätigt bzw. widerlegt werden. Als Golaud eingeblendet wird, fällt zweierlei auf: seine Starrheit und eine neue Armbewegung.[32] Es kommt zu zwei parallel laufenden Handlungen: Einerseits steigen Pelléas und Mélisande Hand in Hand die Treppe empor, sehr langsam und geräuschlos; andererseits beginnt Golaud vor der Treppe zu laufen, mit stets balancierend ausgestreckten Armen. Da keiner der beiden ihn wahrnimmt, entsteht der Eindruck, dass Golaud sich weniger an Pelléas und Mélisande als vielmehr an sich selbst wendet bzw. mit sich redet. Ob er versucht, sich selbst zu überzeugen, oder ob diese Darstellung die erste Stufe seiner pathologischen Eifersucht ist, lässt sich an dieser Stelle noch nicht sagen. Roman Trekel stellt mit seinem leisen und verzögerten Auftreten, seiner konsequenten Langsamkeit und seinen luftigen, schwebenden Schritten die Sonderstellung von Pelléas im Reich Allemonde dar. Er ist eine unmerkliche Gestalt, die sich im langsamen Rhythmus ihrem Umfeld anpasst, ohne dazuzugehören. Trotz der unbestreitbaren gesanglichen und darstellerischen Qualität Trekels prägt die Figur von Pelléas das Aufführungserlebnis wenig. Vielmehr ergibt sich seine aufführungsanalytische Erfassung *ex negativo*. Dramaturgisch

---

32 | Vgl.: »*Que faites-vous ici?*« singt er, noch an die linke Treppenseite gelehnt.

gesehen evoziert Pelléas keine Ereignisse, er treibt die Handlung nicht voran, sondern reagiert lediglich auf das Geschehen. Performativ wird er von Anfang an in Verbindung und damit in Vergleich mit Golaud gebracht. Golaud hingegen bildet die erste performative Referenz, anhand derer Pelléas, Arkel und später sogar Yniold erfasst werden.

Diese erste Aufführung wurde sehr zwiespältig aufgefasst. Einerseits erzeugten die gesamte Ausstattung und die gedämpften Lichtspiele Faszination; die präzise und ausdifferenzierte Orchesterführung bereitete einen ästhetischen Genuss und förderte eine verschärfte auditive Fokussierung; und die Treppenszene wurde in zweierlei Hinsicht zum Paradigma dieser Aufführung: erstens als verdichteter Ort von Aufführungsknoten – es kam zu verschiedensten physiologischen Reaktionen (Schauder, Tränen) und Spannungen (Rührung, erhöhte Anspannung), und zweitens als Moment, in dem sich eine zeitliche Korrespondenz mit einem früheren Moment der gleichen Aufführung entwickelte. Andererseits aber prägten negativ erfasste Vorgänge (vgl. die Vergewaltigung von Mélisande durch Golaud, Pelléas' wiederholtes Masturbieren mit Mélisandes Haar) das Aufführungserlebnis und seine analytische Verarbeitung beträchtlich. Dies bewirkte dreierlei: Erstens führte es zur Herausarbeitung neuer musikdramatischer Problematiken, innerhalb derer zweitens die Figurenkonstellation neu reflektiert werden konnte bzw. musste. Somit ist drittens eine aufführungsanalytische Grundlage geschaffen, anhand derer die Rezeptionsgeschichte dieses Werks in ihrer historischen Bedingtheit kritisch betrachtet werden kann. Zu den musikdramaturgischen Problematiken, die vor dieser ersten Aufführung entweder kaum oder nicht in diesem Maße in Betracht gezogen wurden, zählen: 1) die Gewalt und die Funktion der Sprache; 2) die sexuelle Begierde von Golaud und Pelléas und die dadurch entstandene Sexualisierung – statt Erotisierung – von Mélisande; 3) der Rückzug aller Figuren in sich selbst und das darauf folgende »Aneinander-vorbei-Reden«. Die Figuren wurden insofern zugleich in ihrer jeweiligen Einsamkeit und in ihrem Aneinander-vorbei-Reden erfasst. Müller-Brachmann prägt diese Aufführung an mehreren Stellen entscheidend: Durch seine Pantomime entpuppt sich die Umhüllung Mélisandes als Vergewaltigung, seine Darstellung des Wahns wirkt überzeugend und mitleiderregend. Shaham als Mélisande liefert die prägendste Figurendarstellung ab. Mit ihrer präzisen Intonation und Artikulation, ihrer schlichten Führung der musikalischen Linie präsentiert sie auch darstellerisch eine höchst differenzierte Mélisande: Nicht naiv und nicht unschuldig einerseits, begehrt und missbraucht andererseits, bietet sie eine sehr ambivalente Mélisande. Ihr »*Oh*« beim Verlust des Ringes lässt sich beispielsweise sowohl als komplizenhaftes Spiel mit Pelléas als auch als verfälschte, dargestellte Naivität erfassen. Höhepunkte ihrer Darstellung bilden das Ab- und Wiederanlegen ihrer Perücke – eine Handlung, die jedes Mal anders erfasst wird.

Exkurs 2: Inszenierungsanalyse von *Pelléas et Mélisande*

1. Inszenierungskonzeption von Ruth Berghaus

Dank der freundlichen Unterstützung Maxim Dessaus erhielten wir eine umfassende Dokumentation zu dieser Inszenierung, darunter Notizen und Klavierauszug der Regisseurin, protokollierte Gespräche der Regisseurin mit ihrem Team, aus Sigrid Neef (Dramaturgie) und Hartmut Meyer (Ausstattung) bestehend, Interviews des Dirigenten Michael Gielen sowie umfangreiches Bildmaterial, Rezensionen und eine Videoaufnahme,[1] die für unsere Analyse grundlegend sein sollte. Da uns hier die Dokumentation zur Probezeit fehlte, konnten wir weder die Verarbeitung der inszenatorischen Gesten und Knoten zu performativen untersuchen noch den spezifischen Einfluss der jeweiligen SängerInnen im Entstehungsprozess erforschen. Um die inszenierungsanalytischen Erkenntnisse für unser aufführungsanalytisches Anliegen anwendbar zu machen, mussten wir folgerichtig eine andere Strategie als beim *Barbier* wählen. Statt des unentbehrlichen Anteils der Performanz im Inszenierungskonzept erforschten wir folglich erstens die Intentionen – also die Überlegungen und erzielten Effekte der Inszenierung – und zweitens die Produktion und Variation der eingesetzten Mittel – also die inszenatorischen Gesten. Insofern befassen wir uns mit den Inszenierungsmaterialien und Konzeptionsgesprächen des Regieteams vom 1. August 1990 bis zum 15. Oktober 1990. Anhand dieses Zeitfensters erstellten wir zwei einheitliche Konzeptionen, die wir »erste Fassung – RBA 424« und »zweite Fassung – RBA 423« nennen.

---

[1] | Notizen von Ruth Berghaus zu Pelléas et Mélisande »Einführung« (RBA 3504); Klavierauszug mit Notizen zu Pelléas (RBA 676a und b); Konzeptionsgespräche zu Pelléas mit Ruth Berghaus, Sigrid Neef und Hartmut Meyer vom 1. August 1990 bis zum 11. Oktober 1990, Protokoll Katarina Lang (RBA 424); Bauprobe vom 15. Oktober 1990 (RBA 423).

Die ersten allgemeinen Bemerkungen gelten den Schauplätzen »Wald«, »Schloss« und »Gewölbe des Schlosses«. Den Wald beschreibt Berghaus als »das Verloren sein, die Suche nach sich selbst. Auch etwas Erotisches, Sexuelles, Animalisches – sich durch die Büsche zwängen«.[2] Er stellt den Kontext bereit, in dem sich Golaud und Mélisande zum ersten Mal begegnen. Unter den zahlreichen Interpretationsmöglichkeiten entscheidet sich Berghaus nicht nur für eine gängige erotische Deutung des Waldes, sondern für das »Sexuelle und Animalische«. Wo das »Sexuelle« auf eine nicht unproblematische, nicht hinterfragte Freud'sche Interpretation schließen lässt, stellt das »Animalische« einen interessanten interpretatorischen Zusatz dar. Der Wald wird dabei mit einem besonderen Teil seiner Bewohner, den wilden Tieren, gleichgesetzt. Insofern gelten Golaud und Mélisande als tierische Bewohner dieses Umfelds, jedoch unfreiwillige und daher auch verlorene. »Animalisch« an ihnen ist ihr Verhalten. Literarisch stellt diese Beschreibung eine erhebliche Schwächung der Inszenierungskonzeption dar. Denn so wird auch Golauds Vergewaltigung von Mélisande als etwas »Animalisches«, als sexuell unkontrollierter Impuls definiert, was nicht unproblematisch ist. Denn dadurch wird zum einen Golaud menschliche Zurechnungsfähigkeit abgesprochen und zum anderen wird er an der Stelle sehr vereinfacht und einseitig konstruiert, was in seiner inszenatorischen Entfaltung bzw. der ästhetischen Erfahrung der Aufführung nicht der Fall gewesen ist. Interessant ist der Einfluss der Orte auf ihre »Bewohner«. Das Schloss ist »wie ein fauler Apfel, alle sind schon angesteckt«.[3] Um zu begreifen, womit das Schloss seine Bewohner angesteckt hat, muss man sich die Beschreibung seines »Herzens«, der »Gewölbe des Schlosses« vor Augen führen. So kommentiert die Regisseurin den Besuch der Brüder in den Gewölben des Schlosses bereits in der ersten Fassung: »Der gleiche Ort, aber ganz anderes LICHT – andere Farbe oder wie in der vorigen Szene nur die Treppe hell, jetzt die ganze Bühne, kalt, trennend, hell«.[4] Wenn die Höhe der steilen gelben Treppe in der vorigen Szene zwischen Pelléas und Mélisande an einen Turm erinnern soll, wird hier der Eindruck eines unendlich tiefen Grabes erzeugt. Der Kontrast zur vorigen Szene wird durch verändertes Licht auf unverändertem Bühnenbild erzeugt. Die Lichtverhältnisse wechseln abrupt – von einer bläulichen Farbe zur – bis auf zwei wackelnde, grelle Lichtstrahler der Taschenlampen von Pelléas und Golaud – Quasi-Dunkelheit. Der Unterschied zwischen der Gewölbe-Szene (2, III) und der Terrassen-Szene (3, III) ist allerdings kein struktureller, sondern nur gradueller Natur. Denn der Ort, an dem sie sich befinden, bleibt weiterhin verhängnisvoll: »Wenn die beiden wieder draußen sind

---

2 | RBA 424, S. 2.
3 | RBA 424, S. 9.
4 | Akt III, Szene 2 und 3, unmittelbar nach Mélisandes Auftritt auf der riesigen gelben Treppe, RBA 424, S. 16.

(aus der Grotte), ist es, als wären sie im Grab gewesen, und sind nun auf dem Friedhof – es ist jetzt eine Friedhofszene«.[5]

Das Schloss ist vom Tod durchdrungen. Ob draußen oder drinnen, stets ruft es ihn hervor. Draußen in Allemonde herrscht eine Hungersnot, die Berghaus durch die stete Präsenz der »drei Armen« darstellt. Sie liegen in einer Ecke, werden von einem Ort zum anderen gescheucht, bleiben jedoch omnipräsent, wenn auch lautlos und im Hintergrund. Sie werden durch Figuren in fußlangen schwarzen Mänteln dargestellt, welche bis auf den fehlenden Hut wie Arkel ausgestattet sind. Dadurch wird eine Brücke geschlagen zwischen dem König Allemondes, welcher die Hungersnot seines Reichs bislang und weiterhin verdrängt, und den »Armen« des Reichs, die bei Mélisandes Tod ins Schloss eindringen und es nun restlos füllen. Auch innerhalb des Schlosses kommen die Bewohner fortwährend mit dem Tod in Berührung. Zwar in unterschiedlichen Ausmaßen, doch das Schloss macht *alle* seine Bewohner krank. Es verursacht eine unheimliche, schleichende, tödliche Krankheit, deren erste Opfer die Frauen des Reichs zu sein scheinen: Arkels und Golauds Frauen sind bereits gestorben. Einzig Geneviève ist noch übrig. Von ihrem über vierzig Jahre langen Aufenthalt im Schloss dürfte sie jedoch längst vom Unheil des Schlosses angesteckt worden sein. Sie wird deshalb als Verwalterin des Schlosses inszeniert. Denn das Schloss ist zwar ein verfaulter Apfel, jedoch eine »gut organisierte Abgehobenheit vom Boden und Leben«,[6] in der jede Figur ihre Funktion erfüllt. Geneviève hält das Schloss zusammen: »Sie ist Schließer, Portier, Zoll, liest die Briefe«. Sie ist »Aufpasser«, »Ehrengeleit« und »Polizist«.[7] Sie ist die Verwaltungs- und Kontrollinstanz des Schlosses und somit auch fest an es gebunden – bis Mélisande eingeführt wird und das fragile Gleichgewicht des Schlosses ins Wanken bringt. Mélisande ist deshalb in dieser Inszenierung keineswegs als Verbündete Genevièves inszeniert, sondern sie repräsentiert zu Beginn die drohende Instanz, die die strenge Organisation des Schlosses zunichtemachen kann und wird. Auch sie erkrankt tödlich, als sie die nahende Trennung von Pelléas ahnt (IV, 1): »Sie wird krank, versteht die Trennung nicht. Beide gehen dann nach verschiedenen Seiten ab«.[8] Bei den Männern nimmt die unbenannte Krankheit des Schlosses unterschiedliche Erscheinungsformen an. Der zähe alte König Arkel ist diesem Druck am längsten ausgesetzt und geht am besten damit um. Seine Stellung beschreibt die Dramaturgin Sigrid Neef bereits bei seinem Auftritt (I, 2): »Der Vater ist krank, der Älteste ist weg, der Jüngste

---

5 | RBA 424, S. 16.
6 | RBA 424, S. 14.
7 | RBA 424, S. 9.
8 | RBA 424, S. 18.

muss bleiben«.⁹ Seine Hauptbemühung besteht daher darin, die Bewohner im Schloss zurückzuhalten. Der kleine Yniold stellt den diametral entgegengesetzten Pol zu Arkel dar. Als jüngster Schlossbewohner ist er zu Beginn noch frei von jeglichem krankhaften Zustand. Dies ändert sich allerdings, nachdem er von Golaud zum Beobachten von Pelléas und Mélisande gezwungen wird (III, 2). Durch den Schock verliert er nicht nur seine Kindheit, sondern kommt zum ersten Mal in nahe Berührung mit dem Tod, der ihn von nun an nicht mehr verlassen wird. In diesem Kontext befindet sich der junge Pelléas in einem gefährlichen Zwiespalt. Er ist ein Jüngerer unter den Erwachsenen, jedoch kein Kind mehr. Es sei hier mit Nachdruck darauf hingewiesen, dass jede Reduzierung der Inszenierungskonzeption auf einen bloßen »Generationenkonflikt« unangemessen wäre. Denn die Konflikte entstehen nicht durch das Alter der Figuren, sondern ergeben sich aus der jeweiligen Entfaltung der Figuren. Wenn auch in unterschiedlichem Maße, so sind doch alle betroffen. Das Voranschreiten der Krankheit nimmt bei Golaud eine besonders quälende Form an. Sicher bleibt er, im Gegensatz zu Pelléas und Mélisande, am Leben, doch er verabschiedet sich zugleich von seinem Umfeld, indem er allmählich dem Wahnsinn verfällt. Bei ihm bricht die Krankheit aus, nachdem er Pelléas und Mélisande bei der nächtlichen Begegnung unterbrochen hat (1, III). Von dort an lassen sich fünf Stufen aufzeigen, bis Golaud endgültig »wahnsinnig« wird. Auf diese Stufen kommen wir im Folgenden noch ausführlich zu sprechen.

Alle Schlossbewohner werden in dieser Inszenierung als fremd gegenüber ihrem Umfeld angelegt: »Es gibt kein Vertrauen im Stück, sie vertrauen nicht einmal sich selbst. Die Liebe wird verheimlicht – auch vor sich selbst [...]. Im Stück ist Hoffnung ohne Illusion [...]. Immer spielen, dass alles fremd ist: Der Raum ist fremd, das Kostüm ist fremd – es schmiegt sich nicht an, schützt den Körper nicht.«¹⁰ In diesem Kontext wird Mélisande in doppelter Hinsicht verfremdet. Sie ist Fremde im Schloss und birgt als solche eine *andere* Fremdheit in sich als die Schlossbewohner. Die Konzeption der jeweiligen Figuren soll nun erläutert werden, beginnend mit Arkel und Geneviève, dann Pelléas, Yniold, Mélisande und schließlich Golaud.

Arkel ist sehr düster porträtiert – keineswegs weise, er begehrt Mélisande genauso wie Golaud und Pelléas zuvor, wenn auch aus anderen Gründen. Ihn interessiert die Jugend, die »Frische« von Mélisande, auch wenn diese hochschwanger ist. Als Beispiel dient uns die ausführliche Beschreibung seiner Pantomime (2, IV) in der zweiten Fassung:

---

9 | RBA 424, S. 5.
10 | RBA 424, S. 14.

»Arkel schleicht geil an der kleinen Wand vor auf den Spalt zu, kriecht in den Spalt und nährt sich im Spalt dem Hügel und Mélisande. Als Mélisande Arkel bemerkt, weicht sie entsetzt rückwärts kriechend (Krebsgang) nach rechts. Wenn Arkel an ihr dran ist, drückt er ihr die Beine auseinander, dann zieht Arkel Mélisande den Mantel aus, fasst ihr auf den schwangeren Bauch [...] Golaud kommt dazu, legt sich auf die Frau, drückt sie runter. Arkel schleicht an der Rückwand nach links und ab [...].«[11]

Selbst wenn wir einige Änderungen der Darstellung bei unserer ersten Aufführung feststellten – wie etwa stehende statt liegende Positionen oder das Drücken Mélisandes an die Wand statt auf die Kugel –, werden die inszenatorischen Intentionen beibehalten. Im Unterschied zu Golaud misslingt Arkel die Vergewaltigung Mélisandes. Weil er zu schwach ist, kann sie sich ihm noch rechtzeitig entziehen. Bemerkenswert ist allerdings die Diskrepanz zwischen dem angestrebten Effekt, nämlich der »Komik«,[12] und den dafür eingesetzten inszenatorischen Mitteln, der Vergewaltigung. Je extremer die ausgewählten inszenatorischen Gesten ausfallen, desto stärker hängt ihr Erfolg von der Performanz des Sängers ab. Bei Mélisandes Tod trägt Arkel den Säugling fort. So wird dargestellt, dass auf die Tochter Mélisandes eine ebenso grässliche Zukunft wartet, wie sie ihrer Mutter und Geneviève beschert war. Arkel und Geneviève verfolgen die gleichen Interessen – wenn auch aus unterschiedlichen Gründen: Pelléas muss bleiben. Für Arkel, weil er das fragile Gleichgewicht im Königreich Allemonde aufrechtzuerhalten sucht, für Geneviève, weil sie das letzte vertraute Wesen und den letzten Sohn verzweifelt dabeihaben möchte, gleichgültig, wie es ihm dabei erginge. Nachdem Mélisande zunächst eine Bedrohung für die Schlossordnung darstellte, erkennt Geneviève die »Nützlichkeit« der neu Angekommenen für ihre Pläne und nutzt diese gründlich aus. Sie sieht in Mélisande das unverhoffte Mittel, um Pelléas zum Bleiben zu überreden: »Geneviève sitzt, Körper frontal zum Zuschauerraum, auf dem Ende der »Bank«, die an die linke Wand des Röhrenganges anschließt. Geneviève liest einen Brief, dann presst sie den Brief in den Schoß. Wenn Mélisande vorn im Gang ist, schauen sich Geneviève und Mélisande an (Geneviève ist eine Kupplerin)«.[13] Doch selbst wenn der Plan, Pelléas an Mélisande und somit auch Golaud ans Schloss zu binden, von ihr stammt, hat Geneviève keinerlei Einfluss auf seine Verwirklichung. Pelléas und Mélisande entscheiden sich füreinander, und zwar aus ganz unterschiedlichen Gründen.

---

11 | RBA 423, S. 4-5.
12 | »Komisch ist, dass die Vergewaltigung nicht gelingt«, RBA 424, S. 18.
13 | RBA 423, S. 2.

Dramaturgisch wie inszenatorisch will Pelléas von Anfang an fort. Seine Stellung im Schloss lässt sich an der Beschreibung seines Auftritts (2, I) erläutern. Pelléas geht hin und her, während des ganzen Gesprächs zwischen Arkel und Geneviève: »Er passt einen Moment ab. Das Warten als Grundsituation ... Pelléas will hinaus, drückt gegen die Wände. Er hat keinen Brief, dann die Idee: will die Briefe lesen. Er hebt Zettel auf«.[14] Hier werden zwei grundlegende Züge der Figur dargelegt: die Nichtzugehörigkeit und das Hinauswollen. Während Arkel und Geneviève feste Standorte und Choreographien haben, mit denen sie den Raum füllen, sucht Pelléas stets nach einem Platz bzw. einer Aufgabe. Er irrt in einem Raum umher, der keinen Platz für ihn vorsieht. Er unternimmt drei vergebliche Versuche, sich zu positionieren. Zunächst versucht er, sich dem Gang Arkels anzupassen, findet dann eine eigene Aufgabe, indem er zwei Briefe aufhebt und an die linke Wand hängt, schließt sich weiter seiner Mutter Geneviève an, indem er Briefe in die Höhe schweben lässt, und kehrt schließlich wieder zurück nach hinten, ziellos. Bei unser ersten Aufführung erlebten wir eine viel minimalistischere Darstellung als in der Protokollstelle, indem Pelléas nicht mehr gegen die Wände drückte, sondern nur noch hin und her irrte. Auch hier wurde der Versuch, eine Nichtzugehörigkeit zu vermitteln, beibehalten. Dass Pelléas dieser Raum gänzlich fremd ist und er ihn zu verlassen versucht, wird durch sein stetes Hin-und-her-Schreiten artikuliert; er geht wie ein Gefangener auf engstem Raum. Doch auch nach Wandlung des Raumes zum offenen Ort bleibt er seinem Umfeld weiterhin fremd. In der darauf folgenden Szene mit Geneviève und Mélisande wird eine Parallele zwischen Pelléas' Abreisewunsch und der Ankunft Mélisandes gezogen.

»Gleich zu Beginn der Szene stehen sie (Pelléas und Mélisande) nebeneinander. Sie sieht nach vorne, er steht mit dem Rücken zum Zuschauer. Sie löst sich durch Geneviève aus diesem Nebeneinander [...]. Für Mélisande und Golaud ist es vorbei [...] Mit Pelléas fängt es an – sie wollen es beide und gehen in die Falle [...] Man muss die Austauschbarkeit spielen. Golaud nahm sie – jetzt nimmt sie genauso Pelléas, dann vergehen wieder acht Monate und es ist aus.«[15]

Pelléas ist das Ergebnis einer doppelten Problematik: Einerseits ist er durch seine Fremdheit im Schloss und seinen steten Wunsch, hinaus zu wollen, »der Zwilling« von Mélisande;[16] andererseits ähnelt er Golaud in seinen Handlungen immer mehr. Dies wird in den ersten beiden Szenen des dritten Aktes, der »Liebesszene«, exemplarisch dargestellt. Zunächst war als Mélisandes »Haar« ein rotes Tuch vorgesehen, in das Pelléas, am Fuße der Treppe stehend, sich

---

14 | RBA 424, S. 5-6.
15 | RBA 424, S. 7-8.
16 | RBA 424, S. 9.

wickeln sollte: »Er zieht das Tuch, das Tuch gibt nach, wird mehr. Dann wickelt sich auch Mélisande in ihr ›Haar‹/Tuch. Sie nähern sich einander: Mélisande etwas auf der Treppe nach unten/Pelléas nach oben steigend.«[17] So sollte das gemeinsame, zugleich kindliche und erotische Spiel von Pelléas und Mélisande dargestellt werden. Indem auf das lange Tuch als »Haar« verzichtet wurde, wurden beide Aspekte des Spiels, der kindliche und der erotische, auf unterschiedliche Szenen verteilt. Der kindliche wurde auf die Szene am Brunnen (1, II) vorverlegt, während die Erotik in der Treppenszene (1, III) präsentiert wurde. Doch bei der ersten Aufführung erlebten wir weniger diese stete Ambivalenz Pelléas' als vielmehr ein Kontinuum, innerhalb dessen Pelléas einen Wandel durchlief. Zu Beginn will er nur heraus aus dem Schloss. Zwar versuchen Arkel, Geneviève und Mélisande, ihn zum Bleiben zu bewegen, doch die Entscheidung zu bleiben liegt allein bei ihm. Der wachsende Wunsch nach Mélisande reißt ihn aus seinem bisherigen Zustand. Er wird fordernder, durchsetzungsfähiger und furchtloser auch gegenüber dem gefürchteten älteren Bruder. Er entscheidet sich für seine Schwägerin Mélisande. Ob und wenn ja, inwieweit Pelléas die Implikationen des Ehebruchs bedenkt, wird aus den Protokollen nur indirekt ersichtlich. Dazu ziehen wir die Inszenierung der dramaturgischen Klimax des Werkes (3, IV) heran, als Pelléas seine Liebeserklärung an Mélisande artikuliert und von Golaud getötet wird. Die Eröffnung dieser Szene wird in der ersten Fassung beschrieben wie folgt:

»Yniold geht vorbei – Pelléas kommt. Der eine verliert sein Kindsein, der andere erinnert sich ans Kindsein. Pelléas sieht Yniold und denkt an sich als Kind. Dabei hat Yniold etwas völlig anderes gerade erlebt, die Berührung mit dem Tod als Endpunkt allen Lebens. Yniold lässt den Ball rollen und geht selber [...] nach. Pelléas geht Yniold nach, weil er sich als Kind fühlt und nimmt den Traumball (einen großen Ball). Statt des Balles steht plötzlich Mélisande da [...]. Pelléas geht sofort auf die Treppe. Es ist das Wiederholungsbedürfnis, aber es klappt nicht.«[18]

In dieser Inszenierung stellt sich Pelléas die möglichen Folgen des Ehebruchs nicht vor. Doch geschieht dies weder aus blinder Liebe zu Mélisande noch aus Naivität, wie in romantisierenden Interpretationen suggeriert. Hier läuft er der eigenen Kindheit hinterher. Doch inszeniert Berghaus diese Flucht keineswegs im Sinne einer Flucht in eine imaginäre heile Welt. Stattdessen spricht die Regisseurin vom »Wiederholungsbedürfnis« der Figur, wobei die Ursachen dieses Bedürfnisses verborgen bleiben. Wir stellen deshalb die Hypothese auf, dass Pelléas weniger vor der Realität seiner bedrängenden Lage zu fliehen als vielmehr sich vergangene Momente zu vergegenwärtigen sucht. Auch in dieser

---

17 | RBA 423, S. 4.
18 | RBA 424, S. 22.

Interpretation kann Pelléas sich seiner Situation bewusst sein. Dieser Ansatz erlaubt es erstmalig, einen Zusammenhang zwischen ihm und Yniold herzustellen. Für Pelléas wird Yniold fälschlicherweise zur Allegorie einer idealisierten Kindheit, der er vergeblich nachläuft. Yniold jedoch verlor seine Kindheit in dem Moment, als sein Vater ihn zum Voyeur und Denunzianten machte. Yniold und Pelléas gehen deshalb im wörtlichen und metaphorischen Sinne aneinander vorbei. Gemeinsam ist ihnen nur noch ihre jeweilige Ausweglosigkeit. Bei seinem letzten Auftritt soll Pelléas genauso verletzlich, »nackt« und »ohne Schutz«[19] erscheinen wie Mélisande. Daher ihre einander gleichenden Kostüme: ein langes weißes Nachthemd, welches mit der bisherigen ausrüstungsähnlichen Ausstattung stark kontrastiert. Abgesehen von der etwas plakativen Symbolik der Unschuld durch das Weiß werden die Liebenden durch diese gleiche Kostümierung in ihrer jeweiligen Stellung endgültig miteinander verbunden. Pelléas wird von Golaud erstochen, doch es hätte genauso Mélisande sein können.

Zu Beginn ist Mélisande als starker Kontrast zu Golaud angelegt. Während die inszenatorischen Intentionen hinsichtlich Mélisande – ein Tier, das sich zum Sterben zurückzieht, sowie ihre Tötung durch Golaud – klar sind, lässt sich das dazu gewählte inszenatorische Mittel der Vergewaltigung durchaus diskutieren.

»Da fällt im Vorspiel beim Mélisande-Motiv die Krone runter. Sie tastet sich an der Wand entlang. Er (Golaud) kommt von der anderen Seite. Ein geknickter Riese/ein waidwundes Tier. Sie hatte sich wie eine Katze zum Sterben zurückgezogen. Nun laufen sie unweigerlich aufeinander zu. Die Vergewaltigungssituation: Töten des Tiers als Vergewaltigung [...]. Dabei fällt die Krone. Dann kommt man nicht mehr weg [...].«[20]

Fraglich ist, ob diese Intention durch den gewählten inszenatorischen Gestus aufgeht bzw. erkannt wird. Erkannt wird eine Gewalttat und die entsprechend bedrückende Ausgangssituation dieser Figur, nicht jedoch, *wofür* dieser Tat stehen soll. Wenn es sich darum handelt, die Tötung eines Tieres darzustellen, ist dies misslungen. Doch die Entscheidung für die Vergewaltigung Mélisandes wird im inszenatorischen Zusammenhang nachvollziehbar. Zum einen wird damit von den abstrahierenden Inszenierungskonventionen dieser Oper – in denen die Gewalt zwischen den Figuren entweder nicht thematisiert oder verharmlost wird – klar abgegrenzt; zum anderen dient dieser frühe Inszenierungsgestus dazu, den »Ton« der Inszenierung gleich zu Beginn anzugeben, welcher lautet: Selbst wenn der Raum, die Kostüme, die gedämpften Lichtverhältnisse und die leise gespielte Musik den Eindruck erwecken mögen, einer

---

19 | RBA 424, S. 23.
20 | RBA 424, S. 4.

der Welt entrückten Geschichte beizuwohnen, handelt es sich hier um düsterste individuelle und kollektive Aspekte einer gesellschaftlichen Realität: »Die Härte und die Übersensibilität – alles ist gleich am Anfang da«,[21] schreibt Berghaus im Protokoll. Dies bildet den Rahmen des Dialogs, der unmittelbar nach der Vergewaltigung Mélisandes erfolgt:

Mélisande: *Oh! vous avez déjà les cheveux gris ...*
Golaud: *Oui; quelques-uns, ici, près des tempes ...*
Mélisande: *Et la barbe aussi ... Pourquoi me regardez-vous ainsi?*
Golaud: *Je regarde vos yeux ... Vous ne fermez jamais les yeux?*
Mélisande: *Si, si je les ferme la nuit ...*[22]

Dass Mélisande nur nachts ihre Augen schließt, wird von Berghaus als Liebeserklärung aufgefasst: »Doch ich mache nachts die Augen zu – sehe deine grauen Haare nicht«.[23] Ob sich solch eine Liebeserklärung während der Aufführung erkennen lässt, hängt allerdings von der Performanz der Sängerin ab. An dieser Stelle nahm Shaham Golauds Helm in die Hände und betrachtete ihn amüsiert. Währenddessen suchte Golaud mit beiden Händen seinen Kopf zu bedecken, wobei nicht klar war, ob dieser inszenatorische Gestus Scham, Überraschung oder Schutzlosigkeit darstellen sollte. Eine Liebeserklärung ließ sich in dem Moment jedoch nicht erkennen. Dies stellt nicht nur die Frage nach der Rezeption eines performativen Gestus, sondern auch die Frage nach der Produktion eines effizienten inszenatorischen Gestus, welcher *per definitionem* darauf abzielt, erkannt zu werden. Ob und wenn ja, wie diese Problematik gelöst wird, wollen wir auf den folgenden Seiten ergründen.

Die Attribute, anhand derer Mélisande dramaturgisch gekennzeichnet wird – also ihr Haar, ihre Krone und ihr Ehering – bilden die Elemente, anhand derer die Frage nach der Übereinstimmung bzw. Diskrepanz zwischen inszenatorischen Intentionen und Gesten einerseits und ästhetischer Erfahrung und performativen Gesten andererseits exemplarisch ergründet werden kann. »Das Haar muss keck sein, vielleicht ein Zopf, den sie immer mit hat [...] wie ein Dach oder ein Hut – sie kann es ihm [Pelléas] immer zuwerfen«.[24] Als Erstes muss das Haar Befremden auslösen bzw. komisch wirken. Somit wird einerseits die Erwartung des langen, schönen Haares subversiv umgangen, anderer-

---

21 | RBA 424, S. 4.
22 | Oh! Sie haben schon graue Haare .../Ja, hier und da an der Schläfe .../Und der Bart auch ... Warum schauen Sie mich so an?/Ich schaue Ihre Augen an ... Sie schließen nie die Augen?/Doch, doch nachts schließe ich sie ... Vgl. (1, I.) TNOC S. 18.
23 | RBA 424, S. 4.
24 | RBA 424, S. 10.

seits wird die Faszination von Pelléas für das Kecke gleich mit distanziertem, gar kritischem Blick betrachtet. Auf diese Weise wird die Thematisierung von Mélisandes Haar für Pelléas verschoben: Nicht ihr Haar ist schön, sondern das, was Pelléas darin sieht. Es ist eine Projektionsfläche und braucht daher keinem Schönheitsideal zu entsprechen. Da das Haar sich außerdem abnehmen lässt und somit als Requisite verwendet wird, lässt es sich bezüglich Mélisande auch als Metonymie verstehen. Indem es zugleich zum Spielzeug (1, II), Objekt der Begierde für Pelléas (1, II und 1, III) oder zur verbliebenen Spur von Pelléas' und Mélisandes Liebeszene (III, 2) wird, erfüllt das Haar eine paradoxe Funktion. Es ist daher wenig erstaunlich, dass die Liebeszene (1, III), in der das Haar die Hauptrolle spielt, die meisten Variationen im Laufe der Entwicklung der Inszenierungskonzeption erfuhr. In der ersten Fassung beschreibt Berghaus die Liebeszene wie folgt:

»Sie liegt die Treppe abwärts – er klettert hoch – er klammert sich an ihr kleines Haar, beißt in die Treppe, um ihr Haar zu küssen [...]. Sie geht hoch und hinter ihr rollt sich ein Haarteppich herab – er kann höher und tiefer sein, sich in den Spalt legen, sich festkleben – Spielelement [...]. Der schönste Augenblick der beiden ist der mit dem Haar [...].«[25]

Hier ist das Haar als begehrenswertes Element angelegt, das Pelléas festhält und zu küssen versucht. Anders als in der vorigen Beschreibung, in der es keck und abnehmbar ist, muss es hier nicht komisch wirken. Im Gegenteil, es ist nun ein »Haarteppich«, der sich hinter Mélisande her rollt. Berghaus folgt hier der Regieanweisung, in der Pelléas von Mélisandes Haar überflutet wird. Dennoch bleiben Mélisandes Haare weiterhin ein »Spielelement«, das Pelléas in die unterschiedlichsten Lagen bringen kann. Der komische Grundgestus ist also weniger verschwunden als vielmehr auf eine andere Ebene verschoben worden. Ausschlaggebend ist nicht mehr die »Form« des Haares, sondern die Spielweise des Sängers mit ihm, also die Performanz. Die zweite Fassung lautet:

»Pelléas steht am Fuß der Treppe. Von oben fällt die Treppe herab, zuerst das rote Tuch/Haar, dann wird Mélisande sichtbar. Er zieht am Tuch, das Tuch gibt nach, wird mehr. Dann verwickelt sich auch Mélisande in ihr ›Haar/Tuch‹. Sie nähern sich einander: Mélisande etwas auf der Treppe nach unten/Pelléas nach oben steigend [...].«[26]

Statt durch eine lange Perücke wird das Haar durch ein langes Tuch repräsentiert. Dies stellt in mehreren Hinsichten eine geglückte Lösung dar. Das Haar wird nicht durch etwas ersetzt, was sonst nirgends wieder auftaucht und da-

---

25 | RBA 424, S. 13-14.
26 | RBA 423, S. 4.

durch aufgesetzt und zusammenhanglos wirkt. Das lange Tuch stellt vielmehr ein verbindendes Element zur vorigen Brunnenszene sowie zu den kommenden Szenen zwischen Yniold und Golaud und schließlich zwischen Golaud und Mélisande dar: Zunächst wird das Tuch als Zeichen des gemeinsamen Spiels zwischen Pelléas und Mélisande in der Brunnenszene eingeführt, dann taucht es in dieser Treppenszene als Requisite zu ihrem Liebesspiel auf, und wird dann wieder von Yniold als Spielelement verwendet, das er mit seinem Vater Golaud zu teilen sucht. Golaud ist aber zu der Zeit nicht nach Spielen zumute. Erst zum Schluss, als Mélisande bereits im Sterben liegt, begreift Golaud das Tuch als wichtiges gemeinsames Element von Pelléas, Mélisande und sogar Yniold und versucht, die Tuch-Spiele nachzuahmen. Doch ihm bleibt das, was durch die Spiele vermittelt wurde, weiterhin verborgen. So wird ein Zusammenhang geschaffen, in dem sich die inszenatorische Klimax entwickeln lässt. Der Aufbau der inszenatorischen Klimax fängt also nicht erst mit Beginn der Szene an, sondern ergibt sich aus einem längeren Prozess, der mit der Brunnenszene einsetzt. Das Tuch hat darüber hinaus praktische Vorteile. Denn ein langes, geschmeidiges Stoffstück bietet andere Spielmöglichkeiten für die Sänger als eine lange, schwere, am Kopf haftende Perücke. In der ausgewählten, nicht naturalistischen Bühnenästhetik stellt sich das Tuch-Haar geradezu als eine logische Fortsetzung der gesamten, gewaltigen, stilisierten Ausstattung dar. Doch in der Endfassung fällt die Tuch-Lösung in dieser Szene weg. Stattdessen bleibt das »kecke« Haar vom Anfang bis zum Ende vorhanden, wobei es sich in dieser Szene weniger um eine erotische Funktion im gemeinsamen Spiel handelt als vielmehr um die Darstellung des schwer nachvollziehbaren sexuellen Begehrens Pelléas'. Die Intention wird also beibehalten, geändert wird einzig der inszenatorische Gestus.

Die Krone wird in der Eröffnungsszene an zwei Stellen erwähnt, und zwar »im Vorspiel beim Mélisande-Motiv« und bei der Vergewaltigung,[27] wobei der genaue Zeitpunkt des Fallens noch offen bleibt. Allerdings sind in dieser ersten Fassung zwei Kronen, eine für Mélisande und eine für Golaud, vorgesehen: »Kronen: sie zwängen ein. Das Haar wird gebändigt. Man trägt eine Last ... Wenn ihr die Krone ins Wasser fällt – Zufall –, ist es eine große Erleichterung für sie.«[28] Golaud und Mélisande werden hier über ihren gemeinsamen königlichen Status eingeführt. Die Choreographie der Krone als Bindeglied zwischen ihnen unterstreicht diese Darstellung: »Die Krone [von Mélisande] rollt den Hügel runter und zu Golaud hin. Er ist sie/sie ist er«.[29] Doch bereits in der zweiten Fassung wird nicht nur auf diese königliche Gemeinsamkeit

---

27 | RBA 424, S. 4.
28 | RBA 424, S. 2.
29 | RBA 424, S. 2.

verzichtet. In der Endfassung verschwindet der inszenatorische Gestus der Gemeinsamkeit nicht: Statt durch die gemeinsame Krone wird er durch den ungeheuren »Schmerz«, den beide empfinden, dargestellt. Dies erläutern wir ausführlicher an anderer Stelle im Zusammenhang mit der Beschreibung Golauds. Festzuhalten bleibt, dass diese zwei Figuren durch ihre jeweiligen Kostüme, Choreographie und schließlich die Täter-Opfer-Situation zunächst sehr unterschiedlich dargestellt werden, was das Herstellen von Zusammenhängen erheblich erschwert. In diesem Kontext erwähnt werden muss noch das streng geometrische Loch, das als Brunnen dient. Denn seine Funktion erschöpft sich nicht in der Brunnenszene:

»Mélisande hat sich inzwischen hingelegt (wie ein verwundetes Reh), den Rücken zur Wand auf dem Hügel. Sie lässt die Krone ins Loch fallen, dann kriecht sie an das Loch heran, schaut hinein, den Kopf nach unten. Arkel und Geneviève, die schon in dem Loch stecken, und mit Papier (Briefen) überdeckt sind, pulsieren die Papiermasse auf – wabern wie Wasser. Hin und wieder wird auch die Krone mit hochgespült [...].«[30]

Das Spiel mit dem Loch wird schon in der zweiten Fassung gänzlich gestrichen. Doch die beiden grundlegenden Funktionen des Lochs bleiben erhalten. In der Brunnenszene (1, II) erfolgt daraus ein kurzer heftiger Wasserstrahl, der geräuschvoll auf die Kugel platscht. Pelléas und Mélisande sitzen um das Loch herum und beobachten ganz ruhig diesen durchaus komischen Effekt. Eine andere Funktion erfüllt das Loch in den zwei Szenen mit Pelléas und Golaud (2, 3, III). In diesen verhängnisvollen Momenten, in denen die Brüder sich pantomimisch gegenseitig umbringen, bildet das Loch den »Ausweg«, dank dessen Pelléas plötzlich verschwindet. Als Pelléas nicht mehr zu sehen ist, ersticht ihn Golaud, indem er mit seinem Schwert in das Loch hinein zielt. Doch kurz darauf taucht Pelléas ebenso plötzlich aus dem Loch wieder auf: »*Ah je respire enfin!*« (Ah! Endlich atme ich). In der ersten Fassung wird der Moment, in dem der Ring die Hauptrolle übernimmt, wie folgt beschrieben: »Pelléas wendet sich kurz von Mélisande ab und Mélisande wirft den Ring in den Spalt (hier muss der Dirigent befragt werden, ob es möglich ist, für den Ringwurf eine kleine Fermate zu machen, damit man den Wurf hört). Dann kriechen sie auf allen vieren, suchen den Ring und machen eine Geste mit den Händen, ›alles futsch‹.«[31] In den nächsten Fassungen suchen sie nicht einmal mehr ansatzweise nach dem Ring; der inszenatorische Gestus »alles futsch« bleibt allerdings.

---

30 | RBA 423, erste Seite (nicht nummeriert) und S. 1.
31 | RBA 423, Akt II, Szene 1, S. 3.

Golaud wird nicht primär als bösartige, eifersüchtige Figur dargestellt – im Gegenteil, von allen Figuren wird er am meisten zum Gegenstand inszenatorischer und plastischer Überlegungen, präsentiert als jemand, der »von der Realität mehr eingefangen [wird,] als er will«.[32] Von dorther entwickeln sich seine Szenen mit Mélisande (1, I; 2, II und V), Pelléas (2, 3, III) und Yniold (4, III). Sein Auftritt wird im Protokoll wie folgt beschrieben:

»Golaud: steckt zunächst den Kopf aus der Tür in der Wand links. Er steht gebeugt, Leibschmerzen, den Kopf tief. Dann ist er ganz zu sehen, dreht sich ein – den Kopf zur Tür. Dann läuft er in den Graben auf dem Hügel und Mélisande zu (eine andere Variante: er läuft, von hinten links auftretend zunächst an der Rückwand entlang und kommt dann vor in den Spalt).«[33]

Auch hier ändern sich einzig die Mittel zur Darstellung einer Intention, nicht jedoch die Intention selbst. Golaud hat »Leibschmerzen«. Für die Inszenierungsanalyse interessieren wir uns allerdings für diese Schmerzen weniger aus spekulativen Gründen – ob er beispielsweise möglicherweise geflohen ist, bei einem Kampf verletzt wurde etc. – als vielmehr für die Funktion dieser Schmerzen in der inszenatorischen Gestaltung dieser Figur. Wichtig ist der dargestellte geschwächte Zustand von Golaud, was eine Parallelisierung seiner Verfassung und Mélisandes Ausgangslage ermöglicht. Beide sind zu Beginn verloren und verletzlich, artikulieren ihr jeweiliges Verlorensein jedoch in diametral entgegengesetzte Richtungen. Golaud wird zum impulsiven Gewalttäter, während Mélisande von ihm missbraucht wird. Noch in der gleichen Szene zeigt er sich beschämt, wenn auch nicht wegen der Vergewaltigung, sondern wegen seiner grauen Haare. Auf diese Weise wird der Versuch unternommen, Golaud schon von Anfang an in seinem breiten emotionalen Spektrum darzustellen, dessen extreme Pole Gewalt und Verletzbarkeit bilden. Welche der beiden Komponenten die Oberhand gewinnt, hängt allerdings nicht mehr von der Inszenierungskonzeption, sondern vom Sänger ab. Bei der nächsten Szene mit Mélisande (2, II) wird Golauds Ambivalenz – also Verletzbarkeit einerseits und Gewalttäter andererseits – inszenatorisch zwar variiert, aber aufrechterhalten: »Golaud kommt wie ein geschlagener Bär aus dem Wald«. Allerdings wird seine Jagdverletzung als eine innere interpretiert: »der Körper weiß es eher als der Kopf«,[34] so beschreibt Berghaus dies schon in der ersten Fassung. Nicht Golaud, sondern sein Körper hat den Ehebruch gespürt, denn: »das Begreifen passiert in anderer Zeit als die der Gespräche«. Hier ist jedoch festzustellen, dass dieser Interpretation eine Trennung von »Körper« und »Seele« zugrun-

---

32 | RBA 424, S. 1.
33 | RBA 423, erste nicht nummerierte Seite.
34 | RBA 424, S. 11.

de liegt, die durchaus in Frage gestellt werden kann. Da diese Untersuchung jedoch nicht der Ort dafür ist, sei lediglich auf die opernanalytischen Implikationen dieser Auffassung hingewiesen. Darüber, was unter »Seele« verstanden werden soll, sind sich die Mitglieder des Regieteams uneinig.[35] Ein gemeinsamer Nenner scheint jedoch darin zu bestehen, dass »Körper« und »Seele« zwei verschiedene Verständnisebenen der Figur bilden, anhand derer Golaud sein Umfeld erfasst. Allerdings geschieht dies in unterschiedlichen Momenten – erst versteht der »Körper«, dann die »Seele« – und manifestiert sich auf sehr unterschiedliche Weise. Diese Diskrepanz wird in der nächsten Szene besonders anschaulich gezeigt. Die Niedergeschlagenheit Golauds, die durch »traurige Bewegungen« dargestellt werden soll, wird zugleich mit höchster Anspannung verbunden. Dies zeigt sich an seiner heftigen Reaktion auf den Verlust des Rings: »muss holzig, hart sein, kann dann von Golaud auch noch für den Mord verwendet werden«.[36] Berghaus beschreibt dies als »einen Ehekrach. Es wird in vielen Phasen gefragt, dabei steigt die Eifersucht«. Doch die Virulenz von Golauds Wut ist weder als momentaner Kontrollverlust einer sonst ausgeglichenen Figur noch als Ergebnis einer jähzornigen Veranlagung zu sehen. Golaud ist von Anfang an unausgeglichen. Er wird von extrem gegensätzlichen Empfindungen gequält und agiert dementsprechend. In diesem Sinne ist dieser »Wutausbruch« weniger als unberechenbarer Anfall als vielmehr als die folgerichtige Entfaltung Golauds zu begreifen. Diese Wut bezeichnen wir deshalb als die erste Phase einer sechsstufigen Entfaltung, an deren Ende Golaud endgültig dem Wahn verfällt.

Der dritte Akt ist die zentrale Stelle für die Darstellung der Veränderungen Golauds. Schon mit seinem nächsten Auftritt am Ende der nächtlichen Begegnung zwischen Pelléas und Mélisande (1, III) erfolgt die zweite Phase seiner Wahn-Entfaltung. Berghaus beschreibt diese wie folgt: »Golaud löst die Situation auf, es kommt zum Kampf, das muss hier schon gezeigt werden«.[37] Während Golauds »Körper« schon im zweiten Akt den Ehebruch spürte, begreift seine »See-

---

35 | RBA 424, S. 11: »Berghaus: Ihre Seelen sind ineinander geknotet, auch wenn er ihr Haar los lässt, kann sie nicht weg/Neef: beide wachsen durch die Verknüpfung ihrer Seelen, diese fliegen wie eine Aura um sie. Es umgibt sie, ist aber ein Stück Freiheit/ Lang: sie versuchen den Augenblick festzuhalten, aber das geht nicht – sie (Mélisande) hat ja gleich Angst, dass die Tauben nicht mehr wiederkommen – die Seele wegfliegt, der Moment vorbei geht, sie sind verloren in der Dunkelheit«. Berghaus bestimmt jedoch den Begriff näher bei der Beschreibung der Szene 4, IV: »[...] was Arkel mit Überreden versucht, macht Golaud mit Gewalt [...], weil es anders nicht geht (über die Seele), wollen sie eben mit Gewalt an sie heran«, RBA 424, S. 20.
36 | RBA 424, S. 20.
37 | RBA 424, S. 15.

le« dies erst hier. Diese Erkenntnis führt zu einem irreversiblen inneren *Bruch;* Golaud beherrscht seinen Körper nicht mehr. Mit dem stetigen Balancieren mit ausgestreckten Armen wird das erste sichtbare Symptom seines kommenden Wahns gezeigt. Doch in den zwei darauf folgenden Szenen mit Pelléas (2-3, III) scheint Golaud wieder ganz Herr über seinen Körper zu sein. Nun wird ein anderer Aspekt der Figur dargestellt; der Inszenierungskonzeption zufolge handelt es sich dabei um den Aspekt der Seelenverwandtschaft der Brüder.

Beide Brüder sind bereit, Gewalt anzuwenden, für Mélisande bzw. für sich. Beide wollen sich gegenseitig ermorden. In den einführenden Pantomimen zur zweiten Szene befindet sich Golaud am Fuße der Treppe, während Pelléas von oben herab zurückkommt. Sie gehen aufeinander zu. Während Golaud hinaufsteigt, streckt er sein Schwert geradeaus zu Pelléas hin, welcher im letzten Augenblick ausweicht, darauf Golauds Stellung einnimmt und dessen Erwürgen von hinten andeutet. Doch Golaud dreht sich um, Pelléas weicht zur Seite aus. In dieser Pantomime wird dargestellt, wie die Brüder einander zu töten gedenken. Dabei eröffnet Golaud zwar den Kampf, doch dies immerhin frontal, während Pelléas ihn hingegen hinterrücks zu erwürgen sucht. Doch einmal auf der Kugel angelangt, ändern sich die Verhältnisse. Pelléas, bedrückt von der Atmosphäre des Gewölbes unter dem Schloss, kann nicht mehr atmen und verschwindet urplötzlich im Brunnen bzw. im Loch. Golaud, etwas abseits gewesen, holt eilig sein Schwert, sticht ins Loch, flieht ebenso eilig vom Loch und legt sich hin. Einmal aus dem Loch heraus gekrochen, lässt Pelléas nicht auf seine Antwort warten. Bei seinem Bruder angelangt, setzt Pelléas an, Golaud mit dessen Schwert zu erschlagen, während Golaud sich flehend an seinen Schoß klammert. Doch diesmal *kann* Pelléas seinen Bruder nicht erschlagen. Beide Mordversuche sind gescheitert. Pelléas und Golaud haben beide ihre Schlacht verloren, doch die letzte Schlacht wird über den Ausgang des Krieges entscheiden. Auch hier ist Golaud von zwei starken gegensätzlichen Gefühlen beherrscht – Mordgier und Verzweiflung: Golauds Spiel soll fortgesetzt die Überlegung »was mache ich jetzt« sichtbar machen, wobei er Pelléas »immer scharf und genau« beobachtet.[38] Doch eine weitere Stufe in der Wahn-Entfaltung Golauds bildet dies nicht. Die provisorische Ruhe, mit der Golauds »Körper« und »Seele« sich gemeinsam gegen Pelléas bewegen, wird in der nächsten Szene gebrochen.

Mit der letzten Szene des dritten Aktes wird die dritte Stufe von Golauds voranschreitendem Wahn erreicht: »Yniold weiß nicht, wozu er gerufen ist. Er wird die Treppe hinaufgeschickt [...]. Golaud wird dann auch körperlich ängst-

---

38 | RBA 424, S. 16.

lich, dass der Knabe soweit hoch muss«,[39] so lautet Berghaus' Beschreibung zu Beginn der Szene. Hier ist Golaud als eine zerrissene Figur angelegt, die zwischen der wachsenden pathologischen Eifersucht und der Liebe zum einzigen Sohn schwankt. Wie in der zweiten Szene des zweiten Aktes mit Mélisande bewirken diese höchst widersprüchlichen Empfindungen, die er wiederum an seinem Sohn auslässt, extreme Handlungen: »Yniold wehrt sich – es muss immer der Unterschied zwischen stoßen und streicheln deutlich werden«.[40] Ausgehend von dieser verhängnisvollen Lage baut die Szene auf zwei Elemente auf. Einerseits der unberechenbare Golaud, dessen Umarmungen stets zwischen Vaterliebe und drohender Gewalttat schwanken, andererseits Yniold, der sich vor seinem Vater fürchtet und ihn zugleich liebt. Die Spannung dieser Szene entsteht dadurch, dass Yniold sich von Anfang an vor der Höhe fürchtet und nicht freiwillig auf die Schulter seines Vaters klettert.[41] In seiner krankhaften Eifersucht zwingt Golaud ihn, Pelléas und Mélisande nicht nur auszuspionieren, sondern vor allem einen genauen Bericht davon zu liefern. Die vierte Stufe erfolgt nicht minder eindringlich in der zweiten Szene des vierten Aktes, wobei Arkel eine wichtige Rolle spielt.

Mélisande konnte sich gerade noch rechtzeitig von Arkels Vergewaltigungsversuch befreien, nun tritt Golaud »ängstlich« auf. Er rennt immer wieder gegen die Wände, »er will raus«.[42] In der zweiten Fassung ist er gar selbstmordgefährdet: »Golaud kommt von der rechten Seite und rennt gegen den Speer an, als wolle er sich aufspießen. Aber der Speer ist ein wenig zu hoch – Golaud bleibt unverletzt. Immer wieder wundert sich Golaud, dass nichts passiert, er sieht nie auf den Speer«.[43] Vom ganzen Vorgang bleibt in der Endfassung einzig der aus der linken Wand herausragende Speer erhalten. Golaud wirft sich nicht mehr gegen die Wände; er hat keine blutige Stirn mehr, wie in der ersten Fassung vorgesehen. Er irrt im mittleren Bereich der Bühne herum, balancierend, mit ausgestreckten Armen. So wird einerseits eine Parallele zum Auftritt in der zweiten Szenen des zweiten Aktes gezogen, und andererseits wird das Symptom des Wahns wieder eingeführt; dieses nun zurückgekehrte Symptom bezeichnen wir als *Gestus des Wahns*. Mélisande schaut ihn sehr befremdet an. Sie kann Golauds offensichtliche Veränderung nicht nachvollziehen und ahmt ihn nach.[44] Dann

---

39 | RBA 424, S. 16.
40 | RBA 423, S. 4.
41 | RBA 424, S. 17.
42 | RBA 424, S. 20.
43 | RBA 423, S. 6.
44 | Golaud trat bereits bei seiner Unterbrechung des Liebesduetts zwischen Pelléas und Mélisande (1, III) mit balancierend ausgestreckten Armen auf. Er wird jedoch zum ersten Mal in diesem Zustand von weiteren Figuren wahrgenommen.

bricht Golauds zweiter »Wutanfall« heftig aus. Er zerrt die inzwischen hochschwangere Mélisande an ihrem Haar bis zur Mitte der Bühne, reißt ihr dann die Haare weg und masturbiert damit: »Hier ist Golaud der volle Mann, der seine Befriedigung braucht und sie sich nimmt – das Haar – die Schamhaare«,[45] erläutert Berghaus schon im ersten Inszenierungsprotokoll und ergänzt: »Der Orgasmus ist bei Ah, ah ...«.[46] Bemerkenswert an dieser Handlung ist, dass sie zu den wenigen Ausnahmen gehört, die von der ersten Fassung an fixiert waren und keine Veränderung erfuhren.

Die fünfte Stufe stellt die Ermordung des eigenen Bruders (4, IV) dar: »Golaud reißt das Schwert aus der Wand – was er nicht gegen sich richten kann, kann er gegen einen anderen richten. Sie flieht [...] sie muss versuchen, ihr Kind zu retten«,[47] so lautet die erste Fassung. In der Endfassung tritt Golaud bereits mit Schwert auf. Obwohl er vor der Tötung noch einige Schritte hin und her macht, ist Golaud keineswegs zögerlich. Er ersticht Pelléas zielsicher. Dabei ist die inszenatorische Intention der Tötung des Bruders statt seiner selbst zwar durchaus klar, doch es stellt sich die Frage, ob der ausgewählte inszenatorische Gestus dies zu vermitteln vermag.

Schließlich folgt die sechste und letzte Stufe: Golaud verfällt endgültig dem Wahn (Akt V). Hier wird Golaud nur noch durch den Wahn-Gestus dargestellt. Er ist ständig in Bewegung, auch wenn er stehen bleibt. Sein unbeherrschter »Körper« scheint gewonnen zu haben. Unterbrochen wird der Wahn-Gestus nur, um Mélisande, auf dem Sterbebett liegend, noch ein letztes Mal zu verhören. Dabei verbindet sich Golaud die Augen mit einem schwarzen Tuch. Er weiß, dass dieses Requisit zu ihrem Spiel mit Pelléas gehörte, kennt jedoch seine Bedeutung nicht.

---

45 | RBA 424, S. 20.
46 | RBA 424, S. 21.
47 | RBA 424, S. 23.

1.2 Inszenierungskonzeption und -Gesten bei Ruth Berghaus' *Pelléas et Mélisande*

Orte und Figuren	Inszenatorische Intentionen (Konzeption und erzielte Effekte)	Inszenatorische Gesten (Ausstattung, Pantomime und Choreographie)
• Wald • Schloss • Alle Figuren	• Das Verloren-Sein, Erotisches, Sexuelles und Animalisches • »Fauler Apfel. Alle sind angesteckt«/Quelle des Todes/Krankheit bricht nach Trauma aus • Fremdheit zum Umfeld und zu sich selbst/stetes Aneinandervorbeireden und Beschäftigung mit sich	• Linien (hohe Wände und Spalte) vs. Rundes (Kugel/rosa Fleck an der Wand) • Monumentale Räume, in denen die Figuren klein und verletzlich erscheinen/schwaches Licht • Mantel als nutzlose Rüstung/Kleidungen formen die Körper, nicht umgekehrt
Arkel	• »Der Vater ist krank, der Älteste ist weg, der Jüngste muss bleiben« • Sexuelle Lust auf Mélisande	• Überreden • Gescheiterter Versuch der Vergewaltigung und Nachahmung von Golauds Gewalt
Geneviève	• Pelléas muss bleiben, Mélisande wird dazu eingesetzt	• Hält Pelléas am Arm zurück/zieht Mélisande an sich

Pelléas	• Nicht dazugehörig	• Er irrt umher/hat keine »Aufgabe«/keine eigene Bestimmung (Farbe Geneviève, Kostüm Golaud)
	• Er will raus	• Läuft wie ein Tier im Käfig
	• »Liebe« zu Mélisande	• Sexuelles Begehren des Haars von Mélisande
	• Kampf gegen Golaud	• Erwürgen und Erschlagen
	• »Zwillingsbruder« von Mélisande	• Letzter Auftritt im langen, weißen Unterrock
Yniold	• Erlitt einen Schock: Ende der Kindheit	• Spiel mit einem riesigen Ball, »Traumball«
Mélisande	• Rückzug eines verletzten Tiers zum Sterben/wird noch einmal getötet	• Sie wird vergewaltigt
	• Haar als Metonymie von Mélisande	• Sie gibt es Pelléas als Zeichen der Zuneigung
	• Rolle der Krone und des Rings	• Krone verschwindet ganz/Ring wird mit Absicht »verloren«
	• »Zwillingsschwester« von Pelléas	• Langer, weißer Unterrock
	• Die »Seele« hat Angst	• Sie will fliehen
	• Ausbruch der Krankheit als letzte Flucht	• Teilnahmslos, lässt ihr Kind fallen

Golaud	• Verletzbar und verloren	• Sucht sich mit seinem Mantel zu schützen/ Leibschmerzen
	• Gewalttätig und bedrohlich	• Vergewaltigung Mélisandes/Entreißen ihres Haares/zwingt Yniold zum Voyeurismus und Denunzieren
	• Kampf gegen Pelléas	• Geträumte und reale Tötungen
	• Ausbruch und Fortschreiten des Wahns in sechs Stufen	1. »Wutausbruch« 1 beim Verlust des Rings (2, II) 2. Bruch: Spaltung »Körper«-Seele«: Wahn-Gestus (1, III) »Beruhigung«: Mordfantasie gegenüber Pelléas (2, III) 3. Pathologische Eifersucht (3, III) 4. »Wutausbruch« 2 und Wahn-Gestus: Gewalt an Mélisande und Masturbieren mit ihrem Haar 5. Ermordung von Pelléas 6. Wahn-Gestus und Verhör Mélisandes

1.3 Inszenierungsknoten und Interpretation bei Ruth Berghaus *Pelléas et Mélisande*

Inszenierungsknoten	Interpretation
I, 1 • Musikalisches Vorspiel • Begegnung von Golaud und Mélisande	• Stimmungsaufbau, erste Eindrücke des Dramas • Gestaltung der Figuren (Golauds Sprache und Gewalt/Mélisandes Haltung) und ihr Verhältnis zueinander
I, 2 • Genevièves Lesung • Auftritt Pelléas	• Vermittlung ihrer Funktion als Verwalterin und Kupplerin • Stellung der Figur abseits im Reich
I, 3 • Erstes Treffen zwischen Pelléas und Mélisande	• Ausgangspunkt und Maßstab der nächsten Begegnungen
II, 1 • Auftritt mit verbundenen Augen • Abgabe des Haares • Absichtlicher Verlust des Rings	• Komplizenschaft im Spiel • Pelléas› Verlangen nach Mélisandes Haar/Zuneigung von Mélisande für Pelléas • Komplizenschaft in Selbstbezogenheit
III, 1 • Mélisande allein auf der Treppe, später Pelléas auf der Kugel • Pelléas und Mélisande auf der Treppe: Übergabe des Haars/Umhüllung in Mélisandes Mantel • Symptome des Wahns und Beginn des Bruderkampfes, **Inszenierungsklimax**	• Starker Effekt zur Erhöhung der Aufmerksamkeit (hohe, steile, gelbe Treppe und räumliche Trennung) • Pelléas› Begierde statt Liebesduett • Golaud unten versus Pelléas und Mélisande oben/wird verlieren

III, 2-3 • Gegenseitige Ermordungsversuche der Brüder (jeweils zweimal)	• Zwei verlorene Schlachten, bei der nächsten muss jemand sterben
III, 4 • Golaud zwingt Yniold dazu, Pelléas und Mélisande auszuspionieren/Yniold wehrt sich immer wieder	• Soll qualvoll lang erscheinen/daraufhin folgt eine erlösende Pause
IV, 1 • Mélisande erscheint hochschwanger	• Mehrere Monate sind vergangen und Pelléas ist immer noch da, jetzt muss etwas geschehen
IV, 2 • Arkels Begehren von Mélisande • Wahn-Gestus und erneute Gewalt an Mélisande	• Bedrohung auch von Arkel • Als einzige Verbündete Mélisandes bleiben nur noch Pelléas und Yniold/ Mélisandes Rückzug 1/3
IV, 3 • Thematisierung der Armut in Allemonde als »Echo« des Schlosses	• Yniold wird auch mit dieser Armut konfrontiert (drei Arme), endgültiger Verlust der Kindheit
IV, 4 • Korrespondenz Yniold-Pelléas • Liebeserklärung Pelléas‹ und Resignation Mélisandes • Ermordung von Pelléas	• Yniold ist kein Kind mehr – Pelléas läuft seiner verlorenen Kindheit vergeblich nach • Mélisande ahnt das nahende Ende/ Mélisandes Rückzug 2/3 • Alle drei wussten, dass es so enden würde
V • Vergebliches Verhör von Mélisande durch Golaud • Golaud verfällt dem Wahn und Eindringen der Armut ins Schloss • Arkel übernimmt die Tochter Mélisandes	• Mélisandes Rückzug 3/3 und Tod • Das Reich Allemonde bricht von außen und innen zusammen • Ihr Schicksal wird nicht besser als das Mélisandes werden

2. Die verfilmte Aufführung

Schon im Rahmen der ersten Auseinandersetzungen mit dem Regiematerial im Jahre 2004 stellten wir eine enorme Diskrepanz zwischen Aufführungs- und Inszenierungsanalyse fest. Dabei kam es zum vergeblichen Versuch einer Angleichung beider Analysen, wobei die Inszenierungsanalyse zur idealtypischen Referenz erhoben wurde. Dies stellte einen beträchtlichen methodischen Misserfolg dar, der jedoch die Notwendigkeit, die Stellung und Funktion der Inszenierungsanalyse im aufführungsanalytischen Prozess zu reflektieren, veranschaulicht. Aufführungs- und Inszenierungsanalyse unterscheiden sich bereits in ihren jeweiligen Forschungsgegenständen voneinander, verfolgen somit auch unterschiedliche Ziele, haben unterschiedliche Problematiken und verwenden unterschiedliche Herangehensweisen. Beide sind jedoch Spezifizierungen eines umfassenden opernanalytischen Kontextes, in dem Opern aus unterschiedlichen Blickwinkeln und von unterschiedlichen Ausgangspunkten her erforscht werden. Beide Strategien sind daher weniger gegeneinander auszuspielen als vielmehr als komplementäre Techniken zur Ergründung von Opern zu verstehen. Wichtig ist allerdings die Fixierung ihrer Stellung bzw. Funktion im jeweiligen Verfahren. In unserem aufführungsanalytischen Kontext stellt die Inszenierungsanalyse ein unverzichtbares Instrument zur Erfassung der inszenatorischen Intentionen und Gesten dar. Dabei können die inszenatorischen Gesten an ihrer Effizienz im Hinblick auf *erzielte* Effekte überprüft werden. Verwiesen sei hier auf unsere tabellarische Zusammenfassung.[48]

Durch das Erfassen inszenatorischer Gesten und Intentionen werden Vorgänge und Figurencharakteristika identifiziert, welche wiederum in einem Inszenierungsrepertoire systematisiert werden können. Dieses Repertoire ist insofern als methodologische Konstruktion der Aufführungsanalyse zu verstehen. Wie jedes System hat die Herstellung eines Inszenierungsrepertoires Vor- und Nachteile. Das System basiert auf Materialien, die eine bestimmte Zeitspanne der Inszenierungskonzeption – August bis Oktober 1990 – dokumentieren. Somit sind die Variationen der erforschten Intentionen und Gesten nur innerhalb dieser Zeitspanne verfolgbar. Nichtsdestoweniger ist das Repertoire zugleich in mehrfacher Hinsicht eine große Hilfe. Zunächst stellt es eine erste materiale Grundlage dar, welche sowohl komplementär zur herkömmlichen musikdramaturgischen Analyse als auch zur Erforschung der Erkenntniskluft zwischen Inszenierungs- und Aufführungsanalyse eingesetzt werden kann. In diesem Kontext ist noch die Stellung bzw. Funktion der Videoaufnahmen im aufführungsanalytischen Prozess zu klären. Den obigen Bestimmungen der Aufführ-

---

48 | Vgl. Exkurs: Inszenierungsanalyse von *Pelléas et Mélisande*.

rung und der Inszenierung zufolge[49] gehört die Aufnahme aus dem Jahr 1991 zum Inszenierungsmaterial. Doch erweist sich diese Zuordnung methodisch als nicht unproblematisch. Denn untersucht wird eine verfilmte Aufführung, die jedoch weder mit einer Aufführung noch mit dem Inszenierungsmaterial – ob auditiv oder schriftlich fixiert – identisch ist. Vielmehr ist die verfilmte Aufführung eine Art »hybrides« Dokument, indem es sowohl Eigenschaften der Aufführung als auch der Inszenierung aufweist, ohne sich jedoch unter die eine oder die andere Begriffsbestimmung subsumieren zu lassen. Die Funktion der verfilmten Aufführung im aufführungsanalytischen Prozess ist dementsprechend eine ambivalente. Zur Veranschaulichung werden die dadurch erworbenen Erkenntnisse dargestellt.

Die Untersuchung der Videoaufnahme erfolgte zwischen 2004 und 2008. Dabei stellten wir drei Phasen fest, in denen sich die analytischen Ziele, Herangehensweisen und somit auch die Erkenntnisse über die Inszenierung, die Musikdramaturgie und die Funktion der Performanz im analytischen Prozess änderten. In der ersten Phase (2004) wurde die Aufnahme als zusätzliches Dokument zum bereits bestehenden Inszenierungsmaterial begriffen. Sie war »die dritte Fassung« der Inszenierungskonzeption, an der die letzten Änderungen festgemacht werden konnten. Bezweckt wurde eine Beschreibung der Inszenierungselemente, die so präzise wie möglich sein sollte – also die gesamte Ausstattung, die elf Bilder, Kostüme und Lichtverhältnisse, sämtliche Vorgänge der Figuren und ihr jeweiliges Gestenrepertoire umfassen sollte. Es sollte von dieser Aufnahme aus ein eigenes Regiebuch rekonstruiert werden, das in der späteren Analyse mit dem Originalexemplar verglichen werden sollte. Dies bereitete jedoch erhebliche methodische Schwierigkeiten. Als Erstes entstand ein begrifflicher Hiatus, denn es wurde zwischen Gestenrepertoire der Figuren einerseits und Haltungs- bzw. Bewegungsrepertoire der SängerInnen andererseits *nicht* unterschieden. Dieser begriffliche Mangel konnte erst durch die Auseinandersetzung mit der jeweiligen Performanz der SängerInnen bei der nächsten Aufführungsanalyse behoben werden. Zweitens stellte sich schnell heraus, dass das aufwendig nachgestellte »zweite« Regiebuch weniger die jeweiligen Figuren als vielmehr die divergierenden Interpretationen dieser dokumentierte. Dass die interpretatorischen Variationen weniger aus dem Sachverhalt als vielmehr aus den analytischen Begriffsbestimmungen, Interessen, Zielen und Methoden resultieren, ist eine Binsenweisheit. Insbesondere vermögen die aus einer solchen Untersuchung gewonnenen Erkenntnisse die Kontingenz der Analyse bzw. des Urteils des Analytikers oder der Analytikerin offenzulegen.

---

49 | Vgl. I, Historiographie der Opernanalyse, S. 25.

Exkurs 2: Inszenierungsanalyse von *Pelléas et Mélisande*   225

Die zweite Phase (2006) lieferte eine weitere interpretatorische Variation des gleichen Sachverhalts, mit eindeutigem Fokus auf den Figuren. Hier wurde der Versuch unternommen, die jeweiligen szenischen Merkmale der Figuren zu erfassen, so dass unterschiedliche Thematisierungen herausgearbeitet werden konnten. Bezeichnend für die letzte Phase, kurz vor der zweiten Aufführung (2008), sind neu entstandene Kriterien des Protokolls: Einstellung, globale Bemerkungen, Auffälligkeiten und Störungen. Kraft dieser Erkenntnisse wollen wir die nächsten zwei Aufführungen ergründen.

8. Zweite Aufführung: 10. April 2008

SEQUENZ 1: VORSPIEL UND SZENE 1, I
(GOLAUD UND MÉLISANDE)

Als Erstes fallen mir zwei Bühnenelemente auf: die gigantischen Dimensionen der Wände und vier eindeutige Farben: Graugrün als Grundstimmung des Raumes, Grün für Golaud, ein sehr helles, fast weißes Blau für Mélisande und ein großer lila Fleck an der rechten Wand. Schon die ersten Akkorde lassen die im Vergleich zur vorigen Aufführung diametral entgegengesetzte musikalische Interpretation erkennen. Hier wird die Musik sehr flächig und verwischt vermittelt. Trotzdem wirkt das musikalische Vorspiel weiterhin sehr rührend. Mélisandes Weg vom Ansatz der Kugel zur rechten Wand ist schwer einzuordnen. Ihr Gang ist steif und zögernd, ohne einen eindeutigen Gestus darzustellen. Es könnte sowohl ein Ringen um Gleichgewicht als auch eine sehr vorsichtige Annäherung sein. Ihre Langsamkeit scheint viel schneller als die der vorigen Aufführung. Als Golaud sich erhebt und im Halbdunkel zu schreiten beginnt, ist dies ein Schock: Sein Gang ist schwer und schlendernd, seine Bewegungen verkrampft und zu schnell, seine nach vorne geneigte Körperhaltung hat mit dem inszenierten Schmerz nichts zu tun. Die Vorgänge werden zusammenhanglos aneinandergereiht. Kurz, Golauds Choreographie wirkt aufgesetzt und zusammenhanglos. Noch größer ist der Unterschied zum ersten Mal bei der Begegnung zwischen ihm und Mélisande. Der sexuelle Angriff auf Mélisande fällt ganz aus. Stattdessen bleibt Golaud halbversteckt an ihrer Seite, berührt sie dann flüchtig mit der linken Hand und läuft die rechte Wand entlang nach vorne, wo er sich in seinen Mantel hüllt. Ich bin der kommenden Aufführung gegenüber sehr skeptisch.

Erneut muss gesagt werden, dass die protokollierte Aneinanderreihung von visuellen, räumlichen, akustischen, zeitlichen, performativen Eindrücken weniger die komplexen Erscheinungsfolgen des Wahrnehmungsprozesses dokumentiert als vielmehr pragmatisch linear beschreibt. Die oben beschriebenen Bühnenkomponenten dienen als uneinheitlicher und oft widersprüchlicher Referenzboden, anhand dessen die Aufführung verarbeitet wird. Für unser aufführungsanalytisches Anliegen interessieren wir uns weiterhin weniger für die Ursachen dieser Unterschiede und Widersprüche als vielmehr für ihre Implikationen in der Erfassung, Beschreibung und Beurteilung der Aufführung. Während die vier

Farben und die großen Dimensionen positive Eindrücke erzeugen, verhält es sich anders mit der Erfahrung der Musik und der Performanz der SängerInnen. Am Pult sitzt Sir Simon Rattle. Seine Leistung wird mit weiteren im Erfahrungsrepertoire vorhandenen in Verbindung gebracht. Doch innerhalb dieser Vielzahl an Möglichkeiten scheint die letzte Aufführung, unter der Leitung von Michael Gielen, ausschlaggebend zu sein bzw. als Referenz zu dienen. Gleich zu Beginn wird der mächtige interpretatorische Unterschied zwischen Rattle und Gielen deutlich. Wo Letzterer eine sehr scharfe, ausdifferenzierte Vorstellung präsentierte, indem jedes Element mit höchster Genauigkeit herausgearbeitet wurde, arbeitet Rattle in diametral entgegengesetzte Richtung. Der Umgang mit den Holzbläsern vermag diese Unterschiede am besten wiederzugeben. Bei ihrem ersten Einsatz (Takte 5-6) werden die einzelnen Bestandteile so weit wie möglich einander angepasst, wobei der Streicherklang als Maßstab des Orchesterklangs zu gelten scheint. Die Holzbläser fungieren hier als kurze, dynamisierende Antwort auf das langtönige Eröffnungsmotiv (Takte 1-4), so dass die beiden ungleichen Motive von Anfang an zu einer Einheit verbunden werden. Das erste Oboensolo (Takte 14-17) illustriert exemplarisch die Gestaltung des Verhältnisses von Holzbläser- und Streichergruppe. Wo beide Gruppen bei Gielen mit einem kaum hörbaren, jedoch eindeutig artikulierten *Pianissimo* einsetzten, sind sie bei Rattle verwischt. So hebt sich trotz ihrer sehr markierten Klangfarbe, ihrer langen Sololinien und ihrer hohen Spiellage die Oboe kaum von den Fagotten und Klarinetten ab. Die einzelnen Instrumente werden dabei nicht in ihrer jeweiligen Besonderheit bearbeitet und vernehmbar, sondern stets als Bestandteil einer umfassenden Gruppe – also Holzbläser bzw. Streicher. Auch die Dynamik wird bei Rattle anders eingesetzt als bei Gielen. Während Letzterer ein besonders ausgeprägtes *Pianissimo* suchte, in dem die einzelnen Elemente akribisch hervorgehoben werden, werden die Instrumente bei Rattle auch dynamisch einander angeglichen. Das heißt, statt des gebotenen *Pianissimo* spielen Fagotte und Klarinetten ein leichtes *Piano*, während das hervorstechende Oboensolo auf ein *Pianissimo* heruntergestuft wird. Somit entsteht der Eindruck einer instrumentalen Fläche. Die Interpretation Rattles ist im Kontext einer Aufführungspraxis der Musik Debussys zu betrachten, die sich im Laufe des 20. Jahrhunderts etablierte. Diese besteht darin, die einzelnen musikalischen Elemente zu etwas Homogenem zu gestalten, indem diese einander stark angeglichen werden. Diese Praxis ist der populären Annahme »verdankt«, Debussy sei als musikalischer Impressionist zu verstehen. Wenn man Debussys Musik schon »malerisch verortet«, entspräche sie allerdings wohl vielmehr dem Pointilismus eines Georges Seurat, Paul Signac oder Charles Angrand.[1]

---

1 | Vgl. Georges Seurat: *Un dimanche-midi à l'île de la Grande Jatte* (1884-86), *Poseuse assise* (1887), *Jeune femme se poudrant* (1889-90); Paul Signac: *Les Gazomètres à Clichy* (1886); Charles Angrand: *Couple dans la rue* (1887).

Als sich die Aufmerksamkeit auf die Pantomimen von Mélisande und Golaud richtet, kommt es zu ersten Irritationen. Mélisandes Gang wird zwar wahrgenommen, kann aber nicht eingeordnet werden. Es bestätigt sich die gerade formulierte These, dass die Erkenntnisse der Inszenierungsanalyse der Aufführungsanalyse nur begrenzt dienen können. Denn die inzwischen erworbenen Erkenntnisse über Mélisandes Gemütszustand zu Beginn der Oper – ein verletztes Tier, das sich zum Sterben zurückgezogen hat – helfen uns beim Erfassen *dieses* Gangs wenig. Magdalena Kožená als Mélisande schreitet mit steifen Knien und seitlich ausgerichteten Armen voran. In unregelmäßigen Abständen hält sie kurz inne, so dass ihr bereits als »zögerlich« erfasster Gang noch unbeständiger erscheint. Selbstverständlich unterscheidet sich die Performanz von Magdalena Kožená von der ihrer Kollegin Rinat Shaham vier Jahre zuvor. Die Irritation resultiert weniger aus den – erwarteten – unterschiedlichen Körpern, den Haltungs- und Bewegungsrepertoires, als vielmehr aus den sehr unterschiedlichen performativen Gesten. Der Gang Koženás bietet hier einen neuartigen performativen Stimulus, anhand dessen die Figur von neuem zu erfassen ist. Wo das »Ringen um Gleichgewicht« mit der inszenatorischen Intention »verletztes Tier« noch einigermaßen in Einklang zu bringen wäre, lässt sich das Ringen Koženás weder aus der Inszenierungsanalyse noch aus der ersten Aufführungsanalyse – in der Shaham »zögernd und wackelig auf den Beinen« schien – erläutern. Vielmehr gleicht ihr »Ringen« dem eines unsicheren Seilakrobaten, womit sie sich allerdings der gefürchteten Absturzgefahr noch mehr aussetzt. Doch eine Figur, die die Gefahr des Absturzes ungeschickt zu umgehen sucht, *weiß* vom lebensgefährlichen Abgrund, über dem sie sich befindet. In dieser höchst unsicheren Lage erfüllt die Wand einen erlösenden Zweck: Hier soll sie ruhen.

Als Golaud sich zu bewegen beginnt, wird er als »Schock« empfunden. Im Unterschied zur ersten Aufführung wird der nicht durch eine Handlung hervorgerufen, sondern durch unerwartete performative Gesten: durch Golauds Gang, seine Bewegungen und die Neigung seines Oberkörpers, kurz sein Haltungs- und Bewegungsrepertoire. Dabei wird Golaud wie vier Jahre zuvor von Hanno Müller-Brachmann gespielt. Wie kommt nun eine solche Diskrepanz in der Erfahrung desselben Sängers zustande? Und welche aufführungsanalytischen Schlüsse könnten daraus gezogen werden? Auf beide Fragen wollen wir im Folgenden eingehen. In unserem Protokoll wird Golaud wie folgt beschrieben: »Sein Gang ist schwer und schlendernd, seine Bewegungen verkrampft und zu schnell, seine nach vorne geneigte Körperhaltung hat mit dem inszenierten Schmerz nichts zu tun. Die Vorgänge werden zusammenhanglos aneinandergereiht.« Während der Eindruck eines schweren und schlendernden Ganges noch aus dem Versuch, diese Performanz zu beschreiben, abgeleitet werden kann, beinhalten die übrigen Beschreibungen ausnahmslos Referenzen. Ob explizit genannt, wie »der inszenierte Schmerz«, oder implizit, wie »zu schnelle« Bewegungen, Müller-Brachmann wird stets vergleichend aufgenommen. »Zu schnell« in Bezug worauf? Das dürfte man sich fragen. Kraft der Ergebnisse der Aufführungs- und Inszenierungsanalyse der *Barbiere* zuvor gehen wir von der Omnipräsenz der prägenden ersten Eindrücke, also der ersten Aufführung am 31. Oktober 2003, aus. Es ist insofern wenig verwunderlich, dass das bereits hier geäußerte Urteil über Golauds Darstellung negativ ausfällt. Seine Choreographie wirkt »aufgesetzt und zusammenhanglos«. Noch unterschiedlicher im Vergleich zum ersten Mal wird seine Begegnung mit Mélisande wahrgenommen. Von dem Moment an, in dem der sexuelle Angriff auf Mélisande ausfällt, werden inszenatorische Funktion und performative Ausführung Golauds problematisiert. Den Inszenierungsmaterialien zufolge dient die Vergewaltigung Mélisandes dazu, die ambivalenten Kräfte in Golaud, also »Gewalt« und »Übersensibilität«, darzustellen. Durch eine krasse Gewalttat gleich zu Beginn werden äußerst extreme Aspekte dieser Figur präsentiert, womit Verknüpfungen zu weiteren Aspekten – wie etwa die Verwendung der Sprache – hergestellt werden können. Die Wahl der Vergewaltigung als inszenatorischen Gestus sprachen wir bereits an. Hier stellt sich nun vielmehr die Frage nach einem alternativen inszenatorischen Gestus zur Thematisierung der Gewalt. Welche Implikationen hat der Verzicht für das Verständnis der Aufführung? Golaud berührt Mélisande flüchtig mit der Hand, läuft dann an der rechten Wand entlang nach vorne, wo er sich krümmt und in seinen Mantel hüllt. Indem der Schmerz Golauds hier zum ersten Mal thematisiert wird, verschiebt sich der Fokus von der Darstellung einer von Golaud ausgehenden gewaltsamen Spannung zwischen den Figuren auf die Einhüllung Golauds in seinen Mantel. Wir analysierten diesen Gestus bereits als ambivalent, als Versuch, sich sowohl vor der Außenwelt zu schützen, als auch dem Inneren Grenzen zu setzen. Ein Gestus also, welcher zugleich die vergebliche Schutzsuche Golauds und seinen Versuch der Selbstkontrolle darzustellen vermag. Somit entfällt die Gewaltkomponente nicht gänzlich, wie anfangs angenommen, sondern wird mit diesem ambivalenten Umhüllungsgestus angedeutet. Innerhalb dieser Sequenz entstehen unterschiedliche Irritationen: Der Gang Mélisandes bis zur Wand ist eine Überraschung, im Sinne eines Unerwarteten, das sich nicht gleich einordnen lässt. Golauds Gang hingegen bereitet eine Enttäuschung, die sich aus dem Vergleich zum vorigen Aufführungserlebnis ergibt. Diese ersten Eindrücke und Assoziationen sind insofern grundlegend, als sie die Einstimmung und die Fokussierung und somit das Erfassen der kommenden Ereignisse entscheidend beeinflussen.

Sequenz 2: Szene 2, II (Geneviève und Pelléas)

Gleich beim Einsingen fällt die herausragende gesangliche Qualität Genevièves auf. Sie hat eine angenehme, sehr dichte Stimme, trägt klar, schlicht und konzentriert vor. Ihre Artikulation ist präzise und ihre französische Aussprache einwandfrei, so dass der Text ohne Schwierigkeit verstanden werden kann. Darüber hinaus strahlt die Sängerin eine unglaubliche Bühnenpräsenz aus, obwohl sie sich minimal bewegt. Ihre Bewegungen beim Schwebenlassen der Briefe und bei der Verabschiedung des Schiffes sind regelmäßig und langsamer als die Bewegungen Mélisandes und Golauds zuvor. Pelléas wird diesmal gleich beim Betreten der Bühne bemerkt. Der Unterschied zu Trekels Darstellung ist gigantisch. Es geht dabei weniger um den körperlichen Unterschied der beiden Sänger als vielmehr um ihre sehr unterschiedliche Körpersprache. Wo Trekel den Eindruck erweckte, jederzeit vom Boden abheben zu können, auf dem er leicht und federnd schritt, läuft dieser Pelléas schwer, zackig und fest am Boden verwurzelt. Bei jedem Schritt verlagert er übertreibend sein Gleichgewicht auf das Bein am Boden, so dass sein Gang eine Abfolge von seitlich verlagerten Schritten ergibt. Er wirkt dabei nicht komisch, sondern befremdlich. Als er zu »grand-père« einsetzt, ist das gesangliche Ungleichgewicht zwischen ihm einerseits und Geneviève und Arkel andererseits frappierend. Wo Letztere den Raum stimmlich füllen, klingt sein Tenor dünn und fad. Seine französische Aussprache erscheint im Vergleich zu den vorigen Vorträgen nicht gut.

Marie-Nicole Lemieux (Geneviève) ist die erste Figur seit Beginn der Aufführung, die aufgrund ihrer gesanglichen Leistung und ihrer Bühnenpräsenz auffällt. Diese positive Überraschung in einer bisher eher negativen Einstimmung veranlasst dazu, ihre Stellung im Drama erneut zu reflektieren bzw. aufzuwerten. Hingegen fällt William Burden (Pelléas) aufgrund negativer Gesangs- und Spielleistungen auf. Er stellt in doppelter Hinsicht einen Kontrast dar: zum einen hinsichtlich der anderen anwesenden Kollegen und zum anderen hinsichtlich der vorigen Aufführung durch Trekel. Die Referenzen befinden sich also in unterschiedlichen Zeitrahmen; es wird zugleich an die Zeit der aktuell erlebten Aufführung und an die Zeit der erinnerten ersten Aufführung appelliert. Allerdings sind beide Zeiten im Wahrnehmungsprozess so eng miteinander verstrickt, dass jegliche Trennung, sei sie auch provisorisch, problematisch wird. Da beide Aufführungen – diese und die vorige – offensichtlich zum Referenzboden werden, von dem aus die Figuren erfasst werden, berücksichtigen wir anwesende SängerInnen dieser Aufführung und abwesende SängerInnen der vorigen Aufführung auf der gleichen analytischen Ebene. Im Zusammenhang mit der Mezzosopranistin Marie-Nicole Lemieux (Geneviève) und dem Bass Robert Lloyd (Arkel) wirkt William Burdens (Pelléas) Tenorstimme dünn. Es entsteht ein Ungleichgewicht zwischen ihm und den zwei raumfüllenden Stimmen, doch die Aufmerksamkeit bleibt auf Burden gerichtet. Angesichts dessen, dass der gesangliche Vortrag – also Timbre, Dichte, Vibrato, Lautstärke, Artikulation und Aussprache – in entscheidendem Maße zur Gestaltung der Bühnenpräsenz beiträgt, stellt sich die Frage, warum die Aufmerksamkeit auf ihn gerichtet bleibt. Unsere Hypothese dazu besagt: Aufmerksamkeit kann ebenso durch die Präsenz von SängerInnen als auch durch ihre Abwesenheit generiert werden. Das heißt, im Zusammenhang mit zwei starken Bühnenpersönlichkeiten können SängerInnen, welche eindeutig geringere gesangliche Leistung und szenische Ausstrahlung aufweisen, dadurch auffallen. Dies bezeichnen wir als Auffälligkeit *ex negativo*. Bedingung dafür ist allerdings die Präsenz von mindestens zwei gleichzeitig oder nacheinander singenden Sängern auf der Bühne. Zum Präsenzbegriff übernehmen wir die Definition des »starken Konzepts von Präsenz« von Erika Fischer-Lichte, welche die Verhältnisse zwischen Produktion und Rezeption anschaulich darlegt:

»[Der Begriff der Präsenz] bezieht sich auf den phänomenalen Leib des Darstellers, nicht auf seinen semiotischen Körper. Präsenz ist keine expressive, sondern eine rein performative Qualität. Sie wird durch spezifische Prozesse der Verkörperung[2] erzeugt, mit denen der Darsteller seinen phänomenalen Leib als einen raumbeherrschenden und die Aufmerksamkeit des Zuschauers erzwingenden hervorbringt [...]. Die Zuschauer spüren, dass der Darsteller auf eine ungewöhnlich intensive Weise gegenwärtig ist, die ihnen das Vermögen verleiht, sich selbst auf eine besonders intensive Weise gegenwärtig zu fühlen. Präsenz ereignet sich für sie als eine intensive Erfahrung der Gegenwart. Den Bezug auf die Beherrschung des Raumes durch den Akteur und die Fokussierung der Aufmerksamkeit auf ihn bezeichne ich als das *starke Konzept von Präsenz*.«[3]

Der Vergleich zwischen Burden einerseits und Lemieux, Lloyd und Trekel andererseits nutzt unserer Aufführungsanalyse als unverzichtbares Grundmaterial. Die SängerInnen dienen dabei als Referenzboden, auf dessen Basis weitere Erkenntnisse gewonnen werden. Es stellt sich die Frage, wie sich dieser Rahmen in der Analyse auswirkt. Wie lässt sich eine Balance finden, innerhalb derer die festgelegten Referenzen zugleich effizient untersucht und kontinuierlich mit weiteren Referenzen außerhalb der benannten Rahmungen verknüpft werden?

---

2 | Der Begriff der Verkörperung meint »diejenige[n] körperliche[n] Prozesse, mit denen der phänomenale Leib sich immer wieder selbst als einen je besonderen hervorbringt und damit zugleich spezifische Bedeutung erzeugt. So bringt der Schauspieler seinen phänomenalen Leib auf eine ganz spezielle Weise hervor, die häufig als Präsenz erfahren wird, und ›zugleich‹ eine dramatische Figur, zum Beispiel Hamlet«. Einleitende Thesen zum Aufführungsbegriff, in: Fischer-Lichte, Erika, Risi, Clemens, Roselt, Jens (Hg.): Kunst der Aufführung, Aufführung der Kunst, Berlin 2004, S. 16.
3 | Fischer-Lichte, Erika: Präsenz, Viertes Kapitel, in: Ästhetik des Performativen, Frankfurt a.M. 2004, S. 165-166.

SEQUENZ 3: DIE PAUSE

Während der Pause befrage ich drei Personen meines unmittelbaren Umfelds nach ihren Eindrücken vom ersten Teil der Aufführung. Alle drei reagieren positiv, wobei vor allem das Bühnenbild sehr gelobt wird. Die Erstbefragte ist eine Französin von etwa Mitte dreißig, die einer größeren Gruppe schräg hinter mir angehört. Dabei gibt die Frau ausführlich Auskunft über ihre ästhetischen Assoziationen, woran sie erinnert wurde: ans »deutsche Kino«, besonders an eine »Ästhetik aus den dreißiger Jahren mit schrägen, überdimensionalen Wänden«. Das Bühnenbild lobt sie sehr und bezeichnet es als »expressionistisch«. Neben ihr beschweren sich zwei weitere Angehörige dieser französischen Gruppe darüber, dass der gesungene Text nicht zu verstehen sei. Die Zweitbefragte ist eine ältere deutsche Dame, die das Bühnenbild »herrlich« findet. Auch die Inszenierung und die Lichtverhältnisse bezeichnet die Frau als »wunderschön«. Sir Simon Rattle sei dabei »wunderbar« gewesen, was sie »sehr glücklich« mache. Und zwar so, dass sie die nächste Aufführung am kommenden Sonntag auch besuchen wolle. Sie habe bereits in der DDR mehrere Inszenierungen von Berghaus erlebt und gehe immer wieder zu ihrem Berliner Barbiere. Ihren Pelléas kenne sie aber nicht. Die Letztbefragte, eine deutsche Frau von etwa Mitte sechzig, sitzt direkt zu meiner Linken und beschreibt ihre Eindrücke wie folgt: »Es ist großartig, was sie (Berghaus) mit dem Stück gemacht hat. Ich meine, es ist nicht so einfach, etwas daraus zu machen. Es ist ja keine große Oper. So einfach und leicht.« Auf meine Antwort, dass die stets mehrdeutige Sprache von Maeterlinck alles anders als »einfach« und »leicht« sei, dass Debussy etliche Jahre seines Lebens diesem Werk widmete und dass es in Frankreich ein Repertoirestück sei, wundert sich die Frau. Daraufhin beginnt der vierte Aufzug. Am Ende der Aufführung spricht mich die Frau wieder an, entschuldigt sich, wobei ich nicht weiß, wofür, mit den folgenden Worten: »Ja, mit der schlechten französischen Musik meine ich es auch nicht so. Es ist eben Geschmacksache.«

Ziel der Befragung war es, mehrere Erfahrungen mit derselben Aufführung in den analytischen Prozess mit einzubeziehen. Ausgewählt wurden die Befragten aus einer größeren Zielgruppe des unmittelbaren Umfelds, dessen Reaktionen bereits während des ersten Teils beobachtet worden waren. Durch Körperhaltung, Mimik und Regungen ließ die Erstbefragte, die Französin, bereits zu Beginn der Aufführung eine positive Einstellung erahnen. Im zweiten Akt lachte sie bei der Übergabe des Haares und beim »Verlust« des Ringes bzw. nach den gespielten Unschuldsreaktionen von Pelléas und Mélisande. Ganz anders mit der Zweitbefragten, der älteren Dame, deren sehr zurückhaltende Reaktionen wir nicht einordnen konnten. Die Drittbefragte, Sitznachbarin zur Linken, reagierte ab Yniolds Auftreten im dritten Akt mit Unruhe und wiederholtem Seufzen. Somit schienen uns die drei Befragten ein breites Spektrum an unterschiedlichen Reaktionen zu repräsentieren. Und selbst wenn das Urteil wider Erwarten durchgängig positiv ausfiel und somit das vermutete Spektrum nicht abgedeckt werden konnte, geschah dies immer noch mit unterschiedlichen Hintergründen. Der ausführliche Bericht der Erstbefragten ist zunächst eine Überraschung, und zwar weniger aufgrund der wohl bekannten erwähnten filmischen und bildlichen Referenzen – wobei die Frau nichts darüber sagt, was sie unter »expressionistisch« versteht –, als vielmehr aufgrund ästhetischer Assoziationen, auf die wir selbst nicht kämen. Das parallel laufende Gespräch zwischen den beiden anderen Franzosen, die sich über den nicht verstandenen Text ärgern, erinnert uns an eine populäre Einstellung zur Oper, die wir bislang ignorierten: die Annahme, entscheidend dafür, eine Aufführung als gelungen zu beurteilen, sei die deutliche Verständlichkeit des Textes – was Opernaufführung und erfahrung auf eine unmittelbare hermeneutische Dimension reduziert. Unsere Zweitbefragte schildert weniger ihre Assoziationen als vielmehr ihre Eindrücke. Unerwartet positiv lobt die ältere Dame sämtliche Elemente, die zur Herstellung einer Atmosphäre beitragen – das Bühnenbild, die Inszenierung und die Lichtverhältnisse sowie ihre Rezeption der musikalischen Gestaltung Rattles. In ihrer Emphase liefert die Zweitbefragte auch grundlegende Informationen über ihre Eindrücke: Die Aufführung machte sie »sehr glücklich«. Ein starkes Aufführungserlebnis also, das die Dame sogar dazu veranlassen wird, die nächste Aufführung zu besuchen. Mit diesem Bericht sehen wir uns zum ersten Mal mit den prägenden Wirkungen einer Aufführung konfrontiert. Eine gelungene Aufführung ließe sich dann als das Ergebnis eines positiv bewerteten Aufführungserlebnisses begreifen. Dabei liegt der Fokus weniger auf der Performanz als vielmehr auf der Rezeption. Das ermöglicht es, den Blick des Rezipienten stets zu problematisieren, statt ihn zu leugnen oder rhetorisch zu objektivieren. Die Letztbefragte sorgt leider für wenig neue Erkenntnisse. Höchstens sei uns hier gestattet, auf den hervorragenden Aufsatz von Andreas Dorschel »Erwartung und Vorurteile in der Musik«[4] hinzuweisen. Welche opernanalytischen Folgerungen lassen sich aus diesen Berichten ziehen? Für das opernanalytische Verfahren erwies sich dieses Experiment als misslungen. Denn was die Französin unter »expressionistisch« versteht, was unsere Nachbarin als »große Oper« bzw. »große Musik« bezeichnet oder warum die beiden Franzosen »Oper« mit »Logos« identifizieren, blieb uns verborgen. Auch konnten wir die Befragten nach der Aufführung nicht mehr erneut nach ihren endgültigen Eindrücken befragen, so dass das Unternehmen nur einen Bruchteil der nötigen Informationen lieferte. Während das Experiment also insofern misslang, nutzte es uns jedoch in zwei anderen Hinsichten. Erstens wurde die omnipräsente Referenz des ersten Aufführungserlebnisses deutlich, so dass im zweiten Teil der Versuch unternommen wurde, sich ausschließlich auf die jeweilige Präsenz dieser SängerInnen zu fokussieren. Zweitens konnte daran

---

4 | Dorschel, Andreas: Erwartung und Vorurteile in der Musik, in: ders. (Hg.): Dem Ohr Voraus, Erwartung und Vorurteile in der Musik, Wien, London, New York 2004.

erinnert werden, dass nur ein erfolgreiches Aufführungserlebnis als *gelungene Aufführung* bezeichnet werden kann. Es bleibt also dieser extrem subjektive bzw. intersubjektive Prozess noch zu ergründen.

SEQUENZ 4: AKT V (ALLE): AUFFÜHRUNGSKLIMAX

Die Treppe wurde schräg nach rechts gedreht. Aus der sehr gedämpften Beleuchtung und dem übrigen dunklen Bühnenbild ragt die gelbe Treppe gut sichtbar heraus. Arkel und der Arzt stehen zusammen, während Mélisande in der Spalte liegt. Sie schaut an den Männern vorbei zur Treppe hin. Der Arzt hält eine nackte Puppe in den Armen und versucht Mélisande dazu zu bringen, die Puppe zu halten bzw. zu behalten. Aber Mélisande lässt sie immer wieder fallen. Als Arkel Mélisande nach ihrem Zustand fragt, steht sie auf und schreitet auf der Halbkugel Richtung Treppe auf und ab. Golaud tritt bei seinem Einsatz »j'ai tué sans raison« auf. Er stellt eine mitleiderregende Erscheinung dar: gebeugt, balancierend, mit stets ausgestreckten Armen, er scheint gebrochen und reumütig. Mélisande läuft an ihm vorbei zur Treppe und bleibt vor der Treppe stehen. Ihre Antworten sind leise, gradlinig und wirken sehr fragil. Bei »Mélisande, as-tu pitié de moi ...« fällt Golaud auf die Knie. Er befragt sie zunächst sanft, dann wütend und verzweifelt. Beim letzten Versuch holt er ein schwarzes Tuch heraus, das er in die Höhe hält, deutet eine Augenbinde an wie Pelléas und Yniold. Aber Mélisande reagiert nicht darauf. Müde lässt er schließlich das Tuch auf den Boden fallen. Nach einer bedrückend langen Stille fragt er Mélisande, ob sie »schuldig« gewesen sei, beantwortet aber die Frage schon selbst. Er singt nicht mehr, sondern wiederholt mit roher, quasi geschrien Stimme »dis oui, oui, oui, oui ...«. Mélisande kontrastiert physisch und gesanglich stark mit dem knienden, aufgeregten Golaud. Der Moment ist sehr bedruckend. Währenddessen betreten allmählich Unbekannte die Bühne. Sie sind alle wie Arkel angezogen, also mit einem steifen, schwarzen, fußlangen Mantel und einem hohen Zylinder. Sie tragen alle einen weißen Stuhl mit einer sehr hohen Lehne und setzen sich dann darauf. Sie kommen zunächst einzeln, dann zu zweit, zu dritt und schließlich als Gruppe. Überall auf der Kugel verstreut, besetzen sie am Ende ganz den Raum, so dass Arkel, Golaud und der Arzt sichtlich dazwischen her laufen müssen. Der Anblick ist zugleich schön und unheimlich. Sehr schön ist die Welle, die diese Figuren mit ihren Oberkörpern bilden, wenn sie sich zusammen langsam abwechselnd nach rechts und links neigen, während Mélisande die Treppe unbemerkt hinaufsteigt. Rattle dehnt dabei die Pausen so sehr in die Länge, dass jeder Moment der letzte zu sein scheint. Die Vorgänge kommen mir unendlich lang vor. Das Ganze ist aber zweifelsohne eindrucksvoll.

Nachdem uns die erste Aufführung als stete implizierte Referenz deutlich geworden ist, suchen wir nach der Pause die spezifische Präsenz der SängerInnen zu erfassen. In dieser Hinsicht bleibt William Burden (Pelléas) weiterhin eine fade Erscheinung. Magdalena Kožená (Mélisande) hingegen wird positiv erfahren. Sie singt klar, mit ungekünstelten Linien und deutlicher Artikulation. Ihr Spiel fällt im Vergleich zu den anderen zwar minimal auf, bleibt jedoch stets als Teil der Gruppe wahrnehmbar. Robert Lloyd (Arkel) und Hanno Müller-Brachmann (Golaud) stehen ihr gesanglich und spielerisch in nichts nach. Lloyd bietet eine sehr überzeugende Darstellung in der zweiten Szene des vierten Aktes. Bei ihm fallen die Gewaltangriffe auf Mélisande nicht weg. Er stellt das Begehren der Figur unmissverständlich dar, so dass man sich für Mélisande fürchtet. Als Golaud ihr das Haar abreißt und damit masturbiert, unterbricht Arkel ihn mit einem heftigen und eindrucksvollen »Golaud«-Ruf. Dabei wird allerdings gleich ersichtlich, dass er dies weder aus Nächstenliebe tut, noch um eine grausige Gewalttat zu verhindern. Vielmehr sucht Arkel eine Handlung, die ihm vorher selbst nicht gelungen ist, zu unterbinden. Die Darstellung ist so gelungen wie der Inhalt verhängnisvoll. Von der Einschränkung durch die erste Aufführung nun befreit, kann Golauds schwerer Gang statt als »Fehler« jetzt als das Ergebnis einer permanenten latenten Belastung der Figur gelesen werden, womit der verletzliche Aspekt der Figur unterstrichen wird. Die untypische Sterbeszene lässt sich als eine Abfolge von Bildern erfassen, innerhalb derer fortwährend parallel laufende Handlungen stattfinden. Wir unterscheiden dabei drei Phasen.

In der ersten Phase, vom Beginn bis Golauds »*Mélisande as-tu pitié de moi ...?*«, finden zwei Handlungen parallel statt: die Puppenübergabe zwischen dem Arzt, Arkel und Mélisande einerseits, und Golauds Herumirren auf der Bühne im Wahn-Gestus andererseits. Entscheidend für die Interpretation des Puppenspiels ist sowohl die Art der Übergabe durch Arkel und den Arzt als auch die Art, wie Mélisande die Puppe fallen lässt. Mit Andreas Bauer (Arzt) beginnt die »Puppen-Choreographie«. Er hält die Puppe als Erster in den Armen und versucht, sie behutsam an Mélisande, Golaud und Arkel zu überreichen. Seine Choreographie besteht darin, die Familienmitglieder immer wieder aufs Neue auf das Neugeborene aufmerksam zu machen. Er sucht als Erstes Mélisande, die Mutter auf. Zunächst hebt er die Arme in ihre Richtung an; als Mélisande auf diese Andeutung nicht reagiert, nähert er sich ihr vorsichtig, streckt ihr langsam die Puppe hin und verharrt einen Augenblick lang in dieser Stellung, bis Mélisande die Puppe anschaut und in die Arme nimmt. Als Mélisande die Puppe jedoch gleich darauf fallen lässt, ist er sofort zur Stelle, um sie aufzuheben, bleibt aber stehen, da Mélisande bereits aufsteht. Dann sucht er die nächsten Familienmitglieder Golaud und Arkel auf. Nach einem Augenblick des Zögerns, in dem er zu überlegen scheint, ob er Golaud verfolgen oder es gleich beim nächsten Familienmitglied probieren soll, wendet er sich Arkel zu. Somit erklärt er Golaud zum »ungültigen« Ansprechpartner bzw. zur »ungültigen« Handlungsperson. Sein letztes Überreichen des Kindes an Arkel entspricht insofern weniger einer freien Wahl als vielmehr einem letzten Ausweg in Anbetracht der Abwesenheit von Geneviève. Diese Entscheidung kann hier sowohl als ärztliche Entscheidung als auch als praktische Entscheidung eines Außenstehenden verstanden werden. Bauer stellt einen Arzt dar, der sich unaufdringlich aber konsequent um das neue Lebewesen bemüht. Die vier entscheidenden performativen Gesten seiner choreographierten Überreichung sind: seine vorsichtigen Annäherungen, sein Heben der Arme, sein langsames Strecken der Arme und sein Verharren in einer physisch anstrengenden, gebeugten Stellung.

Mit dem Überreichen der Puppe an Robert Lloyd (Arkel) beginnt die nächste Puppen-Choreographie. Lloyds Überreichungsversuche verlaufen ganz anders als die Bauers. Gleich bei Empfang der Puppe deutet er an, dass er sie nicht behalten will. Nach einem kurzen Augenblick der Unschlüssigkeit oder Lähmung aufgrund des Überraschungsmoments schaut er sich nach Golaud und Mélisande um. Ebenso wie der Arzt zuvor beurteilt er Golaud schnell als nicht ansprechbar: Er streckt ihm zwar ansatzweise die Puppe hin, bleibt jedoch stehen. Dann läuft er zielstrebig auf Mélisande zu, die inzwischen aufgestanden und vor der Treppe etwa in der linken Hälfte der Kugel stehen geblieben ist. Als es ihm gelungen ist, die Puppe zu überreichen, läuft er nach links weg. Da er Mélisande sofort den Rücken zukehrt, sieht er nicht, dass sie die Puppe gleich wieder auf den Boden sinken lässt. Diese Abwendung von Mélisande unmittelbar nach seiner Übergabe der Puppe dient als eine der zwei grundlegenden performativen Gesten von Lloyd, anhand derer die Figur Arkel interpretiert wird. Hier wird zweierlei thematisiert: erstens sein Wunsch, die Puppe bzw. das Kind Mélisandes loszuwerden, zweitens seine »Blindheit« gegenüber der Tragik Mélisandes. Während sein erster Gestus des Loswerdens unmissverständlich dargestellt wird, erscheint seine Abkehr von Mélisande sehr ambivalent: Entweder glaubt sich Arkel von der Verantwortung frei, wenn er das Kind einmal der Mutter übergeben hat, oder er *will* nicht wissen, was aus dem Kind wird. Beide Fälle setzen allerdings den Wunsch, das Kind loszuwerden, voraus. Dass Arkel am Ende das Kind doch aufnimmt, resultiert insofern ebenso wenig wie beim Arzt zuvor aus einer freiwilligen Entscheidung, sondern vielmehr aus einer Reihe unglücklicher Umstände: Golaud ist nicht ansprechbar, Geneviève ist nicht da, Yniold ist zu jung, Pelléas und Mélisande sind tot.

Magdalena Kožená (Mélisande) lässt sich hier anhand zweier grundlegender performativer Gesten erfassen: das Starren auf die Treppe und das wiederholte Fallenlassen der Puppe. Von Anbeginn an stellt Kožená eine geistesabwesende Mélisande dar. In der Spalte liegend, starrt sie geradeaus zur Treppe hin. Auf Arkel reagiert sie zwar gesanglich, körperlich jedoch widmet sie sich einzig der Treppe. Auf diese Weise nimmt sie die vom Arzt hingehaltene Puppe zunächst nicht wahr. Dann hebt sie beide Arme langsam zum rechten Winkel. Da sie weiterhin geradeaus starrt, wirkt die Bewegung teilnahmslos und mechanisch. Selbst als sie die Puppe doch noch anschaut, geschieht dies zunächst ohne Regung, dann mit Verwunderung, bevor sie sich wieder der Treppe widmet. Auf der halben Strecke zur Treppe wird ihr die Puppe ein zweites Mal angereicht. Ihre Empfangsbewegung unterscheidet sich von der vorigen einzig dadurch, dass sie diesmal den Kopf senkt, um die Puppe anzusehen. Sobald sie sich der Treppe wieder zuwendet, lässt sie die Puppe fallen. Kožená spielt eine zugleich abwesende und zielsichere Mélisande. Gegenüber ihrem Umfeld – also Arkel, dem Arzt und später auch Golaud – ist sie gänzlich abwesend. Auch die Puppe ist Bestandteil dieses Umfelds, dem sie nicht mehr angehört bzw. dem sie sich zielstrebig zu entziehen sucht. Die Art, die Puppe in Empfang zu nehmen, lässt sich daher weder als Ablehnung ihres Kindes noch als Nachwirkung des Schocks über Pelléas' Tod oder als Kraftlosigkeit im wörtlichen und übertragenen Sinne deuten. Vielmehr handelt es sich um die paradigmatische Darstellung eines bereits begonnenen Abschieds von ihrem Umfeld. Das Starren zur Treppe spielt insofern eine wichtige Rolle, als dadurch die Zielstrebigkeit der Figur dargestellt wird. Kožená tut dies sehr konsequent, indem sie sich von Anfang bis Ende unentwegt zur Treppe hin orientiert. Die einzigen Abweichungen sind weniger freiwillig als vielmehr Ergebnis der Handlung eines anderen – des Arztes oder Arkels –, oder Resultat ihrer Bemühungen, aus der Spalte, in der sie anfänglich lag, herauszusteigen. Ob die Treppe dabei für ihre Erinnerung an das Erlebnis mit Pelléas (*Eros*) oder für ihren Ausstieg und Aufstieg aus dem Leben zum Tod (*Thanatos*) steht, lässt sich an dieser Stelle nicht entscheiden. Fasst man das obsessive Anstarren als Erinnerung an die erste Szene des dritten Aktes mit Pelléas auf, wird eine zeitliche Korrespondenz hergestellt, anhand derer diese Szene rückwirkend positiv bewertet wird. Dabei wird also erstens eine Szene, die zunächst keinen Aufführungsknoten bildete, nun aufgewertet; zweitens kommt es zu einer Interpretation, die der der ersten Aufführung – die Treppe als Ort des Bruchs zwischen Pelléas und Mélisande – diametral gegenübersteht. Versteht man die Treppe und das darauffolgende Hinaufsteigen Mélisandes als Ausstieg aus dem Leben, wird zum einen auf eine christliche Ikonographie rekurriert und zum anderen ein Erlösungsmotiv eingeführt. Währenddessen läuft Golaud mit permanent ausgestreckten Armen hin und her auf der Bühne: mal kurz anhaltend, mal in Bewegung – im Sinne einer ständigen, abwechslungsreichen Parallelhandlung.

Die zweite Phase beginnt damit, dass Arkel und der Arzt die Bühne verlassen. Golaud kniet dann am Boden, während Rattle die Stille in die Länge zieht. Es entsteht eine ungeheure Spannung; die Bühnenkomponenten kommen schärfer zur Geltung bzw. können schärfer erfasst werden. In dieser beklemmenden Atmosphäre singt Golaud: »*Mélisande, as-tu pitié de moi, comme j'ai pitié de toi ? ... Mélisande ... Me pardonnes-tu? ... Mélisande*«.[5] Müller-Brachmann singt diese oh-

---

5 | »Mélisande, erbarmst du dich meiner wie ich mich deiner? Mélisande? Verzeihst du mir? Mélisande?«

nehin rührende *A-cappella*-Stelle in einem sanften *sotto voce*. Die kurze Stille vor jedem »*Mélisande*« trägt dabei entscheidend zur gelungenen Wirkung – die Darbietung eines reumütigen Golauds – bei. Von hier aus bis zum »*me jures-tu de dire la vérité*«[6] lässt sich der erste von insgesamt drei Unterabschnitten feststellen. 1) Müller-Brachmann nimmt unterschiedliche Körperstellungen ein – z.B. von einem aufrechten Oberkörper mit beiden Fäusten vor der Brust zu einer fast liegenden Stellung, wobei er beide Handlungen abrupt, übergangslos vollzieht. Die vielen Stellungen vermögen Golauds emotionale Verwirrung zu versinnbildlichen. 2) Mit der Frage an Mélisande »*as-tu aimé Pelléas?*«[7] beginnt das Verhör und somit der zweite Abschnitt. Müller-Brachmann hält einen Augenblick inne, steht dabei mit aufrechtem Oberkörper, fährt dann fort. Im Unterschied zur vorigen Choreographie, als er sich abwechselnd aufrecht oder liegend bewegte, werden hier vor allem die Unterarme bewegt, allerdings vertikal und schneller als zuvor. Die besondere Leistung Müller-Brachmanns besteht darin, nicht nur die letzte Stelle, »*dis oui*«, mit lauter, rauer, gutturaler Stimme auszusprechen, sondern sie in kürzesten Abständen, schnell und öfter als im Text, zu wiederholen. Er hat sich zusammengezogen und klammert sich verzweifelt an Mélisande, die ihn nicht einmal zu bemerken scheint. Die Stelle »*avez-vous été coupable? Dis, dis oui, oui, oui*«[8] und die eindrucksvolle Stille daraufhin stellen die Aufführungsklimax dieses Abends dar. Golauds Wahn wird dabei als aggressive Verzweiflung wahrgenommen und wirkt mitleiderregend. 3) Da Mélisande nicht das erwünschte Schuldbekenntnis liefert, ändert Golaud seine Strategie. Er verlangt »*la vérité, la vérité*« und holt das schwarze Tuch, mit dem Pelléas und Mélisande ihre Zusammengehörigkeit begründeten und Yniold vergeblich versuchte, ein vertrauliches Bündnis nachzuspielen. Golaud kennt die Bedeutung des Tuches, doch er weiß nicht, dass es Mélisande und Pelléas verbunden hat. Müller-Brachmann spielt diesen inszenatorischen Gestus mit überzeugender Verzweiflung. Zweifelsohne trägt dieser Sänger die volle Verantwortung für die gelungenen emotionalen Wirkungen dieser Szene.

Die dritte und letzte Phase dieser Sequenz beginnt mit der Rückkehr des Arztes und Arkels. Golaud steht nun wieder auf und läuft von jetzt an ununterbrochen hin und her. Erneut schafft er mit den stets balancierend ausgestreckten Armen eine eigenständige parallele Handlung, in Kontrast zum übrigen, statischen szenischen Geschehen. So dient die vor der Treppe erstarrte Mélisande zugleich als Gegenpol zu Golaud und als verschobenes Zentrum, von dem die Bühnenkomposition ausgeht. Arkel und der Arzt befinden sich so im Spannungsfeld zwischen einem beweglichen und einem starren Pol. Die minimalen Bewegun-

---

6 | Vgl. (V) TNOC S. 378.
7 | Vgl. (V) TNOC S. 384.
8 | Vgl. (V) TNOC S. 384.

gen Arkels und des Arztes lassen sich daher weniger als rein plastische Darstellung als vielmehr im Zusammenhang mit einem der Pole begreifen. Währenddessen treten lautlos die ersten schwarz gekleideten Figuren auf und setzen sich auf die mitgebrachten weißen Stühle. Entscheidend für das Verständnis dieses performativen Gestus ist die einheitliche, wenn auch nicht identische Bestimmtheit, mit der die Chormitglieder ihre jeweiligen Bewegungen durchführen. Das heißt, die Bewegungen werden zwar *per definitionem* unterschiedlich – also mit unterschiedlichem Tempo, unterschiedlichem Haltungs- und Bewegungsrepertoire – durchgeführt, jedoch allesamt weder zögerlich noch ungefähr. Vom Auftreten über die Suche nach einem Platz auf der immer voller werdenden Kugel bis zum Hinsetzen treten die Gruppenmitglieder selbstverständlich und zielstrebig auf, wobei der Grund für diese Selbstverständlichkeit nur den Mitgliedern der Gruppe bekannt zu sein scheint. Mit der Anerkennung der choreographischen Gruppentechnik weckt diese Szene darüber hinaus einen ambivalenten Eindruck. Durch ihre Überzahl, ihre Verteilung überall auf der Kugel und ihre steife Sitzposition mit flachen Händen auf dem Schoß wirken die Gruppenmitglieder störend und bedrückend. Verstärkt wird dieser Eindruck dadurch, dass Golaud sich regelrecht zwischen ihnen hindurch schleichen muss, um sich weiterbewegen zu können. Sie besetzen den Raum buchstäblich. Die Sicherheit und Zielstrebigkeit, mit der die Gruppenmitglieder auftreten und sich hinsetzen, tritt umso mehr hervor, als die Gründe und Ziele ihres Auftritts uns verborgen bleiben. Berghaus erläutert die inszenatorische Intention im Konzeptionsgespräch wie folgt: »Jetzt kommen viele Menschen, stellen sich ›willkürlich‹, füllen den Raum aus – die Einwohner quillen herein mit Stühlen.«[9] Nach der Inszenierungskonzeption handelt es sich also weniger darum, den Paroxysmus einer parallel verlaufenden Handlung darzustellen, die bereits in der dritten Szene des zweiten Aktes begann: Dort erscheinen die »drei Armen« – in fußlangen, schwarzen Mänteln und schwarzen Hüten – zum ersten Mal. Zunächst schwer als Menschen erkennbar, liegen sie stets an dunklen Stellen der Bühne, in Ecken, unter einer »Bank« und schließlich im Brunnen, »gefischt« von Yniold. Sie bewegen sich nie aufrecht oder stehend, sondern rollen, schleichen oder kriechen auf allen vieren, wobei sie entweder in Berührung oder sehr nah beieinander bleiben. Sie werden als eine sich bewegende Einheit dargestellt, die zwar immer präsent ist, von den Anwohnern des Schlosses jedoch konsequent ignoriert wird – bis die drei Armen schließlich aufrecht gehen und in den Raum eindringen, so dass sie nicht mehr übersehen werden können. Berghaus inszeniert die Gruppe in der Finalszene als Vervielfachung der drei Armen. Thematisiert wird hier der bedrückende Kontext außerhalb des Schlosses – also die Hungersnot in Allemonde, die die Einwohner ins Schloss treibt. Dabei wird das just dargestellte Drama der Schlossbewohner in Relation

---

9 | Vgl. (V) TNOC S. 386.

zum Königreich Allemonde gesetzt: Der Verfall findet nicht nur innerhalb des Schlosses, sondern auch außerhalb statt. Berghaus zeigt *Pelléas et Mélisande* als doppelten Verfall, wobei beide Seiten – die herrschenden Schlossbewohner und die beherrschten Armen bzw. Einwohner von Allemonde – eng miteinander verflochten sind. Die Ausgangssituationen sind unterschiedlich, gleichwohl ist die Situation für alle hoffnungslos. Doch so gut die Vervielfachung der drei Armen zu einer unübersehbaren Menge inszenatorisch fundiert ist, diese inszenatorische Intention wird bei der performativen Umsetzung weder erkennbar noch gesucht. Von der Aufführung ausgehend wird die Gruppe als Vervielfachung Arkels aufgefasst; anstatt dass eine Verbindung zwischen den drei Armen (Eveline Galler-Ungaz, Kay Keßner und Karoline Kirchach) und der Gruppe hergestellt wird, dient einzig Arkel als Ansatzpunkt zur Deutung der Gruppe. Zur Beschreibung der Verbindung zwischen Arkel und der Gruppe unterscheiden wir zwei Formen von Korrespondenzen: eine zeitliche Korrespondenz, wie sie beispielsweise zwischen Pelléas (1, III) und Golaud (1, I) während der ersten Aufführung entstand, und eine performative Korrespondenz, wie es sie zwischen Geneviève und Pelléas (2, I) bereits gab. Im ersten Fall wird eine allgegenwärtige Präsenz mit einer Erinnerung an eine Präsenz in Verbindung gebracht, so dass die gerade erlebte Performanz zugleich stets im Spiegel eines früheren Moments der Aufführung erfasst wird. Dabei sind gegenwärtige und erinnerte Präsenz nicht zwangsläufig auf einen Sänger oder eine Sängerin bezogen. Vielmehr handelt es sich um die ständige Verbindung zwischen gerade erfahrenen und erinnerten performativen Gesten, Eindrücken und Assoziationen. Wenn wir Arkel und die Gruppe als zeitliche Korrespondenz erfassen, rufen wir die Erinnerung an den vorigen Auftritt Arkels auf, im Laufe dessen er sich in seiner ganzen Ambivalenz entfaltete. Zunächst im Hintergrund schreitend, steht er Geneviève und Pelléas distanziert gegenüber (2, I); dann ahmt er Golauds Gewalt pantomimisch nach, nachdem ihm der Versuch, Mélisande zu überwinden, missglückte (2, IV); und schließlich sucht er sich des Kindes von Mélisande zu entledigen. Wenn die Gruppenmitglieder als Vervielfältigung Arkels erfasst werden, wird an all diese Facetten der Figur appelliert. Somit wird die Gruppe von Anbeginn nicht als Gruppe von »Nonnen« erfasst – wie dramaturgisch angelegt –, sondern als Multiplikation einer zwiespältigen Autorität. Ihr bedrohlicher Charakter entsteht in diesem Rahmen durch die Erinnerung an Arkels vorige Handlungen. Im zweiten Fall, der performativen Korrespondenz, entsteht die Parallele zwischen Arkel und den Gruppenmitgliedern durch ihre gemeinsame, allgegenwärtige Präsenz: Arkel steht den Gruppenmitgliedern in Ausstattung und Gang am nächsten. Im Gegensatz zum Arzt schreitet Arkel nicht zögernd, sondern geht zielsicher auf Mélisande zu, um ihr das Kind zu überreichen. Während der Arzt beim Schreiten Kurven und Kreise zeichnet, bewegt sich Arkel in geraden, unterbrochenen Linien, wobei er seinen Gang am Ende einer Linie nicht verlangsamt. Dieses letztere Merkmal seines Ganges spielt die entscheidende Rolle in der performativen Korrespondenz zwischen ihm und den Gruppenmitgliedern. Auch bei den etwa zehn beobachteten Auftritten von Gruppenmitgliedern wird der Gang nicht verlangsamt, sondern abrupt gestoppt. Die Zielsicherheit, mit der die Gruppenmitglieder ihre kurze bis mittlere Strecke zurücklegen und sich hinsetzen, lässt sie hier weniger bedrohlich als vielmehr irritierend erscheinen. Unsere Bestimmung der zeitlichen und performativen Korrespondenzen hat sicherlich Nachteile. Begrifflich ist die zeitliche Korrespondenz insofern nicht unproblematisch, als dadurch die Erinnerung an eine Performanz mit einbezogen wird, womit wir uns an der Grenze des Performanzbegriffs befinden, wenn nicht sie gar überschreiten. Auch die performative Korrespondenz – Verbindungen zwischen unterschiedlichen Präsenzen – ist eine überaus umfassende und nicht unfehlbare Bestimmung. Darüber hinaus werden hier nur Bruchteile eines umfassenden und komplexen Wahrnehmungsprozesses beschrieben. Da die so analysierten Einheiten künstlich getrennt werden, werden ihre Verstrickungen provisorisch außer Acht gelassen. Doch diese nicht perfekten aufführungsanalytischen Kategorien der zeitlichen und performativen Korrespondenzen verhelfen uns zu wichtigen Erkenntnissen über die Gewichtung der Eindrücke und Assoziationen im aufführungsanalytischen Prozess. Während Eindrücke bei der ersten Aufführung die ausschlaggebende Rolle beim Erfassen und Verarbeiten der Performanz spielen, scheinen ab der zweiten Aufführung vorwiegend assoziative Prozesse die Erfahrung und Deutung der Aufführung zu prägen. Kraft dieser Erkenntnis suchen wir bei der dritten und letzten Aufführung den durch Eindrücke oder Assoziationen erworbenen Erfahrungen und Erkenntnissen Beachtung zu schenken und ihre Implikationen im analytischen Prozess aufzuzeigen.

9. Dritte Aufführung: 20. April 2008

Szene 4, III (Golaud und Yniold): Vier-Schritt-Analyse

Golaud sitzt am Fuße der Treppe, als Yniold zu ihm kommt. Der Kontrast zwischen beiden Figuren könnte kaum größer sein. Stimmlich steht der wohlklingende Bariton von Golaud der zierlichen Knabenstimme Yniolds exemplarisch entgegen. Auch von der Körperhaltung her unterscheiden sie sich wesentlich. Einerseits der sitzende Golaud mit gesenktem Kopf und hängenden Schultern, jedoch voller Anspannung von seiner Begegnung mit Pelléas. Andererseits der hüpfende Yniold im dunkelblauen einteiligen Kostüm. Auch er trägt eine Perücke aus steifen, abstehenden Haaren, die sowohl an Mélisandes steifes Haar als auch an Golauds und Pelléas' seitliche Spitze unter ihren Helmen erinnert. Das Kind, das nicht weiß, wozu es gerufen wurde, steht still und erwartungsvoll da. Die ganze Szene besteht aus dem Aufstieg von Golaud und Yniold auf der steilen gelben Treppe, wobei Golaud immer eine bis mehrere Stufen unterhalb von Yniold steht. Obwohl sie dabei nicht über die Mitte der Treppe hinauskommen, wird mit jedem Schritt nach oben die Sorge um beide Sänger größer. Vor allem bei Yniold wachsen allmählich ganz pragmatische Bedenken um die Sicherheit des Kindes, wenn er von Golaud abwechselnd festgehalten, abrupt losgelassen oder geschüttelt wird. Besonders verhängnisvolle Momente sind die, wenn das Kind auf diesen hohen Stufen ohne Stütze und Schutz hin und her geschubst wird. Zum Höhepunkt kommt es bei dem von Golaud geschrienen Befehl »Regarde!«. Als das verängstige Kind sich daraufhin losreißt und wegrennt, ist dies jedoch keine Erleichterung. Denn durch die außergewöhnliche Lautstärke des Orchesters wird die Spannung gänzlich beibehalten. Nach dem abrupten Fortissimo-Ende ist die Spannung im Raum greifbar.

An dieser Szene lässt sich geradezu exemplarisch zeigen, wie sehr analytische Erkenntnisse von ihren jeweiligen Ausgangspunkten abhängen. Schon die Gliederung der Szene ergibt höchst unterschiedliche Unterteilungen je nach analytischer Perspektive. Im Folgenden sollen dramaturgische, musikalische, inszenatorische und aufführungsanalytische Knoten dargelegt werden.

1. Dramaturgische Analyse

Dramaturgisch unterscheiden wir fünf Phasen. Die erste Phase vom Beginn bis zu Golauds erster Mahnung an Yniold stellt den Zwiespalt dar, in dem Golaud sich befindet. Mit seinen ersten Worten[1] zeigt er die Wehmut eines Verlassenen – und zwar nicht nur als Gatte, sondern auch als Bruder und Vater. Doch gleich darauf kündigt er seine fragwürdige Absicht an, den Sohn auszufragen.[2] Es entfaltet sich eine verhängnisvolle Verhörsituation: einerseits die Vaterliebe, andererseits die besessene Ergründung einer bereits bekannten Wahrheit, wobei das Kind als Instrument dieser Ergründung ausgenutzt wird. Die ersten zwei Fragen[3] werden noch als vorsichtige Behauptungen formuliert, die einer endgültigen Bestätigung bedürfen; mit der dritten Frage beginnt das offene Verhör:

Golaud: ... *Mais à propos de quoi se querellent-ils?*
Yniold: *A propos de la porte.*
Golaud: *Comment! à propos de la porte? Qu'est-ce que tu racontes là?*
Yniold: *Parce qu'elle ne peut pas être ouverte.*
Golaud: *Qui ne veut pas qu'elle soit ouverte? Voyons, à propos de quoi se querellent-ils?*[4]

Von nun an rückt die vergangene Erzählung in die allgegenwärtige Verhörsituation. Um das Kind daran zu hindern, seine Hand in den Mund zu stecken, wird Golaud gewalttätig. Dabei wird weniger das, was er seinem Kind antut, als vielmehr das Ergebnis vorgeführt: Yniold weint. Mit Golauds Worten »*Voyons; pourquoi pleures-tu? Qu'est-il arrivé?*« beginnt die zweite Phase des Verhörs. Golaud staunt über das weinende Kind, wobei er mit der unbestimmten Formulierung

---

1 | »*Je ne te vois plus ces derniers temps. Tu m'abandonnes aussi; tu es toujours chez petite mère ...*« (Ich sehe dich so wenig letzter Zeit. Du verlässt mich auch; du bist immer bei Petite-Mère). Vgl. (4, III.) TNOC S. 218.
2 | »*Tiens, nous sommes tout juste sous les fenêtre de petite-mère ...*« (Schau, wir befinden uns zufälligerweise unter den Fenstern von Petite-Mère). Vgl. (4, III.) TNOC S. 219.
3 | »*Elle (Mélisande) est souvent avec ton oncle, n'est-ce pas?*« (Sie [Mélisande] ist oft bei deinem Onkel, nicht wahr?) und »*il paraît qu'ils se querellent souvent ... non? Est-ce vrai?*« (Es wurde mir gesagt, dass sie oft streiten ... ja? Ist das wahr?). Vgl. (4, III.) TNOC S. 220.
4 | »Golaud: ... aber, worüber streiten sie sich denn?
Yniold: wegen der Tür
Golaud: wie, wegen der Tür? Was erzählst du da?
Yniold: weil sie nicht offen bleiben darf
Golaud: wer will nicht, dass sie offen bleibt? Yniold, worüber streiten sie?«
Vgl. (4, III.) TNOC S. 221.

keine Verbindung zu seinem vorigen physischen Angriff herstellt. Mit Golauds Ankündigung, er sei Yniold »nicht böse«, folgt die Rückkehr in die Erzählung und somit die dritte Phase. Nachdem Golaud die Sinnlosigkeit des Verhörs beklagt hat, fährt er nicht nur fort, sondern fragt den Sohn im atemberaubenden Rhythmus aus. Er will wissen, worüber Pelléas und Mélisande reden, ob sie über ihn reden und wenn ja, was sie sagen, ob er, Yniold, immer dabei sei, wenn sie reden, ob er nicht weggeschickt werde, wovor sie Angst haben, bis zur endgültigen Frage: Küssen sie sich manchmal und wenn ja, wie? Golauds Reaktionen hängen allerdings weniger von Yniolds Antworten als vielmehr von Golaud selbst ab. In seinem Zustand pathologisch gewordener Eifersucht sieht Golaud nur noch Verrat und die Bestätigung einer bereits zurechtgelegten Geschichte: Auf Yniolds Auskunft, Mélisande sei blass gewesen, bricht Golaud in Rachebeschwörungen aus: »*Ah! Ah! Patience, mon Dieu, patience ...*«. Doch der Kuss Yniolds auf den Mund, um zu zeigen, wie Pelléas und Mélisande sich einmal küssten, ist für Golaud ein Schock. Dieser kurze Moment der Niedergeschlagenheit, während Yniold die grauen Haare seines Vaters neckisch kommentiert, bildet die vierte Phase unserer dramaturgischen Gliederung. Erst jetzt scheint Golaud auf die Idee zu kommen, Mélisandes Zimmer auszuspionieren. Nun beginnt die letzte und längste Phase. Zu Beginn freut sich Yniold noch über die Helligkeit des Zimmers und den Anblick Mélisandes. Allerdings endet diese Freude, als er Golaud von Pelléas' Anwesenheit im Zimmer berichtet. Erneut reagiert Golaud auf den Bericht mit einem physischen Angriff auf Yniold, der diesmal nicht von dem Versprechen eines Geschenks »gelindert« wird, sondern Yniold wird vielmehr grob aufgefordert bzw. befohlen, weiter zu schauen.[5] Auf diese Weise ermahnt, schaut Yniold hin und antwortet unverzüglich auf den erneuten Fragenstrom Golauds. Die Spannung wird dadurch erzeugt, dass einerseits Yniold, einmal auf die Schulter seines Vaters gehoben, sich seiner voyeuristischen Aufgabe nun schwer entziehen kann, andererseits Golaud immer fordernder, gröber und wütender wird, womit er sich selbst und seinen Sohn in Gefahr bringt. Zum dramaturgischen Höhepunkt dieser Szene kommt es, als Yniold seinen Vater darum bittet, hinunter gelassen zu werden, und schließlich zu schreien droht, wenn der ihn nicht absteigen lasse.

2. Musikalische Analyse

Debussys Hervorhebungen sind mit den dramaturgischen nicht identisch; wir unterscheiden dabei zehn sehr unterschiedlich lange Abschnitte. Der erste Ab-

---

5 | »*... ce n'est rien; tais-toi; je ne le ferais plus; regarde, regarde, Yniold! J'ai trébuché. Parle plus bas. Que font-ils?*« (Es ist nicht schlimm. Schweig. Es wird sich nicht wiederholen. Aber schau hin, schau hin, Yniold! Ich bin gestolpert. Sprich leiser. Was machen sie jetzt?). Vgl. (4, III.) TNOC S. 243.

schnitt beträgt einundfünfzig Takte (Takte 1-51) und wird über die Dominante eingeführt. Hier werden zwei dramaturgische Momente musikalisch unterstrichen: Golauds »*tu m'abandonnes aussi*« (Takt 11) und sein erster Wutausbruch »*je ne te parles pas de la lumière, je te parles de la porte*« (ab Takt 42). Während das auf- und abwärtsgehende Triolenmotiv in der hohen Baritonlage den klagenden und wehmütigen Gemütszustand Golauds darstellt, wird im zweiten betonten Moment der erste Wutausbruch von Golaud gestaltet. Dazu werden zwar die gleichen rhythmischen Mittel der Triolen genutzt, allerdings in einer völlig anderen Konstellation. Hier wird das Triolenmotiv in einem eindringlichen Sekundintervall aufgebaut, zunächst auf f-f in den Celli und Bratschen, dann h-c in der Bratsche und schließlich umgekehrt auf c-h in den zweiten Geigen. Der zweite Abschnitt (Takte 52-80) beginnt mit Yniolds Ausruf: »*Oh! Oh! petit père vous m'avez fait mal!*« Dieser wird durch den doppelten Wechsel der Tonart nach C-Dur sowie der Metrik von 4/4 zu 3/4 noch unterstrichen, wobei der Wechsel von 4/4 zu 3/4 schon in Takt 48 eingeführt wurde. Auch hier werden zwei dramaturgische Momente musikalisch besonders unterstrichen: das Versprechen auf neue Spielzeuge und die Wiederaufnahme des Verhörs mit der Frage: »*mais pourquoi ne veultent-ils pas que la porte soit ouverte?*« Während der erste Moment mit spielerisch versetzten Rhythmen zwischen Bläsern und Streichern (Takte 67-70) illustriert wird, wird beim erneuten Verhör (Takte 71-80) eine ganz andere Stimmung aufgebaut. Durch das immer schneller werdende Tempo (*animez peu à peu*), das neue, intensiv werdende Sechzehntelmotiv und die immer auf- und zurückgehenden *crescendi*, die schließlich in den letzten drei Takten mit einem *forte* bzw. *fortissimo* ganz aufgehen, schafft Debussy eine neue Spannung, die erst im nächsten Abschnitt aufgelöst wird. In dieser immer instabiler werdenden Konstellation verharren die Bässe auf einem langgehaltenen d, womit der Eindruck einer paradoxen, angespannten Stagnation entsteht, welche ebenfalls eine Auflösung verlangt. Auf diese mehrfache Auflösung wartet man jedoch vergeblich, denn die Töne gis und fis gelangen nicht zu den erwarteten a und g. Stattdessen »löst« Debussy den letzten Akkord mit einem dreifachen Bruch der Tonalität (in E-Dur bzw. cis-Moll), der Metrik (4/4 zu 12/8) und der Dynamik (*forte* zu *piano subito*), womit ein neuer, siebentaktiger dritter Abschnitt (Takte 81-87) beginnt. Hier wird in kürzester Zeit die Kluft zwischen Golaud und Yniold gestaltet. Während Golaud sich in einem ternären Rhythmus fließend bewegt, verharrt Yniold in gegenläufigen, anhaltenden Duolen. Die Spannung wird jedoch erstens durch das erhöhte Tempo (*plus animé*), zweitens durch die auf- und zurückgehende Dynamik (zweitaktige, dann eintaktige *crescendi* sowie breite Akzente auf dem ersten Schlag der vier letzten Takte) und drittens durch das eindringlich wiederholte Achtelmotiv in den ersten Geigen und Celli erzeugt. Der vierte, dreizehntaktige Abschnitt (Takte 88-100) wird mit ähnlichen Mitteln wie der vorige eröffnet: Während die vorige Spannung aufgelöst wird bzw. ihren Höhepunkt erreicht, erfolgen tonale (in C-Dur) und metrische (wieder im binären 4/4) Brüche. Der musikalische Kern dieses Abschnitts besteht aus den zwei ersten Takten, womit Golauds Klage »*Ah! Misère de ma vie!*« hervorgehoben wird. Ob dieser Aufschrei die Sinnlosigkeit des Verhörs oder die Verzweiflung des betrogenen bzw. eifersüchtigen Golaud artikuliert, bleibt hier offen. Beide Möglichkeiten sind musikalisch vorhanden. Von dorther wird die Spannung elf Takte lang nur noch abgebaut, so dass der darauf folgende Abschnitt mit sehr großen Entfaltungsmöglichkeiten eröffnet wird. Es sei hier bemerkt, dass diese zwei kurzen Abschnitte drei und vier nicht als unstabile Übergänge zum nächsten größeren Abschnitt *Modéré* in E-Dur (Takt 101) erfasst werden. Vielmehr stellen sie zwei völlig unterschiedliche Gemütszustände von Golaud musikalisch dar, von uns dementsprechend separat behandelt. Die Unterteilung erfolgt also weniger strikt musikalisch als vielmehr musikdramaturgisch. Der fünfte Abschnitt ist ebenso kurz (Takte 101-108) und beginnt mit einer erneuten Befragung von Golaud: »*Pelléas et petite mère ne parlent-ils jamais de moi quand je ne suis pas là?*«[6] Dabei wird durch das zurückhaltende Tempo (*modéré*), die gebundenen Viertel im *pianissimo* und die Rückkehr nach E-Dur eine ruhige Stimmung geschaffen, die sich vom vorigen Abschnitt abgrenzt. Doch die Verdichtung der gebundenen Achtel ab dem vierten Takt lässt auf eine erhöhte Spannung schließen, welche im nächsten Abschnitt aufgeht.

Ab dem sechsten Abschnitt (Takte 109-144) gestaltet Debussy eine stetig wachsende Spannung, die erst am Ende des Satzes gelöst wird. Von nun an werden Motive und Rhythmen ausführlicher verarbeitet, so dass die restlichen Abschnitte dichter und ausgedehnter werden. Schon die Modulation nach C-Dur lässt auf eine latente Spannung schließen, was die Spielanweisung *sourdement agité* noch bekräftigt. Dadurch wird die veränderte Befragungsstrategie von Golaud unterstrichen. Nun stellt er seine Fragen erheblich schneller als zuvor, so dass das Kind nur noch reflexartig antwortet. Für eine sich aufbauende Spannung sorgt das immer lauter werdende synkopische Motiv. In den Takten 109-116 wird das Motiv zum ersten Mal in der Form Sechzehntel-Achtel-Sechzehntel in den Kontrabässen und Celli gespielt. Die Dynamik lautet dabei *pianissimo*, wobei die Synkopen mit einem leichten *crescendo* gespielt werden. Hier wird der atemlose Rhythmus der drei aufeinander folgenden Fragen Golauds musikalisch gestaltet. Dieses Motiv wird in erhöhtem Tempo (*plus animé*) in den Takten 117-120 von den Holzbläserinstrumenten Fagott, Klarinette und Flöte in langen, zweitaktigen Bögen übernommen. Dabei wird das *pianissimo* zu *piano* erhoben und die *crescendi* auf zwei Takte gedehnt. In den Takten 121-124 werden die Synkopen nur von den zweiten Geigen übernommen und zu einer Gruppe von Sechzehntel, fünf Achteln und einem Sechzehntel auf den ganzen Takt ge-

---

6 | Wenn ich nicht da bin, reden Pelléas und Petite-Mère manchmal über mich? Vgl. (4, III.) TNOC S. 229-230.

streckt. Doch das restliche Orchester unterstützt dieses Motiv mit unterschiedlich langen Noten bzw. Bögen. Die Dynamik ist inzwischen zu *mezzoforte expressif* geworden und wird zum *fortissimo* in den Takten 126-127. Der Höhepunkt des synkopischen Motivs, welcher bereits Takt 125 anfängt, wird durch Geige und Bratsche dargestellt. Zu den musikalischen Mitteln der Hervorhebung sind darüber hinaus das zurückhaltende Tempo (*retenu*) und die unterstrichenen Sechzehntel auf jedem Schlag zu nennen. Diese mühsam aufgebaute Spannung unterstützt eine Textstelle, an der Golaud seine baldige Rache ankündigt. Sein Text besteht nur noch aus »*Ah!Ah! ... Oui, oui! Ah! Ah!*«, bevor er in den Takten 126-127 mit »*patience, mon Dieu patience*« vor Wut platzt.[7] Von nun an beginnt eine neue, ruhige Phase, die jedoch zum gleichen Abschnitt gehört. Einzig ein Sechzehntelmotiv zunächst im zweiten Fagott (Takte 130-131), dann in den Flöten (Takte 139-144) stört diese Ruhe. Da das Motiv bei »*j'ai vu passé un loup dans la forêt*« auftaucht, scheint es zunächst die Passage des Wolfes im Wald zu illustrieren. Doch wie wir bereits mehrmals zeigten, lässt sich diese Musik nicht auf eine illustrative Ebene reduzieren. Das trillerartige Motiv wird alteriert, erhält eine auf- und abgehende Linie mit einem sehr engen Ambitus, wird schneller (*en animant* ab Takt 138) und lauter. Kurz, es wird aufdringlicher. Doch auch hier wird kein Höhepunkt erreicht, sondern das Motiv abrupt und unaufgelöst beendet. Eine äußerst angespannte Gestaltung, welche die Kernfrage des Verhörs zu unterstützen vermag: »*ils se sont embrassés? comment se sont-ils embrassés?*« So wird der sechste Abschnitt abgeschlossen. Der siebte Abschnitt (Takte 145-182) stellt Golauds Schock und seine lähmende Nachwirkung musikalisch dar. Zunächst gibt Yniold Golaud einen Kuss auf den Mund, um ihm zu zeigen, wie Pelléas und Mélisande sich geküsst haben (Takte 145-148). Während Yniold das voranschreitende Alter seines Vaters kommentiert, erfolgen Sechzehntelmotive in unterschiedlichen Instrumenten und Artikulationen (mal rasch, gebunden und aufwärts gehend, mal *legato* und *piquées*). Eine Buntheit, die Golauds aufgewühlten Gemütszustand zu veranschaulichen vermag. Erst mit Takt 162 bekommt das Ganze wieder eine Richtung. Das synkopische Motiv wird erneut eingeführt, wobei dies als Übergang zu den darauffolgenden Triolen dient. Allerdings handelt es sich hier um eine *Illustration* des Lichtes, die Debussy in seinen Regieanweisungen wie folgt beschreibt: »*la fenêtre sous laquelle ils sont assis s'éclaire en ce moment et la clareté vient tomber sur eux*«.[8] Doch das zielt auf das Untermauern der inszenatorischen Visionen des Komponisten und darf deshalb nicht auf den gesamten analytischen Prozess übertragen werden. Die gleichen Triolen dienen dann wiederum als Übergang zur Gestaltung einer neuen verhängnisvollen musikalischen Figur, womit der achte Abschnitt (Takte

---

7 | Vgl. (4, III.) TNOC S. 230-232.

8 | (Das Fenster, unter dem sie sitzen, wird beleuchtet. Das Licht fällt auf beide). Vgl. (4, III.) TNOC S. 236.

183-208) eingeführt wird. Entscheidend für diesen kurzen Abschnitt ist das Motiv b-des-es in den Bässen und Celli in Takt 190, womit Golaud sich für die Dunkelheit entscheidet, gegen den Willen des Sohnes. Entgegen einer vereinfachenden Auslegung dieser Stelle entlang der Begriffspaare »dunkel-böse« versus »hell-gut«, welche es in der Symbolik sowie in den ideologischen Voraussetzungen zu hinterfragen gilt,[9] begreifen wir dieses grundlegende Motiv als die musikalische Artikulation eines Wendepunkts für Golaud. Erst hier kommt er auf eine neue Strategie, die sich gleich zu Beginn des nächsten Abschnitts offenbart: die Idee, zu spionieren. Insofern unterscheidet sich der musikalische Moment, in dem Golaud beschließt, Mélisande auszuspionieren, in entscheidendem Maße vom dramaturgischen, in dem die voyeuristische Intention bereits zu Beginn der Szene angedeutet wird. Dieses Motiv wird in Takt 198 von den Holzbläsern und vom Horn übernommen, wobei es dann als Auftakt zu Takt 199 gilt, welcher mit Golauds gewaltigem Ausbruch »*je crois que Pelléas est fou* ...« korrespondiert.[10] Mit der Frage, ob Yniold »Petite-Mère« sehen möchte (Takt 205), kündigt Golaud sein voyeuristisches Unternehmen an, welches im nächsten Abschnitt umgesetzt wird. Schon die musikalische Spielanweisung lässt die verhängnisvolle Stimmung des neunten und längsten Abschnitts (Takte 209-305) erkennen: »*En commencant presque modéré, puis peu à peu avec une animation inquiète qui doit grandir jusqu'à la fin de l'acte*«.[11] Wie diese »besorgte Belebung« aufgebaut wird, wollen wir im Folgenden ergründen. In den drei ersten Takten wird die Tonika c in den Kontrabässen installiert. Von dort her entsteht die erste inszenierte Dissonanz (Takt 212), zwischen einem getrillerten c in den Pauken und einem cis in den Streichern. Mit dieser Dissonanz zwischen c und cis, die als Spannungskern dieses Abschnitts betrachtet werden kann, werden bestimmte Aussagen Golauds hervorgehoben. Zunächst die Handlungsankündigung »*je vais te hisser jusqu'à la fenêtre*« (Takt 216), dann die Mahnung zur Vorsicht und Stille, um Mélisande nicht zu erschrecken (Takt 222). Ein weiteres Element des Spannungsaufbaus ist die Einführung eines Triolenmotivs in *piqué* in den Bratschen in Takt 216. Zunächst auf e wird das Motiv in Takt 225 auf g in den zweiten Geigen übernommen, bevor sie schließlich in Takt 229 zusammen eingesetzt werden. Dann werden die Triolen sich bis zum Takt 241 verdichten, so dass sie zum Rhythmisieren und zur Aufschwellung des musikalischen Gewebes beitragen. Die Klimax dieses Prozesses ist mit Yniolds Ausruf »*petit-père, vous m'avez fait mal*« (Petit-Père! Sie haben mir weh getan!) bei den Takten 241-242 erreicht. Die vier nächsten Takte, in denen Golaud sich bei seinem Sohn entschuldigt bzw. dessen Schmerz abstreitet, dienen

---

9 | Vgl. Husmann, Jana: Die Schwarz-Weiß-Symbolik, Bielefeld 2010.
10 | Vgl. (4, III) TNOC S. 239.
11 | Fast *modéré* beginnend, dann aber mit besorgter Belebung, welche bis zum Ende des Aktes wachsen soll.

dem Abbau der Spannung. Die Triolen werden dann in Takt 247 wieder in gebrochener Form eingesetzt. Doch an dieser Stelle ist die Basslinie in den Celli und Kontrabässen von größerer Bedeutung, denn dort erklingt die in Takt 190 eingeführte Notenabfolge b-des-es wieder. Damit werden die gegensätzlichen Interessen von Golaud und seinem Sohn unterstrichen: Der b-des-es-Linie Golauds werden die aufgeregten, gebrochenen Triolen des erschütterten Yniold entgegengesetzt. Hiermit beginnt ein erbitterter Kampf zwischen Vater und Sohn, in dem Yniold fort will, was ihm physisch jedoch unmöglich ist. Zu Beginn hat er sich noch darüber gefreut, Mélisande bald zu sehen, nun verliert er allmählich die Lust am »Spiel«, ab dem Moment, in dem Golaud ihm erneut wehtut (Takte 240-242). Mit der darauffolgenden harschen Ermahnung seines Vaters »ce n'est rien, tais-toi; je ne le ferais plus« ist nun das »Spiel« für ihn endgültig vorbei. Golaud seinerseits kann seinen Sohn zwar zum Bleiben zwingen, indem er ihn auf seiner Schulter festhält, doch kann er ihn nicht zwingen, still zum Fenster hineinzuschauen und über Mélisandes und Pelléas' Tun zu berichten. Diese Schwäche im Spionageplan ist Golaud wohl bewusst, so dass er seinem Sohn den Befehl erteilt, hinzuschauen (Takte 247-249). Mit der Einführung des Motivs, das Mélisande seit Beginn begleitet (Takt 255), wird eine neue Periode eröffnet. In einer bemerkenswerten Spielanweisung *expressif et angoissé* (expressiv und verängstigt, Takt 259) wird den Triolen ein viertaktiges Motiv in den Klarinetten, Hörnern und Celli (Takte 259-262) entgegengesetzt. Die dadurch erzeugte Spannung wird noch straffer bei »*de plus en plus animé*« (Takt 273), doch die Entgegensetzung bleibt. Der bereits verängstigte Yniold erschreckt sich beim Anblick von Pelléas und Mélisande, denn »ils ne ferment pas les yeux« (sie schließen die Augen nicht).

Seinen Höhepunkt erreicht dieser Prozess in den Takten 280-281. Wo die liegenden Töne *forte* gespielt werden, werden die Triolen *fortissimo* gespielt. Die Dominanz der Triolen wird noch dadurch verstärkt, dass sie mit einem mächtigen *sforzatissimo* auf dem ersten Schlag des nächsten Takts enden. Mit dem darauffolgenden Aufschrei Yniolds »*j'ai terriblement peur*« (Takte 281-282) beginnt die letzte Periode dieses Abschnittes. Auch hier ändert sich das Tonmaterial nicht, doch die Effekte variieren. Tremoli in den Streichern werden mit Yniolds Aufschrei eingeführt. Doch unterstützen sie dann die dreifache Aufforderung Golauds, hinzuschauen, in den Takten 286-293. Nachdem Yniold damit drohte, zu schreien, lässt Golaud ihn widerwillig und wütend herunter. Dieses rabiate Absetzen bzw. Fallenlassen Yniolds wird hier musikalisch nachgezeichnet, indem die Streicher eine abwärtsgehende Linie *fortissimo* und mit Akzenten nachzeichnen (Takte 301-304). Der zehnte und letzte Abschnitt (Takte 306-320) wird »*avec emportement*« (mit Aufwallung, zornig) gespielt. Dieser instrumentale Teil zeichnet sich einerseits durch die ständigen rhythmisierten Tremoli in den Streichern aus, welche in Kontrast zu den langliegenden Tönen der Bläser treten, andererseits durch die eintaktigen wiederholten *crescendi* in jedem Orchesterteil, die sich erst am Ende zu einem *tutti fortissimo* steigern. Obwohl die gesammelte harmonische (in C-Dur) und dynamische (*fortissimo*) Spannung dann aufgelöst wird, entsteht keine Entspannung. Im Gegenteil, das doppelt akzentuierte Ende (Takte 318 und 320) bildet einen äußerst straffen Moment, womit auch die musikalische Klimax erreicht und abrupt beendet wird.

3. Inszenierungsanalyse

Inszenatorisch lässt sich diese Sequenz in zwei große Abschnitte und eine Coda unterteilen: der Treppenaufstieg, die Voyeur-Szene und die Flucht Yniolds. Im Gegensatz zur dramaturgischen und musikalischen Untergliederung bildet die Voyeur-Szene den Mittel- und Höhepunkt der inszenatorischen Gestaltung. Doch ergeben sich die inszenatorischen Gesten weniger aus dem chronologischen Ablauf als vielmehr aus der doppelten Bemühung, einerseits die unterschiedlichen Stadien der gefährdeten Vater-Sohn-Beziehung zu beschreiben, andererseits die unterschiedlichen Gemütszustände der jeweiligen Figuren darzustellen. Berghaus beschreibt dabei die Beziehung zwischen Yniold und Golaud als gegenseitige Abhängigkeit, die durch die voyeuristische Situation besonders in Erscheinung treten soll: »Sie wollen sich beide nicht verlieren, aber da ist auch diese Voyeur-Haltung.«[12] Um diese Vater-Sohn-Beziehung einerseits und die von Golaud hervorgerufene voyeuristische Situation andererseits abbilden zu können, werden inszenatorische Gesten ausgesucht, die dem ambivalenten Charakter dieses Verhältnisses Rechnung tragen. In der ersten Inszenierungsfassung wird Yniold auf die Treppe hinaufgeschickt. Doch gleich darauf »wird Golaud dann auch körperlich ängstlich, dass der Knabe so weit hoch muss«.[13] Der Zwiespalt Golauds – zwischen Vaterliebe und gnadenlosem Ausnutzen seines Kindes – wird in der zweiten Fassung noch präziser beschrieben:

»Golaud sitzt unten auf der Treppe (und) hat Yniold auf dem Schoß. Er zeigt streng die Treppe hinauf, ›da musst du hin!‹ Yniold will nicht, drückt seinen Kopf in den Schoß Golauds. Golaud beginnt Yniold die Treppe hinaufzuschieben, ohne sich nach Yniold umzudrehen. Yniold wehrt sich. Es muss immer der Unterschied zwischen Stoßen und Streicheln deutlich werden [...].«[14]

Die Spannung der Szene entsteht durch die gegensätzlichen Interessen des Vaters – der sein Kind zum Voyeurismus nötigt – und des Sohnes – der gehen will, aber nicht kann. Als weitere inszenatorische Gesten sind darüber hinaus

---

12 | RBA 424, S. 16.
13 | RBA 424, S. 16.
14 | RBA 423, S. 4.

die Haare von Mélisande und ein schwarzes Tuch festzustellen. In den ersten protokollierten Fassungen war die genaue Beschaffenheit von Mélisandes Haar noch nicht festgelegt. Berghaus und Mayer beschreiben einige Merkmale des Haares und vor allem die erzielten Effekte:

»Berghaus: muss keck sein, vielleicht ein Zopf, den sie (Mélisande) immer dabei hat
Mayer: Papierhaar, Künstlichkeit.
Berghaus: wie ein Dach oder ein Hut. Sie kann es immer zuwerfen […]. Sie nimmt das Haar als Verlängerung der Arme. Unter dem ›Hut‹ ist das Haar ganz glatt und streng […].«[15]

Doch in der ersten Szene des dritten Aktes bleibt das Haar als »Lockenbüschel«[16] auf der Treppe zurück, wobei es wie ein Teppich hinter Mélisande herabrollt.[17] Dieser »Haarteppich« wird dann zum bedeutendsten inszenatorischen Gestus dieser Szene. Zu Beginn »schnüffelt« Golaud daran, dann versucht Yniold, sich beim Aufstieg daran festzuhalten und hochzuziehen.[18]

Der erste Abschnitt endet in dem Moment, als Licht aus dem Fenster von Mélisandes Zimmer dringt. Hier wird die Treppe zu einem Verhängnis, das dem Kind ein lebenslanges Trauma beschert. In der ersten Fassung werden noch zwei Darstellungsmöglichkeiten dieses Verhängnisses erwähnt: Entweder verbleiben einige Haare am Kind, zum Beispiel »an den Händen«, oder »ein schwarzes Tuch wird über ihn geworfen«, was er dann immer mitnimmt.[19] Bei dem Tuch handelt es sich um einen inszenatorischen Gestus, der ein Kontinuum zwischen Yniold, Pelléas und Mélisande ermöglicht. Als Spielzeug von Pelléas und Mélisande (I, II) war das schwarze Tuch eine sehr ambivalente Metonymie: einerseits Zeichen des gemeinsamen Spiels bzw. der gleichen Sprach- und Verständnisebene, andererseits aber Erinnerung an den Beginn des Ehebruchs und bereits Ankündigung des Todes. Insofern erfüllt das schwarze Tuch hier eine Doppelfunktion, indem es einerseits an dieses doppeldeutige Ereignis zu erinnern vermag, andererseits aber für die Haare Mélisandes eingesetzt wird bzw. als ihre Personifizierung. Es sei hier angemerkt, dass in der zweiten Fassung zwar die Tuchlösung gewählt wird,[20] in der endgültigen Fassung jedoch auf beide inszenatorischen Gesten verzichtet wird.

---

15 | RBA 424, S. 10.
16 | RBA 424, S. 13.
17 | RBA 424, S. 13.
18 | RBA 424, S. 17.
19 | RBA 424, S. 17.
20 | »Von oben fällt die Treppe herab, zuerst das rote Tuch/Haar, dann wird Mélisande sichtbar, dann wickelt sich Pelléas darin. Er zieht am Tuch, das Tuch gibt nach, wird länger. Dann wickelt sich auch Mélisande in ihr Haar/Tuch […]«, RBA 423, S. 4.

Das kurze Ende besteht im groben Herunterlassen Yniolds durch Golaud bei »*viens!*« und beider raschem Verschwinden »im« Bühnenbild. Das instrumentale Nachspiel wird auf leerer, offener Bühne gespielt. An die musikalische Gliederung angelehnt, zielt die inszenatorische Gestaltung darauf, eine Klimax am Ende der Szene zu erzeugen, wie die Dramaturgin Sigrid Neef erläutert: »Die Szene ist auf den Schluss komponiert. Danach ist eine deutlich andere Situation. (Es gibt) keinen Übergang wie bei den anderen Szenen.« Berghaus entscheidet sich daher für eine Pause nach dieser Szene.[21]

4. Aufführungsanalyse: Aufführungsklimax

Indem dramaturgische, musikalische und inszenatorische Analyse verschiedene Gliederungen, Hervorhebungen und Gesten aufweisen, treten die jeweiligen Spezifika deutlich hervor. Von der Aufführung her beschreibt diese Sequenz die Klimax des Abends. Wie sich diese Aufführungsklimax erfassen lässt und welche aufführungsanalytischen Nachwirkungen damit einhergehen, wollen wir im Folgenden untersuchen. Der erste Abschnitt beginnt mit der Szeneneröffnung und endet mit Yniolds »*Oh! oh! Petit-père! Vous m'avez fait mal*«. Dramaturgisch und inszenatorisch greift Golaud seinen Sohn hier zum ersten Mal an. Hanno Müller-Brachmann tut dies bei »*je ne te parle pas de la lumière; je te parle de la porte ... Ne mets pas ta main ainsi dans la bouche ... Voyons ...*«. Dabei unterstreicht er diese Stelle in zweierlei Hinsicht. Gesanglich betont er jede Silbe von »*Ne mets pas ta main ainsi dans la bouche*«, wobei der Höhepunkt beim »*bou*« von »*bou-che*« liegt. Performativ umklammert er Andreas Mörwald (Yniold) grob und urplötzlich, womit die latente Anspannung der Sequenz zum ersten Mal ausbricht.

Der zweite Abschnitt endet bei Golauds Klage »*Ah! Misère de ma vie! Je suis ici comme un aveugle qui cherche son trésor au fond de l'océan! ...*«. Dabei klammert sich Müller-Brachmann verzweifelt an den bereits instabil stehenden Jungen, wodurch beide noch instabiler werden. Dadurch entsteht zusätzliche Anspannung, die sich jedoch vom dramaturgisch hervorgerufenen *phobos* und *eleos*[22] grundsätzlich unterscheidet. Denn statt auf der durch die Figuren evozierten katharischen Wirkung zu gründen, bezieht sich diese Anspannung auf den

---

21 | RBA 424, S. 17.
22 | Das aristotelische Begriffspaar *phobos* und *eleos*, das »die seit der Antiken andauernde Diskussion über Wirkung des Theaters auf die Zuschauer [meint]«, wurde im deutschsprachigen Raum von Lessings unvollständiger Übersetzung als »Furcht« und »Mitleid« maßgeblich geprägt, später aber durch das weitere Begriffspaar »Schrecken« und »Jammer« ergänzt. Auf die »medizinisch-purgative [aristotelische] Auslegung« wies jedoch erst der klassische Philologe Wolfgang Schadewaldt hin (Balme 2003, S. 50).

Körper bzw. die Präsenz der Sänger: Konkrete Aufführungsrealitäten werden als unsicher bis gefährlich eingestuft, so dass zunehmende aufführungsbedingte Unruhe aufkommt. Diese Unruhe spielt insofern eine grundlegende Rolle, als dadurch ein Moment der Aufführung besonders intensiv erfahren wird und somit Aufführungserlebnis und verarbeitung in entscheidendem Maße prägt. Solche intensiven Momente dienen daher einerseits als aufführungsanalytischer Anhaltspunkt, andererseits ermöglichen sie eine vergleichende Analyse der bereits untersuchten dramaturgischen, musikalischen und inszenatorischen Ebenen.

Der dritte Abschnitt beginnt mit einer durch drei Komponenten hervorgebrachten, qualitativ neuen Anspannung: den verschwörerischen Text Golauds »*nous allons causer sérieusement*«, die zurückgezogene, lauernde musikalische Begleitung (Takte 98-101) und die neue Haltung Golauds, der nun das Kind liebevoll umarmt. Mit der Umarmung Müller-Brachmanns wächst die aufführungsbedingte Unruhe, weil ein Gleichgewichtverlust bzw. Absturz von Mörwald befürchtet wird, und zugleich die dramaturgisch hervorgerufene Unruhe wegen der Figur des Yniold. Entscheidend für unser aufführungsanalytisches Anliegen ist jedoch weniger der Anteil aufführungsbedingter bzw. dramaturgisch hervorgerufener Unruhe an sich als vielmehr, dass diese als analytischer Ausgangspunkt dient. Hier endet der Aufstieg. Yniold wird nun von Golaud »abwechselnd festgehalten, abrupt losgelassen oder geschüttelt« bzw. »auf diesen hohen Stufen ohne Stütze oder Schutz hin und her geschubst«. Besonders verhängnisvoll ist das abrupte, übergangslose Schütteln des Kindes, das stets als liebevolle Umarmung beginnt, doch ebenso stets zum Gegenteil degeneriert.

Der vierte Abschnitt markiert den Anfang eines neuen Gemütszustands Golauds, nämlich Niedergeschlagenheit. Yniold hat bei »*comme ca petit-père, comme ca!*« einen Kuss von Pelléas und Mélisande als Kuss auf den Mund nachgespielt, wodurch Golaud den endgültigen Beweis des Betrugs – des bereits bekannten Ehebruchs – erhält. Hier spielt die Pantomime von Golaud eine entscheidende Rolle in der Gestaltung bzw. für das Erfassen der Figur. Müller-Brachmann bietet dabei eine sehr überzeugende Darstellung der Niedergeschlagenheit: Zunächst erstarrt er und lässt dabei das Kind los. Dann, in einer langsamen und zusammenhängend durchgeführten Bewegung, versenkt er den Kopf in den Mantel und legt die Hände wie zum Schutz auf den Kopf, während er sich hinsetzt. Er zieht sich meisterhaft körperlich zurück, so dass dieser Golaud immer kleiner, schutzloser, gar mitleiderregend erscheint. Doch die Niedergeschlagenheit Golauds erschiene nicht so brillant, wenn Mörwald nicht zugleich einen so eklatanten Kontrast zu Müller-Brachmanns Erstarrung bieten würde. Plötzlich unerwartet losgelassen, bewegt sich das Kind nicht nur vehement, sondern auch geschickt und zielsicher auf der Treppe. Es umkreist spielerisch den erstarrten, sitzenden Vater und zieht dabei immer wieder an seinem Haar. Golaud wiederum zieht sich weiter in den Mantel zurück und versucht vergeblich, sich mit den Händen zu schützen. Diese Bewegung führte Golaud bereits bei der ersten Begegnung mit Mélisande aus, als sie ihm den Hut bzw. Helm abnahm, so dass wir hier eine inszenatorische Korrespondenz feststellen können. Im Aufführungsprotokoll wird Golaud mit einem Bauern aus dem Schachspiel assoziiert. Dadurch wird er als ein Element unter vielen anderen erfasst, die einer größeren Maschinerie, der Maschinerie des Schlosses, angehören. In dieser Interpretation ist Golaud nicht der einzige Verursacher des Todes von Pelléas; vielmehr werden sämtliche Schlossbewohner – als weitere Elemente dieser Maschinerie – einbezogen.

Der fünfte und letzte Abschnitt beginnt mit Golauds »*oui, il commence à faire claire*«. Noch vom Schock des Kusses etwas abwesend, kommt Golaud nun allmählich zur Besinnung. Dabei heckt er einen neuen Plan aus. Bei »*veux-tu voir petite-mère*« lässt er seinen Kopf langsam aus dem Mantel hervorschauen, hält den Rumpf aufrecht und steht schließlich, den Blick starr nach vorn gerichtet, wieder auf. Unmittelbar darauf hört Yniold auf, ihn zu umkreisen, und erstarrt. Nun werden Mélisandes Beine auf der Treppe sichtbar. Yniold wird erneut hinaufgeschickt. Er steigt die Stufen begeistert empor, bleibt stehen und berichtet dann zunächst fleißig über das beobachtete Geschehen. Golaud bleibt währenddessen erst unten, folgt ihm dann mit einer bis zwei Stufen Abstand. Auf diese Weise steht das Kind immer eine bis zwei Stufen höher. Bei »*Ah! Ah! petit-père, vous m'avez fait mal*« klammert sich Golaud erneut an Yniold, was die erzeugte und erfahrene Spannung exponentiell erhöht. Zwar soll Yniold laut Inszenierungskonzeption bereits früher Anzeichen seines Unwillens zeigen, doch bei dieser Aufführung wird erst hier deutlich, dass das Kind Angst hat und nach einem Ausweg sucht. Die gegensätzlichen Interessen Golauds und Yniolds treten hier besonders zum Vorschein. Der Höhepunkt dieser angespannten Situation wird mit dem von Golaud geschrienen Befehl »*Regarde!*« erreicht. Die wiederholt geschrienen Befehle Müller-Brachmanns wirken dabei in jeder Hinsicht äußerst verhängnisvoll. Das Ende besteht darin, dass das verängstigte Kind sich losreißen kann und flieht – statt von Golaud von der Treppe gerissen zu werden, wie es dramaturgisch gedacht war. Allerdings verhindert die außergewöhnliche Lautstärke des Orchesters im instrumentalen Nachspiel jede Entspannung; im Gegenteil wird unmittelbar nach dem abrupten *Fortissimo*-Ende die angestaute Spannung im Raum greifbar.

Nachdem nun die Aufführungsklimax dargelegt ist, sollen ihre aufführungsanalytischen Nachwirkungen erforscht werden, das heißt die veränderten Erfahrungen bzw. Erfassungen der Aufführung. Zu den selektierten, herausragenden beobachteten Phänomenen, die sich eindeutig als Nachwirkung des Klimax-Erlebnisses einordnen lassen, zählt die exklusive Fokussierung auf Yniold und Golaud, indessen die übrigen Figuren bzw. deren Handlungen in den Hintergrund rücken. Beide Figuren werden nun als performative und semiotische Referenz betrachtet, anhand derer die Aufführung erfahren bzw. erfasst wird. Das zeigt sich besonders am zunehmenden Desinteresse für die Szenen mit Pelléas und Mélisande (1, 2 und 4, IV vor Golauds Auftritt). Die Liebeserklärung und der Abschied von Pelléas und Mélisande scheinen nicht mehr die Haupthandlung zu bilden; vielmehr tritt das Drama um Golaud – als Vater von Yniold, Sohn von Arkel, Gatte von Mélisande und Bruder von Pelléas – in den Vordergrund. Dadurch entstehen auch neuartige interpretatorische Gewichtungen und analytische Möglichkeiten zum Erfassen dieser Figur.

Als erstes Beispiel nehmen wir Golauds Auftritt nach der Aufführungsklimax (2, IV). Hier wird Mélisande dramaturgisch und inszenatorisch endgültig zum Objekt der Begierde aller Männer des Schlosses. Dabei bilden der erste und der zweite Teil zwei Seiten der Darstellung der sexuellen Begierde Arkels und Golauds nach Mélisande: »Und was Arkel mit Überreden versucht, macht Golaud mit Gewalt [...]. Weil es anders nicht geht, wollen sie eben mit Gewalt an sie heran«.[23] Wo in den vorigen Aufführungen die starke Fokussierung nach Golauds Auftritt Arkel galt, verschiebt sich die Fokussierung hier ganz auf Golaud und somit auch ausschließlich auf den zweiten Teil der Szene. Golaud wird dabei weniger als betrogener Gatte und zunehmend kränker werdender Mann erfasst als vielmehr als Sohn des Königs Arkel. Im Vordergrund steht nun eine dreigliedrige Vater-Sohn-Kette aus Arkel, Golaud und Yniold, in der Golaud als Einziger eine doppelte Funktion erfüllt. Sicherlich bildet diese Kette bereits ein implizites Thema des Dramas; denn als königliche Thronfolger sind Arkel, Golaud und Yniold auch die offiziellen Vertreter des Königsreichs Allemonde. Doch wird dieses latente interpretatorische Feld dramaturgisch und musikalisch nicht betont. Berghaus sucht zwar in der Inszenierung eine Parallele zwischen Golaud und Arkel herzustellen, doch fehlen die entsprechenden inszenatorischen Gesten. Wir sahen in der Aufführungsklimax Golaud als Vater in einer Sondersituation präsentiert. Nun tritt er hier in der Rolle des Sohnes in einer ebenso angespannten Situation auf. Für Arkel, der die Gelegenheit des Tête-à-Tête mit Mélisande für sich auszunutzen sucht, kommt er höchst ungelegen. Er selbst ist dem Wahn nun eine Stufe weiter verfallen. Die steten Armbewegungen von Müller-Brachmann scheinen eine latente Aggressivität kundzutun, vor der Arkel gleich beim Auftritt zurückschreckt. Die Sequenz wird dadurch zunehmend gespannter bzw. verhängnisvoller, da der Moment, in dem diese latente Aggressivität ausbrechen wird, unbekannt ist. Müller-Brachmann bietet hier eine sehr überzeugende Darstellung, welche die Ursachen seiner

---

23 | RBA 424, S. 20.

9. Dritte Aufführung: 20. April 2008

überlegenen Präsenz gegenüber Arkel und Mélisande – stimmlich, körperlich etc. – jedoch letztlich offenlässt.

Als zweites Beispiel eines veränderten Erfassens des Dramas bzw. eines Rückwirkungseffekts der Aufführung im analytischen Prozess sei der Tod Mélisandes (Akt V) angeführt. Obwohl die Ausführung der Choreographie sich kaum von der vorigen – 2, IV – unterscheidet, strahlt Müller-Brachmann diesmal keine Aggressivität aus, im Gegenteil. Seine zurückgezogene Körperhaltung sowie seine ausnahmslose Isolierung gegenüber den übrigen Figuren lassen ihn als eine seinem Umfeld gänzlich entfremdete Figur erscheinen. Dieser Golaud wendet sich an niemandem, er ist einzig mit sich selbst beschäftigt. Auch wenn er sich auf die Knie wirft, um Mélisande um Verzeihung zu bitten, geschieht dies weniger als Dialog als vielmehr als parallel verlaufender Monolog. Genauso wie Mélisande sich längst in ihrer eigenen Sphäre bewegt, führt Golaud ein Selbstgespräch. Allerdings unterscheidet sich Golauds Monolog grundlegend von Mélisandes Monolog. Wo Mélisande sich der Realität des Schlosses endgültig entzogen hat, hat Golaud eine neue Realität erschaffen. Somit wohnen wir der letzten Szene aus der Perspektive Golauds im Sinne des Resultats seiner Imagination bei. Auf diese Weise erscheint diese Finalszene als eine Folge von Bildern – von Golaud erzeugt –, von denen jedes mit einem seiner unterschiedlichen Gemütszustände korrespondiert. Statt auf die Beziehungen der Figuren zueinander verschieben sich Fokus, Erfahrung und Erfassung der Szene auf die emotionale Entfaltung Golauds in der größten Affekt-Darstellung einer *Opera seria* des *Settecento*. Doch das Erfassen dieser Szene als Erschaffung Golauds bringt eine weitere Frage mit sich: ob sich ein Zeitpunkt bestimmen ließe, an dem die Handlung zur Phantasie Golauds wurde. Diese Frage stellt ein wesentliches methodologisches Problem der Aufführungsanalyse dar. Denn sie verlangt eine Untersuchung der Aufführung vor der Aufführungsklimax im Hinblick auf ihre Auswirkungen. Solch eine Rekonstruktion wäre insofern problematisch, als sie im Hinblick auf eine Problematik geschähe, welche erst später in der Aufführung erfahren würde. Aus diesem Grund wird auf eine solche »rücklaufende Rekonstruktion« verzichtet.

Zusammenfassung

Im diesem dritten Teil erprobten wir unsere opernanalytischen Begriffe weiter auf ihre Tragfähigkeit. Zu Beginn definierten wir die *Korrespondenz* als die assoziative Zusammenführung zweier Phänomene, welche durch die erfahrene Performanz erst in Gang gesetzt wird. Dabei verorteten wir diese opernanalytische Kategorie als mediales Instrumentarium zwischen *Gesten* und *Knoten* und bestimmten sie im Folgenden weiter. In der ersten Aufführung stellten wir fest, dass die gleichförmige Langsamkeit, mit der Barbara Bornemann (Geneviève) und Roman Trekel (Pelléas) agierten, eine referenzielle Geschwindigkeit schuf, anhand derer weitere Vorgänge gemessen wurden. Die unmittelbare Verbindung zwischen mehreren Phänomenen innerhalb einer eingerahmten Zeitspanne beschrieben wir als *performative* Korrespondenz. Bei der zweiten Aufführung stellten wir fest, dass allein das Wiedererkennen eines bekannten inszenatorischen Gestus genügte, um den gesamten ersten Aufführungskontext wiederherzustellen. Auf diese Weise dienten die Bewegungen Trekels als konstant implizierte Referenz zum Erfahren von Burden bzw. Erfassen von Pelléas. Auch die musikalische Gestaltung Rattles wurde an der diametral entgegengesetzten Interpretation Gielens in der ersten Aufführung gemessen. Auf diese Weise wurde die Aufführung – statt nach den eigenen spezifischen Kriterien – zunächst unter dem Gesichtspunkt ihrer Ähnlichkeiten bzw. Abweichungen im Verhältnis zur vorigen Aufführung erfasst. Dies änderte sich nach der Pause, während derer ein Versuch unternommen wurde, drei weitere Erfahrungen in den Analyseprozess mit einzubeziehen. Der Versuch misslang zum einen, weil es nicht gelang, von den Befragten über die Gesamtheit ihrer Eindrücke am Ende der Aufführung Auskunft zu bekommen, und zum anderen, weil grundlegende Informationen zu den jeweiligen Referenzböden – worauf die Aufführungsanalyse hätte bauen können – fehlten. Infolge der Performanz Burdens bzw. Kozenas zu Beginn des dritten Aktes erfassten wir die Figuren Pelléas und Mélisande – statt als Verbündete, wie im Inszenierungskonzept angelegt – als zwei parallel existierende Einsamkeiten. Statt von einem Dialog zu sprechen, welcher eine Interaktion zwischen den Figuren voraussetzt, wohnten wir insofern einem Duolog[1] bei. In der dritten Aufführung diente die analytische Kategorie der Korrespondenz dazu, die Verbindung zwischen Arkel und dem stummen Chor zu beschreiben. Wir bestimmten dabei die *zeitliche* Korrespondenz als zweite Form neben der bereits erprobten performativen. In der zeitlichen Korrespondenz wird eine allgegenwärtige Präsenz mit einer erinnerten Präsenz in Verbindung gebracht, so dass die gerade erlebte Performanz zugleich anhand einer gegenwärtigen Erfahrung und einer erinnerten erfasst wird. Es stellte sich heraus, dass Aufführungen nach unterschiedlichen Kriterien erfasst werden, je nachdem, ob es der erste, zweite oder dritte Besuch einer Inszenierung ist. Während in der ersten Aufführung die Eindrücke eine ausschlaggebende Rolle beim Erfassen und Verarbeiten der Aufführung spielten, waren bei der zweiten Aufführung überwiegend assoziative Prozesse bei der Bedeutungserzeugung im Gange. Die dritte Aufführung diente uns dazu, auf dramaturgischen, musikalischen, inszenatorischen und performativen Ebenen eine szenenbezogene Analyse zu erarbeiten. Dabei konnten wir zeigen, dass die unterschiedlichen Knoten und die damit einhergehenden Erkenntnisse jeweils vom Material abhängen. Diesbezüglich arbeiteten wir die jeweiligen Knoten der Szene 4, III zwischen Golaud und Yniold heraus. Es entstanden sehr unterschiedliche Gliederungen dieser Szene je nach gewähltem Material: fünf dramaturgische Phasen, zehn musikalische Abschnitte, zwei Inszenierungsabschnitte, ein kurzer Abschluss, fünf Aufführungsabschnitte. Auf diese Weise arbeiteten wir dramaturgische, musikalische, inszenatorische und performative Knoten heraus, deren Vergleich uns das erweiterte Erfassen der Figuren ermöglichte. Gefragt wurde darüber hinaus nach dem Zusammenhang zwischen Inszenierungs- und Aufführungsgesten. Am Beispiel der Vergewaltigung Mélisandes stellten wir die extreme Diskrepanz zwischen intentionalen inszenatorischen Gesten und erfahrenen performativen Gesten fest. Dabei stellte sich die Frage nach der Wahl dieser Handlung als inszenatorischer Gestus bzw. die Frage, was damit bezweckt wurde und warum dies misslang. Die Techniken der szenen- und figurenbezogenen Analyse erwiesen sich als nützliches Instrumentarium für eine systematische Opernanalyse als Aufführungsanalyse. Über die Entwicklung einer *Technik* der Opernanalyse hinaus – der diese Arbeit gewidmet ist –, scheint es weiter geboten, eine *Ethik* der Opernanalyse zu entwickeln, welche sich mit den impliziten ästhetisch-ideologischen Werten des opernanalytischen Verfahrens auseinandersetzt. Denn ohne eine solche Grundlage läuft jede Analyse Gefahr, zum einen selbstreferenziell und daher auch nutzlos zu bleiben, zum anderen ihre Leerstellen mit nicht erkannter Ideologie zu füllen.

---

1 | Wir unterscheiden *Duo-log* vom *Dia-log* bzw. *Opern-Duett*: Bei Ersterem geht es weniger um die tradierte Darstellung unterschiedlicher Affekte in einer Zeitspanne, als vielmehr um parallel laufende Monologe. Der Duolog entsteht hier aus dem Widerspruch zwischen musikdramaturgischem Duett, als Interaktion angelegt einerseits, und inszenatorischem bzw. performativem Monolog andererseits.

1. Tabellarische Zusammenfassung: Performative Gesten in *Pelléas et Mélisande*

Aufführung 1 (31. Oktober 2003)	Aufführung 2 (10. April 2008)	Aufführung 3 (20. April 2008)
Sequenz 1: Vorspiel und Szene 1, I (Müller-Brachmann und Shaham) •Genaue und ausdifferenzierte Gestaltung des Orchesters durch Michael Gielen •Umhüllung und Festhalten von Rinat Shaham durch Müller-Brachmann **Sequenz 2: Szene 2, I** (Barbara Bornemann, Kwangchul Youn und Roman Trekel) •Elastische, vom Boden abhebende Schritte von Trekel •Parallel laufendes Schweben der Briefe bei Bornemann und Trekel (plastische und performative Korrespondenzen)	**Sequenz 1: Vorspiel und Szene 1, I** (Hanno Müller-Brachmann und Magdalena Kožená) •Flächige Verarbeitung und Anpassung der Orchesterelemente durch Simon Rattle •Schwerer und steifer Gang von Müller-Brachmann •Teilung des Raumes in monumentale, vertikale und quer stehende Wände einerseits und runde Formen wie die ovale Halbkugel, das Kleid Mélisandes, der Helm Golauds andererseits, allmähliche Beleuchtung von Orten, Gegenständen und Figuren **Sequenz 2: Szene 2, II** (Marie-Nicole Lemieux und William Burden) Stimmlich hohe Qualität von Lemieux, d.h. klare Artikulation, beherrschte Klangintensität, sehr ausdifferenzierte Dynamik (Piani), perfekte Intonation	**Szene 4, III, Aufführungsklimax** (Hanno Müller-Brachmann und Andreas Mörwald) •Mörwald steht über Müller-Brachmann, niedergeschlagener Golaud versus hyperaktiver Yniold •Müller-Brachmann hält Mörwald fest und schüttelt ihn •Müller-Brachmann erstarrt, Mörwald bewegt sich geschickt um ihn herum auf die Treppe zu •Müller-Brachmann hält Mörwald fest, schreit ihn an und klammert sich an ihn •Unmerkliche *Crescendi* bis zum *fortissimo*

Aufführung 1 (31. Oktober 2003)	Aufführung 2 (10. April 2008)	Aufführung 3 (20. April 2008)
Sequenz 3: Szene I, II (Roman Trekel und Rinat Shaham)	**Sequenz 3: Pause** (Zuschauerraum, Treppe, Foyer)	
• Sofortige Reaktionen auf einander • Abnehmen des Haares und Zittern von Shaham einerseits, gierige Annahme durch Trekel andererseits • Plötzliches Halten der Hände im Rücken, geradeaus starrend	• Überwiegendes Lob des Bühnenbildes und unterschiedliche Interpretationen • Omnipräsenz der ersten Aufführung als Referenzboden und Versuche, die Performance der Sänger ohne diese zu erfassen	
Sequenz 4: Szene I, III, Aufführungsklimax (Roman Trekel und Rinat Shaham)	**Sequenz 4: Akt V, Aufführungsklimax** (Andreas Bauer, Robert Lloyd, Hanno Müller-Brachmann, und Magdalena Kožená, »Arme«)	
• Shaham *a cappella* auf einer monumentalen gelben Treppe • Shaham und Trekel nach vorne singend, kein Blickkontakt • Müller-Brachmanns Präsenz am Fuße der Treppe seit unbestimmter Zeit	1. Puppenübergabe und Golauds Irren, 2. Golauds Verzweiflung: Verhör und Tuch, 3. Besetzung des Raumes durch die Armen und lautloser Aufstieg von Mélisande	

2. Tabellarische Zusammenfassung: Aufführungsknoten in *Pelléas et Mélisande*

Tabellarische Zusammenfassung 265

Aufführung 1 (31. Oktober 2003)	Aufführung 2 (10. April 2008)	Aufführung 3 (20. April 2008)
Sequenz 1: Vorspiel und Szene 1, I (Müller-Brachmann und Shaham)	**Sequenz 1: Vorspiel und Szene 1, I** (Hanno Müller-Brachmann und Magdalena Kožená)	**Szene 4, III, Aufführungsklimax** (Hanno Müller-Brachmann und Andreas Mörwald)
• Vergnügen: hohe Qualität der musikalischen Darbietung • Schockerlebnis: unerwartete Vergewaltigung Mélisandes	• Kritik an der musikalischen Leitung • Bewegungsrepertoire der Sänger wirkt zusammenhangslos und aufgesetzt • Bewunderung des Bühnenbilds: Dimensionen und Farben	• Bedrückende Stimmung, drohende Situation durch gedämpftes Licht und leise Dynamik
Sequenz 2: Szene 2, I (Barbara Bornemann, Kwangchul Youn, Roman Trekel)	**Sequenz 2: Szene 2, II** (Marie-Nicole Lemieux und William Burden)	• Angst um das Kind, das auf die hohen Treppenstufen geschüttelt und geschubst wird
• »Schweben« von Pelléas • Einheitliche Langsamkeit von Pelléas und Geneviève	Gesangliche Überlegenheit und Charisma von Lemieux gegenüber Burden, Rückschlüsse auf die Figuren: Hervorhebung von Geneviève als Säule im Schloss	• Rührung: Niedergeschlagenheit Golauds • Irritation: Radikale Haltungsänderung von Golaud nach dem Kuss
Sequenz 3: Szene 1, II (Roman Trekel und Rinat Shaham)	**Sequenz 3: Pause** (Zuschauerraum und Foyer)	• Aufbau der Voyeurismus-Situation
• Verbundene Augen und Komplizenschaft im Spiel • Zunächst Befremden, dann Komik beim Abnehmen des Haars • »Verlust« des Ringes		• Wachsende Anspannung durch das musikalische Nachspiel

Aufführung 1 (31. Oktober 2003)	Aufführung 2 (10. April 2008)	Aufführung 3 (20. April 2008)
Sequenz 4: Szene 1, III, Aufführungsklimax (Roman Trekel, Rinat Shaham, Hanno Müller-Brachmann) • Rührung und Bewunderung der szenischen Mittel • Neue Erkenntnisse über die Oper: 1. Funktion der Sprache 2. Parallele Einsamkeit der Figuren, *Duologe* statt Dialoge 3. Mélisandes Kreisen: kein Ausweg, stete Wiederholung der Ereignisse 4. Golaud und Pelléas ähneln einander; Hypothese: zwei Phasen eines Lebens • Anspannung bei der Wahrnehmung Golauds	• Verarbeitung von anderen Erfahrungen und Deutungen der Aufführung • Bilanz der Erwartungshaltung und Versuche, diese zu ändern **Sequenz 4: Akt V, Aufführungsklimax** (alle) Abfolge von Handlungen in Bilderformen	

Ethik der Opernanalyse

Indem wir Opernanalyse als Aufführungsanalyse betrachteten, arbeiteten wir mit einer Doppelperspektive: Einerseits galt unser Interesse einem Teilaspekt einer umfassenden Aufführungsproblematik; diesbezüglich suchten wir nach Anhaltspunkten für die Ergründung der jeweiligen spezifischen Opernaufführungen. Andererseits lag unser Fokus auf einem Teilbereich der Opernforschung; in dieser Hinsicht suchten wir, das effiziente, jedoch textzentrierte musikwissenschaftliche Instrumentarium um die performative Ebene zu erweitern. Unsere opernanalytischen Kategorien ergaben sich somit zum einen aus der Verarbeitung bereits bestehender musik- und theaterwissenschaftlicher Begrifflichkeiten. So übernahmen wir die Termini »Sequenz« und »Klimax« aus dem musikwissenschaftlichen Repertoire, während Begriffe wie »Atmosphäre«, »ästhetische Erfahrung« und »Präsenz« an Definitionen aus der Theaterwissenschaft bzw. der Performance Studies angelehnt sind. Zum anderen erprobten wir die analytische Trias GESTEN – KNOTEN – KORRESPONDENZ. Diese neuen Kategorien vermochten performative Opernkomponenten erstens isoliert, zweitens in ihrer Wechselwirkung untereinander und drittens in ihrer Wechselwirkung mit anderen, nicht performativen Opernkomponenten zu erfassen. Mit dem Begriff *Gestus* bestimmten wir das *Mittel* einer vorausgesetzten intentionalen Instanz – sei sie musikdramaturgisch, musikalisch oder inszenatorisch. Anders der *performative Gestus*, der sich durch seine aufführungsspezifische Hervorbringung auszeichnet und somit *per definitionem* nicht als Mittel einer implizierten Instanz erfassbar ist. Wir arbeiteten performative Gesten aus dem jeweiligen Haltungs- und Bewegungsrepertoire von SängerInnen heraus und suchten diese sowohl isoliert als auch im Zusammenhang mit parallel laufenden bzw. vergangenen Gesten zu ergründen. Somit konnten wir die performativen Gesten nicht nur als notwendigen Ausgangspunkt der Analyse bestimmen, sondern auch ihre entscheidenden Wirkungen im analytischen und interpretatorischen Prozess belegen. Als *Knoten* bezeichneten wir die erfahrenen *Spannungsmomente* einer Aufführung, wie etwa die »scharfe Fokussierung«, das »Auffällige«, die »Rührung«, das »Schock-Erlebnis«, den »Genuss« oder die »Komik«. Die Aufführungsklimax wurde somit lediglich als Unterkategorie der Aufführungsknoten aufgefasst. Analog zur Kategorie des Gestus unterteilten wir die der Knoten in musikdramaturgische, musikalische, Inszenierungs- und Aufführungsknoten, was uns die vergleichende Analyse – zwischen den Aufführungen sowie zwischen Aufführungs- und Inszenierungsknoten – ermöglichte. Während der performative Gestus die Produktion von Aufführungselementen beschreibt, wird mit dem Knoten von der Rezeption, also von der einmaligen ästhetischen Erfahrung des Analytikers bzw. der Analytikerin ausgegangen. Um die Wechselwirkung zwischen produktiven (Gesten) und rezeptiven (Knoten) Feldern der Aufführung erfassen zu können, bestimmten wir die *Korrespondenz* als die *assoziative Zusammenführung* von (mindestens) zwei Ereignissen, unabhängig davon, ob vom produktiven Feld – z.B. Performanz, Plastizität, Farbe – oder vom rezeptiven Feld – also vom individuellen Erkenntnis- und Erfahrungsrepertoire – ausgelöst. Mittels der diachronischen Figurenanalyse ergründeten wir die Performanz von SängerInnen im Zusammenhang mit weiteren Aufführungen bzw. SängerInnen, mittels der synchronischen Vier-Schritt-Analyse eine Szene im Hinblick auf ihre musikdramaturgischen, inszenatorischen und performativen Ebenen. Die unterschiedlichen, sich aus den beiden Strategien ergebenden Resultate wirkten sich wiederum auf die inszenatorische und musikdramaturgische Figurenanalyse aus. Dabei lag der Fokus auf dem technischen Aspekt der Bedeutungserzeugung – der insgesamt lediglich einen Teilaspekt der Opernanalyse darstellt. Denn die *Beschreibung* und *Beurteilung* von Oper ist weder ahistorisch noch ideologiefrei. Es gilt daher, die ästhetischen Kriterien eines opernanalytischen Urteils stets in ihren jeweiligen kulturhistorischen, politischen und nicht zuletzt ideologischen Zusammenhängen zu betrachten.

Wenn es um die Analyse musiktheatraler Erscheinungen geht, welche sich ohne Rückgriff auf die gesellschaftliche Realität allenfalls eingeschränkt begreifen lassen,[1] befinden sich *weiße* musikwissenschaftliche OpernforscherInnen und theaterwissenschaftliche Musiktheater-forscherInnen nicht selten in einer problematischen Position. Dann werden beispielsweise Themen wie *Weißsein*, antijüdischer oder antimuslimischer Rassismus gemieden, oder es wird sich etwa einer Feuilletonsprache bedient.[2] Dieses Unbehagen lässt sich

---

1 | Vgl. u.a. Luigi Nonos *Intollerenzza* (1960-70), Neuenfels' abgesetzte Inszenierung von *Idomeneo* an der Berliner Deutschen Oper (2006) oder der jährliche Bayreuther Skandal (*Tattoo* von Evgeny Nikitin 2012).

2 | Vgl. die »Debatte« um »Kunstfreiheit« versus »Zensur« in der Berliner Blackfacing Debatte seit 2012. Im Hinblick auf die Analyse schwarzer SängerInnen oder SängerInnen *of Color* lässt sich generell eine erstaunliche Einheitlichkeit der Sprache beobachten. Von Grace Bumbry über Christiane Eda-Pierre und Simon Estes zu Danielle De Nies werden stimmliche Leistung und Bühnenpräsenz entweder auf eine vermeintlich besondere »Natürlichkeit« – also nicht auf Kompetenz und Leistung – zurückgeführt oder

insofern nachvollziehen, als bis heute noch immer ein systematisches Instrumentarium zur Beschreibung der ideologischen Inhalte einer Opernanalyse fehlt. Wie sollen Opernaufführungen analysiert werden, wenn deren elementare gesellschaftliche, politische und ideologische Aspekte schlicht ausgeblendet werden? Ebenso wie wir die Aufführung im opernanalytischen Prozess mit einbeziehen mussten, um ihre performative Dimension zu erfassen, müssen wir uns mit dem Verhältnis zwischen Opernaufführung und Aufführungskontext befassen, um die Analyse als privilegierten Ort von Bedeutungs- und diskursiver Erzeugung kritisierbar zu machen. Die Auseinandersetzung mit Werten und Kriterien des analytischen Prozesses bezeichnen wir als »Ethik der Opernanalyse«; Zentrum der Überlegungen ist insbesondere der Körper/Leib der SängerInnen. Dabei unterscheiden wir vier Arbeitsfelder und entsprechende forschungsleitende Fragestellungen:[3]

1. Wie wird der Körper/Leib eingesetzt? Was verkörpert er? Wie wird dadurch soziale Ordnung dar- und hergestellt? Welcher Körper/Leib dient zur Stabilisierung der sozialen Ordnung, welcher nicht – und warum?
2. In welcher Form schreibt sich Gesellschaft in den Körper/Leib ein und wie werden dadurch gesellschaftliche Werte und Normen zum Ausdruck gebracht?
3. Inwiefern fungiert der Körper/Leib als Fundament individueller und kollektiver Identitätsbildung? Welche Mittel der Selbst- und kollektiven Darstellung werden konstruiert?
4. Wie wird die Materialität des Körpers/Leibs beschrieben? Welche ästhetischen, kulturhistorischen, politischen, ideologischen Kriterien werden dabei vorausgesetzt?

Von hier aus schlagen wir eine *kritische* Systematik der Opernanalyse vor, mittels derer die im analytischen Urteil stets vorausgesetzten ideologischen Regelsysteme oder Codes[4] herausgearbeitet und für die Analyse fruchtbar gemacht werden können

---

im Hinblick auf »Authentizität«, »Fremdheit«, »Sinnlichkeit«, »Erotik« bzw. »sexuelle Kraft« und »Aggressivität« bewertet. Vgl. »Sind wir wirklich farbentaub? oder: die Schwarze Stimme«, in: Kesting, Jürgen: Die Großen Sänger in 2 Bänden, Kassel 2010, S. 1400-1428.

3 | Vgl. Robert Gugutzer: Soziologie des Körpers, Bielefeld, 4. Aufl. 2013.

4 | Auch wenn wir Erika Fischer-Lichtes Definition von »Kultur« für sehr problematisch halten, kann ihre Einteilung nach *internem Code* und *externem Code* für einen kritischen analytischen Prozess fruchtbar gemacht werden. Als Code definiert sie »ein Regelsystem zur Hervorbringung und Interpretation von Zeichen bzw. Zeichenzusammenhängen. Gemeinsame Bedeutungen sind in einer Kultur dann gegeben, wenn ihre Mitglieder

1. *Beschreibung* (Aufführungsprotokoll): Knoten, Gesten, Eindrücke und Assoziationen.
2. *Einordnen* der Hauptbegriffe nach semantischem Repertoire und Etablierung der eigenen Positionierung (individuell und kollektiv) durch Wissens- und Erfahrungsrepertoire.
3. *Interne Umkodierung* (theatralbezogene Bedeutungserzeugung): z.B. PerformerInnen im Hinblick auf vorige Arbeiten, Aufführungsraum, Gattungs- oder Inszenierungsgeschichte.
4. *Externe Umkodierung* (Bedeutungserzeugung nach eigener gesellschaftlicher Stellung und Positionierung): z.B. *Weißsein*, Schönheit, Komik etc.
5. *Bewertung:* die Performanz wird im Hinblick auf die internen und externen Umkodierungen bewertet.

---

sich bei ihrer Konstitution alle auf denselben Code beziehen, divergierende Bedeutung entstehen, wenn unterschiedliche Gruppen hinsichtlich desselben Zeichens unterschiedliche Codes anwenden.« Fischer-Lichte, Erika: Das System der theatralischen Zeichen. Semiotik des Theaters, Bd. 1, Tübingen, 4. Aufl. 2003, S. 10.

Literatur

Aufführungen

Barbiere di Siviglia
09.03.2002/09.02.2006/26.10.2007/11.11.2007
Pelléas et Mélisande
31.10.2003/10.08.2008/20.08.2008

Lexika

Brockhaus-Riemann-Musiklexikon, 5 Bde., Carl Dahlhaus, Hans Heinrich Eggebrecht (Hg.), Mainz 1989.
Die Musik in Geschichte und Gegenwart, Allgemeine Enzyklopädie der Musik, 17 Bde., Blume, Friedrich (Hg.), 2., neubearbeitete Ausgabe, Finscher, Ludwig, Teil 1 (Sachteil), Bd. 1-9, Kassel, Stuttgart 1994-1998.
Lexikon Musik und Gender, Kreutzinger-Herr, Annette, Unseld, Melanie (Hg.), Kassel, Stuttgart 2010.
Metzler Lexikon Theatertheorie, Fischer-Lichte, Erika, Kolesch, Doris, Wastatt, Matthias (Hg.), Stuttgart, Weimar 2005.
Musiques, une encyclopédie pour le XXIe siècle, Nattiez, Jean-Jacques (Hg.), Paris 2004.
Neues Handbuch der Musikwissenschaft, 13 Bde., Dahlhaus, Carl (Hg.), Danuser, Hermann (Fortführung), Laaber 1989-1995.
Riemann Musiklexikon, 12., völlig neu bearbeitete Auflage, Sachteil, Eggebrecht, Hans Heinrich (Hg.), Mainz 1967.
The New Grove Dictionary of Music and Musicians, 29 Bde., Sadie, Stanley, Tyrell, John (Hg.), Second Edition, Oxford 2001.

Primärliteratur

Ruth Berghaus Archiv (RBA)

»Der Barbier von Sevilla«: Konzeptuelle Überlegungen zu Rossinis Barbier (RBA 129); Zur Regiekonzeption (RBA 127); Interview im DDR Radio (RBA 19453); Rezensionen 1968-1985 (RBA 132, 134, 135/1 bis 135/7, 136).

»Pelléas et Mélisande«: Notizen zu Pelléas et Mélisande (RBA 3504); Klavierauszug und Notizen (RBA 676a und RBA 676b); Konzeptionsgespräche vom 1. August 1990 bis zum 11. Oktober 1990 (RBA424); Bauprobe vom 15. Oktober 1990 (RBA 423); Rezensionen 1991 (RBA 431,432, 433).

Interviews

»Ruth Berghaus im Gespräch mit Georg Friedrich Kühn«, in: Jungheinrich, Hans-Klaus (Hg.), Musiktheater, Kassel, Basel, London 1986, S. 95-106.

»Ruth Berghaus im Gespräch mit Michael Gielen und Sigrid Neef« (1986), in: Neef, Sigrid: Das Theater der Ruth Berghaus, Berlin 1989, S. 168-177.

»Ruth Berghaus im Gespräch mit Heiner Müller« (1987), in: Neef, Sigrid: Das Theater der Ruth Berghaus, Berlin 1989, S. 181-191.

Claude Debussy

CAHIERS DEBUSSY (Bulletin du Centre de Documentation Claude Debussy), www.minkoff-editions.com/musique_musicologie/pages/c.htm

Debussy, Claude: Correspondances 1884-1918, Lesure, François (Hg.), Paris 1993.

Debussy, Claude: Correspondance générale (1872-1918), Herlin, Denis, Liébert, Georges (Hg.), Paris 2005.

Debussy, Claude: Monsieur Croche et autres écrits, 2. Aufl., Paris 1987.

Debussy, Claude: Pelléas et Mélisande, Drame lyrique en 5 actes et 12 tableaux, Paris 1907.

Maeterlinck, Maurice: Pelléas et Mélisande (1892), Brüssel 1992.

Gioacchino Rossini

Beaumarchais (Pierre-Augustin Caron de): Le barbier de Séville (1775), jetzt in: Lejealle, Léon (Hg.), Paris 1970.

Mazzatinti, Giuseppe, Manis, Fanny: Lettere inedite di Gioacchino Rossini. Imola, 1890, 1892, Lettere inedite e rare di G. Rossini, (1902), Kessinger Publishing LLC 2010.

De Rensis, Raffaello: Rossini intimo: lettere all'amico Santocanale, in: Musica d'oggi, 13, 1931, S. 343-53.

Carlnini, Antonio: Gioacchino Rossini: lettere agli amici, Forlì 1993.

Sekundärliteratur

Abbate, Carolyn: Artikel »Analysis«, in: The New Grove Dictionary of Opera, Volume 1, Sadie, Stanley (Hg.), London 1998, S. 116-120.

Abbate, Carolyn: Music-Drastic or Gnostic?, in: Critical Inquiry, 30, 2004, S. 505-536.

Adorno, Theodor W.: Ästhetische Theorie, Frankfurt a.M. 1973.

Adorno, Theodor W.: Philosophie der neuen Musik, Frankfurt a.M. 1978.

Appia, Adolph: La mise en scène du drame wagnérien, Paris 1891.

Asmuth, Bernhard: Einführung in die Dramenanalyse, 7. Aufl., Stuttgart, Weimar 2009.

Assmann, Jan: Das kulturelle Gedächtnis, München 1992.

Avant-scène Opéra: Le barbier de Séville, Nr. 37, Paris 2005.

Avant-scène Opéra: Pelléas et Mélisande, Nr. 9, Paris 1998.

Bachmann-Medick, Doris: Cultural Turns, Neuorientierungen in den Kulturwissenschaften, 2. Aufl., Reinbek bei Hamburg 2007.

Balme, Christoper: Einführung in die Theaterwissenschaft, 3. Aufl., Berlin 2003.

Balme, Christopher: Libretto – Partitur – Bild, in: OperMachtTheaterBilder. Neue Wirklichkeiten des Regietheaters, Berlin 2006, S. 51-72.

Balme, Christopher: Werktreue, Aufstieg und Niedergang eines fundamentalistischen Begriffs, in: Gutjahr, Ortrud (Hg.): Regietheater!, S. 43-52.

Barraqué, Jean: Debussy, 2. Aufl., Paris 1994.

Barthes, Roland: Mythologies, Paris 1957.

Bartels, Karsten: Opernregie als szenisch-räumliche Umsetzung der Partitur. Zur Arbeit von Ruth Berghaus, in: VII. Tagung der Musikwissenschaftler der DDR, Berlin 1985.

Bassi, Adriano: Gioacchino Rossini, Padua 1992.

Bayerdörfer, Hans-Peter (Hg.): Stimmen, Klänge, Töne – Synergien im szenischen Spiel, Tübingen 2002.

Bazinger, Irene: Gezeitenwechsel. Ruth Berghaus› Inszenierung von Debussys ›Pelléas et Mélisande‹, in: Sinn und Form, Heft 5, September/Oktober 1991.

Bazinger, Irene: Ruth Berghaus – Geschichten aus der Produktion, Berlin 2010.

Becker, Heinz: Zur Situation der Opernforschung, in: Die Musikforschung 27, 1974, S. 153-165.

Bekker, Paul: Das Operntheater, in: Kestenberg, Leo (Hg.): Musikpädagogische Bibliothek, Leipzig 1931.

Bekker, Paul: Wandlungen in der Oper, Zürich, Leipzig 1934.

Benjamin, Walter: Das Kunstwerk im Zeitalter seiner technischen Reproduzierbarkeit, in: Schweppenhäuser, Hermann, Tiedemann, Rolf (Hg.): Gesammelte Schriften, Bd. I, Frankfurt a.M. 1991.

Benjamin, Walter: Was ist episches Theater? In: Schweppenhäuser, Hermann, Tiedemann, Rolf (Hg.): Gesammelte Schriften, Bd. II, Frankfurt a.M. 1991.

Bent, Ian: Analysis, London 1980.

Bermbach, Udo: Oper im 20. Jahrhundert. Entwicklungstendenzen und Komponisten, Stuttgart, Weimar 2000.

Bermbach, Udo, Konold, Wulf (Hg.): Gesungene Welten: Aspekte der Oper. Oper als Spiegel gesellschaftlicher Veränderungen, Berlin, Hamburg 1992,

Bertisch, Klaus: Regie im Theater Ruth Berghaus, Frankfurt a.M. 1990.

Betzwieser, Thomas: Sprechen und Singen, Ästhetik der Erscheinungsformen der Dialogoper, Stuttgart 2002.

Beyer, Barbara (Hg.): Warum Oper? Gespräche mit Opernregisseuren, Berlin 2005.

Bie, Oskar: Die Oper (1913), Berlin 1980.

Bourdieu, Pierre: Die feinen Unterschiede – Kritik der gesellschaftlichen Urteilskraft, Frankfurt a.M. 1982.

Brecht, Bertolt: Kleines Organon für das Theater, in: Versuch, 32, Heft 12, Berlin 1953, S. 107-140.

Brecht, Bertolt: Schriften zum Theater. Über eine nicht-aristotelische Dramatik, Frankfurt a.M. 1999.

Brotbech, Roman: Die Regisseurin Ruth Berghaus, in: Musik und Theater, Zürich, 2, 1989.

Brug, Manuel: Opernregisseure heute, Berlin 2006.

Bücken, Ernst (Hg.): Richard Wagner. Die Hauptschriften, Stuttgart 1956.

Butler, Judith: Das Unbehagen der Geschlechter, Frankfurt a.M. 2003.

Butler, Judith: Körper von Gewicht. Die diskursiven Grenzen des Geschlechts, Frankfurt a.M. 2001.

Camus, Céline u.a. (Hg.): Im Zeichen des Geschlechts. Repräsentationen, Konstruktionen und Interventionen, Frankfurt a.M. 2008.

Cook, Nicholas: A Guide to Musical Analysis, London 1987.

Cook, Nicholas: Music, Imagination, and Culture, Oxford 1990.

Cook, Nicholas: Musical Analysis and the Listener, New York 1989.

Cook, Nicholas, Clarke, Eric (Hg.): Empirical Musicology: Aims, Methods, Prospects, Oxford 2004.

Cook, Nicholas, Everist, Mark (Hg.): Rethinking Music, Oxford 1999.

Cook, Nicholas, Pople, Anthony (Hg.): Music, Performance, Meaning, Ashgate 2007.

Curjel, Hans: Das Experiment Kroll Oper, München 1975.

Dahlhaus, Carl: Analyse und Werturteil, Mainz u.a. 1970.

Dahlhaus, Carl: Vom Musikdrama zur Literaturoper, München 1983.

Dahlhaus, Carl: Wagners Konzeption des musikalischen Dramas, Regensburg 1971.

Dahlhaus, Carl (Hg.): Einführung in die systematische Musikwissenschaft, Köln 1971.

Dahlhaus, Carl (Hg.): Richard Wagner: Werk und Wirkung, Regensburg 1971.

Danuser, Hermann: Zur Aktualität musikalischer Interpretationstheorie, in: Ott, Thomas, Loesch, Heinz von (Hg.): Musik befragt – Musik vermittelt, Augsburg 1996, S. 39-49.

Danuser, Hermann (Hg.): Musikalische Interpretation, in: Neues Handbuch der Musikwissenschaft, Bd. 11, Laaber 1992.

Daude, Daniele: Dido and Aeneas (Waltz). Inszenierungsnalyse Staatsoper, Berlin 2005.

Daude, Daniele: Die Entführung aus dem Serail (Bieito). Aufführungsanalyse Komische Oper, Berlin, 7. Juli 2007.

Daude, Daniele: Können N. blond sein? – Du, die sind zu allem fähig!, in: Forum modernes Theater 2009.

Daude, Daniele: Le Krolloper (1927-1931). Quelle interpréation pour l'opéra?, Paris 2003.

Dessau, Paul: Notizen zu Noten, Leipzig 1974.

Dorschel, Andreas: (Hg.): Dem Ohr voraus. Erwartung und Vorurteil in der Musik, Wien, London, New York 2004.

Eckert, Nora: Der Ring des Nibelungen und seine Inszenierungen von 1876 bis 2001, Hamburg 2001.

Eckert, Nora: Von der Oper zum Musiktheater, Wegbereiter und Regisseure, Berlin 1995.

Eco, Umberto: Einführung in die Semiotik, 2002.

Eco, Umberto: Les limites de l'interprétation, Paris 1992.

Eco, Umberto: L'œuvre ouverte, Paris 1965.

Eco, Umberto: Zeichen. Einführung in einen Begriff und seine Geschichte, Frankfurt a.M. 1977.

Epping-Jäger u.a. (Hg.): Medien/Stimmen, Köln 2003.

Fèbvre, Lucien: Das Gewissen des Historikers, Raulff, Ulrich (Hg. u. Übers.), Frankfurt a.M. 1990.

Fiebig, Paul: Michael Gielen. Dirigent, Komponist und Zeitgenosse, Stuttgart, Weimar 1997.

Fischer, Erik: Zur Problematik der Opernstruktur, Wiesbaden 1982.

Fischer-Lichte, Erika: Ästhetik des Performativen, Frankfurt a.M. 2004.

Fischer-Lichte, Erika: Ästhetische Erfahrung. Das Semiotische und das Performative, Tübingen 2001.

Fischer-Lichte, Erika: Die Aufführung als Text, 4. Aufl., Tübingen 2003.

Fischer-Lichte, Erika, Suthor, Nicola: Verklärte Körper. Ästhetik der Transfiguration, Paderborn 2006.

Fischer-Lichte, Erika, Fleig, Anne (Hg.): Körper-Inszenierungen. Präsenz und kultureller Wandel, Tübingen 2000.

Fischer-Lichte, Erika, Schönert, Jörg (Hg.): Theater im Kulturwandel des 18. Jahrhunderts. Inszenierung und Wahrnehmung von Körper – Musik – Sprache, Göttingen 1999.

Erika Fischer-Lichte, Warstat, Matthias u.a. (Hg.): Performativität und Ereignis, Theatralität, Bd. 4, Tübingen, Basel 2003.

Fischer-Lichte, Erika, Wulf, Christoph (Hg.): Gesten. Inszenierung, Aufführung und Praxis, München 2010.

Flusser, Vilém: Gesten. Versuch einer Phänomenologie, Düsseldorf 1991.

Fornoff, Roger: Die Sehnsucht nach dem Gesamtkunstwerk. Studien zu einer ästhetischen Konzeption der Moderne, Hildesheim, Zürich, New York 2004.

Foucault, Michel: Archäologie des Wissens, Frankfurt a.M. 1981.

Foucault, Michel: Die Ordnung der Dinge, Frankfurt a.M. 1974.

Fuchs, Thomas: Leib, Raum, Person. Entwurf einer phänomenologischen Anthropologie, Stuttgart 2000.

Gegenfurtner, Karl R.: Gehirn und Wahrnehmung, 4. Aufl., Frankfurt a.M. 2006.

Gernig, Kerstin (Hg.): Fremde Körper. Zur Konstruktion des Anderen in europäischen Diskursen, Berlin 2001.

Gier, Albert: Das Libretto, Frankfurt a.M., Leipzig 2000.

Gossett, Philip: Le fonti autografe delle opere teatrali di Rossini, in: Nuova Rivista Musicale Italiana, 2, 1968, S. 936-960.

Gossett, Philip: The Operas of Rossini: Problems of Textual Criticism in Nineteenth-Century Opera. Dissertation, Princeton University 1970.

Gülke, Peter: Auftakte – Nachspiele, Studien zur musikalischen Interpretation, Stuttgart 2006.

Günther, Hans (Hg.): Gesamtkunstwerk. Zwischen Synästhesie und Mythos, Bielefeld 1994.

Hasche, Christa, Schölling, Traute, Fiebach, Joachim (Hg.): Theater in der DDR, Berlin 1994.

Hasselmann, Kristiane, Schmidt, Sandra, Zumbusch, Cornelia (Hg.): Utopische Körper. Visionen künftiger Körper in Geschichte, Kunst und Gesellschaft, München 2004.

Hecht, Werner (Hg.): Brechts Theorie des Theaters, Frankfurt a.M. 1986.

Hentschel, Frank: Bürgerliche Ideologie und Musik. Politik der Musikgeschichtsschreibung in Deutschland 1776-1841, Frankfurt a.M., New York 2006.

Hilbk, Iris Helene: Studien zum Verhältnis von Sprache und Musik bei Claude Debussy, Frankfurt a.M. u.a. 1996.

Hinrichsen, Hans-Joachim: Die Geburt der Musikwissenschaft aus dem Geist der Interpretation, in: Scholl, Christian, Richter, Sandra, Huck, Oliver

(Hg.): Konzert und Konkurrenz. Die Künste und ihre Wissenschaften im 19. Jahrhundert, Göttingen 2010, S. 59-69.
Hinrichsen, Hans-Joachim: »Die Musik selbst und nicht ihr Bedeuten«. Adornos Theorie der musikalischen Interpretation, in: Ette, Wolfram, Figal, Günter, Klein, Richard, Peters, Günter (Hg.): Adorno im Widerstreit. Zur Präsenz seines Denkens, Freiburg 2004, S. 199-221.
Hinrichsen, Hans-Joachim: Kontinuität der Probleme. Carl Dahlhaus, Theodor W. Adorno und die Fachgeschichte der Musikwissenschaft, in: Musiktheorie. Zeitschrift für Musikwissenschaft, 23, 2008, S. 233-244.
Hinrichsen, Hans-Joachim: Musikwissenschaft und musikalisches Kunstwerk. Zum schwierigen Gegenstand der Musikgeschichtsschreibung, in: Lütteken, Laurenz (Hg.): Musikwissenschaft. Eine Positionsbestimmung, Kassel 2007, S. 67-87.
Hinrichsen, Hans-Joachim: Werk und Wille, Text und Treue. Über Freiheit und Grenzen der musikalischen Interpretation, in: Brunner, Gerhard, Zalfen, Sarah (Hg.): Werktreue. Was ist Werk, was Treue? Wien, Köln, Weimar 2011, S. 25-36.
Hinrichsen, Hans-Joachim (Hg.): Musik – Interpretation – Wissenschaft, in: Archiv für Musikwissenschaft, 57, 2000, S. 78-90.
Hinrichsen, Hans-Joachim (Hg.): Werk-Welten, Schliengen-Liel 2008.
Hiß, Guido: Der theatralische Blick. Einführung in die Aufführungsanalyse, Berlin 1993.
Holtz, Corinne: Ruth Berghaus. Ein Portrait, Hamburg 2005.
Ingarden, Roman: Das literarische Kunstwerk, Tübingen 1965.
Irmer, Thomas; Schmidt, Matthias: Die Bühnenrepublik. Theater in der DDR, Berlin 2003.
Iser, Wolfgang: Der Akt des Lesens. Theorie ästhetischer Wirkung, 4. Aufl., München 1994.
Jäger, Manfred: Kultur und Politik in der DDR 1945-1990, Leipzig 1995.
Jakobson, Roman: Musikwissenschaft und Linguistik, (1932), jetzt in: Jakobson, Roman, Holenstein, Elmar (Hg.): Roman Jakobson. Semiotik. Ausgewählte Texte 1919-1982, Frankfurt a.M. 1992, S. 281-285.
Jakobson, Roman: Visuelle und auditive Zeichen, (1947-1967), jetzt in: Jakobson, Roman, Holenstein, Elmar (Hg.): Roman Jakobson. Semiotik. Ausgewählte Texte 1919-1982, Frankfurt a.M. 1992, S. 286-302.
Janke, Pia: Dramaturgie der Leidenschaften, Libretti aus vier Jahrhunderten, Wien 2000.
Jankélévitch, Vladimir: Debussy et le mystère de l'instant, Boudry, Paris 1976.
Jankélévitch, Vladimir: La vie et la mort dans la musique de Debussy, Neuchâtel 1968.
Jarocinski, Stefan: Debussy, impressionnisme et symbolisme, Paris 1970.

Jauß, Hans Robert: Der poetische Text im Horizontwandel des Verstehens, in: Ästhetische Erfahrung und literarische Hermeneutik, Frankfurt a.M. 1991, S. 657-866.

Jauß, Hans Robert: Versuche im Feld der ästhetischen Erfahrung, in: Ästhetische Erfahrung und literarische Hermeneutik, Frankfurt a.M. 1991, S. 17-362.

Johnson, Janet: Rossini in Bologna and Paris during the Early 1830s. New Letters, in: Revue de musicologie, 79, 1993, S. 63-81.

Junge, Torsten, Schmincke Imke (Hg.): Marginalisierte Körper, Beiträge zur Soziologie und Geschichte des anderen Körpers, Münster 2007.

Kolbus, Anita: Maeterlinck, Debussy, Schönberg und andere: Pelléas et Mélisande. Zur musikalischen Rezeption eines symbolischen Dramas, Marburg 2001.

Kolesch, Doris: Artikel »Stimmlichkeit«, in: Metzler Lexikon Theatertheorie, Weimar 2005, S. 317-320.

Kolesch, Doris: Ästhetik der Präsenz, in: Fischer-Lichte, Erika, Kolesch, Doris, Weiler, Christel (Hg.): Transformationen. Theater der neunziger Jahre, Berlin 1999, S. 57-69.

Kolesch, Doris: Ästhetik der Präsenz: Theater-Stimmen, in: Früchtl, Josef, Zimmermann, Jörg (Hg.): Ästhetik der Inszenierung, Frankfurt a.M. 2001, S. 260-276.

Kolesch, Doris: Begehrende Körper und verkörpertes Begehren. Interdisziplinäre Studien zu Performativität und Gender, in: Praktiken des Performativen, Paragrana, 13, 2004, S. 251-309.

Kolesch, Doris: Die Spur der Stimme. Überlegungen zu einer performativen Ästhetik, in: Epping-Jäger, Cornelia u.a. (Hg.): Medien/Stimmen, Köln 2003, S. 267-281.

Kolesch, Doris: Labyrinthe: Resonanzräume der Stimme, in: Brüstle, Christa, Riethmüller, Albrecht (Hg.): Klang und Bewegung. Beiträge zu einer Grundkonstellation, Aachen 2004, S. 117-125.

Kolesch, Doris: Roland Barthes, Frankfurt a.M., New York 1997.

Kolesch, Doris: Zehn Thesen über die Stimme, in: Bischoff, Doerte, Wagner-Egelhaaf, Martina (Hg.): Mitsprache, Rederecht, Stimmgewalt. Genderkritische Strategien und Transformationen der Rhetorik, Heidelberg 2006, S. 341-356.

Kolesch, Doris, Krämer Sibylle (Hg.): Stimme. Annäherung an ein Phänomen, Frankfurt a.M. 2006.

Kolesch, Doris, Schrödl, Jenny, Pinto, Vito (Hg.): Stimm-Welten. Philosophische, medientheoretische und ästhetische Perspektiven, Bielefeld 2009.

Konold, Wulf: Methodenprobleme der Opernforschung, in: Jahrbuch für Opernforschung, Band 2, Frankfurt a.M. u.a. 1986, S. 7-26.

Merleau-Ponty, Maurice: Die Unhintergehbarkeit der Wahrnehmung, jetzt in: Wiesing, Lambert (Hg.): Philosophie der Wahrnehmung, Frankfurt a.M. 2002, S. 248-292.
Merleau-Ponty, Maurice: L'œil et l'esprit, Paris 1964.
Merleau-Ponty, Maurice: Phänomenologie der Wahrnehmung, Berlin 1974.
Mitchell, W.J.T.: Bildtheorie, Frankfurt a.M. 2008.
Motte (de la), Diether: Melodie. Ein Lese- und Arbeitsbuch, München 1993.
Motte (de la), Diether: Musik Formen. Phantasie, Einfall, Originalität, Augsburg 1999.
Müller, Edith: Opernregie bei Ruth Berghaus, Magisterarbeit, Freie Universität, Berlin 1999.
Nattiez, Jean-Jacques: La signification comme paramètre musical, in: Nattiez, Jean-Jacques (Hg.): Musiques, une encyclopédie pour le XXIe siècle, Paris 2004, S. 256-292.
Neef, Sigrid: Das Theater der Ruth Berghaus, Berlin 1989.
Orledge, Robert: Debussy and the Theatre, Cambridge 1982.
Osborne, Richard: Rossini. Leben und Werk, München 1992.
Osthofff, Wolfgang: Werktreue und Regietheater, in: Wiesmann, Sigrid (Hg.): Werk und Wiedergabe. Musiktheater exemplarisch interpretiert, Bayreuth 1980, S. 13-43.
Pahlen, Kurt (Hg.): Gioacchino Rossini: Der Barbier von Sevilla. Serie Musik Atlantis, Band 8016, 3. Aufl., München, Mainz 2005.
Pavis, Patrice: L'analyse des spectacles, Paris 1996.
Pavis, Patrice: Semiotik der Theaterrezeption, Tübingen 1988.
Peusch, Vibeke: Opernregie und Regieoper, Frankfurt a.M. 1984.
Plessner, Helmut: Anthropologie der Sinne. Gesammelte Schriften, Bd. 3, Frankfurt a.M. 2003.
Plessner, Helmut: Conditio Humana. Gesammelte Schriften, Bd. 8, Frankfurt a.M. 2003.
Rieger, Eva, Steegmann Monica (Hg.): Göttliche Stimmen. Lebensberichte berühmter Sängerinnen von Elisabeth Mara bis zum Maria Callas, Frankfurt a.M., Leipzig 2002.
Rinäcker, Gerd: Für Ruth – Im Nachdenken über Ruth Berghaus, in: Hintze, Werner, Risi, Clemens, Sollich, Robert (Hg.): Realistisches Musiktheater, Berlin 2008, S. 176-187.
Rinäcker, Gerd: Zu einigen Erfahrungsfeldern von Ruth Berghaus. Vorlesung am Theaterwissenschaftlichen Institut der Freien Universität, Berlin 2001.
Rinäcker, Gerd: Zur Arbeitsweise von Ruth Berghaus. Vorlesung am Theaterwissenschaftlichen Institut der Freien Universität, Berlin 2001.
Risi, Clemens: Am Puls der Sinne. Der Rhythmus einer Opernaufführung zwischen Repräsentation und Präsenz, in: Kurzenberger, Hajo, Matz-

Krämer, Sybille: Verschwindet der Körper?, in: Maresch, Rudolf, V (Hg.): Raum – Wissen – Macht, Frankfurt a.M. 2002.

Krämer, Sybille: Virtualisierung oder Über die Verwandlung von Zeichen für Körper, in: Barkhaus, Annette, Fleig, Anne (Hg.): (fe. Der Körper als Schnittstelle, München 2002.

Krämer, Sybille: Was haben »Performativität« und »Medialität« mi tun?, in: Krämer, Sybille (Hg.): Performativität und Medialit: 2004, S. 13-32.

Kreuzer, Gondula: Authentizität, Visualisierung, Bewahrung, in: bert, Risi, Clemens u.a. (Hg.): Angst vor der Zerstörung.] S. 139-160.

Kühn, Clemens: Formenlehre der Musik, 8. Aufl., Kassel u.a. 20c

Kümmel, Werner Friedrich: Geschichte und Musikgeschichte. D Neuzeit in Geschichtsschreibung und Geschichtsauffassur schen Kulturbereichs von der Aufklärung bis zu J.G. Droyse Burckhardt, Marburg 1967.

Küttler, Wolfgang, Rüsen, Jörn, Schulin, Ernst (Hg.): Geschichtsd I, Frankfurt a.M. 1993.

Kuba, Alexander: Artikel »Geste/Gestus«, in: Metzler Lexikon Th Stuttgart, Weimar 2005, S. 129-136.

Lamacchia, Saverio: Der wahre Figaro oder das falsche Faktotun tung des Barbiere di Siviglia von Rossini. Übers. Marcus Kö 2009.

Lehmann, Hans-Thies: Die Inszenierung: Probleme ihrer Analy chrift für Semiotik, 11, 1989, S. 29-48.

Leibowitz, René: Le compositeur et son double, Paris 1986.

Lesure, François: Claude Debussy avant Pelléas, ou les années Paris 1992.

Lesure, François: Claude Debussy: Biographie critique, Paris 199.

Lidov, David: Is Language a Music? Writings on Musical Form a tion, Toronto 2003.

Link, Klaus-Dieter: Literarische Perspektiven des Opernlibrettos italienischen Oper von 1850 bis 1920, Bonn 1975.

Linke, Detlev: Das Gehirn, 4. Aufl., München 2006.

Lippe, Marcus Chr.: Rossinis *opere serie*. Zur musikalisch-drama zeption. Beihefte für Musikwissenschaft, Bd. 55, Rietmü: (Hg.), Stuttgart 2005.

List, Elisabeth, Fiala, Erwin (Hg.): Leib Maschine Bild, Wien 199

Lockspeiser, Edward: Debussy, Bd. 1 (1862-1902), Bd. 2 (1902-1 1962.

Malte Fischer, Jens: Große Stimmen von Enrico Caruso bis Jes Stuttgart, Weimar 1993.

ke, Annemarie (Hg.): TheorieTheaterPraxis. Recherchen 17, Berlin 2004, S. 117-127.

Risi, Clemens: David Moss in Salzburg, in: Weiler, Christel, Roselt, Jens, Risi, Clemens (Hg.): Strahlkräfte. Festschrift für Erika Fischer-Lichte, Berlin 2008, S. 54-65.

Risi, Clemens: Die bewegende Sängerin. Zu stimmlichen und körperlichen Austausch-Prozessen in Opernaufführungen, in: Brüstle, Christa, Riethmüller, Albrecht (Hg.): Klang und Bewegung, Aachen 2004, S. 135-143.

Risi, Clemens: »Gefühlte Zeit«. Zur Performativität von Opernaufführungen, in: Wagner, Kirsten, Wenzel, Horst u.a. (Hg.): Möglichkeitsräume. Zur Performativität von sensorischer Wahrnehmung, Berlin 2007, S. 153-162.

Risi, Clemens: Hören und Gehört werden als körperlicher Akt. Zur feedback-Schleife in der Oper und der Erotik der Sängerstimme, in: Fischer-Lichte, Erika, Gronau, Barbara, Schouten, Sabine, Weiler, Christel (Hg.): Wege der Wahrnehmung. Authentizität, Reflexivität und Aufmerksamkeit im zeitgenössischen Theater, Berlin 2006, S. 98-113.

Risi, Clemens: Inszenierungen der Affekte in der Oper, in: Risi, Clemens, Roselt, Jens (Hg.): Koordinaten der Leidenschaft, Berlin 2009, S. 118-132.

Risi, Clemens: Rhythmen der Aufführung, in: Fischer-Lichte, Erika, Risi, Clemens, Roselt, Jens (Hg.): Kunst der Aufführung – Aufführung der Kunst, Berlin 2004, S. 165-177.

Risi, Clemens: Sinn und Sinnlichkeit in der Oper. Zu Hans Neuenfels‹ »Idomeneo« an der Deutschen Oper Berlin, in: Theater der Zeit, 58, Heft 6, Berlin 2003, S. 38-39.

Risi, Clemens: Von (den) Sinnen in der Oper. Überlegungen zur Aufführungsanalyse im Musiktheater, in: Balme, Christopher, Fischer-Lichte, Erika, Grätzel, Stephan (Hg.): Theater als Paradigma der Moderne? Tübingen, Basel 2003, S. 353-363.

Risi, Clemens, Brüstle, Christa: Aufführungsanalyse und -interpretation. Positionen und Fragen der »Performance Studies« aus musik- und theaterwissenschaftlicher Sicht, in: Ballstaedt, Andreas, Hinrichsen, Hans-Joachim (Hg.): Werk-Welten. Perspektiven der Interpretationsgeschichte, Schliengen-Liel 2008, S. 108-132.

Risi, Clemens, Schouten, Sabine: Architektur im Rhythmus – Zur Herstellung von Räumlichkeit im Theater, in: Sprache und Literatur, 35, Heft 94, Paderborn 2004, S. 105-116.

Roselt, Jens: Phänomenologie des Theaters, München 2008.

Rossini, Gioachino: Il Barbiere di Siviglia. Melodramma buffo in 2 atti (1816), Milano 2004.

Schläder, Jürgen: Musikalisches Theater, in: Möhrmann, Renate (Hg.): Theaterwissenschaft heute. Eine Einführung, Berlin 1990, S. 130-148.

Schläder, Jürgen (Hg.): OperMachtTheaterBilder, Leipzig 2006.

Schouten, Sabine: Artikel »Atmosphäre«, in: Metzler Lexikon Theatertheorie, Stuttgart, Weimar 2005, S. 13-16.

Schouten, Sabine: Sinnliches Spüren. Wahrnehmung und Erzeugung von Atmosphären, Berlin 2007.

Schouten, Sabine, Fischer-Lichte, Erika u.a. (Hg.): Wege der Wahrnehmung. Authentizität, Reflexivität und Aufmerksamkeit im zeitgenössischen Theater, Berlin 2006.

Schroer, Markus (Hg.): Soziologie des Körpers, Frankfurt a.M. 2005.

Schüler, Nico: Zum Problem und zu Methoden von Musikanalyse, Hamburg 1996.

Schwindt-Gross, Nicole: Musikwissenschaftliches Arbeiten, 5. Aufl., Kassel 2003.

Srocke, Martina: Richard Wagner als Regisseur, München, Salzburg 1988.

Stendhal (Marie-Henri Beyle): Vie de Rossini, Paris 1823.

Stoianova, Ivanka: Geste – Texte – Musique, Paris 1978.

Stoianova, Ivanka: Manuel d'analyse musicale, Paris 1996.

Stoianova, Ivanka: Musikalische Narrativität und Operninszenierung, in: Schläder, Jürgen (Hg.): OperMachtTheaterBilder, Leipzig 2006, S. 93-108.

Wagner, Richard: Das Kunstwerk der Zukunft (1849), Frankfurt a.M. 1983.

Wagner, Richard: Oper und Drama (1852), Stuttgart 2000.

Waldenfels, Bernhard: Das leibliche Selbst, Frankfurt a.M. 2000.

Waldenfels, Bernhard: Einführung in die Phänomenologie, München 1992.

Weber, Horst (Hg.): Oper und Werktreue. Fünf Vorträge, Stuttgart, Weimar 1994.

Wildmann, Daniel: Begehrte Körper. Konstruktion und Inszenierung des »arischen« Männerkörpers im »Dritten Reich«, Würzburg 1998.

Wirth, Uwe (Hg.): Performanz. Zwischen Sprachphilosophie und Kulturwissenschaft, Frankfurt a.M. 2002.

Zenck, Claudia: Versuch über die wahre Art, Debussy zu analysieren, München 1974.

Anhang

LEBENSDATEN VON RUTH BERGHAUS

1927	Geburt am 2. Juli in Dresden
1947-1950	Abitur und Studium an der Palucca Schule Dresden
1949	Prägende Theatererfahrung mit *Mutter Courage und ihre Kinder* (Bertolt Brecht) am Deutschen Theater Berlin
1950	Choreographie in *Die Bremer Stadtmusikanten* von Richard Mohaupt in der Regie von Joachim Herz
1951	Umzug nach Berlin
	Engagement als Choreographin und Regieassistentin am Theater der Freundschaft (Kinder- und Jugendtheater)
1951-1953	Meisterschülerin von Gret Palucca und Wolfgang Langhoff an der Akademie der Künste in Berlin
	Hospitantin am Berliner Ensemble (BE)
	Erteilung von Bewegungsunterricht am Deutschen Theater
1954	Heirat mit Paul Dessau
	Geburt von Maxim Dessau
1954-1959	Choreographien und Regieassistenz am Theater der Freundschaft
1958-1964	Choreographien an der Palucca Schule
1960	Debüt als Opernregisseurin mit *Die Verurteilung des Lukullus* (Paul Dessau)
1964	Debüt als Choreographin am BE mit den Schlachtszenen von *Coriolan* (Bertolt Brecht) in der Regie von Manfred Wekwerth und Joachim Tenschert
1970-1977	Zunächst stellvertretende Intendantin (1970), dann Intendantin (1971) am Berliner Ensemble
	Förderung von Autoren wie Karl Mickel, Heiner Müller und Einar Schleef
	Intensivierte Bespitzelung durch die Staatssicherheit der DDR
1979	Tod von Paul Dessau

	Absetzung von *Leonce und Lena* und *Rheingold* an der Berliner Staatsoper
	Streichung des *Ring*-Projekts
1980-1987	Zusammenarbeit mit Michael Gielen an der Oper Frankfurt a.M.
	Maßgebliche *Ring*-Inszenierung (1985-1987)
1985	Debüt an der Opéra de Paris mit *Wozzeck* (Alban Berg)
1988	Debüt an der Hamburgischen Staatsoper mit *Tristan und Isolde* (Richard Wagner)
	Debüt in Brüssel mit *Lulu* (Alban Berg) und in Wien mit *Fierrabras* (Franz Schubert)
1989	Konrad-Wolf-Preis der Akademie der Künste der DDR
	Dantons Tod (Georg Büchner) in Hamburg
1990	Kündigung seitens der Staatsoper Berlin
1990-1995	Engagements am Thalia Theater Hamburg, am Opernhaus Zürich, an der Staatsoper Stuttgart und am Burgtheater Wien
1992	*Don Carlos* am Theater Basel, erste Verdi-Inszenierung
	Im Dickicht der Städte (Bertolt Brecht) am Thalia Theater
1993	*Nachtwache*, UA (Jörg Herchet) in Leipzig
1995	*Freispruch für Medea*, UA (Rolf Liebermann) an der Hamburgischen Staatsoper
1996	Tod am 25. Januar in Zeuthen

INSZENIERUNGSVERZEICHNIS (OPER) VON RUTH BERGHAUS

R = Regie; ML = Musikalische Leitung; B = Bühnenbild; K = Kostüme; A = Ausstattung; UA = Uraufführung

1960	*Die Verurteilung des Lukullus* (Paul Dessau), Deutsche Staatsoper Berlin
	R: mit Erhard Fischer; ML: Hans Löwlein; B: Hainer Hill; K: Christine Stromberg
1961	*Die Verurteilung des Lukullus*, Volkstheater Rostock
	ML: Güner Lang; B: Willi Schröder; K: Waltraut Damm
1965	*Die Verurteilung des Lukullus*, Deutsche Staatsoper Berlin
	ML: Herbert Kegel; B: Gustav Hoffmann; K: Christine Stromberg
1966	*Der Jasager und Der Neinsager* (Kurt Weill), Maxim-Gorki-Theater
	ML: Gerhardt Plüschke; A: Horst Birkholz

1967	*Puntila*, UA (Paul Dessau), Deutsche Staatsoper Berlin ML: Otmar Suitner; A: Andreas Reinhardt *Elektra* (Richard Strauss), Deutsche Staatsoper Berlin ML: Otmar Suitner; A: Andreas Reinhardt
21.11.1968	*Der Barbier von Sevilla* (Gioacchino Rossini), Deutsche Staatsoper Berlin ML: Otmar Suitner; A: Achim Freyer
1969	*Lanzelot*, UA (Paul Dessau), Deutsche Staatsoper Berlin ML: Herbert Kegel; A: Andreas Reinhardt
1970	*Der Freischütz* (Carl Maria von Weber), Deutsche Staatsoper Berlin ML: Otmar Suitner; A: Andreas Reinhardt
1974	*Einstein*, UA (Paul Dessau), Deutsche Staatsoper Berlin ML: Otmar Suitner; A: Andreas Reinhardt *Der Barbier von Sevilla* (Gioacchino Rossini), Bayerische Staatsoper München ML: Silvio Varviso; A: Andreas Reinhardt
1975	*Die Fledermaus* (Johann Strauss), Deutsche Staatsoper Berlin ML: Otmar Suitner; A: Andreas Reinhardt
1978	*La clemenza di Tito* (Wolfgang Amadeus Mozart), Deutsche Staatsoper Berlin ML: Wolfgang Rennert; A: Marie-Luise Strandt
1979	*Leonce und Lena*, UA (Paul Dessau) ML: Otmar Suitner; A: Marie-Luise Strandt
1980	*Die Zauberflöte* (Wolfgang Amadeus Mozart), Oper Frankfurt a.M. ML: Michael Gielen; A: Marie-Luise Strandt *Elektra* (Richard Strauss), Nationaltheater Mannheim ML: Wolfgang Rennert; A: Marie-Luise Strandt
1981	*Idomeneo* (Wolfgang Amadeus Mozart), Deutsche Staatsoper Berlin ML: Peter Schreier; A: Marie-Luise Strandt *La clemenza di Tito* (Wolfgang Amadeus Mozart), Nationaltheater Mannheim ML: Wolfgang Rennert; A: Marie-Luise Strandt *Die Entführung aus dem Serail* (Wolfgang Amadeus Mozart), Frankfurt a.M. ML: Michael Gielen; B: mit Max von Vequel; K: Marie-Luise Strandt
1982	*Die Sache Makropulos* (Leoš Janáček), Oper Frankfurt a.M. ML: Michael Gielen; B: Erich Wonder; K: Nina Ritter

	Salome (Richard Strauss), Nationaltheater Mannheim ML: Wolfgang Rennert; A: Marie-Luise Strandt *Parsifal* (Richard Wagner), Oper Frankfurt a.M. ML: Michael Gielen; A: Axel Manthey
1983	*La Cenerentola* (Gioacchino Rossini), Deutsche Staatsoper Berlin ML: Ernst Märzendorfer; A: Marie-Luise Strandt *Die Verurteilung des Lukullus* (Paul Dessau), Deutsche Staatsoper Berlin ML: Hartmut Haenchen; B: Hans-Joachim Schlieker; A: Marie-Luise Strandt *Die Trojaner* (Hector Berlioz), Oper Frankfurt a.M. ML: Michael Gielen; B: Hans Dieter Schaal, Max von Vequel; K: Nina Ritter
1984	*Wozzeck* (Alban Berg), Deutsche Staatsoper Berlin ML: Siegfried Kurz; B: Hans Dieter Schaal; K: Marie-Luise Strandt *Don Giovanni* (Wolfgang Amadeus Mozart), Welsh National Theater Cardiff ML: Charles Mackerras; A: Marie-Luise Strandt
1985	*Die Weise von Liebe und Tod des Cornets Christoph Rilke*, UA (Siegfried Matthus), Staatsoper Dresden ML: Hartmut Haechen; B: Hans-Joachim Schlieker; K: Marie-Luise Strandt *Wozzeck* (Alban Berg), Théâtre National de l'Opéra de Paris ML: Christoph von Dohnanyi; B: Hans Dieter Schaal; K: Marie-Luise Strandt *Così fan tutte* (Wolfgang Amadeus Mozart), Theater Freiburg ML: Eberhard Kloke; B: mit Max von Vequel; K: Marie-Luise Strandt *Don Giovanni* (Wolfgang Amadeus Mozart), Deutsche Staatsoper Berlin ML: Otmar Suitner; A: Marie-Luise Strandt *Das Rheingold* (Richard Wagner), Oper Frankfurt a.M. ML: Michael Gielen; A: Axel Manthey
1986	*Die Walküre* (Richard Wagner), Oper Frankfurt a.M. ML: Michael Gielen; A: Axel Manthey *Elektra* (Richard Strauss), Staatsoper Dresden ML: Hartmut Haenchen; B: Hans Dieter Schaal; K: Marie-Luise Strandt *Siegfried* (Richard Wagner), Oper Frankfurt a.M. ML: Michael Gielen; A: Axel Manthey

1987	*Götterdämmerung* (Richard Wagner), Oper Frankfurt a.M. ML: Michael Gielen; A: Axel Manthey *Moses und Aron* (Arnold Schönberg), Deutsche Staatsoper Berlin ML: Friedrich Goldmann; B: Hans Dieter Schaal; K: Marie-Luise Strandt
1988	*Lulu* (Alban Berg), Théâtre royal de la Monnaie de Bruxelles ML: Sylvain Cambreling; B: Hans Dieter Schaal; K: Marie-Luise Strandt *Tristan und Isolde* (Richard Wagner), Hamburgische Staatsoper ML: Zoltán Peskó; B: Hans Dieter Schaal; K: Marie-Luise Strandt *Fierrabras* (Franz Schubert), Theater an der Wien ML: Claudio Abbado; B: Hans Dieter Schaal; K: Marie-Luise Strandt *L'histoire du soldat* (Igor Strawinsky), Musiktreffen St. Moritz ML: David Searcy; A: Marie-Luise Strandt
1989	*Cosí fan tutte* (Wolfgang Amadeus Mozart), Deutsche Staatsoper Berlin ML: Olaf Henzold; A: Peter Schubert
1990	*Patmos*, UA (Wolfgang von Schweinitz), 2. Münchener Biennale für neues Musiktheater, Kongresshalle München ML: Adam Fischer; B: Hans Dieter Schaal; K: Marie-Luise Strandt *Lohengrin* (Richard Wagner), Oper Graz ML: Mario Venzago; A: Peter Schubert
1991	*Pelléas et Mélisande* (Claude Debussy), Staatsoper Berlin ML: Michael Gielen; A: Hartmut Meyer *Elektra* (Richard Strauss), Opernhaus Zürich ML: Ralf Weikert; B. Hans Dieter Schaal; K: Marie-Luise Strandt *Ariane et Barbe-Bleue* (Paul Dukas), Théâtre du Châtelet, Paris ML: Eliahu Inbal; B: Hans Dieter Schaal; K: Marie-Luise Strandt
1992	*Aufstieg und Fall der Stadt Mahagonny* (Kurt Weill), Staatstheater Stuttgart ML: Markus Stenz; B: Hans-Joachim Schlieker; K: Marie-Luise Strandt *Don Carlos* (Giuseppe Verdi), Theater Basel

1993	ML: Michael Boder; B: Hartmut Meyer; K: Marie-Luise Strandt *Der Rosenkavalier* (Richard Strauss), Oper Frankfurt a.M. ML: Spiros Argiris; B: Erich Wonder; K: Heinz Oswald *Der Freischütz* (Carl Maria von Weber), Opernhaus Zürich ML: Nikolaus Harnoncourt; B: Hartmut Meyer; K: Marie-Luise Strandt *La traviata* (Giuseppe Verdi), Staatsoper Stuttgart ML: Philippe Auguin; B: Erich Wonder; K: Marie-Luise Strandt *Nachtwache*, UA (Jörg Herchet), Oper Leipzig ML: Lothar Zagrosek; B: Hans Dieter Schaal; K: Marie-Luise Strandt *Tosca* (Giacomo Puccini), Sächsische Staatsoper Dresden ML: Friedemann Layer; A: Peter Schubert
1994	*Otello* (Giuseppe Verdi), Opernhaus Zürich ML: Rafael Frühbeck de Burgos; A: Andreas Reinhardt *Katja Kabanova* (Leoš Janáček), Opernhaus Zürich ML: Ralf Weikert; B: Erich Wonder; K: Margrit Koppendorfer
1995	*Macbeth* (Giuseppe Verdi), Staatstheater Stuttgart ML: Gabriele Ferro; B: Erich Wonder; K: Peter Schubert *Der Fliegende Holländer* (Richard Wagner), Opernhaus Zürich ML: Rafael Frühbeck de Burgos; B: Hartmut Meyer; K: Margrit Koppendorfer *Freispruch für Medea*, UA (Rolf Liebermann), Hamburgische Staatsoper ML: Gerd Albrecht; B: Hartmut Meyer

BESETZUNG DER AUFFÜHRUNGEN VON *IL BARBIERE DI SIVIGLIA*

Berlin, Staatsoper Unter den Linden

Erste Aufführung: 9. März 2002

Inszenierung	Ruth Berghaus
Musikalische Leitung	Arthur Fagen
Gesamtausstattung	Achim Freyer
Almaviva	John Osborn
Bartolo	Gerd Wolf
Figaro	Roman Trekel
Basilio	Alexander Vinogradov
Rosina	Katharina Kammerloher
Berta	Brigitte Eisenfeld
Fiorello	Bernd Riedel
Ambrosio/Ein Notar	Jürgen Dahm
Ein Offizier	Lutz Prockat

Zweite Aufführung: 9. Februar 2006, letztmals

Inszenierung	Ruth Berghaus
Musikalische Leitung	Julien Salemkour
Ausstattung	Achim Freyer
Almaviva	Ismael Jordi
Bartolo	Gerd Wolf
Rosina	Katharina Kammerloher
Figaro	Alfredo Daza
Basilio	Alexander Vinogradov
Berta	Brigitte Eisenfeld
Ambrosio	Tänzer
Fiorello	Bernd Riedel

Dritte Aufführung: 26. Oktober 2007

Inszenierung	Ruth Berghaus
Musikalische Leitung	Paolo Arrivabeni
Ausstattung	Achim Freyer
Almaviva	Dimitri Korchak
Bartolo	Enrico Marabelli
Rosina	Silvia Tro Santafé
Figaro	Alfredo Daza

Basilio   Alexander Vinogradov
Berta   Brigitte Eisenfeld
Fiorello   Bernd Riedel
Ambrogio/Notar   Jörg Lukas
Ein Offizier   Wolfgang Biebuyck

Vierte Aufführung: 11. November 2007

Gleiche Besetzung

BESETZUNG DER AUFFÜHRUNGEN PELLÉAS ET MÉLISANDE

Berlin, Staatsoper Unter den Linden

Erste Aufführung: 31. Oktober 2003
Musikalische Leitung   Michael Gielen
Inszenierung   Ruth Berghaus
Bühne und Kostüm   Hartmut Meyer
Arkel   Kwangchul Youn
Geneviève   Barbara Bornemann
Pelléas   Roman Trekel
Golaud   Hanno Müller-Brachmann
Mélisande   Rinat Shaham
Yniold   Frederic Jost
Arzt/Hirt   Yi Yang

Exkurs: Inszenierungsanalyse 2004-2006
(Hauptprobe 1991)

Musikalische Leitung   Michael Gielen
Inszenierung   Ruth Berghaus
Bühne und Kostüm   Hartmut Meyer
Dramaturgie   Siegrid Neef
Arkel   Gerd Wolf
Geneviève   Barbara Bornemann
Pelléas   Roman Trekel
Golaud   Armand Arapian
Mélisande   Toril Carlsen
Yniold   ?
Arzt/Hirt   Roland Ott

Zweite Aufführung: 10. April 2008

Musikalische Leitung	Sir Simon Rattle
Inszenierung	Ruth Berghaus
Bühne und Kostüm	Hartmut Meyer
Arkel	Robert Lloyd
Geneviève	Marie-Nicole Lemieux
Pelléas	William Burden
Golaud	Hanno Müller-Brachmann
Mélisande	Magdalena Kožená
Yniold	Andreas Mörwald
Arzt/Hirt	Andreas Bauer

Dritte Aufführung: 20. April 2008

Gleiche Besetzung

Zeitschrift für Kulturwissenschaften

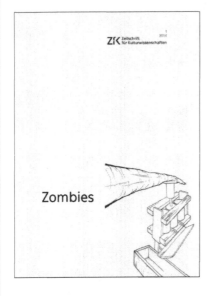

Gudrun Rath(Hg.)
Zombies
Zeitschrift für Kulturwissenschaften, Heft 1/2014

Mai 2014, 120 Seiten, kart., 14,99 €,
ISBN 978-3-8376-2689-6

■ Der Befund zu aktuellen Konzepten kulturwissenschaftlicher Analyse und Synthese ist ambivalent. Die **Zeitschrift für Kulturwissenschaften** bietet eine Plattform für Diskussion und Kontroverse über »Kultur« und die Kulturwissenschaften – die Gegenwart braucht mehr denn je reflektierte Kultur sowie historisch situiertes und sozial verantwortetes Wissen. Aus den Einzelwissenschaften heraus wird mit interdisziplinären Forschungsansätzen diskutiert. Insbesondere jüngere Wissenschaftler und Wissenschaftlerinnen kommen dabei zu Wort.

Wenn die Toten zum Leben erwachen: Die Figur des Zombie ist nach wie vor populär. Aber was genau ist ein Zombie und woher rührt seine Faszinationskraft? Das aktuelle Heft der ZfK geht dem auf den Grund.

Lust auf mehr?
Die **ZfK** erscheint zweimal jährlich in Themenheften. Bisher liegen 15 Ausgaben vor.
Die **ZfK** kann auch im Jahresabonnement für den Preis von 25,00 € (international 30,00 €) bezogen werden.
Bestellung per E-Mail unter: bestellung.zfk@transcript-verlag.de

www.transcript-verlag.de

Theater

Nina Birkner, Andrea Geier, Urte Helduser (Hg.)
Spielräume des Anderen
Geschlecht und Alterität im postdramatischen Theater

Juni 2014, 244 Seiten, kart., 29,99 €,
ISBN 978-3-8376-1839-6

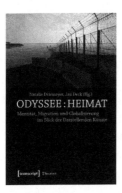

Natalie Driemeyer, Jan Deck (Hg.)
»Odyssee: Heimat«
Identität, Migration und Globalisierung im Blick der Darstellenden Künste

Oktober 2014, ca. 202 Seiten, kart., zahlr. Abb., ca. 26,80 €,
ISBN 978-3-8376-2012-2

Andreas Englhart
Das Theater des Anderen
Theorie und Mediengeschichte einer existenziellen Gestalt von 1800 bis heute

Oktober 2014, ca. 420 Seiten, kart., zahlr. Abb., ca. 35,80 €,
ISBN 978-3-8376-2400-7

Leseproben, weitere Informationen und Bestellmöglichkeiten
finden Sie unter www.transcript-verlag.de

Theater

Annemarie Matzke, Ulf Otto, Jens Roselt (Hg.)
Auftritte
Strategien des In-Erscheinung-Tretens
in Künsten und Medien

Oktober 2014, ca. 270 Seiten, kart., ca. 32,80 €,
ISBN 978-3-8376-2392-5

Patrick Primavesi, Jan Deck (Hg.)
Stop Teaching!
Neue Theaterformen mit Kindern
und Jugendlichen

Oktober 2014, ca. 300 Seiten, kart., zahlr. Abb., ca. 29,80 €,
ISBN 978-3-8376-1408-4

Wolfgang Schneider (Hg.)
Theater entwickeln und planen
Kulturpolitische Konzeptionen zur Reform
der Darstellenden Künste

2013, 320 Seiten, kart., 24,99 €,
ISBN 978-3-8376-2572-1

**Leseproben, weitere Informationen und Bestellmöglichkeiten
finden Sie unter www.transcript-verlag.de**